DIEU EN QUESTION

BIBLIOTHÈQUE PHILOSOPHIQUE DE LOUVAIN
43

DIEU EN QUESTION

par

ANTOINE GIACOMETTI

PRÉFACE DE STANISLAS BRETON

ÉDITIONS DE L'INSTITUT
SUPÉRIEUR DE PHILOSOPHIE
LOUVAIN-LA-NEUVE

ÉDITIONS PEETERS
LOUVAIN - PARIS
1995

ISBN 90-6831-763-6 (Peeters Leuven)
ISBN 2-87723-283-2 (Peeters France)
D. 1995/0602/114

TABLE DES MATIÈRES

PREMIÈRE PARTIE

DEUXIÈME PARTIE

TROISIÈME PARTIE

PRÉFACE

Voici un homme debout quelques minutes avant cinq heures. Rien de plus banal que ce pli de la machine: il en est tant que requiert, au même point du jour, l'inexorable quotidien. Cette heure qu'il gagne sur la nuit et qui anticipe largement la reprise du travail, il l'a choisie comme espace de liberté, comme ce retrait d'émergence où une «subjectivité» se conquiert sur ses propres contraintes. Il en fera, plusieurs années durant, les matinales d'un *cogito* intrépide. Le réveil est un éveil, l'éveil d'une «énergique lucidité» qui traduit au mieux ce que voulut dire jadis pour un entendement grec l'«energeia» aristotélicienne. S'éveiller, ce sera pour lui, dans la brume de l'aube sur un appartement parisien, «faire le pari d'être»; ou mieux encore, ce sera pour lui répéter, d'une manière unique pour chacun, le geste qui jadis, en un temps sans chronologie, a brisé l'environnement où se meut l'animal pour dresser sur le sommeil des choses le défi humain, la nécessité libre que la lumière soit sur un univers indéfiniment étendu, indéfiniment questionné. La conscience telle qu'il l'entend, c'est moins un retour introspectif qu'une exigence de «se rendre compte», de se prononcer dans l'incertitude généralisée qui donne un ton si particulier à notre temps. Il fait acte de sécession pour donner lieu à un penser qu'il a l'audace de préfixer du pronom personnel «Je». Le «je suis» de l'éveil ne sera pas pour autant plus assuré que le «je pense» qui le suit. Mais il faut risquer et «parier». C'est notre lot, et pour exister vraiment dans un monde qui, de plus en plus, nous l'interdit, c'est la condition indispensable. Il aurait pu faire sien le mot célèbre «être, c'est être voulu». Il eût préféré sans doute la formule moins passive du «je puis».

De ce jeu presque sportif auquel Giacometti s'est livré pendant des années, il nous reste un manuscrit imposant qu'il ne cessait de remettre sur le métier. Le titre général qui était le sien, «Dieu en question», dit bien, dans le cas présent, ce qu'il veut dire. Ce chrétien qui, sans l'afficher en exposition d'ostensoir, ne faisait point mystère de sa foi, savait fort bien à quel point cette foi qui était sa vie était aussi ferme et fragile que son existence: il ne la concevait que comme perpétuel mouvement d'interrogation qui ne l'affermissait qu'en la rendant chaque fois plus tributaire de l'incertitude.

Giacometti n'est pas philosophe de profession. Les textes ne sont pour lui que des passages qui appuient un perpétuel transit. C'est pourtant comme philosophe, et dans un discours de philosophie, qu'il nous propose une écriture difficile mais suffisamment claire dans cette belle langue à laquelle, hors des salons ou des chapelles ardentes, il veut rester fidèle. Ses sources sont aisément repérables. Avec assiduité il a lu les *Critiques* kantiennes. De Kierkegaard il connaît surtout le «*concept d'angoise*». Pascal lui est familier. Il a pris contact avec la phénoménologie, tant husserlienne qu'existentielle. Mais c'est peut-être la physique contemporaine qui lui a inspiré ses plus originales conceptions. Théorie de la relativité, quanta, relations d'incertitude: autant d'appuis pour ses considérations, toujours personnelles, même si on les juge parfois un peu aventureuses.

Giacometti, en dehors de tout souci d'apologie, souhaite renouveler de la foi l'étrange nouveauté. De même qu'il y a une contingence du monde et de l'acte créateur (à supposer qu'il soit), de même il doit y avoir une contingence de la foi. Contingence qui s'apparente au surgissement d'un monde, et à l'originalité d'un acte qu'aucune raison contraignante n'a le pouvoir de décider.

Par le détour de la physique, un autre paysage se laisse deviner dans la pénombre de la contingence. L'extinction du monde dans la pureté d'un objet qui n'est plus qu'un quasi-object semble susciter, par contraste, la pureté d'un sujet qui, dans une donation inédite de sens, réactive la corrélation immémoriale du monde et de l'humain. Problème de l'existence, problème de la foi, fraternité stellaire de deux questions qui n'en font qu'une et qui n'est autre que «Dieu en question».

Il faut se plonger dans les méandres de cette écriture qui, en un vouloir de lucidité, appelle la lumière; et qui, en un domaine où la clarté est ce qui fait horreur de nos jours, requiert un homme chaque matin debout pour tenir en éveil une pensée d'intelligence et de foi.

A ces pages où la phénoménologie du savoir prépare la revendication d'une «subjectivité» intransigeante, dont l'incertitude ménage l'espace d'une liberté et d'un «pari» sur l'être en tant qu'être, je n'ajouterai aucun complément de critique. L'itinéraire qu'on nous propose est une invitation à une marche aussi décidée et solitaire. Giacometti n'a jamais prétendu professer la philosophie. C'est par ce trait qu'il intéresse ou devrait intéresser les philosophes qui oublient parfois que la philosophie est un chemin de vie, une «odologie» plus encore qu'une «ontologie». Les liaisons paradoxales de l'existence et de la foi, de l'«âme» et de la mort, de la gratuité et de la décision peuvent, même en nos temps difficiles, trouver un écho en des auditeurs assez libres pour n'y être point insensibles. A cette jeunesse d'esprit comment ne pas souhaiter la rencontre?

Stanislas Breton

Première Partie

CHAPITRE I

Ce que l'on entend par : Dieu est possible

Une question se poserait encore s'il ne restait au monde qu'un seul homme, car elle se pose pour chacun des hommes en personne. Demander si Dieu existe, c'est aussi demander si je vivrai éternellement, moi qui respire à cette minute, ou si ma vie n'appartient qu'à cette terre où je mourrai.

«Il faut parier», di Pascal. Ce n'est là ni une opinion ni un conseil, mais la constatation d'une nécessité par laquelle chacun est tenu, qu'il le veuille ou non. On n'a pas le choix entre parier et ne point parier; on n'a que le choix entre parier que Dieu est et parier qu'il n'y a point de Dieu. Nous n'échapperions au pari qu'en nous dérobant à la certitude de mourir, mais notre mort est certaine, alors qu'on ne peut affirmer, faute de preuve dans un sens ou dans l'autre, ni que Dieu existe et que nous vivons après la mort, ni qu'il n'existe pas et que nous mourons à jamais. Ceux qui refusent le pari n'en doivent pas moins courir l'une ou l'autre chance. «Vous êtes embarqués», dit encore Pascal.

Sur ce manque de preuves, qui nous force à opter pour d'autres considérations que rationnelles, Pascal fait état de notre incapacité. «S'il y a un Dieu, il est infiniment incompréhensible puisque, n'ayant ni parties ni bornes, il n'a nul rapport à nous: nous sommes donc incapables de connaître ni ce qu'il est, ni s'il est. C'est l'argument qui vient d'abord à l'esprit de qui s'interroge sur l'existence de Dieu. Toute raison qu'on en donnerait, aussi juste qu'elle fût, serait à notre mesure, alors que Dieu, s'il est, nous est incommensurable; et de même use-t-on de notions et de raisons sans proportion avec ce dont on parle en ramenant aux limites de notre intelligence, pour montrer qu'il n'est point, un être qui, s'il était, serait infiniment au delà.

Ainsi les croyants sont justifiés «de ne pouvoir rendre raison de leur croyance». — «Qui les blâmera»? demande Pascal. C'est là le ton de l'excuse, et ce n'en est pas seulement le ton, le mot est dans son écrit. L'impossibilité où nous sommes de prouver Dieu résulte de «l'infini chaos qui nous sépare», au point que même en parlant sous la forme dubitative, en disant: si Dieu est... nous parlons non pas tellement de Dieu que de nous, le doute que nous exprimons quant à lui constate encore nos propres limites, puisque en admettant que Dieu soit, nous ne pouvons le comprendre ni l'expliquer. Chaque fois que nous cherchons à l'atteindre par les moyens de l'entendement, que ce soit pour nous assurer qu'il existe ou dans le dessein contraire, la moindre réflexion nous montre que nous ne sortons pas d'une construction édifiée par nous. Et quand nous disons qu'il est possible, nous ne faisons de nouveau que revenir sur nous-mêmes car Dieu n'est pas possible, au sens où on dirait que tel fait peut se produire, telle forme d'être exister actuellement ou venir un jour à l'existence. «Dieu est ou bien il n'est pas», dit Pascal. L'expression: Dieu est possible, signifie que je considère comme possible qu'il soit. C'est à moi que le terme de possible est lié au fond, non pas à Dieu, c'est mon inaptitude à connaître ce qu'il est, et s'il est, qui s'exprime par ce terme, et je pourrais dire aussi vainement que je considère comme possible qu'il ne soit pas. Pour parler vraiment de Dieu, il faut de la part du croyant ou de l'incroyant une démarche qui n'implique aucun retour sur soi, aucune référence à nos modes de pensée. Il faut sortir de nous, affirmer ou nier dans une détermination dont on ne saurait rendre compte théoriquement, selon un choix qu'aucun support de raison ne soutient plus. Il faut parier.

* * *

Nous disons, avec Pascal: «il faut parier», et il semble que nous reconnaissions ainsi que nous ne pouvons décider que dans les ténèbres et comme au hasard. Citons encore: «il se joue un jeu, à l'extrémité de cette distance infinie, où il arrivera croix ou pile» (nous dirions aujourd'hui pile ou face). «L'infini chaos qui nous sépare» nous rend incapables d'accéder à une notion de Dieu qui nous autorise à conclure logiquement qu'il existe. Des chemins d'approche sont ouverts dans «l'ordre du cœur», à chacun en particulier. Dans l'ordre de la connaissance intellectuelle, de la conscience générale, il n'y a pas de prospection qui aboutisse à une idée de Dieu dont nous puissions soutenir qu'elle est pensée nécessairement. Mais il n'y en a pas non plus qui nous fasse reconnaître que l'idée de Dieu est nécessairement à exclure. «Par raison, reprend Pascal, vous ne pouvez défendre nul des deux». A la question: «que gagerez-vous?» nous ne pouvons répondre que par une option purement irrationnelle, de sorte que le pari, ainsi proposé, semble imposé plutôt par les bornes et les sujétions de notre nature. Ce qu'écrit Pascal, à la fin du passage, parlant de ceux «qui ne peuvent croire», vaut pour tout le développement et aussi pour ceux qui croient. «On me force à parier, et je ne suis pas en liberté...». Assurément, le croyant a licence de répondre qu'il n'est pas libre, qu'il est contraint par notre condition: Dieu, s'il est, est tel que nous ne pouvons nous le représenter dans l'intelligence, et donc le prouver. Mais pour légitime que soit cette excuse, elle est fondée sur un manque; elle justifie le croyant, mais dans la défaite; elle «l'ôte du blâme de produire sans raison» une foi en Dieu dont il n'a pas le pouvoir de démontrer qu'elle est vraie; elle le met à égalité d'impuissance avec celui qui ne peut non plus démontrer qu'elle n'est pas vraie. Telle serait l'essence du pari: une carence foncière, une inadéquation radicale, et nous n'aurions plus qu'a chercher «de quel côté nous pencherons», au mieux de notre intérêt. Je me demanderai quels motifs il peut y avoir, entre ceux de Pascal, pour pencher d'un côté plutôt que de l'autre. Mon propos est d'abord de considérer le pari comme tel, en tant qu'il se présente comme un pari, et de montrer qu'il se fonde sur tout autre chose qu'une carence ou inadéquation, que l'impossibilité où nous sommes de prouver Dieu est elle-même tout autre chose.

Il apparaît qu'il y a preuve si on aboutit, par la voie démonstrative, à une évidence intellectuelle qui s'impose unanimement. Faute de quoi on n'a à faire qu'à une appréciation qui laisse la place à une appréciation différente. Mais Dieu n'est pas une idée, une proposition qu'on puisse rendre évidente. S'il est, il n'est pas seulement une vérité pour l'intelligence, et on ne prouvera son existence pas plus qu'on ne prouve l'existence de qui ou quoi que ce soit, celle de cet arbre, de ce nuage, ou de cet homme qui vous parle. La différence entre Dieu et le triangle rectangle est que Dieu doit exister en personne, sinon il n'a même pas la valeur d'être du triangle qui est du moins une vérité conceptuelle certaine. Si Dieu n'existe pas, rien ne sert de chercher dans le concept des motifs logiques d'affirmer; et si Dieu existe, rien ne sert de dénoncer dans le concept quelque contradiction qui l'infirme. On éprouve une existence, on en témoigne; et il en est de l'existence de Dieu comme de toute existence: il faut l'éprouver soi-même ou croire au témoignage de ceux qui l'ont éprouvée, ou bien refuser de croire à cette existence et à ce témoignage. Quant au croyant, non seulement il est «ôté du blâme de ne pouvoir rendre raison de sa créance», mais il a le droit de tenir pour illégitime la demande qu'on lui ferait d'en rendre raison, puisqu'aucune existence n'est connue de cette manière.

L'impossibilité où nous sommes de nous assurer par raison que Dieu existe n'est pas la marque d'une insuffisance de notre nature. Si Dieu pouvait se démontrer à l'évidence intellectuelle, il serait l'objet d'une connaissance thématique, défini et expliqué mais sans existence réelle. Dieu est quelqu'un, ou il n'est pas. Et il en est à cet égard de lui comme de tout existant: en admettant qu'il soit, son existence n'est ni démontrable ni à démontrer, elle n'est pas réductible à une dialectique. Dieu est dit intelligible dès lors qu'ayant considéré comme possible qu'il soit, on forme de lui une idée qui apparaisse comme la seule que nous puissions concevoir, et telle que toute autre soit jugée nécessairement fausse. Cela ne signifie pas que l'on puisse par l'idée que l'on prend justement de Dieu, connaître en réalité son existence. Celle-ci ne sera connue, comme celle de tout vivant, que par épreuve et contact vécu. Mais cette connaissance ne saurait non plus se ramener à une évidence empirique.

Car Dieu n'est pas un être comme les autres, ni la somme des êtres, ni l'univers, qui n'est pas un être mais le lieu de toutes les situations et positions relatives dans un temps considéré. Nous avons une première idée de ce que Dieu serait nécessairement: l'être de qui toute existence locale et temporelle résulte partout à tout moment et qui transcende lui-même temps et lieu. Cette idée nous montre que si Dieu est, il n'est pas plus définissable par l'entendement qu'il n'est perceptible par les sens. Il ne saurait exister pour nous ni comme un fait ou un phénomène, à la manière des signes qui relèvent de notre expérience, ni comme une généralité essentielle, à la manière des significations que les faits impliquent pour cette raison.

* * *

Cependant, Dieu ne doit pas nous être incommunicable. S'il y a un Dieu par qui les hommes survivent, il faut qu'il leur fasse éprouver qu'il est, sans quoi il ne serait qu'un exercice pour l'intelligence et tout au plus une table de valeurs ou même la valeur la plus haute, non un être. Je souscris volontiers à la formule suivant laquelle «être, c'est être perçu», mais il y a plusieurs modes de perception. L'objet n'existe que pour être soumis à un regard; il n'est jamais qu'objet de spectacle et n'a pas à être connu au delà des aspects aussi nombreux et variés que possible qu'il offre à l'observateur. Aussi est-il vain de parler d'un «en-soi» de l'objet. Il n'y a pas un «soi» de l'objet, qui ne saurait donc exister en soi; et quand on le ramène à ses éléments constitutifs, si loin qu'on aille dans ce sens — jusqu'aux éléments premiers de la matière — on ne fait encore qu'observer du dehors et analyser une structure objective. L'objet, parce que rien en lui n'est subjectif, n'a pas de dedans, pas d'intériorité. On peut dire qu'il n'est qu'apparence ou, ce qui vaut mieux, qu'il n'a de réalité qu'extérieure, cette réalité pouvant s'appréhender de toutes sortes de manières. Il est dans la photographie ou dans les mesures qu'on en prend, dans la description qu'on en fait ou dans la formule chimique ou le symbole mathématique par quoi on le représente. Je vois que ce caillou est terne ou brillant, aigu ou arrondi, dur ou friable, qu'il est un éclat de silex ou un fragment de calcaire, je peux en étudier l'assemblage moléculaire ou la contexture atomique, de quelque façon que je l'examine il est ce dont il n'y a rien à attendre que ce qu'on en saisit dans une certaine perspective. Aussi nous est-il donné comme indéfiniment réductible à un savoir et radicalement impropre à une participation. L'objet se définit comme quelque chose avec quoi il n'y a pas d'échange; il est par nature séparé de nous, et le caillou que nous tenons dans nos mains ne l'est pas moins foncièrement que la plus lointaine étoile ou l'électron du monde subatomique.

Une personne a elle-même le caractère de l'objet et se manifeste d'abord comme celui-ci, sous un certain aspect extérieur, mais son être va bien au delà et la connaissance qu'on en peut prendre ne se limite pas à celle d'une forme, d'une couleur, d'une structure perçue ou représentée objectivement. Et c'est parce qu'elle n'est pas donnée seulement, comme l'objet, dans une apparence ou réalité externe, qu'une personne n'est pas séparée de l'autre, c'est parce que chacune existe intimement que les deux sont capables d'instituer entre elles un échange qui les rapproche toujours davantage, que chacune peut entrer dans la connaissance de l'autre par une participation mutuelle de plus en plus étroite. Mais cette participation n'est jamais complète; plus fortement on la recherche, plus on sent combien l'être avec qui on la recherche se dérobe encore à notre prise. Une personne est aussi un «en-soi», et parce qu'elle l'est on ne peut atteindre avec elle à l'unité, quelque désir qu'on en ait de part et d'autre, et même dans l'amour. Le paradoxe est que le Dieu «infiniment incompréhensible... sans parties ni bornes» et qui «n'a nul rapport à nous», l'En-soi pur, l'Autre absolu, soit aussi l'être dont la perception est celle d'une présence infiniment proche et exempte de lacune, sans rien de ce qui ailleurs est perçu et connu comme séparé et différent, le seul avec qui s'établisse une communication et une coïncidence totales, de sorte qu'on ne doit plus parler seulement de participation pour ceux qui en font l'épreuve, mais d'identification.

Ce n'est pas un paradoxe. Nous pouvons valablement raisonner de Dieu, pourvu que notre raison n'excède pas ses limites. Elle ne les excède pas en déclarant que si Dieu existe, il ne saurait être connu que du dedans par une intuition aussi directe et immédiate qu'impartageable. C'est parce qu'il n'est pas un être parmi les autres, parce qu'il n'a, comme le dit Pascal, «ni parties ni bornes», que Dieu est connu comme une réalité non pas saisie localement par les sens, c'est à dire donnée à la perception commune, mais offerte à l'expérience la plus solitaire, donc la plus intime. Et c'est parce qu'il doit être connu dans une telle expérience que Dieu, pour ceux qui y parviennent, a une existence non pas distincte d'eux-mêmes et qu'ils puissent révoquer en doute, mais tout unie à la leur et aussi irrécusable.

Ceux qui font cette expérience accomplissent, sur un plan plus élevé, la démarche qui consiste à reconnaître qu'on existe, par réflexion sur soi-même et sur sa propre pensée. Nous pouvons douter de la réalité du monde extérieur précisément parce qu'il n'est qu'extérieur, ce qui veut dire que ses représentations ne sont peut-être qu'une fantasmagorie, dont la cohérence même nous abuse. Nous ne pouvons douter que nous soyons, une sûre conscience de soi étant fournie à chacun par le fait qu'il pense. Il y aurait donc deux degrés dans l'être et dans la certitude d'être; au bas se trouverait tout ce qui est donné à la perception sensible, monde d'apparence, dont nous ignorons s'il n'est pas illusoire, dont nous supposons en tout cas qu'il serait autre si nos organes et instruments de perception étaient différents. Un plan supérieur d'existence est celui où l'homme, ayant conclu qu'il ne peut garantir qu'il y ait quoi que ce soit de réel hors de lui, s'assure par expérience intime qu'il est lui-même un être réel. Ceux qui témoignent de la réalité de Dieu fondent aussi leur témoignage sur une expérience intime. C'est en eux, et non par le dehors qu'ils éprouvent que Dieu est; en eux, dans leur pensée propre, là où nous nous assurons de la réalité de notre existence personnelle, et la certitude d'être, l'affirmation: «je suis» se renforce pour eux infiniment dans l'intuition du «je» absolu qui ne leur est pas moins «présent qu'eux-mêmes ne le sont à eux-mêmes». Dieu pense alors en eux, et ils pensent en lui, et ils sont simultanément. Ils «sont» ensemble dans un acte unique. En ce qui les concerne, l'existence de Dieu n'est pas plus niable ou douteuse que la leur; l'une et l'autre éclatent dans la même évidence.

Bien que nombreux, les témoins de l'existence de Dieu demeurent l'exception et leur témoignage n'est pas toujours accepté. La raison en est facile à comprendre. Chacun croit à la réalité du monde extérieur, ou se comporte comme s'il y croyait même s'il use à son égard du doute méthodique: c'est que le monde est perçu par tous d'une manière uniforme comme le décor obligé de l'activité de tous; aussi chacun se fie-t-il à une perception que recoupe celle des autres et qu'il n'est pas maître de modifier. De même, celui qui constate qu'il pense et en conclut aussitôt qu'il est, cette constatation et cette conclusion n'ont de valeur certaine que pour lui: elles ne lui garantissent pas plus l'existence des autres qu'elles ne garantissent aux autres son existence. Personne cependant ne doute que les autres soient aussi: c'est que chacun admet que son expérience n'est pas réservée à lui seul, et que cette prise de conscience de soi par lui-même, quoique individuelle, est un acte de toute l'espèce, accompli par n'importe quel homme naturellement à chaque seconde sans qu'il ait à réfléchir. L'épreuve de l'existence de Dieu, la prise de conscience de Dieu par l'homme dans l'acte même où il prend conscience de soi, n'est pas donnée à tous. Elle n'appartient pas indistinctement à n'importe qui. C'est une expérience à laquelle est appelé tel ou tel désigné nommément parmi les autres, de sorte que la plupart ne peuvent que croire sur parole ceux qui attestent qu'ils l'ont faite. Aussi beaucoup ne les croient-ils pas, et personne ne doute de la sincérité d'un témoignage qui émane d'hommes justes et purs, mais on doute de la réalité de leur expérience, de son contenu, on laisse entendre que tout cela n'était qu'imaginaire, suggéré, etc. Je n'affirmerai pas non plus qu'ils aient été réellement en contact avec Dieu, ce qui reviendrait à affirmer sans preuves son existence. Mais j'ai le droit d'avancer que, si Dieu existe, ce ne peut être toute l'espèce humaine qui en a uniformément l'intuition intime mais quelques hommes suivant des modes qui ne sauraient être différents de ceux qu'ils ont rapportés.

* * *

On voit bien pourquoi la perception sensible ne saurait saisir Dieu. Elle appréhende seulement le monde extérieur, monde dont l'extériorité est à la fois ce qui fait qu'on le tient d'emblée et instinctivement pour réel, puisqu'il s'oppose au «moi» comme s'il avait une existence intrinsèque, et qu'on en conteste logiquement la réalité, puisqu'il n'y a d'existence certaine pour le «moi» que la sienne propre. Si Dieu existe, il est impossible qu'il se fasse connaître dans une manière d'exister contestable ou douteuse. D'autre part, le monde extérieur n'a à livrer à la perception sensible que des objets particuliers et des phénomènes successifs. Il est impossible que Dieu, qui est par définition l'être qui n'a «ni parties ni bornes» et l'être éternel, soit perçu dans le cadre des trois dimensions d'espace ou dans quelque dimension que ce soit, et dans une relation de temps à qui ou quoi que ce soit.

On ne peut saisir Dieu que dans une perception qui ne le limite pas. Un homme n'a la certitude d'être que parce qu'il pense, et il ne pense que parce qu'il est apte à dépasser la perception d'objets et de phénomènes localisés et conditionnés. Il a la notion de l'universel, l'idée de l'infini, de l'absolu, etc. (c'est même par là qu'il est un homme, une personne, qu'il se distingue de la bête). Mais la pensée qui «connaît qu'il y a un infini», comme dit Pascal, ou qui a l'idée de l'absolu, est d'abord chez l'homme conscience de soi, conscience d'être, et cette conscience est celle d'un être fini et relatif. C'est bien pourquoi Pascal, ayant dit que «nous connaissons qu'il y a un infini», ajoute que «nous ignorons sa nature»; c'est pourquoi l'homme n'a que l'idée de l'absolu, au lieu d'en avoir la perception. L'homme a de même l'idée, non la perception, de Dieu: il est de sa condition de n'en avoir que l'idée. Et l'idée de Dieu ne nous donne nullement la certitude de son existence, l'argument ontologique n'étant pas plus sûr pour cela que les preuves cosmologiques qu'on en produit. Une seule chose est sûre: c'est que si Dieu existe, l'homme n'en aura la certitude que suivant la même démarche qui lui permettait de s'assurer qu'il existe lui-même, c'est à dire par réflexion sur soi, le «je» fini et relatif se dilatant jusqu'à sa coïncidence avec le «je» illimité et sans restriction, en qui il reconnaîtra Dieu.

La preuve qu'une telle démarche n'est pas de pure fiction, qu'elle aboutit à une conscience d'être où le «moi» humain est identifié à Dieu, cette preuve ne peut se rapporter. Elle ne peut se rapporter, pas plus que celle de mon existence propre, quand je constate que je pense, donc que je suis: je ne le constate que pour moi, je ne puis partager avec les autres une constatation strictement intime et l'assurance qu'elle me procure. Chacun a beaucoup d'objets de pensée et de manières d'être qui ressortissent au monde rationnel ou au monde des phénomènes, et il les a par conséquent en commun avec les autres; mais l'acte même par lequel il se reconnaît présent à la pensée et à l'être, cet acte est le sien exclusivement et il l'assume dans la même solitude inaliénable où il aura à assumer sa mort. L'impossibilité pour tout homme de communiquer à autrui la certitude qu'il existe n'est pas moindre, foncièrement, que celle de communiquer la certitude que Dieu existe pour l'homme qui en a fait l'expérience. Personne ne doute cependant que son existence soit tenue par autrui pour réelle, et personne ne doute non plus de la réalité de l'existence d'autrui. Quand j'ai constaté que je pense, que je suis, et que cette épreuve ne me donne comme certaine que mon existence, je n'en crois pas moins à la généralité de l'épreuve et à l'existence des autres hommes. Je sais bien que je ne suis pas seul à tout inventer en rêve.

Il faut comprendre que la démarche qui me conduit à m'assurer que j'existe ne diffère point par nature de celle de l'homme qui éprouve en soi que Dieu est: l'une et l'autre se fonde sur une même intuition d'être, elles fournissent une même certitude immédiate, elles sont également incommunicables. La différence est que l'une appartient à tous, alors que l'autre est réservée à un petit nombre. Chacun fait indivuellement et pour soi l'épreuve de son existence, mais chacun sait que le pouvoir de faire cette épreuve est propriété indivise de l'espèce humaine; alors que s'il y a une vocation de toute l'espèce à connaître Dieu dans la même intuition intime suivant laquelle chacun connaît sa propre existence, cette vocation n'est réalisée effectivement que par quelques-uns. Une question se pose alors, s'impose: s'il existe, pourquoi Dieu ne se fait-il pas connaître à tous dans cette intuition? Pourquoi celle-ci n'est-elle donnée qu'à un petit nombre, ce qui permet à beaucoup d'en nier la réalité? Qu'on m'entende bien: je n'affirme pas que Dieu est, je ne perds pas de vue la nécessité du pari et n'en suis pas encore à parier. Je réponds à cette question: en admettant que Dieu soit, comment se fait-il que quelques-uns puissent le connaître ainsi, et non pas tous?

La réponse est tellement simple que les méfiants ne manquent pas d'y chercher quelque pétition de principe. S'il y a un Dieu, et ce Dieu étant sans parties ni bornes comme l'évoque Pascal et comme il serait nécessairement, il va de soi que les hommes, étant ce qu'ils sont, ne peuvent en avoir l'intuition unanime, c'est à dire connaître tous qu'il existe avec la même certitude où chacun connaît sa propre existence: car s'il en était ainsi, les hommes ne seraient pas ce qu'ils sont ou leur condition serait aussitôt changée. L'épreuve de notre existence, qu'elle s'accomplisse spontanément ou dans une prise de conscience méditée, n'exige aucun acte et ne mène à aucune situation qui sorte de la condition naturelle. Pour l'homme qui entre en contact avec Dieu, la perception en lui du «je» absolu doit abolir tout ce qui était saisi comme extérieur, comme antinomique: — tout ce qui l'amenait à se saisir lui-même comme un «je» conditionné et dépendant, jeté dans une immensité de «non-moi». Les représentations du monde s'effacent, et sa propre pensée en tant qu'elle était bornée par quelque situation, fixée sur des mots, dirigée vers des choses, ordonnée à l'espace et au temps. Ce n'est pas à la perte de conscience et au néant, que ce dépouillement le conduit, mais à une conscience de soi qu'aucun apport étranger n'altère plus, à une unité et une plénitude d'existence que rien ne limite, ne contrarie ou n'épuise. S'il nomme alors Dieu le «je» qui se manifeste en lui, c'est parce qu'il sait qu'il n'aurait pu réaliser à lui seul cette unité, cette plénitude; et celle-ci n'est rien de moins que sa propre déification, mais il ne se déifie pas de lui-même, il attribue à un Autre qui agit en lui l'expansion prodigieuse de son être. Il sait ce qu'il est par lui-même, et que distrait un instant de notre condition naturelle il y retombera tout à l'heure, parmi la multitude humaine dont il reste solidaire, dans un monde auquel il demeure attaché. Pour qui ne croit pas à l'existence de Dieu, l'homme qui fait cette expérience n'a été distrait qu'en songe ou dans le délire d'un monde qui est le seul réel. Mais si Dieu existe, cet homme accède dans l'être et la certitude d'être à un degré plus haut que celui du monde, le plus haut. On voit que cette accession ne peut être le fait que de quelques-uns. Si tous les hommes l'obtenaient, l'unité se réaliserait non pas seulement pour chacun mais entre tous, et le monde s'y intégrerait instantanément. Tout serait renouvelé, l'homme et le monde, la condition humaine et son lieu, partout et d'un seul tenant à jamais. Ce serait l'irruption du règne de Dieu sur la terre, la fin des temps.

Puisque le monde et le temps continuent, il faut que quelques hommes fassent d'âge en âge l'épreuve de l'existence de Dieu, et que l'incertitude demeure pour les autres. C'est là, dans cette incertitude commune, que se situe l'acte rigoureusement individuel par quoi nous avons à choisir entre croire que Dieu existe et penser qu'il n'existe pas. L'incertitude où nous sommes au sujet de Dieu n'est pas le fait de notre insuffisance, elle est la condition de cet acte. Il y a une différence entre l'une et l'autre option. Pour l'incroyant, tout est dit, l'incertitude cesse totalement (ou alors ce serait non l'incroyance, mais une croyance obscurcie et non résolue), l'infini chaos qu'évoque Pascal s'évanouit et Dieu n'est même plus une idée sur laquelle on puisse encore méditer, c'est un mot sans contenu, un vocable vide. L'incertitude du croyant demeure, transmuée. Elle s'ordonne à une direction et une fin supérieure. Elle marque non plus «l'infini chaos qui nous sépare», mais notre voie d'accès jusqu'à Dieu et l'amplitude d'une vocation qui nous rend solidaires de ceux à qui il se manifeste, comme ceux-ci dans l'union à Dieu restent solidaires des autres hommes du monde.

* * *

Voilà que nous en revenons au pari et à sa vraie signification. «Le juste est de ne point parier», objecte le rationaliste à qui Pascal a montré qu'on ne peut se déterminer par raison ni dans l'un ni dans l'autre sens. A quoi Pascal répond: «Oui, mais il faut parier, cela n'est pas volontaire...». Ce qui veut dire, je le répète, que le pari nous est imposé, puisque la mort nous attend et que toutes nos philosophies et nos sciences sont impuissantes à prouver que Dieu existe ou qu'il n'existe pas: soyons lucides dans notre incertitude, parions délibérément puisque nous y sommes contraints. La réponse vaut pour l'agnostique, quand il dit qu'étant incapable de trancher la question, il refuse de s'y intéresser. Elle vaut aussi pour l'incroyant, à qui elle suggère que sa négation n'est pas plus rationnelle, pas moins arbirtraire que l'affirmation du croyant. Mais à celui-ci, il ne suffit pas de dire qu'on ne peut pas ne point parier et qu'il est donc sage de bien peser le pour et le contre. Pour lui, le juste est de parier. L'option à laquelle il se résout ne le met pas simplement devant une idée qu'il choisit de maintenir comme l'option de l'incroyant devant une idée qu'il décide de rejeter. Dire que Dieu n'existe pas, c'est dire que l'idée de Dieu est une idée fausse. L'option du croyant est autre chose: c'est une affirmation d'existence, gratuite et irrationnelle comme l'existence même, comme la vie dont nul argument logique ne rend compte. Et la gratuité de cette affirmation ou ce qu'on y peut voir d'irrationnel est ce qui engage l'homme personellement et singulièrement, car il n'y est porté par aucune démonstration qui s'impose à tous. L'acte de foi est d'abord un acte de liberté. Quant à l'incertitude, transmuée par l'acte de foi, elle n'est plus infirmité d'esprit ni marge de séparation. Elle n'est plus ce «chaos» dont parle Pascal. Elle est l'étendue où une liberté se déploie; elle est le moyen d'une connaissance sans terme et qui va en progressant toujours. Pour l'homme qui a choisi de croire que Dieu est, et qui recommence à chaque instant ce choix, l'incertitude où il demeure préfigure dans l'obscurité et l'effort le mouvement de l'esprit qui avance éternellement dans l'évidence et l'exultation, si Dieu est.

CHAPITRE II

Il n'y a de conscience qu'individuelle Analyse du pari en général. Le complexe de déterminé et d'indéterminé.

Nous rapprochons de la mort à chaque instant, et ce pourrait n'être qu'une loi naturelle par où chacun passerait, personne n'y échappant, avec ses dispositions propres, courage ou lâcheté, indifférence, soumission ou révolte. Mais la mort n'est pas seulement une loi. Elle est aussi un secret, parce que nous avons l'idée d'un Dieu par qui l'existence va peut-être aussitôt recommencer. Quand l'incroyant assure que la mort n'est pas un secret pour lui, puisque d'après lui il n'y a point de Dieu et pas d'autre existence que du monde, sa position est beaucoup plus aventurée que celle du croyant qui accorde du moins, comme fait Pascal, que «par raison on ne peut défendre nul des deux». L'incroyant ne prouve rien non plus, il montre seulement qu'il a pris parti devant le secret, qu'il a parié.

Ce pari, à propos de qui ou de quoi est-il exigé? La remarque en a été faite depuis longtemps: nous ne savons pas ce qu'est Dieu, nous ne voyons rien que ce qu'il ne saurait être. Dire qu'il est «sans parties ni bornes», ou «sans conditions», ou «sans modes», c'est le définir négativement, et l'on ne parlera pas de façon plus positive en disant que Dieu est l'être parfait, ou absolu, ou nécessaire: cela ne nous représente rien à l'esprit, cela n'est rien en réalité si on ne commence pas par reconnaître personnellement comme vrai ce que la négation considère «par raison», c'est-à-dire du point de vue général, comme objectivement impossible.

Il faut poser d'abord un «Ego». Le doute méthodique nous révèle qu'il n'y a d'être certain que là où il y a conscience, là où quelqu'un dit «je». Même s'il a tort de contester l'être du monde extérieur et son existence réelle, le doute méthodique débouche sur cette prodigieuse trouvaille que le seul être incontestable est celui qui a conscience d'exister, et qu'il n'est incontestable que pour soi. Aussi Dieu n'est-il pour nous incontestable que si nous éprouvons qu'il est présent à notre être, et nous au sien, de sorte que nous sommes un seul «je» avec lui. Si Dieu est, il est conscience de soi, comme nous le sommes, mais selon une évidence inimaginable pour nous que la moindre distraction détourne vers la matière, vers l'inconscient. Il est, comme nous, affirmation de soi, mais cette affirmation, à la différence de la mienne quand je constate que je pense et que je suis, ne pose pas le «je» qui s'affirme en face de quelque chose qu'il soit conduit à mettre en doute ou qui s'oppose à lui comme ayant une existence indépendante. Alors que notre «je» ne se constitue comme tel que dans son rapport au monde, le «Je» divin déclare qu'il est sans faire référence à rien d'autre, ce qui veut dire, logiquement et ontologiquement, qu'il précède tout ce qui est et que tout ce qui est procède de lui. Cela est clair: si quoi que ce fût pouvait être qui ne procédât point de lui, Dieu serait comme l'homme un être fini dans un monde qui le précéderait ou du moins coexisterait avec lui, et c'est dire que Dieu n'existerait pas. La croyance à l'existence de Dieu doit donc nous faire croire aussi à la réalité du monde extérieur: partout et en toutes choses, le monde a exactement la réalité que Dieu veut qu'il ait.

Mais voici une objection: de ce que Dieu existerait — auquel cas l'homme et le monde tiennent de lui l'existence — on n'est pas fondé à conclure que nous continuerions de vivre après la mort. Il se peut que Dieu existe; il se peut aussi que nous ayons la vie éternelle, et si nous l'avons ce ne peut être que par Dieu, mais cela n'est pas sûr, les deux propositions ne sont pas liées. — Elles le sont, et cela apparaîtra comme sûr si, croyant que Dieu existe, on s'en remet à la parole annonciatrice du «Je» éternellement présent et actuel, pour qui et devant qui il n'y a ni absence ni passé où quoi que ce soit puisse s'évanouir dans un oubli ou réapparaître dans un souvenir qui l'évoque comme révolu. Dieu n'enferme pas de contradiction, que ce soit en lui-même en tant que «Je» ou dans ce qui procède de lui et à quoi il dispense l'être. Toutes les créatures participent de sa présence et de son actualité, chacune selon sa nature et au degré d'être qu'elle a reçu. L'être de l'objet ne se réalise pas comme révélation de soi à soi mais dans son apparition à notre conscience, d'où il ressort, puisque nous passons sans cesse d'une situation à une autre, d'un aspect à un autre du monde objectif, que l'objet passe perpétuellement de l'apparence actuelle et sensible à l'image remémorée et à l'oubli, de la présence réelle à une présence introspective qui n'est que semblant de présence et enfin à l'absence radicale; et de même qu'il est lié dans cette vie à notre durée transitoire, il l'est à la vie éternelle — ainsi que le monde objectif tout entier — selon des modes de perception dont tout ce qu'on saurait dire est qu'ils se rattachent à une conscience libérée certainement du temps irréversible, si cette irreversibilité est le signe d'une constante déperdition d'être et d'un mouvement vers la mort.

On peut conclure de la même manière pour ce qui est de l'échelle des créatures organisés. Au plus bas elles se tiennent à peu près au rang de l'objet, elles ne sont que passivement, qu'extérieurement, elles n'existent que pour une perception, et à mesure qu'on s'élève, elles se dégagent de l'objet pour se rapprocher de la personne, elles acquièrent par ressemblance avec celle-ci une existence de plus en plus active et autonome, bien que jamais elles n'accèdent à la vraie subjectivité. Seule la personne humaine, étant à la ressemblance de Dieu, a une existence pleinement intime, elle l'a dès ce monde et la vie éternelle n'y ajoute rien. La vie éternelle ne fait que lui dévoiler à elle-même ses pouvoirs et la confirmer dans sa propre nature.

* * *

Si Dieu existe, j'existe éternellement. Mais Dieu existe-t-il? Ayant dit qu'on ne peut faire autrement que parier et qu'«il y a pareil hasard de gain et de perte», puisqu'on est de part et d'autre également incertain, Pascal montre qu'on doit parier pour l'un plutôt que pour l'autre, gager que Dieu est et non qu'il n'y a point de Dieu. «Si vous gagnez, dit-il, vous gagnez tout; si vous perdez, vous ne perdez rien». Son argumentation, pressante et subtile, emprunte aux mobiles des joueurs. Il compare le gain éventuel, qui est infini, à ce que l'on risque pour l'avoir, qui est fini; quand il y aurait «une infinité de hasards de perte» et un seul gain, il faudrait jouer. Mais il y a «autant de hasards d'un côté que de l'autre», et on aurait tort de répondre «qu'il est incertain si on gagnera, et qu'il est certain qu'on hasarde»: c'est ce que fait tout joueur, qui «hasarde avec certitude pour gagner avec incertitude», et ne le fait cependant qu'en vue d'un gain fini, alors qu'il y a ici «une infinité de vie infiniment heureuse à gagner», pour quoi on n'expose qu'«un bien fini»...

On a beau se dire que Pascal s'adressait aux mondains, aux «libertins» de son siècle qu'il voulait par tous les moyens tirer de leur «divertissement», cette manière de présenter le choix ne laisse pas de choquer, et l'on voit bien ce qui choque: le choix n'est ainsi fondé que sur le calcul, que sur l'intérêt. Sans doute Pascal objecterait-il que cet intérêt n'a rien de semblable à celui que l'on recherche dans un profit matériel, et que la vie éternelle suscite un tout autre espoir que les dés ou la roulette. N'empêche que la spéculation est la même: mieux vaut miser sur Dieu, il ne nous en coûtera guère si nous nous trompons et nous en retirerons un bénéfice énorme, si nous avons bien joué. L'espoir qui sort de là ne saurait être de qualité très haute, et il s'y ajoute une considération qui n'est point faite pour le relever. Personne n'est contraint de jouer aux dés ou à la roulette, alors que Pascal ne cesse d'avertir ceux à qui il parle qu'ils sont «dans la nécessité de jouer», qu'ils sont «forcés à jouer». Il a raison, puisque notre mort est fatale et que nous ne savons ce qui arrive après elle, mais ce rappel est destiné ici à montrer qu'il ne s'agit pas seulement de risquer «un bien fini» pour gagner peut-être «une infinité de vie heureuse»; on doit le risquer pour éviter peut-être une infinité de malheur. Derrière la phrase: «si vous gagnez, vous gagnez tout; si vous perdez, vous ne perdez rien», qui s'adresse aux agnostiques et aux indécis, on en lit clairement une autre, pour ceux qui pencheraient vers la négation: si vous perdez, vous perdez tout. Au fait, le libertin de 1650 a bon dos. C'est là, éclairé et même justifié par une dialectique d'ailleurs admirable, l'état d'esprit de beaucoup de ceux qui préfèrent se décider pour Dieu, aujourd'hui et de tout temps: ils prennent des garanties, ils contractent assurance, et cela à peu de frais, les recettes, les «remèdes» sont indiqués une quarantaine de lignes plus loin, si aisés qu'ils ne devraient rebuter personne. Un souci d'efficacité a évidemment inspiré tout ce passage, et il faut convenir que la peur de l'enfer a souvent plus d'action sur les âmes que le désir du ciel. Peut-être est-ce mieux que rien. Mais le spectacle est pénible d'un des plus grands esprits qui aient paru s'évertuant à parler aux médiocres un langage qu'ils puissent entendre.

Là encore, Pascal répliquerait qu'il n'y a pas de médiocres au regard de Dieu, l'enjeu étant le même pour tous, et le risque, à proportion des capacités de chacun. Aussi prompte qu'elle soit à l'inattention, notre conscience garde cette forme d'être qui consiste à connaître sa propre existence, à se saisir en tant que «je» pensant. C'est la forme d'être commune à toutes les consciences, leur structure donnée et indifférenciée, le «moi» humain considéré en général et qui recouvre indivisément chaque «moi» individuel. Mais il n'y a, au regard de Dieu, de conscience qu'individuelle, que personnelle, et il appartient à toute conscience de se constituer elle-même selon ses lumières et forces propres, individuellement, personnellement, pour être dans l'éternité de Dieu telle qu'elle se sera constituée dans le temps du monde. Il est bien sûr qu'il n'y a point de vie éternelle s'il n'y a point de Dieu, mais Dieu, s'il est, ne fait que transfigurer en lui celle que nous aurons réalisée en nous-mêmes, et si nous ne la réalisons pas d'abord, c'est lui qui est sans recours devant nous. Donnée à elle-même pour une spiritualisation et une générosité humaine toujours plus actives, la conscience est capable de recul ou de défection, elle peut se déshumaniser, se dénaturer, s'imprégner de matière jusqu'à l'inanité de l'objet, aboutir à n'être plus. On peut concevoir un état où elle se serait mise à jamais hors de toute prise ontologique, en sorte qu'elle n'est plus éternellement que dégradation à la limite et fermée sur cette idée fixe, regard retourné sur un néant. Voilà le risque, si la mort terrestre n'achève pas tout, si Dieu existe, mais il serait non efficace de croire par peur à l'éternité et à Dieu. S'il y a un Dieu, notre vocation est de retourner à lui en qui chacun prend de soi-même sa densité et son niveau, sa place. Voilà l'enjeu.

* * *

La grande découverte de Pascal, qui ne fait, comme beaucoup de grandes découvertes, que jeter une lumière nouvelle, foudroyante, sur une vérité presque banale, est qu'en fin de compte le pari est notre seule issue. J'ai tenté de dire en quoi il consiste, sur quoi il se fonde: l'incertitude nous force à opter, mais, nous y forçant, elle nous permet d'opter aussi librement que possible, que l'on se détermine pour ou contre. Pour, l'incertitude où nous demeurons devient l'élément d'une foi qui ne se constitue qu'en elle et par elle; contre, l'incertitude disparaît, mais aucune certitude ne la remplace puisqu'on ne peut prouver non plus qu'il n'y a point de Dieu, et la négation n'est pas moins aléatoire que l'acte de foi. La négation relève aussi du pari, quelque effort que fasse l'incroyant pour montrer qu'il a raison.

Pascal s'adresse surtout à ceux qui se comportent comme si Dieu n'existait pas, sans en être pourtant tout à fait persuadés. L'incroyance totale (je veux dire toute lucide) se rencontre peu dans la vie ordinaire, comme d'ailleurs la foi toute vivace. Peu de gens pensent, disait un jour, paraît-il, à l'un de ses disciples de Sorbonne, un maître philosophe... Peu de gens sont sûrs de ce qu'ils pensent, dirons-nous. Mais il faut examiner en elles-mêmes les deux attitudes d'esprit qui se proposent à notre choix, à partir d'un pari inéludable. Et c'est dans la notion même du pari que nous chercherons de quoi nous décider.

Parier, c'est être en une telle situation qu'on ne peut se fonder sur rien d'actuel pour opter entre deux ou plusieurs possibles. On est sans action sur ce qui va se produire, et la prévision aussi fait défaut. Ce n'est pas parier vraiment que parier pour la réalisation ou la non réalisation de tel événement: on peut parfois aider à sa réalisation, ou y faire obstacle, et en tout cas supputer les motifs qu'il y a dès maintenant pour que cet événement se réalise plutôt que tel autre. L'absence de donnée rationnelle ou empirique qui influerait sur notre décision est ce qui caractérise le pari, que ne suffit donc pas à caractériser la simple incertitude du fait à venir, pour lequel on s'expose: il faut que l'incertitude soit telle que nous ne puissions sous aucun aspect considérer ce fait comme annoncé plus distinctement que quelque autre par la conjoncture présente. Pascal nomme justement un pari (c'est même là le pari parfait et le seul pleinement significatif) le choix que nous avons à faire par rapport non à la mort, dont nous savons qu'elle viendra sûrement, mais à ce qui viendra ensuite, dont nous n'avons aucune assurance; et l'analogie qu'il voit entre l'incertitude où nous sommes sur ce point et l'incertitude du joueur est justifiée (malgré une différence essentielle, que je marquerai plus loin), pourvu qu'on restreigne cette analogie au joueur qui mise sans pouvoir anticiper sur le résultat, le hasard seul décidant du gain ou de la perte. On a donc tort de rattacher au pari le passage où Pascal, qui se soucie avant tout d'émouvoir, déclare que «s'il ne fallait rien faire que pour le certain, on ne devrait rien faire pour la religion... mais combien de choses fait-on pour l'incertain, les voyages sur mer, les batailles!» Cela n'a rien de commun. L'incertain, c'est le péril où on va se trouver, le risque qu'on s'apprête à courir. Mais on affronte ce péril ou on accepte ce risque en jugeant par avance des moyens ou des garanties que l'on a contre eux. Le voyageur (reportons-nous au temps de Pascal) présume qu'il arrivera à bon port, il se fie à la robustesse du bâtiment, à l'habileté de l'équipage, sans quoi il ne partirait pas. Celui qui engage une bataille ou y combat n'agit pas comme dans une gageure, il prend des dispositions qu'il pense être les meilleures pour gagner, ou pour remplir sa tâche qui consiste à frapper l'adversaire en se préservant de son mieux lui-même, sans quoi il est un inconscient et un fou. Quant à l'incertitude du moment où nous mourrons, elle est aussi d'une toute autre sorte que celle de notre destin après la mort. «Je dis donc qu'il ne faudrait rien faire du tout, écrit Pascal, car rien n'est certain; et qu'il y a plus de certitude à la religion, que non pas que nous voyions le jour de demain: car il n'est pas certain que nous voyions demain, mais il est certainement possible que nous ne le voyions pas». Il est vrai que le certain et le possible qualifient également la mort, mais ni l'un ni l'autre ne donne lieu à pari. C'est évident quand on considère la mort comme fin, elle est certaine, elle est fatale, et personne ne s'aviserait de gager qu'il ne mourra jamais. Ce n'est pas moins évident quand on la regarde comme une éventualité qui peut s'accomplir à tout moment, et c'est en l'envisageant sous cet aspect qu'un philosophe contemporain l'appelle une possibilité, notre «possibilité la plus personnelle, la moins commutable»[1], que chacun doit éprouver et vivre comme telle. Mais la mort n'est éprouvée et vécue comme possibilité que si sa réalisation est aperçue par chacun de nous dans une perspective toujours indéfinie, de sorte que nous puissions agir et former des projets sans avoir à supputer chaque fois nos chances d'être vivants le lendemain, tout en sachant que nous pourrions ne pas l'être. En fait, un homme parmi cent autres, quand la pensée de sa mort lui vient à l'esprit, et l'eût-il sans cesse à l'esprit, n'en compte pas moins sur une continuité d'existence que font supposer la durée normale de la vie humaine et l'état où lui-même se trouve présentement, encore qu'une mort prématurée soit toujours possible. En poursuivant un dessein ou une entreprise il ne parie pas, même de manière implicite, contre la réalisation de la possibilité de sa mort le jour suivant ou l'année prochaine, ou à quelque moment que ce soit qu'une prévision légitime lui permette d'inclure dans son avenir.

J'en dirai autant, bien que celui-ci pense parier, de l'homme qui mise sur un cheval, un boxeur, un joueur d'échecs, etc. Lui non plus ne parie pas au plein sens du mot, ayant dans l'instant même des éléments d'appréciation quant à la valeur du cheval, du boxeur ou du joueur d'échecs, par comparaison avec les concurrents ou les compétiteurs. L'incertitude où l'on est dépend de la connaissance qu'on a d'une situation actuelle, et toute la démarche du parieur tend à réduire la part de chance en tablant sur certaines données, en procédant à une évaluation préalable. On peut accumuler les données, mettre tant de soin à son calcul qu'on croirait jouer à coup sûr, et perdre. On peut ne pas chercher à se renseigner, ou négliger les informations que l'on a, et jouer néanmoins, et gagner: on aura alors décidé au hasard, c'est-à-dire qu'on s'en sera remis à l'avenir comme s'il était tout à fait coupé du présent, indéfiniment fractionné et nouveau. Dans ce cas, et seulement dans ce cas, on aura vraiment parié.

C'est la façon dont décide celui qui mise à la roulette ou prend un billet de loterie. Là, nulle supputation préalable n'est permise, il n'y a pas de situation actuellement donnée dont on puisse tirer une prévision, tout se présente au joueur comme si le résultat éventuel, gain ou perte, devait être un fait spontané de génération, sans lien avec quoi que ce soit d'antécédent. Il n'en est pas ainsi en réalité et l'avenir est naturellement lié au présent, ce qui apparaît sans autre démonstration quand on dit: il

[1] Martin Heidegger.

est possible que cela arrive. Cette simple phrase nie aussi bien l'indétermination que le déterminisme absolus. Au fond, l'un et l'autre conduiraient au même chaos, à une impossibilité aussi radicale de la pensée et de l'action. Si tout était absolument indéterminé, tout se produirait à part d'une manière discontinue, et l'on n'aurait à faire de prévision sur rien car rien ne serait prévisible. Si tout était rigoureusement déterminé, on n'aurait aucune prévision à faire hormis celle qui s'imposerait en remplissant toute perspective, et ce ne serait pas alors prévision, mais attente de l'inéluctable. Dans les deux cas, il n'y aurait ni évaluation de forces ou de causes, ni appréciation de chances, ni liberté de choix entre plusieurs termes ou même liberté de choisir ou de ne pas choisir, et pas plus à craindre de perdre qu'à espérer gagner. Il n'y aurait qu'à subir les faits dans une suscitation si incohérente qu'on ne saisirait même plus entre eux de relation chronologique, un «avant» et un «après», ou si pleinement homogène que l'«après» ne comporterait rien de nouveau ni d'original par rapport à un «avant» qui le contiendrait déjà tout entier.

Nulle conscience, si une conscience est liberté de délibérer et d'agir ou du moins vocation à une telle liberté, ne subsisterait dans un monde soumis au déterminisme seul ou à la seule indétermination. Mais il y a partout de l'un et de l'autre. Déterminisme et indétermination représentent deux modes de l'être non pas distincts et exclusifs qui se manifesteraient chacun dans son propre domaine spécifique mais conjoints avec une indication de plus ou de moins, en sorte que les lois d'expérience les plus rigoureuses ne sont pas d'une infaillibilité absolue et que les faits les plus improbables ont des chances d'accomplissement. L'avenir est lié au présent sans être tout conditionné par lui: on aperçoit dès maintenant, comme réalisables, un certain nombre d'éventualités, et l'on n'aperçoit pas avec une pleine assurance celle qui se réalisera. Pour chacune d'elles les chances se situent ou se chiffrent, par rapport aux autres, entre un maximum et un minimum, entre la probabilité la plus grande et l'improbabilité extrême sans qu'on puisse aller jusqu'à la certitude totale. Un homme de sens commun comptera sur l'éventualité qu'un concours donné de circonstances lui aura désignée comme la plus probable. Entre plusieurs formes d'être virtuelles, tendant à l'existence, il attendra celle que l'examen des causes et des conditions fera apparaître comme la plus sûre d'y arriver effectivement. Cela va de l'approximation à la quasi-certitude, selon un point de vue déterministe. Si pourtant il parie pour l'événement le moins sûr, son pari ne sera pas tout à fait insensé, car cet événement peut se réaliser aussi. Cela va jusqu'à l'extrême aléa, aucune éventualité n'étant absolument exclue puisque aucune n'est absolument certaine. C'est la marge d'indétermination, fondée elle-même sur un déterminisme: l'effet «hautement improbable» des statisticiens (une chance sur un trillion) se produirait fatalement dans une série d'expériences suffisamment étendue, et l'indétermination concerne chaque expérience en particulier. Cet effet serait obtenu peut-être à la trillionième expérience, ou peut-être à la prochaine (il aurait pu l'être dès la première). L'homme qui parie pour sa réalisation cette fois-ci n'a qu'une chance infime de gagner, mais cette chance existe. Il n'est pas impossible qu'il gagne.

* * *

Le complexe de déterminé et d'indéterminé apparaît surtout dans les jeux dits de hasard, dont le caractère est que toutes les éventualités s'y présentent avec autant de chances les unes que les autres: ce qui signifie ou bien qu'on ne peut absolument pas discerner celle qui en a le plus et passer de la notation d'un possible à l'appréciation d'un probable, ou bien (cela revient au même) que celle des éventualités qui se produira est réellement n'importe laquelle.

Un homme de sens commun, ayant à parier entre deux éventualités, ne misera pas sur celle qui a, par exemple, une chance de réalisation sur cent. Les joueurs des loteries, qui sont gens de sens commun si on en juge par le grand nombre des participants, misent (je simplifie) alors qu'ils n'ont qu'une chance de gain sur dix mille s'il y a un million de joueurs et une centaine de lots; encore chacun compte-til que son numéro sortira au tirage pour le lot le plus fort, ce qui le met à une chance sur un million. C'est que dans le premier cas les chances ne sont pas également réparties, l'une des éventualités est beaucoup plus probable que l'autre et le hasard serait que celle qui n'a qu'une chance se réalisât cette fois-ci, au lieu de celle qui en a quatre-vingt-dix-neuf. C'est possible, mais fort aléatoire, et la raison, c'est-à-dire l'appréciation déterministe, l'emporte généralement.

Les joueurs des loteries se décident d'une tout autre manière. Chacun estime non pas que sa chance est d'autant plus réduite qu'il y a plus de gens à jouer, mais qu'elle est égale à celle de n'importe quel autre joueur et qu'il n'y a aucune raison pour qu'un autre gagne plutôt que lui, aucune raison pour que ce ne soit pas lui qui gagne.

En réalité, il a beaucoup moins de chances que s'il pariait à un contre quatre-vingt-dix-neuf dans le cas où deux éventualités se présenteraient avec leurs caractères distinctifs comme plus ou moins probables.

Il joue pourtant et il n'a pas tort, même s'il perd, ou bien celui qui a gagné n'aurait pas dû jouer non plus. Il n'a pas tort, car on ne voit au départ pour aucun joueur de position particulière qui qualifierait l'un ou l'autre. Leurs positions sont interchangeables, ou plutôt la situation est la même pour tous parce qu'elle se crée d'un coup instantanément et non sur des possibilités antérieures: aucune possibilité de gain n'existant préalablement pour personne, et tous recevant la même au même instant, il est indifférent à l'événement et à l'être que celui-ci gagne ou celui-là. L'idée que tout est ici indéterminé explique qu'on joue à une sur un million de chances, alors qu'on n'accepterait pas de jouer à une chance sur cent dans le premier cas. D'où il ressort que la position et l'intensité d'un possible dans l'être, sa proximité vis-à-vis de nous et sa force convaincante ne dépendent pas d'une proportion arithmétique de chances, mais du rapport de cause à effet qui conditionne sa réalisation et le caractérise avec plus ou moins de précision à nos yeux, de sorte que nous acceptons ou refusons de tabler sur d'autres possibles.

Les joueurs le savent ou le sentent bien. Ils jouent, encore que le hasard de perte soit de beaucoup le plus grand, parce que chacun sait qu'il est avec les autres non pas seulement à égalité de chances, mais à identité de chance, et qu'au regard du sort toutes les positions sont parfaitement indifférenciées, personne n'étant plus déterminé à gagner que qui que ce soit. Mais en même temps un joueur essaiera de sortir de cette indifférenciation, de particulariser son cas, de discerner ou de faire naître dans l'indétermination générale une cause qui le désigne plus spécialement pour le gain éventuel. Par une contradiction dont il ne s'avise guère, lui que cette indétermination engage à jouer, il essaiera d'y reconnaître ou d'y introduire un déterminisme qui fonctionne à son avantage, le plus rigoureux peut-être, et qui le rendrait gagnant à tout coup s'il pouvait en disposer, mais le moins directement compréhensible, le plus secret. A la roulette, il jouera au moment qu'il croira favorable au retour de tel numéro dans la série, ou augmentera progressivement sa mise dans la conviction que le numéro choisi doit fatalement revenir; à la loterie, il cherchera dans les résultats des tirages précédents l'indice d'un chiffre privilégié pour le tirage prochain. Mais la loi des grands nombres est peu maniable, et le calcul des probabilités décevant.

Peu importe d'ailleurs qu'il y ait du hasard dans l'enchaînement des causes et des effets, ou quelque fatalité dans le hasard. Un grand intérêt scientifique s'attache au point de savoir si le principe de causalité doit être considéré encore comme théoriquement valable, ou si un principe universel d'incertitude ne doit pas lui être substitué, mais le premier venu sait fort bien que, dans la pratique courante, la relation de cause à effet coexiste avec l'incertitude. Ce qui importe, de notre point de vue, c'est de constater d'abord que l'incertitude où on est devant un fait à venir tient toujours à l'incertitude de ce fait, et ensuite que le pari, contrat aléatoire (que l'on passe aussi bien avec soi-même qu'avec autrui) ne se forme que si le fait qu'on envisage a au moins une chance de se réaliser (il ne viendra à l'esprit de personne de parier pour une éventualité dont on serait absolument sûr qu'elle ne se réalisera pas).

Ce sont là remarques fort simples. Une autre remarque non moins simple est qu'un parieur compte bien être tiré d'incertitude à un moment donné. Sans doute serait-il sans intérêt pour lui d'apprendre qu'il a perdu, mais on ne joue pas pour perdre, et ce serait jouer perdant quoi qu'il arrive si on ne devait être fixé à aucun moment sur la conclusion du pari, et sachant d'avance qu'on ne doit pas l'être, qu'on ne le sera jamais.

CHAPITRE III

Connaissance expérimentale et connaissance rationnelle. — L'être ne va pas de soi. — L'échec des preuves métaphysiques de Dieu n'apporte pas la preuve contraire.

On ne voit qu'une incertitude qui ne tienne pas à celle d'un fait: c'est l'incertitude où nous sommes quant à l'existence de Dieu. Là réside la différence, que je qualifiais d'essentielle, entre cette incertitude, d'un type absolument unique, et les autres types de conjectures auxquels nous avons à faire. Tout autre type concerne une éventualité dont nous pensons qu'elle est plus ou moins probable, ou, si nous ne pouvons apprécier son degré de probabilité, comme c'est le cas dans des jeux de hasard, qu'elle a des chances de se produire, que sa réalisation est possible. Mais Dieu n'est pas possible, ou éventuel ou probable, non plus que vraisemblable ou plausible. «Dieu est ou bien il n'est pas», dit Pascal, et qu'il soit ou ne soit pas, cela ne dépend pas d'une relation causale ou d'une conjoncture de hasard. S'il est, il est de toute éternité, préexistant à tout; et s'il n'est pas, il ne sera produit par rien, il ne sera jamais. Quand Pascal déclare qu'il faudrait parier pour Dieu alors qu'il y aurait une foule de hasards de perte et un de gain, il a en vue l'immense intérêt du joueur, il pense à l'exceptionnel enjeu du pari. Mais il n'y a pas plus de hasards d'un côté que de l'autre et il ne peut y en avoir plus; il y a «pareil hasard de gain et de perte», ajoute Pascal. C'est seulement notre esprit qui se partage sur la seule question dont la réponse doive être donnée sans que l'on ait à attendre du monde aucune lumière décisive. On ne parie pas pour ou contre l'existence de Dieu, comme le veut un commentateur du pari, en jugeant de sa «possibilité réelle»[1] d'après des conditions objectives qui nous la feraient d'abord admettre ou refuser de l'admettre. L'existence de Dieu n'est pas liée à un principe déterministe. Elle n'est pas tributaire d'une incertitude. L'incertitude n'est qu'en nous, et c'est en nous uniquement que nous trouverons à nous décider pour l'un ou l'autre parti. En nous, mais non dans notre raisonnement.

[1] Jules Lachelier.

«De quel côté pencherez-vous?» demande Pascal. Il est difficile de vaincre la répugnance qu'on éprouve à reconnaître que la raison ne saurait nous faire pencher d'un côté ou de l'autre. Pascal fait plus que le reconnaître; il en convient, il y consent avec une humilité qui écrase l'homme. «Le fini s'anéantit en présence de l'infini, et devient un pur néant. Ainsi notre esprit devant Dieu... S'il y a un Dieu, il est infiniment incompréhensible, il n'a nul rapport à nous...» Et, sans doute, Pascal ne s'en tient pas là. Ce qu'il veut, avec tant d'autres, c'est nous mener à la rencontre d'un «médiateur» qui ouvre vers Dieu la seule voie possible, celle de la prière, de l'amour. Ne considérons que son refus d'entrer dans les raisons des philosophes, refus qui se fonde sur ce qu'elles demeureraient «inutiles et stériles» même si elles pouvaient atteindre leur but, qui est de prouver et d'expliquer. «Quand un homme serait persuadé que les proportions des nombres sont des vérités éternelles, et dépendantes d'une première vérité en qui elles subsistent, et qu'on appelle Dieu, je ne le trouverais pas beaucoup avancé pour son salut». Mais ce n'est pas seulement pour le salut que les raisons des philosophes sont inutiles; elles le sont aussi en ce qu'elles s'adressent à l'intelligence, car elles ne persuadent pas tout le monde, et ceux qu'elles persuadent ne sont guère assurés dans leur conviction. «Les preuves de Dieu métaphysiques, écrit Pascal, sont si éloignées du raisonnement des hommes, et si impliquées, qu'elles frappent peu; et quand cela servirait à quelques-uns, ce ne serait que pendant l'instant où ils voient cette démonstration, mais une heure après ils craignent de s'être trompés».

«Inutiles et stériles»: en qualifiant ainsi «les preuves de Dieu métaphysiques», Pascal songeait moins aux preuves mêmes qu'à la prétention de leurs inventeurs, quand ils assurent qu'elles sont assez claires pour entraîner la foi; car de là à assurer que la foi ne peut naître si Dieu n'est pas d'abord démontré, il n'y a qu'un pas, qui est franchi par le plus grand des contemporains de Pascal, le philosophe du doute méthodique, et cela dans la dédicace qu'il fait de ses «Méditations» aux docteurs et théologiens de Sorbonne: «J'ai toujours estimé, écrit-il, que les deux questions de Dieu et de l'âme étaient les principales de celles qui doivent plutôt être démontrées par les raisons de la philosophie que de la théologie; car bien qu'il nous suffise, à nous autres qui sommes fidèles, de croire par la foi qu'il y a un Dieu et que l'âme humaine ne meurt point avec le corps, certainement il ne semble pas possible de persuader aux infidèles aucune religion... si premièrement on ne leur prouve ces deux choses par raison naturelle»[2].

[2] René Descartes.

Il y a évidemment des relations entre la raison et la foi. S'il n'y en avait pas, ce serait parce que la foi apparaîtrait comme déraisonnable, et alors elle ne se soutiendrait plus, on n'aurait pas de question à poser sur Dieu ni sur l'âme. Il y a entre elles des relations même si le croyant se refuse à discuter sa foi, car il ne la considère pas pour autant comme déraisonnable, il estime seulement que la raison ne peut en rendre compte: opinion encore erronée si on la pousse trop loin, la raison étant du moins capable d'étayer la foi là où elle existe. L'erreur est de penser qu'il lui appartient de convaincre «premièrement» et qu'elle y suffit, qu'elle vient donc avant la foi comme ce qui la détermine, alors que la raison ne peut fournir qu'un certain appui intellectuel à la foi quand celle-ci est déjà née de son popre mouvement, de sa libre initiative. En fait, des millions d'hommes ont choisi de croire à un Dieu qui vivifie et qui sauve, mais je ne sache pas que personne se soit persuadé de l'existence de Dieu «par les raisons de la philosophie». Dire que la foi est raisonnable, c'est dire que la raison peut s'accorder avec elle; que l'acte de foi, qui est tout irrationnel, étant accompli, on trouve aussi des raisons de croire. Mais on ne peut dire plus. Un croyant retrouvera Dieu dans les preuves qu'on lui propose: être nécessaire, parfait, etc. Celui qui ne croit pas d'abord en lui, n'y verra rien qui le persuade.

* * *

On ne s'assure pas de l'existence de Dieu par les seuls moyens de l'intelligence, et cela ne devrait pas scandaliser ni étonner. «Combien y a-t-il peu de choses démontrées!» s'écrie Pascal. Pour lui, on ne connaît bien une chose que si on en connaît la nature, mais il ajoute qu'«on peut bien connaître l'existence d'une chose sans connaître sa nature». Qu'est-ce donc que connaître la nature d'une chose? Il ne me sert à rien, par exemple, de me mettre en mémoire les raisonnements et les figures d'un théorème si je ne les comprends pas. La nature d'un théorème est d'être une signification; la mémoire ne retient que des signes, et j'aurais beau avoir appris ceux-ci très exactement, je resterais hors de la réalité intelligible qu'ils signifient.

Il n'est pas de la nature de Dieu d'être démontrable, explicable ou compréhensible. Dieu n'a pas à être démontré, expliqué ou compris parce qu'il est autre chose qu'une réalité intelligible, ou une idée. S'il est, je ne le connaîtrai que dans une participation personnelle et par union de mon être au sien. «Par la gloire nous connaîtrons sa nature», dit Pascal. Notre condition d'homme dans le monde nous en empêche, et tant que nous y sommes soumis, nous ne saurions ni atteindre à la pleine connaissance de Dieu, qui n'est possédée que par intuition dans une évidence immédiate, ni parler de lui en termes qui puissent même le suggérer si une foi préalable ne leur donne du moins valeur d'interprétation. C'est une folle entreprise que de vouloir connaître Dieu «selon les lumières naturelles» applicables aux réalités physiques ou idéales d'un monde accordé à nos perceptions et à notre intelligence pour que nous puissions y vivre, mais qui par cela même nous fixe dans une condition dont nous ne pouvons sortir. Il y a d'autres connaissances, expérimentales ou même purement spéculatives, auxquelles l'homme n'atteint qu'imparfaitement parce qu'il n'est pas adapté au monde nouveau où il s'engage: ainsi le physicien explorant l'univers subatomique ne dispose que d'instruments qui restent inclus dans l'univers à nos dimensions et à nos mesures; ainsi le philosophe phénoménologue qui cherche à opérer ce qu'il nomme la «conversion transcendantale» ne dispose, comme il l'avoue, que de modes de langage qui ne sont pas faits pour décrire cette opération parce qu'ils appartiennent à la «condition naturelle»[3]. Se confier, pour connaître Dieu, à la seule intelligence, c'est vouloir prendre vue sur lui avec des moyens qui demeurent infiniment en deçà.

Avant de dire que «par la gloire nous connaîtrons sa nature», Pascal déclare que «par la foi nous connaissons son existence». J'incline à penser que ce n'est point là simple lieu commun: Pascal voudrait dire non pas qu'étant incapable de connaître Dieu d'une autre manière, nous en sommes réduits à le connaître par la foi; mais que nous n'avons pas à connaître Dieu autrement que par la foi, parce qu'il ne nous est connaissable que de cette manière. Dans ce cas, le penseur a tort d'accuser l'infirmité de notre condition: telle qu'elle est, celle-ci est suffisante pour que puisse être acquise toute connaissance proposée à l'homme. Mais à toute connaissance correspondent ses voies et moyens, et la seule voie, le seul moyen approprié à celle de Dieu consistent dans la foi, quand même l'homme parviendrait à la connaissance empirique ou rationnelle de tout l'univers.

Il y a, pour ce qui est du monde, deux moyens principaux de connaissance. L'un d'eux suppose (et ne peut pas ne pas supposer) l'existence d'une réalité objective à quoi la conscience s'applique: c'est la science expérimentale. L'autre moyen fait de la conscience la réalité ultime et nécessaire par qui toute forme d'être est «constituée»[4] et par

[3] Edmund Husserl.
[4] Edmund Husserl.

rapport à qui le monde prend un sens: c'est la connaissance rationnelle. Mais Dieu n'est objet ni d'expérimentation et de savoir, ni d'intellection et d'explication; et pas plus qu'il ne l'est dans notre condition présente, il ne l'est dans la gloire qu'évoque Pascal, où l'expérience sensible est donnée ainsi que l'évidence intellectuelle dans la communion de l'être avec l'être.

Aucune de ces deux connaissances, l'expérimentale et la rationnelle, n'est valable pour Dieu. Il est sûr que nous ne le trouverons pas dans le monde, que ce soit le monde de nos perceptions ou un monde qui, échappant à nos perceptions, tel l'atomique, n'en est pas moins de nature objective. S'il s'agit de Dieu, notre recherche ne saurait être de celles qui appellent une solution pour la curiosité scientifique et dès l'abord, avant toute solution, impliquent sans doute possible la réalité de leur objet.

Nous ne trouverons pas Dieu non plus dans l'activité de la conscience logique s'exerçant au niveau transcendantal qui est celui du «moi» considéré dans son universalité, en tant que principe donateur de sens à qui renvoie tout ce que le monde contient de réalités perceptibles et intelligibles[5]. Dans cette perspective, le monde n'apparaît ni comme une simple représentation, ni comme quelque chose de tout fait et étalé devant nous; il prend une existence positive, bien qu'il n'ait pas d'existence en soi. C'est à partir de la conscience, opérant au moyen de démarches dites «intentionnelles» et dégageant des «significations», que le monde se constitue. On dira alors que la conscience constitue le monde, car chaque intention tend à un type d'être qui lui est à la fois corrélatif et hétérogène, et chaque signification révèle ce type, le réalise, l'amène à l'existence ontologique adéquate. Il serait ridicule de supposer que la conscience tend vers Dieu pour lui donner un sens et ainsi le constituer en son être. L'intuition d'un «sens intentionnel» par qui la conscience sortirait de ses propres contenus subjectifs pour atteindre un objet visé par elle et dont la réalité lui deviendrait alors évidente — cette intuition ne tient plus si c'est à Dieu que l'on pense. Ou si elle tient encore, si un sens intentionnel se retrouve dans la pensée que nous formons de Dieu, c'est du côté du sujet seulement et en lui, comme une visée purement intime à laquelle ne correspond aucun corrélat objectif certain. On peut tenter de définir Dieu, de poser ce qu'il est et signifie pour nous: on ne sortira pas d'une forme subjective, on ne constituera qu'une idée dont on ne saura toujours pas si elle se rapporte à un être

[5] Edmund Husserl.

réel ou si elle n'est qu'une vue de l'esprit. S'agissant de Dieu, il n'y a point, il ne peut y avoir de théorie qui conduise à l'être et à la croyance à l'être. C'est dire que la croyance à l'existence de Dieu ne relève pas de l'intersubjectivité transcendantale, qui est toute théorique et dont les actes constitutifs aboutissent à des notions qui s'imposent à elle-même et aux subjectivités particulières comme correspondant à des réalités objectives indubitables. Celles-ci se présentent comme telles parce qu'elles sont dans le monde et que le rapport de la raison humaine au monde des objets est tout ensemble originaire et immédiat.

La croyance à l'existence de Dieu ne ressemble pas à celle qui s'applique aux réalités du monde; elle relève exclusivement de la conscience individuelle; elle résulte d'un acte que tous peuvent accomplir, mais chacun pour soi et comme s'il était le seul. Je vois bien qu'une notion rationnelle de Dieu doit s'établir pour une communauté de croyants, mais cette notion commune ne prend valeur d'existence pour chacun que si elle est fondée sur une affirmation qui ne dépend d'aucun autre et ne s'impose à aucun autre. C'est dire que Dieu ne saurait apparaître comme une réalité objectivement indubitable. La certitude qu'il existe ne saurait être de raison; elle ne saurait être unanime. Dans le monde, on ne l'obtient que par la foi. On n'obtient qu'une certitude personnelle à tout moment gagnée sur le doute.

Ce serait pourtant une erreur de penser que la raison n'agit que pour construire après coup une doctrine capable d'unir sur des principes communs ceux qui ont choisi l'acte de foi. Si rien de raisonnable ne soutenait préalablement cet acte, il ne se produirait sérieusement nulle part et il n'y aurait en fait de croyance que cette «simplicité crédule» dont parle Pascal, asservie aux fables et aux tabous. La raison aussi est en œuvre dès l'origine. Ayant naturellement rapport au monde, mais n'ayant de rapport qu'à lui, elle a pour rôle de poser sur l'existence de Dieu une question qui naît de ce rapport même et se pose pour l'homme en général, mais doit être résolue par chacun spécialement; posée au plan de la conscience intersubjective à partir d'une analyse rationnelle du rapport entre celle-ci et le monde, la question ne saurait être tranchée que par l'individu en termes d'irrationalité et de pari. J'essaierai de dire ce qu'est ce passage de l'universel à l'individuel, de la raison qui questionne généralement à la foi qui répond en particulier. Pour le moment, constatons qu'on ne se résout pas de bon gré à prendre parti dans la liberté de la foi, et qu'on y renoncerait volontiers pour une démonstration péremptoire et contraignante. C'est qu'on n'est libre d'affirmer qu'en étant libre également de nier. Connaître l'existence de Dieu, c'est d'abord accepter de la reconnaître, et nous pouvons nous y refuser aussi bien. Un doute persiste, qu'il appartient à la foi de dépasser. On voudrait non pas dépasser, mais éclaircir ce doute, et n'avoir qu'à se soumettre à une certitude objective au lieu de recommencer sans cesse un effort personnel d'acquiescement. On demande donc à la raison de fournir cette certitude, et on en revient par là à chercher dans l'universel théorique une réponse qui doit être donnée singulièrement par chaque personne. La raison ne fournit d'objectif qu'une question et d'indubitable que le doute qui s'ensuit; ce n'est pas à elle de répondre.

Pascal parlait pour les philosophes qui cherchent à prouver qu'il y a un Dieu. Il ne considérait dans l'incertitude que ce qui nous fait hésiter à croire et que nous voudrions résoudre de manière à y être obligés, alors qu'il n'y a qu'à prendre sur soi et parier. Mais l'incertitude peut aussi nous porter à ne pas croire: c'est l'autre terme du pari, auquel on ne se décide pas plus aisément. Comme le croyant cherche à établir sa position sur des preuves qui la fondent en principe, l'incroyant tente de montrer que la sienne est assez assurée dans ses motifs pour emporter l'adhésion de tout homme raisonnable. Il alléguera que l'idée de Dieu enferme en soi une contradiction, d'où il conclut non plus seulement que la raison ne saurait justifier la foi, mais que la foi est contraire à la raison et que Dieu est donc impossible. Il soutiendra que Dieu est inutile, le monde n'ayant de sens que par l'homme, et ce sens exigeant qu'il n'y ait ni prescience de ce qui va être, ni «perfection déjà réalisée en deçà du monde[6]», pour que l'homme dans le monde s'invente lui-même sans cesse au cours d'une histoire.

Le vice de toute pensée incroyante est une partialité qui la met d'entrée en porte-à-faux. Non que le croyant soit impartial: au contraire, il n'est croyant qu'en prenant parti, et il prend parti en définitive sans preuve déterminante, par préférence. Mais la partialité avec laquelle il décide n'intervient qu'au niveau de l'individu, quand celui-ci s'avise que du point de vue transcendantal ou par «raison», comme dit plus simplement Pascal, au plan de la raison universelle «on ne peut défendre nul des deux», et qu'il doit décider par un acte qui ne dépend que de lui. Pour l'incroyant, c'est toujours dans l'universalité qu'il se place pour défendre une négation explicite ou implicite, et il est forcé de s'y tenir, il ne peut nier que par raison, je veux dire du point de vue de l'homme en général. Cette partialité-là est toute différente de l'autre, et c'est le raisonnement qui risque fort d'en être faussé. Je n'ai jamais rencontré

[6] Maurice Merleau-Ponty.

encore, dans les écrits ou dans les conversations, une dialectique de la non-existence de Dieu où le négateur ne se fût octroyé d'avance, par quelque manière spécieuse d'énoncer le problème, les conditions qui lui permettaient de trancher à sa guise.

Il faut regarder cela de plus près. J'avais cru, en commençant, pouvoir me borner à une vue d'ensemble touchant l'égale impossibilité de prouver que Dieu existe ou qu'il n'existe pas. Il apparaît qu'on ne peut se passer de rappeler quelques-unes des «preuves» émises pour ou contre, et nous aurons à examiner aussi une opinion d'après laquelle le mieux est de ne rien affirmer et rien nier, non que l'on estime devoir maintenir le doute, mais parce qu'on nie qu'il y ait un problème, ce qui est la manière la plus radicale de nier, bien que la plus insidieuse.

CHAPITRE IV

Confrontation entre la pensée croyante et l'incroyante. — L'incroyance est autre chose que le contraire de la foi. — L'athéisme philosophique contemporain.

Il y a dans toute pensée athée un parti pris, que le croyant ne saurait critiquer comme tel: lui-même, étant incapable de «rendre compte de sa créance», doit prendre parti, choisir de croire que Dieu existe et passer de l'incertitude à l'affirmation sans autre pont que son choix et la foi qui s'érige sur ce choix. C'est là ce que Pascal nomme un pari, qui recommence à tout moment. Pas plus qu'on arrive à la foi comme au terme d'un raisonnement bien mené, on ne continue dans la foi après une première option qui nous y installerait d'une manière stable et définitive. La foi est une incertitude toujours surmontée, elle est volonté de croire quand bien même on ne serait plus sûr que l'on croit.

L'incroyance se présente d'abord comme le choix et le parti pris opposé, et l'on n'aurait rien à y redire si l'incroyant, après avoir lui aussi conclu, avec Pascal, que «par raison on ne peut faire ni l'un ni l'autre» se décidait en sachant qu'il le prend sur lui et assume de son côté une position qui résulte d'un choix individuel, puisque la raison ne l'impose pas plus généralement qu'elle n'impose la croyance.

Mais cette position, l'incroyant ne pourrait la soutenir: elle consisterait à affirmer que Dieu n'existe pas et à reconnaître en même temps qu'on n'est pas certain de ce qu'on affirme. Celui qui croit à l'existence de Dieu, bien que la preuve n'en puisse être donnée, se résout à affirmer que Dieu est, alors qu'il considère comme possible que Dieu soit, et s'il vient à douter encore de son existence, il ne fait que retrouver une incertitude qu'il doit surmonter de nouveau. Etant incertain si Dieu est, et dans les moments où il est le plus incertain, il peut s'efforcer de penser — et aussi d'agir et de vivre — comme si Dieu était. Le croyant peut douter sans contredire sa croyance, je dirai même qu'il ne peut pas ne point douter. Entendons-nous: la foi ne consiste évidemment pas à douter, ce n'est pas le doute qui la constitue. Mais elle ne se constituerait pas sans lui, en ce sens que s'il n'y avait point de doute, il n'y aurait pas non plus une foi; il y aurait une certitude arrêtée, déterminée dans son objet comme pour le sujet, sans alternative — alors que la foi est liberté et perpétuelle option. Et parce qu'elle est liberté, parce qu'elle est option — c'est-à-dire aussi que l'on s'y choisit soi-même tel qu'on veut être — parce qu'il n'engage que lui dans l'acte de foi, le croyant est là seulement où il se veut, et il peut se regarder comme n'étant pas dans une négation ou velléité de négation à laquelle il se refuserait. Quand viennent la sécheresse du cœur et la nuit de l'esprit, l'homme qui garde la volonté de croire est bien plus dans cette volonté où il se recueille que dans la sécheresse et la nuit qu'il lui faut subir; aussi n'y a-t-il pas contradiction entre l'absence de foi à laquelle il pense être réduit et la fidélité qu'il maintient cependant. Il n'y a pas non plus, et il y a encore moins contradiction si c'est la raison qui échoue. Le croyant peut affirmer sans certitude rationnelle. Si on lui montre que ses raisons ne sont pas décisives, il peut en convenir et passer outre, dès lors qu'on ne lui montre pas que les raisons contraires le sont davantage.

Plus encore que par son objet, la pensée incroyante se distingue de la croyante par son attitude, par son comportement. On n'affirme pas la non-existence de Dieu de la même manière qu'on affirme son existence, dans un acte qui, parce qu'il s'accomplit dans l'incertitude, n'exclut jamais complètement un doute contre lequel il s'exerce et qui l'aide à s'éprouver lui-même. Disons qu'il y a dans l'acte de foi un élément négatif nécessaire à son affirmation. Dans l'affirmation de l'incroyant, il ne peut y avoir rien de semblable. L'incroyant ne peut pas douter. Il ne peut penser et agir et vivre comme si Dieu n'était pas, avec l'arrière-pensée que Dieu est peut-être, car il n'aurait dès lors qu'à penser et vivre et agir comme si Dieu était. Il ne peut dire qu'il est possible que Dieu soit: c'est précisément la position de Pascal, celle qui doit faire parier pour Dieu. Il ne peut dire qu'il est possible que Dieu ne soit pas: s'il le disait, il verrait aussitôt que c'est là ce que dit le croyant dans les moments où il doute le plus, que là est l'élément négatif auquel l'acte de foi doit répondre avec le plus de force. L'incroyant est tenu de dire qu'il est impossible que Dieu soit, que l'existence de Dieu est impossible. La volonté de ne pas croire, alors qu'il ne serait pas sûr d'être dans le vrai en ne croyant pas, ne peut lui suffire, car elle ne serait volonté que d'aveuglement. Il lui faut des raisons de ne pas croire, et non pas seulement acceptables (comme au croyant quand il cherche à étayer sa foi sur des raisons), mais déterminantes, des raisons de nier qui le persuadent pleinement par elles-mêmes. L'incroyance est catégorique, compacte, totale, elle est affirmation négatrice sans la moindre faille d'incertitude, et cela sous peine de se contredire. Tandis qu'il y a dans l'être de la foi une part indispensable de néant, et plus intimement est ressentie cette part, plus intense est l'acte par lequel la foi se parfait.

Observons encore que l'incroyance totale est presque aussi rare que la foi parfaite. L'incroyant, disais-je, ne peut penser et agir comme si Dieu n'existait pas, avec l'arrière-pensée que Dieu existe peut-être. C'est le croyant qui peut se comporter comme si Dieu n'existait pas, ou beaucoup qui se disent croyants et se figurent qu'ils le sont, quand ils ne sont que tiédeur et simagrées. Quant aux incroyants, je n'assurerai pas que beaucoup sont des croyants qui s'ignorent, suivant une formule fort répandue et aussi frivole que rassurante. Mais il ne faudrait pas attendre de la plupart qu'ils aient pris parti lucidement. Ils sont incroyants sans raison, comme d'autres sont croyants sans amour.

J'essaie de dégager les deux attitudes extrêmes, ou plutôt les deux manières d'être foncières en fait de croyance et d'incroyance. La communauté de croyance n'enlève rien au caractère rigoureusement personnel et singulier de l'acte de foi, qui n'est commandé par aucun impératif logique. Ce n'est pas la foi qui est indivise entre les croyants; ce sont les raisons sur lesquelles ils s'accordent. Mais chacun n'y acquiesce que si la foi les anime en lui, et la foi est un choix qu'il fait en particulier et librement: c'est dire que ce choix ne résulte pas d'un commun accord, et que les raisons sur lesquelles s'accordent ceux qui l'ont fait laissent intacte la liberté de chacun, qui est d'avoir à le recommencer toujours sans être lié par les raisons communes.

L'incroyant, au contraire, n'a pas le choix. Entre l'existence et la non-existence de Dieu, il ne peut dire, avec Pascal qu'«il y a pareil hasard», et prendre personnellement parti. L'option individuelle n'est pas possible dans son cas, ni pensable: quelle signification cohérente y aurait-il dans un acte qui consisterait à nier Dieu sans être sûr qu'il n'existe pas? L'incroyant doit tenir la non-existence pour indubitable, de sorte qu'aucune liberté d'option ne soit laissée à l'individu. Il n'est point «forcé à jouer», étant tenu de penser comme il le fait, conduit par une certitude qui n'est pas proprement la sienne, comme l'est l'acte de foi du croyant, mais qui est formulée en général, qui se pose comme acquise à l'égard de tous. Qu'elle soit proférée ouvertement ou sous-jacente au propos, qu'elle intervienne discrètement ou avec éclat, la négation de Dieu ne peut comporter la moindre hésitation, la moindre réserve particulière. Un homme qui parie pour Dieu affirmera qu'il existe si tout le monde le nie, l'incertitude étant pareille pour lui et tous les autres et sa chance égale à la leur. Celui qui pense qu'il n'y a pas de Dieu, fût-il le seul, doit penser que eux qui y croient n'ont aucune chance, il ne saurait admettre un instant l'hypothèse où le croyant gagnerait, car lui ne fait pas d'hypothèse, il ne tranche pas dans une alternative, il ne parie pas.

Dès lors qu'on parle de l'existence de Dieu, la négation est tout autre chose, par rapport à l'affirmation, qu'une position de sens opposé. Le parti pris de l'incroyance diffère de celui de la foi qui est strictement individualisé, disais-je, puisqu'il consiste à choisir pour soi dans l'incertitude générale, à surmonter personnellement cette incertitude; et si le croyant tente de persuader ceux qui ne croient pas, c'est en s'efforçant d'abord de leur montrer, comme fait Pascal, qu'on n'est théoriquement sûr de rien, que chacun est seul devant son choix. Quelques moyens que prenne le négateur pour montrer, explicitement ou implicitement, qu'il n'y a point de Dieu: critique de la notion elle-même, considérations scientifiques, appréciation tirée de l'anthropologie, du sens de l'histoire, etc., il se prononce pour toute l'opinion, pour toute la société, son affaire n'est pas de surmonter une incertitude mais de l'abolir. Que l'incertitude ne soit pas abolie, que la question continue de se poser, cela est assez manifesté par le partage qui ne cesse de se faire entre les esprits, les uns répondant «oui», les autres «non», et même dans beaucoup d'esprits qui répondent tantôt l'un, tantôt l'autre, ou hésitent entre les deux. L'effort de la pensée incroyante, sous toutes ses formes, logique ou lyrique, scientifique, historique, est de détourner les hommes du pari et de sa nécessité — d'empêcher le plus grand nombre d'hommes possible de se retrouver chacun seul à seul avec soi-même pour reconnaîre que si la mort est pour tous, sa mort n'est pour personne que lui, et que si l'incertitude de ce qui arrivera après la mort est commune, le choix entre le «oui» et le «non» est pour lui seul parce qu'il concerne sa propre mort.

* * *

La réponse de l'incroyant est «non», mais ce n'est pas un choix qui le dicte, il répond qu'on n'a pas à choisir et que le «non» s'impose. C'est ce qu'il faut du moins qu'il déclare s'il a quelque rectitude d'esprit. Celui qui dirait, suivant les termes du pari de Pascal, qu'il n'est pas sûr qu'il n'y ait point un Dieu mais qu'il opte pour la négation et en accepte le risque ne montrerait qu'inconséquence et fausse bravoure. J'ai défini l'incroyant comme un homme qui ne peut douter, qui est sûr de ce qu'il avance et, par conséquent, n'a pas le choix; qui ne parle donc pas pour lui seul, mais pour les autres, pour tous les hommes, y compris ceux que tient encore l'imagination dont lui-même a su se défaire. On considère ordinairement l'incroyance comme s'opposant à la foi par une conclusion contraire sur la question de l'existence de Dieu: certains y croient, d'autres la nient, et c'est toute la différence. En réalité, foi et incroyance diffèrent d'abord par ce qu'elles sont en elles-mêmes, indépendamment de leur réponse à cette question. Nous avons vu ce qu'elles sont: la première, un acte de la conscience individuelle, qui est tel rigoureusement parce qu'on n'a pas de certitude; l'autre, un état de conscience qui tend à être collectif, car il suppose une certitude que tout le monde devrait reconnaître. Le prosélytisme de la foi peut gagner les foules, il agit par propagation dans chaque conscience prise à part, il s'adresse à la personne considérée isolément et singulièrement pour l'amener à la démarche qui dépend d'elle seule, et il n'y a de foi que là où cette démarche est accomplie. L'incroyance, qui se fonde comme telle sur un fait acquis: la non existence de Dieu, n'appelle pas l'individu à un choix, mais convoque la multitude à la reconnaissance de ce fait; fait non pas négatif, comme quand on assure que tel événement n'a pas eu lieu en réalité, mais d'une positivité certaine, qui ressortit à une connaissance tout aussi objective que celle qu'on peut prendre du monde physique. C'est l'histoire de l'évolution et du développement de la conscience humaine qui montre comment s'y est produite l'idée de Dieu, comment la fiction de Dieu a pris forme, et s'il y a là, comme dans toute rétrospective, une part d'hypothèse, cette hypothèse n'est pas moins sûre pour l'athée sociologue et psychologue que celle de la formation du système solaire pour le savant astronome et physicien.

Ne parlons pas de l'incroyance comme du contraire de la foi. L'incroyance est un savoir, ce peut même être un «gai savoir» si on pense que le rejet de la fiction de Dieu doit délivrer l'homme et qu'il convient de s'en réjouir. Le refus de croire, eût-il l'air et le langage d'un acte de volonté, d'une option opposée au choix du croyant, d'une revendication humaniste conre les théismes anciens, s'établit sur un savoir: on refuse de croire en Dieu parce qu'on sait d'instruction certaine qu'il n'existe pas en réalité, et qu'on ne veut pas se laisser prendre ou reprendre à ce qui n'est, on ne l'ignore plus, qu'un mirage de notre esprit. Le fait qu'il n'y a point de Dieu, fût-il annoncé à l'homme en termes de révélation — la révélation de sa propre vérité existentielle dans un monde où il n'a plus à faire qu'à lui-même —, est une découverte du même genre que celles qui fondent un savoir, et comme tout savoir celui-ci se communique, il tend à la généralisation, à l'œcuménicité, on n'y échappe qu'en se retranchant sur soi, en évitant le contact avec autrui. «Serait-ce possible! le vieux saint dans sa forêt n'a pas encore entendu dire que Dieu est mort!» s'exclame Zarathoustra. Mais non, il ne l'a pas «entendu dire», sa solitude l'a gardé dans l'ignorance de la grande nouvelle que Zarathoustra et plusieurs autres entreprennent de divulguer: Dieu est mort, l'idée de Dieu s'efface de la conscience humaine où elle dominait depuis des dizaines de siècles. L'homme se rend compte enfin qu'il était dupe d'un fantôme créé par lui et au profit duquel il s'était lui-même dépouillé de ses plus hauts attributs, la force, la sagesse, le libre vouloir, la hardiesse inventive. Le voilà qui s'affranchit de son illusion, qui ressaisit ce qui lui appartient.

Tel est le commun point de départ des doctrines de négation, quelques divergences qu'elles offrent ensuite. L'affirmation que «Dieu est mort» doit restituer pleinement la liberté des «hommes supérieurs» que la croyance à un Dieu, avec son respect pour les débiles et son culte des petites vertus, assujettit au grand nombre, soumet aux valeurs du «troupeau»[1]. Ou ce sont les masses populaires qu'empêche de s'émanciper une «aliénation religieuse»[2] adaptée aux rapports économiques et politiques propres à chaque époque. D'autres tiennent la soumission à un absolu divin pour un stade psychique infantile, auquel doit succéder la notion scientifique d'une relativité conforme à l'esprit humain et réglée par des «lois positives» bien contrôlées[3]. Entre les divers aspects de l'incroyance, l'entente se fait sur cette idée que Dieu est la projection par l'homme de sa propre essence dans un sujet fantastique qu'il exalte en se rabaissant lui-même, ou grâce à qui il tente d'oublier sa condition misérable au lieu de la changer. Il ne suffit pas à la pensée incroyante de dire qu'il n'y a point de Dieu. Le «Non-Credo», s'il se bornait à affirmer un néant, serait une parole stagnante et une action avortée, qui n'entraînerait personne, qui retomberait aussitôt. C'est à l'homme qu'il faut croire désormais, à l'homme seul, qu'on l'envisage sous l'aspect aristocratique du «surhumain», dans la réalisation prolétarienne du socialisme, en tant que voué à un progrès indéfini dans tous les domaines: connaissance, action, conquête matérielle, domination et possession du monde, maîtrise de l'histoire, etc.

Tout cela a souvent été exposé et commenté. Une remarque nouvelle à quoi aboutit la confrontation entre la foi et l'incroyance, est que celle-ci tient pour illusoire non seulement le Dieu que celle-là choisit d'affirmer, mais la liberté qu'on a de s'interroger sur l'existence de Dieu

[1] Frédéric Nietszche.
[2] Karl Marx - Ludwig Feuerbach.
[3] Auguste Comte.

pour répondre même négativement. Reconnaître qu'on peut s'interroger, fût-ce pour répondre qu'il n'y a point de Dieu, serait admettre qu'on peut aussi répondre qu'il y a un Dieu, et l'incroyance ne l'admettrait pas sans se mettre avec elle-même en opposition. Au fond, ceux qui pensent que Dieu n'existe pas estiment qu'on n'est pas plus libre intellectuellement à cet égard qu'on ne l'est de trancher des propriétés du triangle ou de conclure que deux et deux font quatre. Là se révèle cette attitude en porte-à-faux qui caractérise la pensée incroyante: on ne peut prouver et on ne peut non plus conserver un doute. Il faut donc refuser la question, mais dans un tout autre esprit que l'agnosticisme qui ne veut pas se prononcer sur ce qu'il déclare inconnaissable. L'athéisme n'essaie pas de fournir à l'intelligence des éléments raisonnables de conviction, il veut la détromper comme la recherche scientifique par l'étude du fait, du phénomène. Plutôt qu'une argumentation, il émet un diagnostic: auto-mystification et dédoublement, aliénation, inauthenticité, etc. On n'a pas à poursuivre de spéculation métaphysique sur ce qui est objet d'expérience psychologique et sociologique. La même assurance se retrouve chez les théoriciens du matérialisme dialectique et chez le prophète du «surhumain». Quand celui-ci engage l'homme à s'affranchir de l'idée de Dieu par un acte de volonté, par une libre décision, il le fait en se payant de mots et dans une transe lyrique où le souci de discernement entre peu. La question d'existence n'est pas supprimée, ni le doute qui s'ensuit dissous par un acte volontaire. On n'y parvient qu'en proclamant qu'aucune question ne se pose réellement sur Dieu et l'existence de Dieu, que le doute lui-même est irrecevable. On décide de ne plus raisonner de ce que l'on sait désormais être un faux problème. Ce n'est pas une décision libre que l'on recommande à chacun de prendre et de maintenir s'il en a la courage; c'est un enseignement que l'on dispense à la communauté en connaissance de cause et dont on invite chacun à faire son profit.

* * *

L'athéisme philosophique s'est exprimé de nos jours en termes moins catégoriques, quelques esprits éminents s'étant avisés qu'une négation trop formelle témoigne encore pour Dieu, puisqu'elle se pose relativement à l'affirmation, comme son contraire, comme l'antithèse par rapport à la thèse. J'ai tenté de montrer que ces deux actes — affirmation et négation — n'apparaissent dans un tel rapport que si on se borne à opposer ce qu'ils attestent manifestement, sans voir la nature intrinsèque et secrète de chacun d'eux; et il est clair qu'aucune synthèse ne sort de leur opposition, à moins qu'on ne veuille nommer ainsi l'incertitude où l'on retombe alors aussitôt. Mais on ne fait qu'y retomber, et l'incertitude n'est pas la synthèse d'une affirmation et d'une négation: c'est d'elle que naît l'une ou l'autre, avec cette différence qu'affirmer l'existence de Dieu c'est surmonter à tout moment l'incertitude que l'on continue d'éprouver — comme un nageur prend appui sur l'élément qu'il combat — alors qu'on ne peut nier l'existence qu'en niant aussi l'incertitude. Celle-ci est un état psychologique qui résulte de l'impossibilité où nous sommes de répondre logiquement — dans quelque sens que ce soit — à la question de l'existence de Dieu. C'est la question que l'on niera donc, et la seule manière non équivoque de la nier consiste non pas à dire qu'elle ne se pose pas en tâchant de montrer pourquoi, mais à n'en rien dire du tout: car le seul fait de l'énoncer, même pour montrer qu'elle ne se pose pas vraiment car il n'y aurait de question véritable qu'énoncée en terme de savoir, revient à nier que Dieu existe et par conséquent à poser encore implicitement la question de son existence. Le refus de la question de Dieu doit demeurer tacite, il ne sera même pas évoqué. Dans une formule assez saisissante, le commentateur d'un des maîtres de la pensée contemporaine déclare que ce philosophe «veut être celui dont le non ne portera pas témoignage pour le oui», et qu'il se propose «l'instauration d'une pensée sans la moindre référence à l'idée de Dieu»[4]. La question sera donc omise plutôt que refusée formellement, son omission étant obtenue, sans qu'il y ait besoin de s'en expliquer, à partir d'une notion de l'existence en général incluant nécessairement la temporalité, donc la finitude — notion obtenue elle-même à partir d'une analyse descriptive de l'existence de l'homme dans le monde prise comme critère ontologique limitatif ou mode d'être indépassable, et excluant de ce fait toute autre notion. Etendue à l'existence comme telle et à quelque subjectivité que l'on suppose, l'analyse ainsi généralisée ne sera probante que si elle constitue une description littérale et un compte rendu exhaustif, non une thèse interprétative et un système de propositions plus ou moins plausibles élaborées «à partir de...». Il faut pour cela que l'existence intra-mondaine du sujet humain apparaisse à l'évidence comme la seule manière pensable d'exister subjectivement, de sorte que toute existence subjective soit réellement impossible en dehors d'une temporalité qui l'affecte radicalement de finitude.

En tout cas, la tendance est nette. Plutôt que d'attaquer de front et ostensiblement l'idée de Dieu, comme l'ont fait les grand négateurs du

[4] A. De Waelhens à propos de Heidegger.

XIXe, on cherche à vider l'esprit du doute qu'on ne peut éclaircir ni d'un côté, ni de l'autre: ne pas affirmer, cela va de soi, mais ne pas nier non plus parce que la négation rappellerait que l'affirmation est également possible, et penser comme s'il n'y avait rien à affirmer ou à nier. C'est cette consigne d'abstention que donne l'un des représentants les plus remarquable de l'athéisme philosophique moderne, qui ne se défend «d'ignorer le problème» que pour le mettre «au-dessus des solutions qui l'étouffent»[5]: ce qui veut dire, non pas que le problème s'impose au-dessus ou indépendamment des solutions qu'on voudrait lui trouver, mais qu'il n'est à traiter que du point de vue de la contingence de l'être humain et du monde, la recherche même d'une «solution» par quoi reparaîtrait l'idée d'un Etre nécessaire étant à écarter comme dépourvue d'intérêt philosophique. De là, le phénoménologue est amené à écarter aussi l'idée d'une progression inéluctable de l'humanité vers son accomplissement: pas plus qu'à une Volonté transcendante qui ôterait au monde toute nouveauté et à la recherche toute invention, on ne doit recourir à un Destin dans l'homme et les choses qui donnerait à l'histoire une direction déterminée vers un état déjà connu où elle s'achèverait. Comprendre les rapports de l'homme avec la nature, et ceux des hommes entre eux, comme organisés en vue d'une fin humaine, c'est encore penser en théologien, et substituer à la croyance à Dieu un anthropothéisme qui n'est pas philosophiquement plus recommandable. Je n'y contredirai pas. Si on refuse l'explication de l'homme et du monde par un Etre nécessaire dont ils descendent et à qui ils remonteraient, on peut bien refuser également de reporter en l'homme lui-même le principe explicatif et la nécessité souveraine.

Quelques raisons qu'il se donne, le négateur considère l'idée de Dieu comme une gêne pour l'homme, soit qu'elle contrarie l'accomplissement de son destin, soit qu'elle fasse obstacle à sa liberté. Qu'il voie dans l'histoire un déterminisme ou une perpétuelle invention, il pense comme si l'homme avait à décider entre deux disciplines dont l'une serait plus apte que l'autre à réaliser un type d'humanité authentique: cela indépendamment de la question de savoir si Dieu existe, qui ne doit plus se poser dorénavant. Mais c'est encore une question que de savoir si l'idée de Dieu n'est pas indispensable à l'homme pour se maintenir, pour garder figure humaine. Que Dieu existe ou non, si l'idée que nous avons de lui exprime une part métaphysique inhérente à notre nature, que résultera-t-il, même du point de vue de la Terre, même dans le

[5] Maurice Merleau-Ponty.

monde, de l'amputation de cette part? L'idée de Dieu, répliquez-vous (et peut-être aussi l'homme métaphysique), est une construction superfétatoire, une excroissance inutile, puisque beaucoup d'hommes se passent fort bien de Dieu et de l'idée qu'on en a. Ils s'en passent, mais dans un monde où beaucoup continuent d'en vivre, où la pensée dans son histoire et ses thèmes fondamentaux s'est composée jusqu'ici pour ou contre Dieu, où l'incroyance ne représente encore que l'autre parti auquel une incertitude commune peut conduire, le second terme d'une alternative. L'expérience n'a pas été faite d'un monde où l'idée de Dieu aurait été éliminée radicalement et totalement. Il est extrêmement improbable, mais non tout à fait impossible qu'elle se fasse, et l'on peut en imaginer l'effet. Ce qu'apporterait cette expérience, ce ne serait pas seulement l'assurance universelle qu'il n'y a point de Dieu, ce serait la fin de toute réflexion à ce sujet; ce qu'elle aurait universellement supprimé, ce serait non pas seulement la croyance à l'existence de Dieu, mais l'aptitude à décider entre y croire et ne pas y croire. Et il n'y aurait plus ni alternative ni option, ni même incroyance caractérisée, mais un état indifférencié de non croyance qui irait de soi sans avoir à se fournir de raisons, et en quoi se serait perdue peu à peu toute disposition, je ne dis pas religieuse, qui tend à l'acte de foi en Dieu par l'individu, mais métaphysique, qui suscite pour la conscience générale une idée de Dieu et une interrogation à propos de cette idée. Oui, mais l'idée de Dieu n'est pas de celles que la conscience localise; de celles dont l'éviction généralisée laisserait la conscience telle qu'elle est. Que tout le monde dans le monde entier en vienne non pas à penser qu'il n'y a point de Dieu, mais à ne penser rien désormais d'une question abolie en tant que telle, les philosophes, s'il en restait alors quelques-uns comme les survivants bizarres d'un temps et d'une mentalité si parfaitement révolus qu'ils en seraient devenus incompréhensibles, s'apercevraient qu'il n'y a rien dans cet accord qui ressemble à une liberté, qu'il n'y a pas même là de pensée mais un automatisme, qu'il n'y a de liberté et de pensée que s'il est possible en effet de refuser comme fausse l'idée de Dieu, mais aussi de l'accepter pour vraie; et qu'en définitive, soit qu'on l'accepte, soit qu'on la refuse, l'idée de Dieu était l'un des critères et l'un des supports de ce que nous appelons liberté de conscience, liberté de pensée.

CHAPITRE V

Il n'y aurait ni nécessité de choisir, ni liberté de choix, s'il n'y avait en chacun de nous quelqu'un dont la mort est incertaine et qui se révèle à travers ce qui en nous tous est certainement périssable. Quelqu'un dont la mort est incertaine... Ce qui veut dire d'abord que nous ne sommes pas sûrs d'avoir l'immortalité. Nous ne sommes sûrs que de ceci, que tout ce qui en nous tient au monde est destiné à périr. S'il y a en nous un principe qui ne dépend pas du monde et vit éternellement, nous ne pouvons en avoir la perception sensible ni la preuve intellectuelle. Mais il nous suffit d'une incertitude qui donne le droit de penser que ce principe existe peut-être. La démarche préambulaire à la foi consiste à dire non que nous sommes sûrs de vivre éternellement, mais que nous ne le sommes pas de mourir à jamais.

Il faut reconnaître ce qui en nous est certainement périssable et ce qui ne l'est pas certainement, de sorte que par option de foi il me soit possible de croire que je survivrai ou que je revivrai. La part de notre être vouée à une mort définitive est celle qui se manifeste le plus souvent. Elle apparaît comme liée à ce qu'un penseur nomme le «on»[1], et c'est d'elle que relève notre comportement ordinaire, cette trame de lieux communs où le penseur voit une perpétuelle fuite de l'existant devant lui-même, l'aliénation du «je» responsable dans un monde collectif et impersonnel qui le rassure en le distrayant de soi, en lui dissimulant la détresse de sa condition mortelle. C'est une interprétation acceptable pour le croyant comme pour l'incroyant, et Pascal à sa façon le dit aussi. Nous y verrons ceci encore, si nous sommes croyants: le verbiage habituel, les opinions reçues, les procédés de convention, les gestes indéfiniment reproduits, tout ce quotidien quasi machinal et insignifiant sur quoi les hommes établissent de proche en proche un simulacre d'échange et d'entente, tout cela dérive d'une unité antérieure à la déchéance de l'être adamique et dont nous n'avons plus que les vestiges ou la parodie. Quoi qu'il advienne de nous après la mort, il est bien certain que ces manières d'être vont à la poussière et au néant. Mais déjà elles n'expriment qu'une part de notre être dégradée, qu'un faux-semblant d'existence. Ce qui meurt en moi sûrement et à jamais, c'est le

[1] Martin Heidegger.

«on», ce que je ne suis pas authentiquement, ce qui dès à présent n'est pas en vérité et en valeur.

S'il y a une vie éternelle, je ne l'obtiendrai que par ce qui existe en moi de vrai — disons aussi de valable — dans le monde où je suis encore. Le vrai, le valable, l'authentique désigne premièrement une conduite qui tend à être aussi purement individuelle et personnelle que possible. Mais l'homme n'est presque jamais un être purement personnel, un individu. Il ne l'est même pas quand il assume, dans un grand effort de détachement et à la fois de récupération, la solitude de son existence et y reconnaît celle où il aura à assumer sa mort: car il n'assume alors que l'inévitable, il reconnaît et éprouve une possibilité qui ne peut pas ne point s'accomplir, la moins commutable, certes et en ce sens la plus personnelle, mais aussi la moins particulière parce que la plus universelle de toutes. Un individu à l'état pur, l'homme ne l'est que dans le seul acte qu'il ait absolument à oser, car cet acte est le seul qui amène l'homme qui l'accomplit à un face à face exclusif avec lui-même. Aussi est-ce la possibilité d'un tel acte qui rend un homme maître de sa mort et fait la vraie solitude de l'homme mourant; qui fait que le sens de sa mort dépend de lui au lieu de suivre la loi, et que toute mort d'homme est essentiellement individuelle au lieu de s'inscrire, comme pour tout autre créature qu'humaine, dans une communauté de destin.

Sauf l'acte de foi en Dieu, qui est en même temps affirmation du «je» particulier dont il émane, toute action ou pensée humaine se situe dans un monde d'indifférenciation structurale — émane d'un «moi» relationnel intersubjectif, d'un «nous». Bien plus que sur le mode individuel, qui ne se révèle que dans le rapport de l'homme à Dieu et dès l'instant qu'un homme s'y dispose par un choix entièrement séparé, notre existence s'accomplit selon une manière d'être commune, de sorte que nous ne sommes que par référence aux autres et avec eux. Il n'est pas toujours facile de distinguer dans cette manière d'être entre ce qui appartient au «nous» et ce qui n'est que du «on», entre ce qui témoigne une présence au monde participée, mais authentiquement humaine, et ce qui marque l'aliénation de l'homme dans un monde ouvertement ou secrètement déshumanisé, tel que l'individu s'y défait, dit à peu près le philosophe[2], dans une existence communautaire moyenne de valeur réelle insignifiante. Au contraire de ce qu'on serait enclin à penser, ce n'est pas en tant qu'individu qu'un homme se trouve «plutôt placé en ce lieu qu'en un autre», comme dit Pascal, ou présent à telle époque plutôt

[2] Martin Heidegger.

qu'à telle autre: c'est par son insertion dans une quantité humaine innombrable, dans un «être en commun» dont la durée se poursuit et où lui-même ne dure là où il est que comme un passage de cette durée, que comme un instant de cet être. La condition de l'homme dans le monde, son malheur, le signe du péché originel dirons-nous si nous sommes croyants, est qu'il ne peut accéder ni à l'entière autonomie existentielle ou pure individualité subjective, auquel cas il ne dépendrait en son être de personne d'autre selon le temps et ne serait pas soumis au destin qui nous veut mortels — ni à l'intersubjectivité vraie ou unité parfaite avec les autres, auquel cas chacun communierait en son être à l'être de tous par une continuelle victoire sur la temporalité et la mort. Si Dieu existe, la vie de l'homme en Dieu se réalise de telle sorte que tous existent et vivent unanimement comme un seul, et que chacun reçoit de la présence de tous un tel surcroît personnel d'existence et de vitalité qu'il est à lui seul comme tous et autant que tous ensemble. Nous avons à découvrir que l'individualité pure et l'intersubjectivité vraie coïncident dans le même état. Mais, nous, hommes dans le monde, ne pouvons que rêver cet état, sachant qu'il ne viendra pas au monde, qu'il ne s'accomplira jamais pour les hommes à la manière d'un événement historique — et l'espérer néanmoins, et y tendre d'un homme à l'autre et de l'une à l'autre génération humaine en perpétuelle instance de mort, sachant que l'homme total que visent ce rêve, cet espoir et cette tension, si réellement il doit s'accomplir, c'est par la mort même envisagée en chacun des hommes et dans l'homme en général comme le seul moyen de faire échec à l'insigne absurdité de la finitude.

* * *

Ainsi, m'étant proposé de reconnaître ce qui en l'homme est certainement périssable et ce qui ne l'est pas certainement, j'ai distingué entre le «on», qui n'est dès aujourd'hui que néant, et le «nous» dont il m'est permis de croire que sa résurrection est possible pour une existence où l'unité avec les autres s'accorderait à une plénitude de vie personnelle. J'en reviens par là à cette part de mon être dont j'ai dit qu'elle demeure au moment où je m'éprouve comme séparé d'autrui pour un choix qu'il me faut faire seul: d'où l'angoisse d'une déréliction absolue, — et persistant en moi-même pour faire ce choix dans l'absolu de ma liberté: d'où l'intuition que je puis exister d'une certaine manière sans participation à personne d'autre, que j'occupe en un point extrême de l'être une place qu'aucune autre présence ne remplirait. Cette part d'être en moi n'est pas périssable et elle n'a pas à mourir pour ressusciter. Elle est dès aujourd'hui immortelle, et c'est par elle que vivra ce qui en moi tient au monde, ce qui se situe avec autrui dans une continuité de temps, ce qui est voué à mourir selon un destin commun et que mon corps me représente. Je ne peux m'assurer de l'existence de cette part impérissable: s'il y a en moi, comme en tout homme, un principe d'éternité, ce principe n'est pas plus susceptible de définition conceptuelle que de perception ou d'imagination, car il n'est en aucune manière dépendant du monde et n'existe que par rapport à Dieu. Je l'ai nommé le «je» autonome, l'individu à l'état pur, la personne dans sa stricte identité. C'est ce que les croyants appellent l'âme. N'étant ni donnée à l'expérience sensible ni saisie par l'investigation psychologique ou connue par la démarche spéculative, qui n'appréhendent que des rapports intra-mondains, l'âme ne saurait apparaître à la conscience générale comme une réalité objectivement indubitable, de sorte que nous en pouvons dire ce que Pascal disait de Dieu même: elle est ou bien elle n'est pas, elle existe dès à présent en chacun des hommes ou n'existera jamais en aucun d'eux. C'est dire que l'existence de l'âme, comme celle de Dieu, est éprouvée dans l'incertitude, et que cette incertitude ne tient pas non plus à un fait ou à une éventualité mais se trouve seulement dans notre esprit. Le pari sur Dieu, le seul pleinement significatif, écrivais-je, car c'est le seul que nous ayons à faire en l'absence de tout donné rationnel ou empirique sur quoi fonder une supputation de chances et une prévision objective, concerne l'âme également, qui n'existe que si Dieu existe. L'âme est affirmée ou niée par le même acte qui affirme Dieu ou le nie, mais je l'affirme en me posant déjà dans le monde comme sujet purement individuel, alors que je ne nierai Dieu et l'âme qu'au plan et du point de vue de l'homme considéré en général.

La négation de l'individu, négation implicite, bien sûr — sinon inconsciente — habite toute pensée athée. Nous l'avons dit précédemment et il serait inutile de revenir sur ce point (comme éventuellement sur tout autre point que nous aurions déjà examiné), si la répétition n'apportait un complément à ce qui a été dit ou ne le montrait sous un jour nouveau. C'est bien l'homme «en général» que l'on considère lorsqu'on nie l'existence de Dieu en tablant sur l'évolution historique de la conscience humaine, d'où ressortirait la justification de l'athéisme, fondée sur son intelligibilité historique. Je remarquais à ce propos que l'historien-philosophe non croyant, plutôt que d'argumenter pour l'intelligence spéculative, s'applique à l'analyse du fait ou du phénomène qu'il achève par un diagnostic: aliénation, dédoublement, etc. Mais cette remarque n'est juste qu'en partie, des éléments de certitude théorique et métaphysique sont sous-jacents à une analyse où l'on suppose que la non-réalité de Dieu, bien qu'elle ne soit pas non plus démontrée à la façon d'un théorème, est du moins suffisamment établie par l'interprétation rationnelle de données de conscience que l'on tient pour sûres. La position athéiste se fonde d'abord sur le rejet, motivé notamment par la «Critique de la Raison pure», des preuves ou voies enseignées traditionnellement pour obtenir la conviction intellectuelle de l'existence de Dieu. L'athéisme (ou le côté athéiste) kantien n'est cependant pas lié à la critique de ces voies ou de ces preuves, qui sont critiquables en effet; il apparaît quand le philosophe, allant au delà d'une critique qui se serait limitée à l'argument empirique ou raisonnement objectif par lequel la doctrine traditionnelle cherche à soutenir la foi, se fait juge de la notion même de Dieu en déclarant qu'il est une idée transcendantale de la pure raison, issue de son exigence d'une unité synthétique de tout le divers et convertie par elle fictivement en la représentation d'un être qui existerait en réalité. C'est d'ailleurs de ce jugement que le philosophe, qui est au fond un théiste et même un piétiste, se trouvera prisonnier quand il essaiera en raison pratique de restituer au concept de Dieu une valeur d'être, c'est-à-dire une forme d'existence propre que l'analyse de la raison spéculative écartait comme illusoire. Je note que le rationalisme athée abolit toute possibilité individuelle d'option, en quelque sens qu'on envisage celle-ci: l'individu n'a pas à opter parce qu'il est lui-même nié comme tel, étant tenu par une raison universelle ou transcendantale qui fait de lui quelqu'un d'identique rigoureusement à tous et interchangeable avec n'importe quel autre.

L'athéisme existentialiste, par des moyens différents, en arrive au même résultat. Entre le rationalisme et l'existentialisme, la différence de pensée porte sur ce que doit être la vérité ontologique et aussi sur les moyens dont dispose l'homme pour y accéder. Le problème de la connaissance se pose donc en premier lieu au philosophe existentialiste comme au rationaliste. La vérité est conçue par la philosophie rationaliste classique comme un accord entre la connaissance et son objet, accord qui est réalisé dès lors que l'objet idéal du concept est théoriquement explicité et défini ou se retrouve concrètement dans l'expérience. Les philosophies de l'existence ont renoncé à cette notion du réel et du vrai pour s'attacher à la recherche de l'essence originelle de l'homme, existant privilégié, par qui se dévoile tout ce qui est au monde et qui n'est lui-même que dans un perpétuel dévoilement de soi, au long d'un projet qui jamais n'aboutit car l'homme est par essence celui qui a toujours à être et a toujours de l'être à dévoiler, qui devient donc sans cesse ce qu'il est sans jamais l'être intégralement. La découverte maîtresse de l'existentialisme phénoménologique est le temps, ou, pour parler le langage moderne, la temporalité, à laquelle est accordée une exceptionnelle importance dans la conquête d'une connaissance ontologiquement valable. L'importance donnée à la temporalité par le philosophe existentialiste résulte de sa prise de conscience nouvelle de la vérité de l'homme et du monde, et l'on pourrait dire aussi bien que cette vérité est apparue dès lors que le philosophe a pris conscience de ce qu'est la temporalité: elle n'est pas seulement l'expression de ce qu'il y a en l'homme de fini, le signe du néant dont se compose aussi son existence; elle signifie que l'homme n'advient à l'être et au monde que par ce néant qui entre dans sa composition, que la vérité de son essence se trouve dans cette finitude sans laquelle il n'aurait rien à révéler et ne se révélerait pas lui-même. Le sujet humain n'est ce qu'il est, comme existence et comme conscience, que parce qu'il est un être originellement fini, qui a la compréhension de soi et du monde non pas malgré ou contre une finitude qui l'empêche de s'accomplir pleinement, mais à cause même de cette finitude grâce à quoi et en quoi il se constitue. C'est en vain que je veux me définir par cet appel inventif à un futur, ce pouvoir de projection en avant de moi qui anticipe sur la réalisation de ce qui va être. Je n'anticipe sur toute situation à tout moment que dans un futur déjà antérieur, non pour éprouver maintenant que je serai, mais pour reconnaître dès maintenant que j'aurai été.

* * *

Dire de la finitude qu'elle est l'essence originelle de l'homme, ou le sens de son être, c'est dire que la mort ne doit pas apparaître à l'homme seulement comme le terme fatal de son existence, et qu'il doit d'abord la comprendre comme cette constante possibilité qui lui représente à chaque instant le néant en fonction duquel il existe. Croire à l'existence de Dieu, être infini, être éternel, à l'infinité et l'éternité de qui j'aurais part serait donc une tentative pour ne point me voir dans ma vérité, pour ne point assumer une insuffisance à moi-même indispensable, une vocation au néant qui fait précisément que je puis être. Et cette condition n'est mienne que parce qu'elle est celle fondamentalement de tous: comme j'étais renvoyé par le rationalisme athée à une raison générale qui me soumet à une vérité intellectuelle commune, je suis renvoyé par l'existentialisme athée à une manière d'être commune où réside toute ma prévérité existentielle.

De même que le rationalisme, l'existentialisme athée comporte négation implicite de l'individu. Ce qu'on nomme «l'être-là», ou le «pour-soi», ou «l'existant» désigne la dimension temporelle humaine en tant qu'elle est nécessaire globablement à la manifestation du monde et à l'accueil de ce qui apparaît comme actuel et comme à venir, comme éloigné et comme voisin, ni un «ici» ni un «ailleurs» particularisé et délimité mais un champ à l'infini de suscitations et de rapports, le lieu aux milliards d'horizons d'une poursuite qui se multiplie et reprend sans cesse, tout ce qui exprime la rencontre de l'homme avec l'être — tout, excepté un être individuel. Et certes, aucune idée n'est moins nette ou plus équivoque que celle de l'être individuel. Je regarde le paysage ouvert devant moi, les lointaines collines, l'aiguille d'un clocher entre des toits, plus près un étang gris-bleu bordé de roseaux, puis la prairie qui ondule au soleil jusqu'à mes pieds, et au-dessus de ma tête cette longue branche recourbée dont les petites feuilles claires miroitent. Ces impressions ne sont qu'à moi, personne n'a les mêmes au même moment et personne ne les aura jamais de la même manière, le monde s'y montre sous certains aspects qui n'émergent que de mon regard et seraient demeurés dans l'ombre si je ne m'étais trouvé là présent à cette minute. Dans la perception que j'en ai, je me saisis naturellement et immédiatement comme un «moi», comme un sujet distinct, comme un individu. Mais au même instant, et sans que j'aie besoin d'y penser, je sais que ma perception n'est pas celle d'une réalité totale et achevée, que la vision qui m'est donnée ainsi du monde et de quelque objet que ce soit dans le monde est toujours partielle et relative. La branche qui se balance au-dessus de moi s'offre à mon regard sous un certain angle, dans une certaine perspective qui me fournit d'elle une image que je tiens pour vraie; mais une foule d'images différentes et tout aussi vraies de cette même branche apparaîtraient, en même temps que celle que j'en reçois, à autant de regards qui l'observeraient sous d'autres angles et dans des perspectives variables à l'infini. Contemplant les collines au loin, le clocher et les toits et toute l'étendue environnante, je me croirais au point exact autour duquel le monde se déploie, ou plutôt me croirais-je moi-même le point de réflexion vers qui un monde à l'entour encore obscur afflue de tous côtés pour s'y reconnaître et refluer aussitôt vers l'horizon extrême; mais je sais, sans avoir à le formuler, qu'une multitude d'aspects divers du même décor sont impliqués dans la vision que j'en ai, ou que celle-ci ne fait que réaliser pour moi l'une des multiples possibilités de spectacle qui se réaliseraient aussi naturellement pour autant de spectateurs distribués selon d'autres axes ou sur d'autres plans. Et là-bas derrière l'horizon il y a ce que je ne vois pas d'ici et que d'autres voient de là où ils se situent, ce que je verrais moi-même si je m'y trouvais (mais je ne peux être partout à la fois et avoir vue sur tout simultanément), une immense possibilité diffuse de vision où toute vision se compose, un monde qui continue au delà toujours de tout regard et qui naît cependant de tout regard ouvert sur lui de place en place et de moment en moment. Je ne doute pas de la réalité du monde. Je ne doute pas non plus que la représentation particulière que j'en ai corresponde à une réalité, et j'écarte même comme superflue cette idée d'une représentation qui viendrait s'interposer entre moi et le monde, entre moi et tel objet que j'observe: le monde m'est révélé sans intermédiaire dans la perception que j'ai de lui, l'objet se découvre à moi tel qu'il est et ne peut pas ne pas être pour mon regard qui le fait surgir et l'accueille. Ce n'est plus sur l'être réel des choses autour de moi que je m'interroge: elles sont, à leur manière, aussi réelles que moi-même, car s'il est vrai que toute chose n'existe que pour un regard, il est également vrai qu'il n'y aurait point de regard si quelque chose partout n'existait pour lui. C'est sur moi que je m'interroge. Je pense, je suis, cela est certain, comme il est certain que sont les autres hommes. Mais suis-je à vrai dire un individu? et y a-t-il au monde pour moi et les autres une possibilité d'être qui s'accomplisse individuellement? y a-t-il une existence qui vienne à se réaliser et à se comprendre sur un mode individuel authentique?

CHAPITRE VI

Je suis dans le monde, ce qui ne signifie pas simplement que j'y suis inclus comme l'est toute autre créature que l'homme, mais qu'un monde est nécessaire pour que je sois et que ma présence suscite en quelque aspect là où je suis. Je suis dans le monde, et je n'y suis pas seul, ce qui ne signifie pas simplement qu'il y a dans le monde avec moi une multitude d'hommes. Serais-je au monde le dernier homme vivant, je continuerais de n'être pas seul, et cela signifie que l'aspect sous lequel le monde se révèle à moi est suscité nécessairement d'un tout que recouvre à l'infini une présence à laquelle je participe. Je ne suis un individu qu'au sein de cette présence et parce qu'il faut qu'elle se particularise pour exister concrètement. Je ne suis pas purement un individu, mais l'un des innombrables acteurs de cette présence et l'un de ses perpétuels avatars, non pas purement un «je» mais un «nous» qui n'accède à l'existence concrète qu'en se particularisant en moi comme en chacun des autres hommes. Aussi le monde, bien qu'ouvert tout entier à mon regard, déborde-t-il infiniment ce que j'en perçois, et ne puis-je occuper au même moment qu'un seul lieu, ne puis-je me situer ou me supposer qu'à une certaine place avec l'intuition toujours d'une proximité et d'un éloignement, d'un «ici» et d'un «ailleurs» à perte de vue, d'imagination et de pensée. L'espace — et aussi le temps — se déduit pour chacun des hommes en particulier et pour tous les hommes ensemble de cette condition, la même pour chacun et communément celle de tous. Tout est donné à la fois dans l'espace à une possibilité de perception que l'existant individuel réalise et qui le déborde, entendons par là que tout ce qui est donné ainsi — le monde entier — devrait être perçu simultanément, qu'au don total du monde devrait répondre dans un seul et même instant l'ubiquité de la perception, alors que l'existant individuel ne réalise cette possibilité que de point de vue en point de vue, donc aussi d'instant en instant, qu'il ne perçoit le monde que dans une succession d'aspects fragmentaires par éclairs continus de coïncidence partielle. Espace et temps se déduisent de l'unité de la présence humaine, mais à partir d'une rupture d'unité indispensable pour qu'advienne effectivement en tout homme cette présence universelle et vacante. Toutes choses perçues apparaissent comme déjà là en leur lieu et dans leur durée. Elles naissent réellement du regard qui vient sur elles, mais se manifestent alors à nous comme préformées, comme préexistantes (on dirait qu'elles attendent là constamment qu'une perception les suscite), et c'est aussi vrai du brin d'herbe sous mes yeux qui brille en ce moment pour moi seul que des étoiles où des milliers de regards se recontreront cette nuit. La distinction qu'établit le philosophe entre notre connaissance, qui est «une intuition non créatrice», et ce que doit être la connaissance de Dieu qui «crée originellement dans l'intuition l'objet de celle-ci»[1], explique ce «déjà là» des choses et du monde aux yeux de l'homme. L'intuition humaine «n'est pas capable de se fournir à elle-même son objet», aussi ne peut-elle être que «réceptive», doit-elle être affectée par quelque chose qui s'annonce à elle du dehors comme un donné à quoi elle est sensible. Et il est juste de rapporter à une existence infinie l'intuition originelle et la connaissance totale que Dieu a des choses. Si quoi que ce fût pouvait être qu'il n'eût pas originellement dans son intuition et ne connût pas d'emblée totalement, Dieu serait comme l'homme un être fini dans un monde et au milieu d'objets qui le précéderaient. Il ne serait pas Dieu. Il ne serait pas. C'est dire qu'il faut rapporter à la finitude de l'être humain le fait que l'objet nous apparaît toujours comme antérieur à notre intuition. — «C'est parce que notre existence est finie, jetée dans un monde qui est déjà là et auquel elle est abandonnée que notre connaissance est nécessairement réceptive», dit encore le philosophe[2]. Et c'est parce qu'elle est réceptive, à la différence de celle de Dieu qui se donne dans l'acte créateur «toute chose en soi et comme telle»[2], c'est-à-dire tout entière adéquate à son intention, que notre connaissance n'est capable de saisir ni la totalité des choses, ni le tout de la chose qu'elle considère, qu'elle ne peut procéder qu'empiriquement et transitivement dans un monde de phénomènes qui s'offre et à la fois s'oppose à elles de toutes parts et en chaque objet.

La distinction entre la connaissance divine et l'humaine — distinction qui n'intervient que pour rendre compte de celle-ci, car ce philosophe ne croit nullement en Dieu — montre que notre manière de connaître appartient à une existence vouée à finir. Mais la question que je tiens pour la plus importante ne s'en trouve pas éclaircie: la finitude de l'homme est-elle à l'origine et au fondement de son existence? en est-elle l'élément constitutif essentiel, la condition ontologique nécessaire et exclusive pour que l'être humain se réalise et d'abord pour qu'il soit possible, de sorte que nous devons renoncer à croire et à espérer que

[1] Martin Heidegger.
[2] Martin Heidegger.

nous puissions être autrement que selon une existence finie? Je n'ai pas besoin d'explication pour savoir que je ne suis pas Dieu, que je ne crée pas ce qui s'offre à ma perception, que le monde était là avant que je fusse et que ma vie prendra fin. Une question demeure, qui est de savoir si la finitude est certainement nécessaire à tout autre existence que celle qui appartiendrait à Dieu — ce qui revient à faire de l'existence supposée de Dieu un terme idéal d'opposition qui permette au philosophe de mieux comprendre «le sens de notre être» — ou bien si cette finitude n'est nécessairement inhérente qu'à une condition humaine laissée à elle-même et au monde seul: de sorte que, par l'affirmation possible du Dieu vivant et d'un rapport concret de moi à lui, il me soit permis de penser que le sens de mon être est dans sa vocation à une infinité de vie au delà du monde, ou, plus exactement, dans le monde ramené à Dieu et renouvelé en lui selon une manière de durer qui ne comporte plus de fin pour moi ni aucun de nous.

* * *

Nous ne pouvons pas ne point constater que notre existence dans le monde est finie, et que ce caractère fini se marque dans la réceptivité de notre intuition et la forme empirique de notre connaissance. La finitude étant comprise comme le fondement ou le sens de l'être humain, il reste à se demander sur quoi se fonde la finitude elle-même ou quel en est le sens, et ainsi à comprendre pourquoi et comment notre intuition, appartenant à une existence finie, ne peut être que réceptive, et notre connaissance qu'empirique. La réponse à cette demande, je la trouverai, une fois de plus, dans la référence que je fais à Dieu, non pas à Dieu supposé par le penseur et pris comme terme de comparaison avec l'homme pour une intelligence plus précise du mode d'être et de connaître de celui-ci; non pas à Dieu posé et défini par nous et en contraste avec nous comme intuition créatrice ou existence infinie: mais au Dieu vivant tel que lui-même affirme qu'il est, et tel qu'il me faut, si je veux accéder à lui, l'affirmer dans un acte qui imite le sien d'abord par l'absence de définition et de qualification. J'observais plus haut que Dieu, parlant de soi, ne dit point qu'il est la première cause, ou l'être nécessaire, ou l'unique principe, qui sont des concepts humains. Remarquons à présent que Dieu ne dit pas non plus que son intuition est créatrice ou qu'il possède la connaissance originelle de toutes choses. Dieu ne s'explique pas sur ce qu'il est. Il ne s'énonce pas par opposition à ce que nous sommes. Il annonce dans une affirmation absolue, et nous avons vu qu'une telle affirmation, dont nous penserions qu'elle évoque ce que Pascal appelle «l'infini chaos qui nous sépare», a pour effet d'abolir si nous la reprenons personnellement, cette séparation et ce chaos, l'affirmation: Dieu est, parce que toute de volonté individuelle, étant une initiative qui emporte le passage de notre être propre à l'absolu, c'est-à-dire au contact du Dieu à qui nous nous configurons en l'affirmant. La parole par quoi Dieu se révèle ne décrit ni ne définit pour nous ce qu'est Dieu, elle nous communique tout ce que nous avons à connaître de son nom entendu comme adéquat à l'être même: nous comprenons que cette parole signifie et dénonce l'Individualité pure, la Personnalité intégrale, le «Je» sans altérité subjective interférente ni limitation objective aucune. Aussi le «Je suis» divin n'est-il précédé d'aucun «donc», ne découle-t-il pas d'une préalable expérience de pensée qui assurerait Dieu de son être. Si l'expérience de sa propre pensée réflexive était nécessaire à Dieu pour lui faire reconnaître qu'il est, il se nierait comme «Je» suffisant à soi et par conséquent comme Dieu: car celui dont la certitude d'être se déduit du fait de penser est nécessairement un être participé et contingent, incapable de se connaître indépendamment de quelque chose d'autre que lui-même qui est donné à sa réflexion et qu'il a en communion avec autrui. C'est la condition de l'existence humaine dans le monde. Etant l'«Ego» absolu, Dieu n'existe fondamentalement pas dans le monde et il ne coexiste fondamentalement avec personne. C'est pourquoi tout ce qui existe est fondé en lui. C'est pourquoi aussi son existence a l'infinité.

Nous comprenons du même coup pourquoi l'existence humaine est une existence finie: c'est que l'existant humain n'est pas purement un individu et un «je». Il est, nous l'avons dit (mais ne craignons pas de le répéter si la répétition apporte quelque chose de plus), un «moi intersubjectif» ou un «nous» qui se constitue comme «je» pour accéder à l'existence et n'y accède au moyen de cette constitution qu'en se localisant et en se temporalisant, c'est-à-dire en s'ordonnant à une limitation et à une finitude au sein d'un monde donné. Qu'est-ce que le «moi intersubjectif» ou le «nous»? Dans l'affirmation du Dieu vivant et dans la foi, il ressortit à une activité ascendante et amplificatrice, il apparaît au croyant comme l'unité humaine à retrouver intégralement en Dieu par le rejointement et remembrement du corps mystique auquel l'existant particulier, loin de s'y perdre dans une passivité dissolvante, coopère pour grandir éternellement dans son être propre. Du point de vue du monde et de l'homme dans le monde, le «nous» est éprouvé comme un mouvement descendant et restrictif, il ne vient à l'existence qu'en se particularisant à tout moment et partout en chacun des existants qui reçoivent de lui leur être propre et leur «moi» individuel. Je ne cherche pas ici à distinguer, suivant les philosophies rationalistes, entre l'essence et l'existence, ni à contester l'assertion des philosophies existentielles qui veut que «l'existence précède l'essence»[3]. Il est vrai qu'il faut que l'homme commence par exister pour qu'il puisse être question d'une essence de l'homme, qu'il n'y aurait pas d'essence humaine supposable s'il n'y avait pas d'existants humains qui la fassent supposer. Mais il est vrai également qu'un homme dans le monde, de même qu'il vient à un monde «déjà là», surgit d'une humanité déjà présente. Je n'entends pas désigner ainsi les hommes existant avec lui actuellement ni ceux des générations passées, qui sont ou qui étaient comme lui des existants individuels, venus au monde chacun en un lieu et pour un temps. Plutôt que d'une humanité déjà présente, il faut parler d'une présence humaine antérieure à lui et qui précède tout existant individuel — et le précédait aussi haut qu'on remonte vers l'origine. Dans la condition qui est la nôtre, dans le monde que nous habitons, il n'y a pas eu un premier homme, il n'y a pas eu dans l'histoire ou la préhistoire un moment initial ou quelqu'un s'est révélé à lui-même et au monde, le premier de tous, comme un être humain, comme l'individu par qui et à partir de qui l'humanité commençait. L'idée ou la vision d'un premier homme sortant tout formé des mains divines, tel que le montre le récit de la Genèse, ne se soutient que dans la croyance à un état spirituel et charnel si différent du nôtre que nous pouvons à peine l'imaginer: aucun manque, aucune insuffisance ne se trouve en l'homme adamique, qui, étant créé pour ne point mourir, échappe à la temporalité pensée et vécue comme vocation à la mort, et dont la connaissance n'est point, comme la nôtre, réception d'un monde hétérogène dont il faut par l'incessant labeur déchiffrer l'arcane, mais l'acte par lequel s'accomplit spontanément le renvoi intégral du monde à une conscience qui l'anime, à une existence qui en dispose. Aussi bien Adam, quand il domine encore sur l'Eden, n'est-il pas un homme mais l'Homme, non un homme parmi les autres, fût-il le premier de l'espèce, mais l'humanité tout entière unie et personnalisée en une même expérience, en une même conscience. Entre l'existant du paradis primitif et celui qu'on retrouve, ainsi que l'Ecriture le représente après la chute, pareil à ce que nous sommes, jeté comme chacun de nous dans un monde où il ne fait que passer, il n'y a pas de rapport chronologique, pas de relation perceptible et sûre: il y a une solution de conti-

[3] Jean-Paul Sartre.

nuité radicale, le saut, impossible à mesurer, de l'intemporel compris comme résurgence constante au temporel éprouvé comme déperdition irrémédiable; il y a l'indéterminable passage d'une durée dans la persistance de l'être et dans le sens de son accroissement à une durée où nous ressentons jour par jour que notre vie s'épuise et va finir.

* * *

L'existence d'Adam n'est que de foi. Il serait vain de chercher, quelque part vers le temps des cavernes ou le commencement de l'histoire, une trace décelable de l'homme total établi par Dieu sur la création, avant que les temps mortels aient commencé, pour qu'il ne cesse jamais d'y vivre à son image et d'y régner en son nom. Si cette trace peut se déceler, c'est en tout homme et en quelques temps que ce soit, c'est en moi-même présentement (car si Adam a existé, tout homme a été le premier Adam) — c'est en moi quand je m'étonne de cette aspiration à l'éternité et y reconnais comme la mémoire confuse d'un état qui aurait été, qui serait encore ma véritable nature. Mais je peux aussi voir un vertige et une présomption, vertige de la chair angoissée par l'approche incessante de la mort, présomption délirante de l'esprit niant cette angoisse...

Croyants ou incrédules, nous voyons que l'existant, à quelque époque qu'on le situe, de même qu'il vient à un monde «déjà là», surgit disais-je, d'une présence humaine indéfiniment antérieure, de sorte qu'il n'est possible de fixer avec précision ni le moment où aurait commencé le monde de l'homme, ni le moment où se serait achevé le processus d'humanisation ou d'hominisation. Je dois ici me demander ce qu'est cette présence et, pour rendre compte de ce qu'elle est, reconnaître d'abord ce qu'elle n'est pas. Pas plus que l'idée d'une essence ou d'une nature, la notion de genre ou d'espèce ne la définit. L'essence ou nature, comprise par la philosophie comme l'élément commun à un ensemble d'existants, qui détermine chacun d'eux à être ce qu'il est et à se comporter comme tel selon cet ensemble, — l'essence n'est connaissable que par l'existence concrète d'où est tirée l'idée qu'on en prend, et c'est encore plus évident pour l'espèce ou le genre, dont la notion transpose dans le domaine biologique et expérimental l'idée d'essence ou de nature. L'essence ne précède pas l'existence et n'en est pas précédée, mais se confond avec elle indissolublement, comme l'espèce se confond avec les individus qui en font partie. Si donc il y a dans le monde une présence humaine qui le recouvre et qui est antérieure toujours à l'existant individuel, cette présence est antérieure aussi à l'espèce et elle signifie autre chose que ce que nous entendons par essence. — On ne saurait la définir non plus comme la conscience dans son universalité, le sujet pur, le «je» d'une analytique transcendantale. Le philosophe qui nomme transcendantale «tout connaissance qui s'occupe non des objets mais de notre manière de connaître les objets en tant que ce mode de connaissance doit être possible 'a priori'»[4], suppose, et cela va de soi, que cette possibilité a priori, qui fait que ce sont «les objets qui doivent se régler sur notre connaissance»[4] et non pas celle-ci sur les objets, appartient à l'existant humain, à l'homme vivant et pensant. Le phénoménologue qui découvre, après avoir réservé tout jugement d'existence sur le monde, que celui-ci requiert une subjectivité générale «extra-mondaine»[5] qui le constitue, sait bien que cette subjectivité ne s'explicite que par la médiation de sujets particuliers, que c'est lui, le phénoménologue, qui la pose en passant des modes de l'existence courante à une manière d'être qui les domine, en s'élevant, par conversion de sa propre pensée, de l'attitude naturelle à la dimension transcendantale. L'universalité de conscience ou la subjectivité transcendantale implique un monde déjà manifesté et une réflexion méthodique sur le monde, ce qui n'est évidemment possible que s'il y a d'abord de l'existence et des existants. La possiblité «a priori» d'une connaissance des objets par la pensée est reconnue postérieurement à l'existence d'une pensée connaissante et d'objets à connaître; la réduction phénoménologique qui aboutit, au-dessus du courant pyschologique intra-mondain, à un «ego» constitutif du monde, est une opération qui consiste à voir que le monde et tout ce qui s'y trouve n'a de cohérence, de signification et de valeur que par rapport à notre conscience prise comme donnée logique fondamentale. Je n'insisterai pas davantage sur ces remarques, dont le seul intérêt est de montrer qu'on ne doit identifier à aucun «moi» réalisé et actuel, qu'il soit intersubjectif et idéal ou existentiel et particulier, ce que j'appelle une présence humaine toujours antérieure à l'existence consciente, c'est-à-dire aussi au monde tel qu'il nous apparaît et tel que nous le pensons.

Cette présence, dont je disais qu'elle recouvre le monde, je l'ai donc qualifiée de vacante, ce qui en fait un néant si on n'admet qu'elle est la possibilité indéfinie d'une suscitation du monde, la conscience en suspens d'un monde en instance d'apparaître, si on ne comprend qu'il y aurait toujours et partout dans le monde présence implicite d'une

[4] Emmanuel Kant.
[5] Edmund Husserl.

conscience alors même qu'il n'y aurait eu nulle part en lui conscience explicite d'une présence. Des difficultés d'expression se rencontrent immanquablement chaque fois que l'on essaie de traduire dans le langage de l'expérience sensible ou de l'intelligence spéculative ce qui ne relève ni de la sensibilité ni de l'intellect: en parlant d'une présence humaine antérieure à tout existant comme de la possibilité indéfinie d'une suscitation du monde, je ne prends le terme de possibilité ni dans le sens objectif, par quoi on entend que des conditions actuellement observables rendent prévisible la réalisation pratique de telle éventualité, la vérification scientifique de telle hypothèse, ni du point de vue existentiel, comme mode d'être qui s'offre à nous et que nous avons à assumer en personne ou comme projet de nous-même au delà d'une situation présente. Ce qui est possible, ce qui est encore à être, de quelque façon qu'on l'envisage, aussi bien à la manière existentielle qu'au sens objectif et spéculatif, est perçu ou conçu normalement par opposition à ce qui est accompli, à ce qui est, selon une optique qui rappelle, qu'on en convienne ou non, l'ancienne distinction entre la puissance et l'acte, et l'originalité des philosophies de l'existence consiste à attribuer plus de valeur d'être à ce qui est possible qu'à ce qui est accompli, à ce qui est encore à être qu'à ce qui est effectivement. Quoi que l'on pense à cet égard, il faut un monde manifesté à la conscience comme «déjà là» pour qu'un monde s'annonce à elle comme «non encore là», un monde où nous soyons présents et qui se donne à nous à la fois comme antérieur et comme actuel pour que se forme en avant de nous un projet de monde. — Evoquer la possibilité d'une suscitation du monde, c'est n'évoquer ni un monde actuellement donné à une conscience, ni un monde encore à venir dont le projet se dessine pour une conscience à l'horizon d'un monde donné. Cette possibilité ne peut donc être dite qu'indéfinie, et la conscience pour qui elle est dite indéfinie ne peut être dite elle-même qu'en suspens ou vacante: au monde non révélé, mais en instance de révélation, correspond non une conscience intuitive ou réflexive du monde mais la possibilité d'une telle conscience, et qui n'est encore conscience de rien, capacité nue, présence en attente d'existence. Je ne crois pas me livrer là à un jeu verbal. Si c'est par l'existence humaine que le monde est révélé, on a le droit, sinon l'obligation, de se demander ce qu'est le monde antérieurement à cette existence, quelle réalité a le monde tant que l'homme en est absent ou n'y est pas présent d'une manière consciente et active. Dois-je penser que le monde est là déjà mais dans l'informe, dans le brut, comme la matière reposant en elle-même avant l'esprit et le temps ou énergie préalable à l'idée et à l'œuvre, comme chaos antérieurement au cosmos et comme possibilité de cosmos qui se réalise avec et par l'avènement de la conscience humaine? Mais un chaos est aussi quelque chose de révélé à la conscience humaine quand elle advient en effet; et qu'il se révèle alors pour elle comme quelque chose qui n'est pas susceptible de définition ou de description, n'ayant ni contour ni sens ni aucune structure interne ou externe, cela montre seulement la contradiction qu'il y a pour nous à poser quoi que ce soit qui existerait ou aurait existé sans cette conscience qui est nôtre: le chaos n'est rien, ou il n'est quelque chose et ne se justifie pour nous que si Dieu est, comme passage de ce rien au monde dans l'absolue gratuité d'une pensée créatrice.

Nous voyons que le monde, tel qu'il se manifeste pour l'homme, se manifeste comme tel bien que l'homme ne soit pas encore, qu'il est et apparaît ainsi, sous cette forme et avec cette structure, bien avant qu'apparaisse dans le monde l'existant humain. J'évite, pour le moment, d'exprimer cela au passé, de placer cet «avant» et ce «pas encore» en un temps qui s'écoulerait de son propre flux alors que l'homme, sans qui il n'y a de durée sensible ni mesurable, n'existe pas: ces termes constatent d'une part le rapport nécessaire du monde à une conscience qui est celle de l'homme, d'autre part l'antériorité certaine du monde à cette conscience. S'il y a là une contradiction, il faut bien qu'elle se résolve en quelque manière, car l'existence du monde antérieurement à l'homme n'est pas moins sûre et moins évidente que ne l'est le rapport du monde à la conscience humaine. Avant que l'homme soit, le monde existe, et non pas comme simplement virtuel, non pas comme chaos: il existe dans toute sa réalité perceptible et intelligible, physique et mathématique, comme idée et comme fait, dans sa profusion, dans son ordre, avec sa configuration et son poids. Je ne débats pas ici le point de savoir si le monde a une consistance vraie ou une forme illusoire, si c'est un monde réel ou bien, comme on dit, un «rêve bien lié». L'illusion, si le monde en est une, a tout juste autant de force persuasive qu'en aurait un monde qui existerait positivement, et je ne vois guère de différence pratique entre un rêve bien lié et une réalité cohérente. Ce qui importe n'est pas qu'on puisse mettre en doute l'être réel du monde, c'est qu'on ne peut pas ne point reconnaître que le monde, tel qu'il nous apparaît, est inséparable de la conscience humaine qui l'appelle à se manifester par le même acte où elle se constitue en lui. Mais alors, je le répète, qu'en est-il du monde tant que la conscience humaine n'y est pas présente, c'est-à-dire en lui présente à elle-même — tant que l'homme n'est pas venu? On dit volontiers qu'il n'y a pas plus de pensée vide que de perception sans objet, que la conscience n'est pas si elle n'est conscience de quelque chose, qu'elle n'existe comme conscience qu'en étant au monde perçu et pensé par elle. Mais comment y aurait-il quelque chose de semblable à ce que nous percevons et pensons qui ne soit pas perçu et pensé? Comment le monde peut-il précéder sa manifestation par l'existant humain présent et conscient, peut-il préexister à toute intuition révélante ou suscitatrice? Etre là, à des milliards d'années avant l'illumination d'un regard? Là déjà sous cette apparence et n'être cependant pour personne? Il faut supposer une modalité de l'être où ni le monde n'est effectivement donné ni l'homme radicalement absent; admettre une existence occulte du monde coextensive à une présence humaine non explicitée; concevoir, préalablement à «l'être là» par qui a lieu le dévoilement du monde et son actualisation selon une existence et une conscience advenues et présentes, un «être-en deçà» par qui ce dévoilement serait sans cesse possible et en qui il s'accomplirait avec un immense recul, dans une rétrospective illimitée de la conscience en deçà de l'existence, indéfiniment en deçà ou en arrière de l'avènement de l'homme au monde et de la prise de conscience du monde par l'homme au fur et à mesure de son avènement.

CHAPITRE VII

La question de savoir si le monde possède une réalité intrinsèque, une existence positive hors de la conscience ou sans elle; s'il constitue originairement un fait, un état de choses indépendant de sa saisie ultérieure par les sens et par la pensée; s'il y a un «déjà là» objectif du monde non seulement pour le sujet particulier, comme chacun l'éprouve, mais pour l'existence subjective considérée en général — cette question semble n'avoir pas de valeur significative, pas de portée intelligible. Et elle n'en a pas en effet pour les philosophes idéalistes, qui contestent qu'il y ait un monde objectif extérieur au sujet et intègrent tout le réel à l'esprit qui lui donne ses formes propres. Mais le réalisme instinctivement ou délibérément dualiste, celui du sens commun comme celui du savant, qui croit l'un spontanément, l'autre par nécessité scientifique à l'existence d'un monde matériel extra-mental, croit aussi qu'il y a communication entre la conscience et le monde, accord de l'esprit avec la matière: ce qui est faire de l'objet matériel l'origine des modifications de la conscience, mais aussi attribuer à l'objet quelque essence spirituelle implicite qui permet à la conscience d'avoir elle-même prise sur lui, ce qui est admettre que nous recevons d'une réalité extérieure à nous les impressions sensorielles qui composent notre univers, mais aussi qu'il faut que nous soyons là pour les recevoir et pour que cet univers se compose précisément sous l'aspect où nous le percevrons. Il semble d'abord que les philosophies de l'existence et la phénoménologie aient à peu près mis au point, sinon tout à fait éclairci, cette question du rapport entre l'homme et le monde. Le réalisme que les théoriciens idéalistes qualifiaient de «naïf» n'a crédit que pour le sens commun. Les philosophes n'admettent plus guère que le monde existe intrinsèquement tel qu'il apparaît à la conscience, celle-ci se comportant alors comme le réflecteur purement passif d'une réalité toute faite et qui persisterait extrinsèquement. L'idéalisme subjectif, qui part de la même opinion pour la rejeter et conclure à de purs états de conscience, est plus difficile à surmonter. On n'y parvient que dans l'entre-deux, si je puis dire, qui n'est pas une combinaison intellectuelle des deux thèses réaliste et idéaliste, qui est cette intuition et cette expérience concrète que le monde et l'homme surgissent ensemble l'un par l'autre, qu'ils sont, qu'ils existent dans l'acte par lequel un monde est suscité pour l'homme — et non pas disposé objectivement autour et hors de lui — tandis que l'homme est constitué en tant qu'«homme dans le monde» — et non pas installé dans un monde qui lui serait objectivement extérieur. Evoquer l'homme dans le monde, c'est comprendre que ni le monde n'est amené à la lumière sans la conscience humaine qui le dévoile, ni la conscience révélée à elle-même sans le monde qui la pourvoit. Ainsi paraît se résoudre l'opposition classique entre la pensée et la chose, entre un sujet et un objet dont on se demande comment, étant de nature différente et même antinomique, ils entrent l'un avec l'autre en contact: demande toute rationnelle, à quoi le réalisme ne peut répondre et que l'idéalisme escamote en niant la réalité de l'objet, en ramenant le monde à un flux mental, à une suite de corrélats subjectifs, à un système de représentations concordantes.

La réussite de ce qu'on nomme l'existentialisme, comme de ce qu'on appelle la phénoménologie, serait, si je ne m'abuse, de restituer à un monde de phénomènes, dont on peut penser qu'il n'est qu'apparence, une réalité que l'idéalisme lui dénie, sans pourtant tomber dans l'erreur propre au réalisme du sens commun qui suppose un monde objectif subsistant sous cette même forme indépendamment de toute subjectivité. Le monde n'est pas ce tout «existant en soi», suivant l'expression kantienne, qui se présenterait à nous tous sous le même aspect déjà réalisé. Mais il n'est pas non plus cette trame de fictions, déroulées en chacun de nous et dont on ne sait quelle loi de correspondance ou harmonie préétablie assurerait la connexion entre nous tous. Je puis douter qu'il y ait quelque chose de réel hors de moi; je ne puis douter que je sois, puisque je pense. Mais à peine me suis-je ainsi convaincu que je suis, le doute que j'éprouvais quant à la réalité des choses s'évanouit également, je reconnais que la certitude d'exister moi-même ne fait qu'une avec celle de l'existence du monde. Ce qui m'est donné comme certain, avec ma pensée et mon être, c'est d'abord la non-autonomie essentielle de cette pensée qui est mienne, c'est l'existence non foncièrement particulière de cet être que je suis. Ma pensée, c'est en moi que je l'éprouve et c'est mon existence que j'éprouve immédiatement par elle, mais une réflexion plus attentive me montre que ce n'est pas de moi exclusivement que naît ma pensée, je n'en suis pas l'origine unique, la source absolue. Je pense et je ne pense pas seul, ce qui veut dire non pas que d'autres pensent de leur côté et que ma pensée communique avec la leur, que les pensées individuelles correspondent pour constituer un ensemble et réaliser des échanges, mais que toute pensée se forme d'une commune énergie mentale dont elle est, dirai-je, l'un des nœuds de vibration innombrables.

Ainsi les myriades de lampes que je vois maintenant, de ma fenêtre, briller dans la nuit sur la ville... Mais non, je ne suis pas dupe d'une fausse analogie. Ces milliers de lumières peuvent s'ajouter et cumuler pour produire une luminosité plus intense, elles ne correspondent pas entre elles, elles n'ont rien à se communiquer l'une à l'autre puisqu'elles sont objets et que l'objet est quelques chose de radicalement inapte à une participation, à un échange, quelque chose qui n'a de réalité qu'externe. Chacune des lampes produit sa lumière là où elle est, et rien que là, séparément, ponctuellement, sans recevoir rien des autres et rien donner à aucune. C'est par autrui que je prends aussi conscience d'exister. C'est en moi que je prends d'abord conscience de l'existence d'autrui. M'étant assuré que je suis par la conscience que j'ai de penser, je vois que ma pensée s'ouvre sans cesse à un apport en même temps qu'elle vise à se transmettre, que ma conscience est appel et réponse, le lieu d'un échange, cet échange même qu'elle respire, dont elle vit. Personne ne forme isolément sa propre pensée individuelle: personne, donc, ne vit à part sa seule existence. Je songe au mot de Pascal sur «l'île déserte et effroyable» où se tient «l'homme abandonné à lui-même dans ce recoin de l'univers»; mais Pascal parle de l'humanité en général, de la condition indifférenciée de l'être humain. Pour l'existant particulier, il n'y a pas d'authentique «île déserte», de solitude qui se suffise. Il n'y a pas en moi de part si retirée que je ne m'y retrouve mêlé aux autres. L'épreuve que je fais, à tous moments, d'un mode d'expression collectif hors duquel je n'aurais pas le moyen de reconnaître que je pense et que je suis, est l'épreuve aussi d'une présence humaine qui me précède et à laquelle je puise constamment. La conscience que chacun prend de soi au moyen de la pensée et du langage est aussi conscience des hommes parmi lesquels il se situe et entre qui le même être circule.

Avec l'existence d'autrui, celle du monde est éprouvée comme certaine dans l'acte même où un homme, qui n'a pas besoin pour cela d'être spécialiste (il lui suffit de réfléchir un peu), constate qu'il pense, et donc qu'il est, ou qu'il ne pense que parce qu'il est: certitude obtenue constamment par une démarche très simple, dès lors qu'on renonce à ratiociner pour suivre l'immédiate expérience essentielle. Je pense, mais ma pensée n'est pas un pur mouvement interne, elle est pensée de quelque chose qu'elle vise et qui se distingue d'elle, pensée d'un état de choses qui s'offre à elle comme «déjà là». Je suis, mais je ne suis pas enclos dans on ne sait quelle subjectivité insoutenable. Je suis au monde — un monde sans qui la conscience resterait absente à elle-même, perdue dans sa propre transparence, et qui sans la conscience ne sortirait pas lui-même de son opacité. Pour croire à une réalité hors de moi, à l'être de ce qui m'apparaît, je peux toujours m'en remettre à «la véracité divine»[1]. Mais ce n'est pas nécessaire. Si j'étais, comme je le suppose, mystifié par quelque «malin génie» qui me ferait prendre pour réel un monde illusoire, je devrais convenir que le même malin génie me mystifie également quand je me persuade que je suis, puisque je n'arrive à cette assurance que par réflexion sur ma pensée et que celle-ci est pensée d'un monde sans lequel elle ne serait pas. Le monde, le donné objectif existe donc aussi sûrement que j'existe, mais pas plus que je ne me connais hors de lui, le monde ne se déploie sans une subjectivité qui le tire de l'épaisseur confuse où il demeurerait stagnant à jamais sans la conscience humaine par laquelle il passe pour dresser son immense figure et délivrer ses plus fugaces aspects. Point n'est besoin d'une perspective transcendantale où les événements et les faits psychologiques, les objets, les phénomènes de l'empirisme sont saisis dans leurs rapports fonctionnels et leurs implications connexes, dans leurs composants idéaux, réduits aux essences qui les fondent et en lient les éléments. L'individu agit d'abord dans la condition naturelle, dans l'existence qui est sienne, en laissant venir telles quelles les sensations de chaque seconde: ce ciel trouve en moi sa couleur d'automne, cet arbre sa forme de marronnier, ce jardin son odeur du soir, le décor, l'alentour, l'horizon se lèvent, se dénouent, s'orientent pour moi sans efforts et la perspective transcendantale ne m'est ouverte qu'ensuite, laborieusement, pour que se découvre ma relation à un «je» pur qui enveloppe toute perception et toute pensée, et pour que naisse d'un unique courant d'intention un monde qui est le même pour tous sous la diversité des phénomènes. La conscience est ce à quoi le monde apparaît. Mais elle n'est pas rien que cela, comme on le croit d'ordinaire «naïvement». Elle est aussi ce par quoi le monde apparaît, fonction suscitatrice qui donne à croire à l'idéalisme que le monde n'a pas de réalité propre, que les images offertes à nos perceptions comme des objets extérieurs à nous sont des contenus de conscience. C'est se tromper d'une autre manière: l'idéalisme ne voit pas que le rapport entre la conscience et le monde, suivant lequel celui-ci ne vient à être que par celle-là, dès lors qu'il est perçu et pensé, peut se comprendre inversement, et que l'on soutiendrait aussi bien que c'est du monde que la conscience reçoit de quoi percevoir et penser, c'est-à-dire de quoi être. La vérité est qu'ils ne sont pas l'un sans l'autre. La conscience, dans l'attitude naturelle, est déjà constituante, et elle est

[1] René Descartes

encore réceptive dans l'attitude transcendantale. Toute perception sensible va à la rencontre d'empiricités disparates dont elle fait présentation à l'intellect pour une connaissance synthétique mieux assurée. Les synthèses rationnelles de la subjectivité transcendantale se fondent sur cette intuition que les objets donnés à l'évidence sensible sont «présents en eux-mêmes» dans leur vérité singulière.

Que la conviction commune de l'existence du monde ne soit pas motivée purement dans notre subjectivité — autrement dit qu'elle nous vienne d'un monde réel distinct de celle-ci — et que néanmoins nous puissions et devions garder cette conviction que le monde n'accède à l'existence que par la subjectivité, c'est peut-être la découverte philosophique la plus profonde de la pensée contemporaine en même temps que la plus simple. On peut en poursuivre le développement sur des centaines de pages, mais elle tient en quelques lignes: les choses autour de nous ne sortent pas comme d'une hypnose, elles ne sont pas des phantasmes dans notre conscience, elles existent vraiment et réellement; et la conscience n'est pas elle-même comme la clarté d'une lampe qu'on projetterait sur des choses qui existeraient déjà telles quelles dans les ténèbres, elle fait que les choses deviennent ce qu'elles sont, elle les fait advenir à leur forme, prendre possession de leur être aussitôt qu'elles lui apparaissent.

C'est là revenir au réalisme du sens commun, mais à un réalisme corrigé par la réflexion, réinventé dans une expérience plus lucide de l'activité de l'esprit. Un tel réalisme, la pensée contemporaine ne s'avise guère qu'on le trouve déjà dans le livre de la Genèse, au passage où il est dit qu'«Adam donne leur nom» à toutes les bêtes (et aussi, nécessairement, aux plantes, aux pierres, aux métaux, aux productions végétales de la vie comme aux éléments de la matière brute). Passage éminemment significatif quoique très bref. Donner aux êtres (et aux objets) le nom qui est le leur, ainsi que fait l'homme adamique, ce n'est pas les ranger, à mesure qu'ils se présentent, sous des vocables par lesquels chacun d'eux soit affecté d'un signe conventionnel distinctif et ainsi désigné à l'intelligence et à la mémoire. C'est les tirer d'un anonymat et d'une indistinction préalables, appeler toutes créatures et toutes choses, au moyen du langage — un langage qui n'explique ni ne décrit, qui invoque — à se rendre immanentes et manifestes. Jusque là, elles sont encore en elles-mêmes, c'est-à-dire telles que Dieu les connaît dans son intuition originelle, non pas seulement possibles, comme pour nous humains les œuvres dont nous avons le projet, elles sont déjà positivement puisque l'intuition divine est créatrice, mais non pas séparées de cette intuition, encore intérieures à la transcendance, toutes liées à l'être en soi. La fonction, la mission assignée par Dieu à Adam est d'amener le monde à l'existence phénoménale, de le faire naître à l'apparence ou réalité externe, surgir à cette immanence et sous cet aspect qui exigent l'intervention de l'homme. En se révélant à la conscience adamique, le monde créé sort de l'intuition transcendante tandis que lui, Adam, vient au monde manifestement dans l'intelligence qu'il a de ce qui s'accomplit par son intervention et qui fait de lui l'auxiliaire du Créateur. Nous comprenons sans peine qu'il n'y a point d'objets en face de Dieu, qu'il ne peut y avoir pour l'intuition divine un monde objectif qu'elle perçoive comme lui étant opposé. C'est ce qu'a toujours voulu dire la métaphysique théiste traditionnelle en affirmant que la réalité objective intramondaine ne coexiste pas fondamentalement avec Dieu et ne lui est pas juxtaposable ou ne fait pas addition avec lui. Il n'y a d'objets que pour une intuition à qui les choses se présentent de l'extérieur comme déjà constituées dans leur être et y persistant en dehors d'elle. Or, Dieu veut qu'il y ait un monde d'objets (c'est ce que nous constatons du fait que le monde existe) et il crée l'homme pour que celui-ci réponde d'abord à cette première volonté, il le crée à sa ressemblance pour que soit constituée par la conscience humaine l'objectivité du monde. Et il crée à la fois le monde pour que l'homme, lui aussi lié à l'être en soi, intérieur à la transcendance, se rende immanent à lui-même et se reconnaisse, au sein d'un «non moi» objectif qu'il révèle et qui le cerne; comme subjectivité autonome.

Gardons-nous de croire cependant qu'il y ait dans le rapport de Dieu à la création un «avant» et un «après» selon nos rapports, une durée antérieure à la création et une durée postérieure à elle, ou encore, dans la création même, une durée qui aurait précédé l'homme et une durée à partir de l'homme et avec l'homme. La pensée, ou le verbe, ou le geste qui crée ne ressortit pas à notre chronologie. En tant que genèse, la création est intemporelle, et c'est seulement en ce sens que nous disons aussi qu'elle continue, entendant par là que la puissance génératrice ne cesse pas d'envelopper actuellement tout son effet, de sorte qu'il n'y a pour elle ni passé ni avenir, que rien ne saurait être à son égard comme n'étant plus ou comme n'étant pas encore, que tout lui est donné comme présent au même plan d'existence. Ce que j'essaie d'exprimer en disant que, jusqu'à l'avènement de l'homme, le monde est encore dans l'intuition divine, et qu'il s'en dégage dès lors que l'homme advient, c'est en dehors de tout rapport de temps — l'idée que la création n'est parachevée et parfaite qu'en passant du mystère de l'intuition créatrice à l'évidence de ce qui est reçu comme créé, quand le monde s'éclaire pour une conscience que Dieu met en lui afin que toutes choses montrent ce qu'elles sont et témoignent concrètement de leur vérité. Cette conscience n'est pas une conscience cosmique, l'esprit du monde, si par là on veut dire qu'il y a une conscience ou possibilité de conscience dans la matière, une virtualité subjective inhérente à l'énergie physique universelle. L'univers ne se connaît point, il se révèle en devenant un monde, à chaque instant depuis un commencement immémorial jusqu'à une fin imprévisible; et de ce commencement, de cette fin, nous pouvons croire que celui-là a tout coïncidé, que celle-ci coïncidera toute (à moins que n'existent dans le cosmos d'autres êtres pensants et parlants) avec le commencement et la fin de l'homme. Car toute l'énergie de l'univers est incapable de susciter — à elle seule — quelque figure que ce soit dans un espace ou quelque conduite que ce soit dans une durée. Il faut pour cela qu'une conscience — la nôtre — opère, et d'abord directement par un acte perceptif spontané dont nous disons justement qu'il n'est pas réception passive de réalités déjà construites. Que le réel, le fin fond du réel, radiations et matière, consiste en corpuscules dont la quantité de mouvement et de force est liée à des trains d'ondes propagées à l'infini ou stabilisées suivant certains états d'équilibre — cette structure, nulle structure simplement physique ne donnera jamais d'elle-même ce coucher de soleil attendu dans le haut ramage de la mer, cette rose inopinée dans la fraîcheur bleue d'une allée à l'aube. Il faut quelqu'un qui regarde et écoute, et parle, qui dit «je» et «nous», et connaît qu'il existe comme «je» avec des milliards d'autres «je» pareils à lui et présents comme lui transitivement à «un nous» perpétuellement présent; avec des milliards d'autres «je» qui ont passé avant lui ou viendront après que lui-même aura passé, et de qui l'existence a un terme au sein d'un «nous» qui ne cesse pas.

* * *

Qu'est-ce donc que l'acte perceptif? Devons-nous y voir la mise en œuvre d'un donné fondamental avec quoi la conscience entrerait en société et dont nous ne connaîtrons jamais la nature intime? Le recours au «noumène», à une réalité inconnaissable, à une «chose en soi» transcendante à l'intuition et à l'intelligence, qu'il faut supposer derrière les phénomènes comme leur support ontologique, constitue une tentative assez illusoire pour échapper à l'idéalisme: nous ne sommes pas au contact d'une réalité objective toute faite qui se réfléchirait dans la conscience comme en un miroir, mais nous n'avons pas à faire non plus à une fiction, à un pur contenu de conscience; nous avons à faire à quelque chose de réel qui est par nature impossible à connaître, car cette chose, ce réel, au contact de la conscience, se réfracte comme dans un prisme en phénomènes dérivés au delà desquels il n'est même pas concevable que nous allions jamais, puisque l'expérience, si profondément qu'elle puisse aller, ne nous livre jamais que des phénomènes. Mais l'idée d'un en-soi ontologique ne résiste pas à l'examen, nous disons du «noumène» ce que nous disons du chaos, qu'il n'est rien, ou n'est quelque chose que comme passage de ce rien au monde dans la gratuité d'une pensée créatrice: il n'y a d'en-soi que s'il y a un Dieu, et c'est le monde en tant qu'il se crée, en tant qu'il vient à l'être non «ex nihilo», d'un néant en quelque sorte extérieur et préexistant, mais d'une pensée hors de laquelle et avant laquelle il n'y a pas plus de néant qu'il n'y a d'être; quant au monde tel qu'il s'offre à la perception et à l'intelligence humaine, je peux et je dois admettre que son exploration par l'homme ne sera jamais achevée, qu'il y aura toujours et à tout moment pour l'homme des possibilités de perspective sur le monde non encore effectivement accomplies, des réalités dans le domaine empirique et des vérités de l'ordre théorique dont l'expérience restera à faire ou qui resteront à trouver; et c'est, justement, ce qui les différencie du «noumène» ou en-soi incommunicable. Ces possibilités, nulle interdiction de principe ne s'oppose à leur accomplissement; ces réalités, ces vérités, aucun empêchement constitutionnel ne rend vaine dès l'origine une recherche qui tendrait à les connaître: aussi considérons-nous qu'elles existent, qu'elles sont, avant que l'homme les connaisse effectivement et même s'il devait ne jamais connaître de certaines quelles elles sont, en quoi elles consistent ou ce qu'elles signifient. Tout ce qui est, à quelque titre que ce soit, tout ce qui a quelque réalité que ce soit, est connu ou peut être connu. Cela veut dire d'abord que ce qui est susceptible de connaissance a nécessairement l'être ou la possibilité d'être. «Comment ce qui n'est pas pourrait-il être connu?»[2] demande le philosophe antique. Mais renversons les termes de la question: comment ce qui ne peut être connu pourrait-il être? Dire d'une chose que la connaissance en est foncièrement impossible, que sa nature est d'être inconnaissable, revient à la nier alors qu'on l'affirme, à dire qu'elle est tout en n'étant pas, ou que son essence est de ne pas être: ce n'est une réalité à aucun titre, ni physique ni idéale, ni concrète ni abstraite, ni actuelle ni potentielle, ce n'est abso-

[2] Socrate, d'après Platon.

lument rien, en le supposant derrière tout ce qui apparaît, en le déclarant nécessaire pour fonder et relier entre eux les phénomènes ou donner un objet à la conscience. Pour se révéler à elle-même, la conscience n'a besoin d'autre objet que le monde tel qu'il lui est révélé, sans qu'il faille supposer par dessous on ne sait quel principe de sustentation ou de liaison si indéterminé et amorphe qu'on n'en peut rien savoir. Quant aux phénomènes, que ce soient ceux qui tombent sous le sens commun ou ceux qui relèvent de l'observation scientifique, leur support nécessaire et suffisant est le monde qui les contient tous et qui déborde à chaque instant et à l'infini toute expérience particulière.

L'expédient intellectuel où en vient parfois le philosophe incite le chercheur scientifique à penser qu'il est seul capable d'arriver à une vérité sur le monde aussi proche que possible de ce que le philosophe nomme «l'en-soi». Le concept du «noumène», réalité qui échappe à notre prise, résulte non pas de ce qu'il y aurait dans la réalité un élément irréductible à l'esprit, mais de ce que la réalité objective, pour être éprouvée et connue, passe par les formes que l'esprit lui impose, de sorte que l'expérience qu'en fait l'esprit ne s'exerce que sur des apparences fournies par lui-même, et que la connaissance qu'il en a se confond avec celle de sa propre activité subjective. Tout objet, et le monde des objets tout entier, est perçu par nous au moyen et à travers de si intimes modifications que le «fondement nous en reste à jamais mystérieux»[3], telle est la conclusion à laquelle nous sommes forcés d'aboutir tant que nous ne voyons pas ce qu'il en est au juste de la relation entre l'objet et la conscience: parce que rien en lui n'est subjectif, l'objet n'a de réalité qu'externe, il n'existe que pour être manifesté et s'il peut l'être en quelque manière. Il n'y a donc pas de sens à supposer que quelque chose serait en lui sans aucune manifestation possible; et il n'y a pas de sens non plus à penser que la conscience, qui n'est ce qu'elle elle qu'en étant conscience de quelque chose d'autre qu'elle-même et qui se manifeste par elle, n'amènerait à se manifester qu'une apparence inéluctablement différente de ce que l'objet est réellement.

[3] Emmanuel Kant.

Deuxième Partie

CHAPITRE I

L'homme qui croit en Dieu croit nécessairement que Dieu s'est révélé aux hommes. On dit que la révélation est de foi, ce qui vise tout ensemble la réalité d'un événement survenu à un moment de l'histoire humaine, et un contenu spirituel qui n'est d'aucun temps déterminé parce qu'il emplit et enveloppe tous les temps. Je ne me place pas du point de vue de la foi, dont l'acte, disais-je avec Pascal, est un pari. Je n'affirme pas d'une manière certaine la réalité historique de l'événement. Je ne suis pas sûr qu'une parole effectivement prononcée soit à la source de ce contenu spirituel. Au plan des notions où je me tiens, sans prendre ni l'un ni l'autre parti, sans préjuger de l'existence ou de la non-existence de Dieu, je commence par reconnaître que le concept de Dieu implique, de toute nécessité, l'idée de révélation, que l'idée de révélation est constitutive d'une exacte notion de Dieu. Ici se manifestent simultanément l'insuffisance et la valeur de la preuve dite ontologique. Concevant l'être parfait, ou Dieu, je suis tenu de lui attribuer l'existence, condition première de la perfection de l'être, et de ce que l'idée d'existence est inséparable de l'idée de Dieu je ne puis déduire, tout s'élaborant dans mon esprit, que Dieu existe en réalité — mais je dois conclure qu'un concept qui ne pose pas l'être parfait ou Dieu comme existant est incorrectement élaboré et fondamentalement faux. C'est ce qui apparaît chez les anciens Grecs, qui, faute d'avoir lié l'idée d'existence à celle de Dieu conçu comme «l'Un» ou comme l'Etre parfaitement vrai, en tirent des déductions tellement équivoques et douteuses qu'elles annihilent ce qu'il y a de juste dans la conception initiale. Le philosophe qui voit dans les choses du monde les reflets d'une réalité véritable à laquelle on accède par l'intuition des Idées, qui considère les Idées comme participant à l'intelligibilité de «l'Un», et par qui «l'Un» est pressenti ou retrouvé dans une intuition dernière au terme d'une dialectique ascendante — ce philosophe[1] en arrive à dire que «l'Un» n'a pas l'être, que «l'Un» n'est pas. Et quant au Dieu aristotélicien qui se présente au haut

[1] Platon.

de l'échelle des êtres comme celui auquel tous aspirent, il est distingué et séparé d'eux au point que lui-même semble moins un être qu'un idéal de valeur et de plénitude opposé aux imperfections et aux déficiences du monde: idéal auquel le penseur refuse toute relation avec nous, non qu'il veuille ménager la transcendance de Dieu, mais parce qu'il fait de lui un terme dépourvu d'existence réelle et pensé par là même comme tout retiré en soi. Un concept initialement correct, l'Un — Bien ou l'Etre parfait, produit des conséquences erronées: «l'Un» dont l'unité serait rompue par la conscience d'être; «l'Etre» dont la perfection se perdrait dans la connaissance d'autrui. Conséquences fort éloignées d'une juste idée de Dieu, et l'on voit ce qui manque initialement au concept et dont l'absence le fausse dès l'origine: le concept de Dieu est vicié dans la mesure précisément où Dieu reste, pour le philosophe, un concept, une simple vue de l'esprit.

A l'idée de Dieu est donc liée l'idée d'existence, à laquelle est liée l'idée de révélation. L'événement par lequel Dieu s'est révélé à un moment de l'histoire apparaît comme prodigieux à ceux qui y croient, aussi bien par son importance spirituelle qu'en tant qu'événement, qu'en tant que fait. «Dieu n'a nul rapport à nous», dit Pascal, «un infini chaos nous sépare». Pour entendre la signification et la vérité de ce propos, il n'est pas besoin de croire par la foi que Dieu existe, il suffit de supposer son existence. Si Dieu est, il serait vain de chercher à établir par nous-mêmes de nous à lui quelque rapport que ce soit, notamment dans une perspective intellectuelle. Avant Pascal, le maître de la philosophie scolastique[2] avait observé avec raison que les qualificatifs appliqués à Dieu: tout-puissant, omniscient, parfaitement juste ou infiniment bon, etc., ne sont que formules vides si on prétend ainsi l'appréhender et le définir en lui-même, dans sa nature, dans son intimité. En ce sens nous pouvons dire, suivant les philosophes grecs, que Dieu est au delà de l'essence et au-dessus de l'être même, ou fondamentalement séparé du monde: ces assertions n'ont rien que de négatif, mais ce qu'elles ont de négatif ne concerne que nous, n'exprime rien que notre impuissance, en admettant que Dieu soit, à le réduire à une compréhension de l'essence et de l'être tels qu'ils se définissent pour nous dans le monde, ou à communiquer avec lui de notre propre initiative. N'ayant de Dieu qu'un concept dont nous sommes incapables de savoir s'il correspond à un être réel, nous pouvons du moins raisonner de ce concept et juger de sa rectitude. L'obligation où nous sommes de lier mentalement l'idée de l'existence à

[2] Saint Thomas d'Aquin.

celle de l'être parfait ou de Dieu (je le répète, car c'est de première importance pour l'esprit) ne nous autorise pas à affirmer que Dieu existe en réalité, mais elle nous force à tenir pour faux tout concept de Dieu auquel l'idée d'existence ne serait pas associée. Pensant Dieu, nous devons le penser, le concevoir existant, lui attribuer en esprit l'existence, quand bien même nous n'y croirions pas et essaierions ensuite de démontrer qu'elle est impossible: c'est d'ailleurs en partant de l'existence supposée que l'on tentera de prouver l'impossibilité de l'existence réelle. Etant conçu comme existant, Dieu est également conçu comme révélé. Et si aux yeux du croyant, l'événement par lequel Dieu s'est révélé apparaît comme tout à fait extraordinaire, l'idée d'une révélation divine, au plan notionnel où je me tiens toujours, se présente comme allant de soi, étant celle d'un acte afférent à quelque existence qu'on puisse imaginer. Tout existant se révèle, l'objet, l'homme, ou Dieu, ce sont seulement les modes de révélation qui diffèrent. L'objet est sans existence consciente, il n'a de réalité que du dehors et subit passivement sa révélation, dont l'acte appartient à la seule perception d'autrui. L'homme a les deux à la fois, la réalité apparente ou externe et la vie intérieure ou subjective, aussi se révèle-t-il à autrui dans un acte où la perception mutuelle prélude à l'échange possible des paroles et des pensées. La révélation de Dieu, dont l'être est subjectivité pure, ne se situe pas dans le monde de nos perceptions, elle ne dépend en rien de l'activité d'autrui et vient de son initiative seule. Aussi consiste-t-elle en l'absolue affirmation de soi, formulée pour l'individu seul qui n'y peut adhérer que par un acte absolument intime, sans référence à autrui ni au monde, dans une totale incertitude objective et intersubjective: c'est à dire par un acte absolument libre.

* * *

Telle est la signification de la parole: «Je suis Celui qui suis», considérée en tant que rapport de Dieu à l'homme. Il nous faut voir maintenant ce qu'elle signifie en elle-même, autrement dit de quel être elle porte révélation non seulement pour la foi, mais aussi pour l'intelligence. Nous observons d'abord que cette parole annonce un être en qui l'existence se confond avec la conscience de soi: c'est ce qui constitue la personne et caractérise également l'homme, ou plutôt l'individu humain. Cela nous rappelle la distinction que l'on fait justement entre la notion de personne et celle d'individu. Le mot: individu, s'applique, aussi bien qu'à l'homme, à tout spécimen du genre animal ou végétal, dont le comportement est déterminé, sans ouverture possible, par les lois de l'espèce, et qui n'a pas d'existence originale, qui n'est, qui n'existe que selon et par l'espèce à laquelle il appartient. La notion de personne ne s'applique qu'à l'homme et désigne la possibilité ouverte à l'individu d'un dépassement de l'espèce qui l'élève à la condition d'existant particulier. Ajoutons, ce qui est évident, que l'existence particulière désigne elle-même la faculté qu'a l'individu humain de se connaître comme «moi» et comme «je». — Mais voici une remarque nouvelle: une interversion de valeur se produit alors entre les deux notions. Une fois la personne posée et comprise comme impliquant une supériorité par rapport à l'individu, nous voyons l'individu se hausser, pour ainsi dire, au-dessus de la personne. Il faut «oser être un individu»[3], déclare l'exégète d'Abraham. Dire qu'il faut oser être une personne ne signifierait rien. L'existant humain est naturellement une personne, mais il n'est un individu que s'il le veut, entendons par là qu'il lui faut sortir, à grand effort, des lieux communs de l'existence collective et objectivée où il est perdu et se retrouver lui-même dans l'originalité de son être propre, de sa pure subjectivité individuelle. S'il en est capable, il ne passe évidemment pas d'un état donné à un état différent, c'est au contraire ce qui existe de personnel en lui qui s'affirme avec rigueur. La notion d'individu confère à celle de personne tout son sens.

En disant de Dieu qu'il faut, pour avoir de lui une idée juste, poser d'abord un «Ego» et un «Je», nous n'avançons rien que ne puisse admettre le théologien aussi bien que le philosophe. J'ai rappelé l'opinion du docteur de l'Eglise sur l'inanité de toute définition ou qualification humaine de Dieu. Mais je ne le définis et ne le qualifie pas en le nommant un «Je» et un «Ego» pas plus que je ne me définis ou ne me qualifie moi-même en m'assurant que je suis par la conscience que j'en ai. Je dis seulement que la conscience d'être, qui est liée à l'existence de l'homme, ne l'est pas moins à l'existence de Dieu, et je n'émets, ce disant, aucune proposition anthropomorphique, je constate sans plus cette vérité que la seule existence certaine, et la seule digne du nom d'existence, est celle qui s'éprouve elle-même comme telle. Refuser à Dieu la conscience, nier qu'il se connaisse comme existant, revient à nier son existence: car s'il n'existe pas pour lui-même, comment existerait-il pour nous?

C'est aussi ruiner la notion de Dieu. Je peux, car rien n'est impossible au discours, maintenir l'appellation, le vocable, nommer Dieu toute chose

[3] Sören Kierkegaard.

qui ne se connaît ni ne se pense, une entité, un objet, le beau et le bien ou l'énergie cosmique, ou encore cette potiche. Mais je ne parle pas plus de Dieu que je ne parlerais de l'homme à cette potiche, ou à l'énergie cosmique, ou encore au bien et au beau. Il est vrai que, s'agissant de l'homme, l'absurdité serait si flagrante que personne ne s'y est jamais risqué.

Ce qui fait la ressemblance de l'homme à Dieu est d'abord l'existence subjective, le «je» qui se reconnaît et s'affirme comme l'être. L'«Ego sum qui sum» de l'Ecriture marque toute l'incommensurable différence qu'il y a entre le «je» humain et le «Je» divin. Cette parole signifie et annonce, disais-je, la Personne intégrale, l'Existant purement individuel. J'ai tenté plus haut d'éclaircir l'idée de personnalité et d'individualité afin de me rendre intelligible l'infinité d'existence qui serait nécessairement en Dieu, et de comprendre, par comparaison, pourquoi l'existence de l'homme est une existence finie. L'existence infinie ne se conçoit que pour Celui qui n'est absolument que lui-même, un «Je» dont la durée ne comporte ni en deçà ni au delà temporel par rapport à quoi il se situerait, car il n'y a en lui aucun altérité, et par conséquent aucune limitation. La finitude irrémissible de toute existence d'homme tient à ce qu'elle s'accomplit non pas individuellement, mais dans une continuité intersubjective, à ce que le «je» qui s'affirme en chaque personne n'est pas purement autonome et singulier, mais en dépendance ontologique d'autrui, rapporté à un «nous» dont sa propre durée est un moment et révèle un aspect. C'est là une manière d'être inhérente à la nature humaine, et qui fait que l'homme, capable au sein de l'espèce d'en surgir en se révélant à soi-même et aux autres comme un existant particulier, n'atteint pas à l'individualité plénière et à la pureté de la personne, chacun étant avec les autres selon une contemporanéité d'existence liée à un passé et à un futur. — Il y a encore une manière d'exister qui n'est pas purement individuelle et personnelle. Nous l'avons rappelé aussi, c'est le «divertissement» où Pascal voit la plupart des hommes s'égarer à chaque instant de leur vie, c'est l'aliénation constante du «je» dans le «on» qu'analyse un des maîtres philosophes de notre époque[4]. J'ai pris soin de distinguer entre le «on» et le «nous», que le philosophe semble confondre. Dans les limites de notre condition finie, l'existant peut s'accomplir en tant que «moi» conscient et responsable s'il comprend que cette finitude, que cette vocation à la mort n'est ni la marque d'une fatalité de l'espèce, ni le signe de son propre néant... qu'elle est l'indice de la solidarité de chacun de ceux qui sont au monde avec tous ceux qui

[4] Martin Heidegger.

ont passé et ceux qui viendront pour une croissance d'être indéfinie. L'aliénation n'est pas l'effet inévitable de l'existence en commun: elle résulte de la sclérose et la falsification de cette existence, quand l'être humain, au lieu de se tenir présent à soi-même et aux autres dans une activité lucide où la conscience de soi se prolonge en compréhension d'autrui, s'abandonne à cette sorte d'altérité où personne n'est réellement soi-même et ne rencontre réellement personne. Une animation de surface y masque l'absence d'intériorité vraie, l'illusion du «je» et du «nous» y persiste dans des déterminations sans contenu subjectif réel, dans des automatismes d'opinion et de comportement qui traduisent une dépersonnalisation généralisée. C'est le passage de chacun à un inconscient collectif où l'existant individuel est dissous, encore qu'il lui arrive de se ressaisir par retour sur soi... L'occasion la plus efficace de ce retour est sans doute la pensée de la mort, mais je ne crois pas à l'interprétation suivant laquelle l'abandon aux banalités quotidiennes, aux divertissements et aux préoccupations, aux besognes, aux bavardages de la vie courante, serait une fuite de l'individu devant lui-même, le moyen pour lui d'échapper à l'angoisse dont l'emplit secrètement la contingence radicale de son existence, la possibilité constante de sa fin, sa situation fondamentale[5]. La perte du «moi» conscient dans une mentalité collective impersonnelle n'est pas un recours contre cette situation: elle est aussi une situation fondamentale, dont l'origine est dans la nature humaine, dans la structure générale de l'homme. J'ai parlé du passage de chacun à l'inconscient, qui est, sous des dehors animés, absence de soi, distraction et démission de l'existant dans des manières d'être où il perd toute identité et qui le rejettent à un anonymat essentiel. Ce que le philosophe appelle aliénation n'est rien d'autre qu'une chute ou plutôt une perpétuelle retombée de la conscience dans la matière. Je ne sais ce qu'est en elle-même la matière et si elle est en elle-même, on n'arrive à rien en cherchant à la comprendre d'un point de vue substantialiste, comme quelque chose en soi de positif. Je ne puis me tromper si je la comprends comme quelque chose qui ne se connaît ni ne se pense à aucun degré, et cela non par inaptitude mais parce qu'il est de sa nature de n'avoir pas à se penser ni à se connaître, qu'elle est donc, à cet égard, négativité absolue, et se définit au mieux par l'inconscient ou le «non-moi».

L'analyste qualifie d'inauthentique ou de dégradée l'existence qui résulte pour chacun de sa dilution dans la mentalité ambiante[6]. Cette

[5] Martin Heidegger.
[6] Martin Heidegger.

existence n'est celle ni du «je», ni du «nous». C'est un état où il n'y a pas plus de recueillement en soi que d'ouverture à autrui, où cesse tout effort pour s'assumer personnellement comme conscience et pour vivre selon une intersubjectivité véritable. J'y vois en quelque sorte la négation du dépassement de l'existence spécifique par l'existant particulier, une manière d'abdication de la personne au profit de l'individu qui apparaît dans l'espèce sans se distinguer d'elle. Cependant, la fusion du «je» dans le «on» ne ressemble guère au comportement de l'individu dans l'espèce où des lois rigides le déterminent à des opérations vitales: l'existant humain se fond le plus souvent, dit le philosophe[7], dans une existence communautaire moyenne de valeur réelle insignifiante. C'est ce que je me représente comme une chute dans la matière qui ne laisse de la vie subjective que le semblant, que le simulacre; et cette chute, cette perpétuelle retombée à un plan d'existence que je peux dire matériel puisque en est absente l'authentique conscience de soi, s'explique d'abord par l'essence même de l'homme que réalise, en chaque existant, l'union de la conscience à une matière qui la tire à elle de partout avec le poids du monde. La pensée de la mort a assez de force pour ramener à soi la conscience ainsi aliénée et éparse, et c'est bien par l'angoisse qu'elle agit, dès que l'existant éprouve comme telle la possibilité incommutable de sa propre mort. Mais si l'existence inauthentique se définit par l'absorption du «moi» personnel dans la communauté du «on», cette angoisse aussi appartient à l'existence inauthentique quand elle est ressentie comme celle du néant auquel chacun serait voué: car le néant est ce qu'il y a de moins personnel et individualisable, ou de plus commun dans l'informe. L'incommutabilité ne suffit pas à particulariser la mort. Avant de se présenter à chacun comme sa propre possibilité constante de n'être plus, elle apparaît comme l'impossibilité d'être inéluctable à laquelle tout le monde aboutit. Le terrible «et reverteris in pulverem» souligne l'universalité de la condition mortelle. Le «tu» qui y résonne ne s'adresse pas à moi ou à vous personnellement. Il est pour n'importe lequel d'entre ceux qui passent. Il proclame la fatalité du retour à une matière niveleuse où s'anéantit l'apparence même de l'être et au sein de quoi aucune reprise de conscience n'est possible. En fait, évoquer le caractère personnel de la mort signifie que l'angoisse n'en peut être éprouvée que par chacun en particulier. C'est évident, mais l'épreuve individuelle de cette angoisse n'en change pas la nature: si elle n'est qu'angoisse d'un néant donné comme la fin certaine et le sens

[7] Martin Heidegger.

même de l'être humain, elle vient de tous indifféremment et celui qui croit l'assumer en personne ne fait encore que se perdre dans la multitude anonyme, que rentrer dans l'indistinction: angoisse du néant, et aussi néant d'angoisse, où l'absence de détermination et d'objet précis exprime, plus qu'en tout autre disposition, une impersonnalité essentielle. On peut accepter cette angoisse ou s'en distraire, on n'aura accueilli ou refoulé qu'une horreur instinctive issue de l'espèce et même de plus bas que l'espèce, animale, tellurique. Si l'authentique angoisse existentielle est celle que l'individu humain a le pouvoir de faire sienne véritablement, ce n'est pas dans la pensée du néant qu'elle réside. Mais le néant n'est pas certain: il ne l'est ni comme fin ni comme sens de notre être. L'authenticité, la vérité de l'angoisse se trouverait-elle au contraire dans la pensée d'une éternité redoutable? Pascal s'inquiète de la condition de l'homme qui «en sortant de ce monde tombe pour jamais, ou dans le néant, ou dans les mains d'un Dieu irrité», et on sent bien que pour lui l'angoisse tirée de l'éventualité de Dieu l'emporte infiniment sur l'autre, car elle n'appartient qu'à l'individu dont l'éternité personnelle est en question, alors que l'angoisse éprouvée comme «disposition fondamentale qui nous place face au néant»[8] ressortit à un destin général indifférencié. Je ne suivrai pourtant pas non plus Pascal sur ce point. Observons d'abord que cette figure d'un «Dieu irrité» est inacceptable, même dans l'esprit du jansénisme le plus rigoureux. Un ressentiment dont l'imparfaite justice humaine doit se garder ne peut inspirer le Dieu parfaitement juste. Du côté de l'homme, l'effet que cette image cherche à produire, et qui est une peur axée sur l'attente des vengeances divines, relève de l'inauthenticité autant que l'angoissse imprécise qui vient à chacun de l'attente d'un néant commun à tous: un état affectif imposé par une cause tout extérieure, où Dieu se rappelle aux hommes sous l'aspect aride et menaçant de la loi, n'est ni du «je», ni du «nous», mais du «on». Je pense que l'existence authentique se manifeste dans la possibilité d'appropriation personnelle de l'angoisse par l'individu humain. Or l'appropriation n'est possible que si l'individu est placé non pas en face d'un néant considéré comme le sens de notre être, mais dans une incertitude entière sur ce sens, de sorte qu'étant forcé de choisir, il ait la liberté de son choix et du comportement qui s'ensuit. C'est, à cet égard, ce que Pascal entend signifier. La mort est certaine, l'anéantissement dans la mort ne l'est pas, et si c'est une éternité de vie qui se prépare après elle, l'existant humain a le pouvoir d'y entrer ou de

[8] Martin Heidegger.

s'en retrancher dès aujourd'hui par le choix qu'il fait. Nous retrouvons là l'angoisse du néant, mais qui ne serait pas anéantissement dans l'inconscience finale, qui serait conscience éternelle d'anéantissement. Angoisse dont on discerne en quoi elle est plus susceptible d'appropriation que celle de la mort comprise par chacun comme sa propre possibilité constante de suivre une condition à laquelle personne ne se soustrait: la mort spirituelle possible est le risque personnel de l'existant responsable de l'éternité de son être. L'angoisse qu'il éprouve de cette situation est donc sienne particulièrement, de même que lui appartient en propre la possibilité d'un anéantissement éternel.

* * *

Je crois cependant que l'angoisse fondamentale, qui n'est pas dans l'épreuve anticipée du néant, n'est pas davantage dans la pensée de l'éternité à venir. Aussi disais-je que je ne peux suivre non plus Pascal sur ce point. On ne saurait en effet considérer comme originelle ni l'angoisse ainsi éprouvée ou comprise, ni la possibilité à laquelle elle se rapporte. Toutes deux ensemble, angoisse et possibilité, se placent dans la foi, supposent une foi préalable, il faut avoir choisi déjà de croire à une vie éternelle après la mort terrestre pour ressentir dès à présent l'horreur d'en être éternellement retranché. L'angoisse de la mort spirituelle n'est appropriable que par l'individu croyant. L'incrédule ne l'éprouve pas, il en nie au contraire l'authenticité chez celui qui l'éprouve, et il la tient pour corrélative à une espérance de survie qu'il interprète comme le moyen suprême d'échapper à l'angoisse d'une finitude radicale où il voit le sens de notre être: interprétation tendancieuse non parce que le croyant a certainement raison, mais parce qu'il n'y pas plus de raison certaine pour l'incrédule que pour le croyant. L'acte de foi, nous l'avons vu, est un acte totalement libre, qui n'est point imposé à tous par une certitude logique et résulte de l'option particulière, les raisons ne venant qu'ensuite pour appuyer cette option. Et puisqu'il en est ainsi, la négation est elle-même un acte totalement libre, ce qui veut dire qu'elle résulte également d'un choix et que les raisons de nier sont aussi consécutives à ce choix, ou que les dialectiques descriptives qui fondent l'existence sur une vocation insurmontable au néant partent de points de vue choisis par le philosophe. Il ne suffit pas de penser, avec Pascal, que nous n'avons pas plus de raison déterminante d'un côté que de l'autre. Ce que démontre la raison, je le répète, est qu'il n'y a d'indubitable que le doute, de certain que l'incertitude. Le sens de notre être n'est pas ailleurs que dans cette incertitude, et c'est d'elle seule que nous vient l'angoisse appréhendée comme disposition ou manière d'être fondamentale. Cette disposition, cette manière d'être est celle originellement d'une liberté de qui dépend notre choix, d'où je comprends qu'il n'y aurait point d'angoisse s'il y avait aussi liberté de ne pas choisir. L'angoisse naît à la fois de la liberté de l'option et de la nécessité d'opter. Entre l'ultime démarche rationnelle, qui nous conduit à une question que la raison n'a pas à résoudre puisqu'elle est précisément son dernier mot, et l'acte de liberté pure qui décide pour l'affirmation ou pour la négation, se situe une phase où rien n'est résolu ni décidé, et il faut comprendre que notre condition première n'est ni sûrement pour la mort définitive, ni sûrement pour une éternité d'existence mais pour l'option entre l'une et l'autre éventualité dont on sait qu'une seule doit s'accomplir, alors qu'on ne sait laquelle.

C'est l'option envisagée et vécue avant l'affirmation ou la négation qui nous ouvre à l'essentielle angoisse. Mais pour essentielle qu'elle soit, cette angoisse n'est pas éprouvée par tout homme naturellement et d'instinct, comme l'angoisse d'une condition mortelle commune à tous: l'incertitude qui la cause exige de la part de l'existant un grand effort de compréhension et une ferme volonté d'appropriation personnelle. L'épreuve n'en est pas réservée au seul croyant, rien n'est décidé une fois pour toutes même pour le négateur, incertitude et option sont sous-jacentes toujours à l'incrédulité comme à la foi. La question qu'on ne peut éluder et à laquelle on est libre de répondre dans l'un ou dans l'autre sens ne se présente pas constamment à l'intelligence et à la volonté, elle surgit d'un moment de crise, mais chaque moment de notre vie peut être ce moment là. La crise qui la suscite est évidemment différente selon qu'elle intervient chez le croyant ou chez l'incroyant. Qu'un homme qui se confiait à sa foi (je parle d'un croyant authentique, non de ceux qui se satisfont d'une pratique objective et rassurante) s'aperçoive soudain qu'il l'a perdue, aucune raison ne le convaincra d'y revenir (ce ne sont presque jamais des raisons qui l'en ont détourné). L'accueil lucide d'une incertitude qui persiste et l'oblige à choisir lui-même le sens de sa mort peut seul le tirer de l'indifférence où il incline désormais. Quant à l'incroyant, sa position n'admet pas le doute, et il la fonde sur des raisons qu'il tient pour péremptoires. En ce qui le concerne, la crise se produit dès lors qu'il en vient non pas tellement à douter de ses raisons qu'à comprendre qu'on s'y soumet volontairement plus qu'elles ne convainquent par elle-mêmes, et que les raisons de nier ne sont qu'une manière délibérée et systématique de ne pas reconnaître qu'il faut se prononcer sans être sûr de rien.

De cette prise de conscience toujours possible que l'argumentation négatrice n'est nullement assurée dans ses motifs — qu'elle ne l'est pas plus en tout cas que la théologie ne l'est dans les siens — résultent, pour l'incroyant aussi, l'indifférence, le désintéressement intellectuel, une sorte d'agnosticisme passif et désabusé. A moins que se ressaisissant il n'amène à soi, sous son regard, du vague arrière-plan d'inattention collective où on la relègue habituellement (le «on» encore, l'inattention habituelle est une attitude caractéristique du «on») la question qu'il assume alors comme si elle n'était adressée qu'à lui... ce qui le place dans la situation même de l'individu qui ayant cessé de croire, et n'ayant pas plus de raisons pour nier, se retrouve dans l'incertitude, c'est-à-dire devant la pensée de la mort en tant qu'elle propose à l'existant individuel une alternative et un choix. Que si on m'accuse à mon tour d'interprétation tendancieuse, puisque l'incertitude où je vois notre situation fondamentale prédispose à l'acte de foi plutôt qu'à la négation, je n'ai, pour me défendre du reproche de parti pris, qu'à rappeler la différence de nature qui apparaît à l'analyse entre la négation et l'acte de foi: l'incertitude est indispensable à la foi qui se constitue par elle en la surmontant, alors que la négation, pour se constituer, doit nier et rejeter aussi l'incertitude. C'est pourquoi la plus subtile manœuvre de l'athéisme consiste à ne pas nier péremptoirement, mais à vider l'incertitude de son contenu appropriable en la transformant en non-savoir, un non-savoir diffus et stérile qui dispense l'existant de s'en soucier.

Voici que nous en revenons à Pascal. Si l'incertitude n'est pas abolie par démonstration irréfutable qu'il n'y a rien après l'existence dans le monde, l'existant est-il raisonnablement dispensé de se soucier de sa propre mort? C'est dans la pensée de la mort que l'incertitude prend cette valeur existentielle qui fait de chacun le seul responsable de son affirmation ou de sa négation. — Ne tenons pas compte cependant de l'affirmation ou de la négation résolue. Ne considérons que la phase antérieure à quelque résolution que ce soit, où l'option reconnue comme nécessaire ne s'est encore décidée à rien et se manifeste comme également possible pour l'un et l'autre parti. C'est l'instant de la plus grande solitude et de la plus grande angoisse. Solitude plus dénuée que la nuit obscure[9] des mystiques où Dieu se fait encore éprouver dans le sentiment de son absence; plus abrupte que la montagne où le contempteur ne proclame «la mort de Dieu»[10] que pour mieux prendre appui sur la

[9] Saint Jean de la Croix.
[10] Frédéric Nietzsche.

Terre. Angoisse d'une liberté sans partage. Angoisse aussi du néant: néant de toute motivation rationnelle, néant de l'expérience d'autrui si l'homme laissé ainsi à lui-même y cherche un recours ou un exemple. Celui qui se voit dans la nécessité de choisir commence par la protestation de l'interlocuteur de Pascal: «on me force à parier, et je ne suis pas en liberté!» Il est libre, au contraire, mais libre en même temps que traqué, dans une situation qui l'oblige absolument à opter et le rend maître absolu de l'option. S'il ne retombe aussitôt dans l'inattention et l'insouciance ordinaire, il reconnaîtra qu'il ne peut ni se dérober au choix, ni choisir par raisonnement ou calcul, et qu'il est réduit à lui seul, coupé de tout rapport au monde. L'angoisse dont il fait alors l'épreuve anticipe sur celle de l'homme mourant. Comment doit-il la comprendre? Quelle signification prendra-t-elle pour lui? C'est la signification de sa solitude qu'il lui faut d'abord discerner. L'homme mourant n'est pas un homme dans la solitude, il est lui-même cette solitude. Le désert n'est pas autour de lui, mais en lui. C'est en lui que le monde fait silence, que s'éteignent les formes et les couleurs perçues en commun, que perdent soudain toute importance les notions et les certitudes acquises ensemble. Cet homme n'est déjà plus au monde, et il n'est pas encore en Dieu. Allons plus loin: c'est pour lui comme si le monde n'avait jamais été, et il ne sait toujours pas si Dieu est. L'instant que je tente de décrire n'a pas de durée appréciable, il n'est ni du temps ni de l'éternité, je ne peux même évoquer ici quelque dimension transitionnelle car le temps désormais est révolu et l'éternité seulement possible. Entre l'horreur fumeuse du néant et l'effroi solaire de la résurrection monte la flamme d'angoisse exclusive en qui l'homme se retrouve unique devant la mort, quand il dépouille tout ce qui est des autres pour que vienne à lui personnellement de l'horizon le plus incertain la question la plus évidente.

CHAPITRE II

Il n'y a point de parti intermédiaire sur cette question de Dieu et de la vie éternelle: ou bien on déclare qu'elle n'a pas à se poser, ce qui revient à dire que la négation ne fait pas de doute, ou bien on admet qu'elle peut se poser, et le moindre doute en fait la question la plus grave de toutes celles qui se posent aux hommes. Je constate, en tout cas, qu'elle se pose pour beaucoup, et que c'est là un fait humain que sont bien forcés de constater comme moi ceux qui déclarent qu'elle ne se pose pas pour eux et ne devrait se poser pour personne. Les arguments rationnels qui venaient en justification d'une foi préalable (la foi en quête de raisons, disaient les scolastiques) ayant cessé d'être probants à l'égard de tous, il n'y a pour justifier la foi qu'une incertitude commune où s'accomplit l'option personnelle du croyant. Aussi considère-t-on habituellement l'incertitude comme le premier mouvement de l'option de l'individu qui, en la faisant sienne, en l'incorporant à son existence, se place dans les conditions mentales de l'acte de foi: c'est ce qui autorise l'incroyant à ne voir en elle, comme dans la foi, qu'une attitude d'esprit non justifiée, qu'une disposition psychique qu'il est libre de refuser comme il refuse la foi elle-même. Et sans doute l'incertitude doit-elle être intériorisée, appropriée, personnalisée par l'existant, mais elle n'est pas en son essence assimilable à la foi, elle n'est à l'origine ni un libre choix de la volonté, ni un sentiment qu'on ne s'explique pas et que l'on pourrait aussi bien ne pas accueillir. La foi témoigne de ce que l'on éprouve en particulier comme vrai, c'est pourquoi elle s'exprime dans l'acte d'un sujet individuel. L'incertitude ne témoigne pas, elle oblige à prendre parti: aussi se présente-t-elle à nous non comme un acte à accomplir individuellement mais comme une vérité pour la raison universelle, que ne peut pas ne point reconnaître tout esprit réfléchi. Ce sera, me semble-t-il, le passage décisif de mon entreprise que de montrer en quoi est rationnelle l'incertitude, ou plutôt la question dont l'incertitude est l'effet subjectif et qui se constitue objectivement de la démarche même que la conscience accomplit en relation au monde. Je me rendrai compte alors que l'existence de Dieu, et la vie éternelle qui en dépend, ne saurait être comprise comme une hypothèse plus ou moins plausible, pas même comme une éventualité incertaine: Dieu est ou il n'est pas, ainsi que Pascal le dit bien, mais l'incertitude où je suis par rapport à l'existence de Dieu ne résulte nullement comme le croit Pascal, de l'impuissance de la raison à prouver que Dieu est ou qu'il n'est pas; elle résulte de l'opération de la raison à qui Dieu se propose comme une question impossible à éluder, de sorte qu'étant contraint d'y répondre, je n'y puis répondre que par un choix qui m'engage en personne quel qu'en soit le sens. Dès à présent, je dois noter que l'incertitude s'offre à nous sous deux aspects distincts, mais non séparés, qui relèvent non pas de théories qui s'opposeraient mais d'un même point de vue où les deux aspects prennent l'un par l'autre toute leur valeur, et en défintive se fondent pour faire voir dans l'incertitude une réalité et une fonction ontologique indubitable.

Le premier de ces deux aspects est la rationalité. J'ai dit que la question de Dieu, pour être universellement valable, doit être comme telle une vérité de raison, c'est en vain que l'on qualifie d'«objective» l'incertitude où cette question nous situe, si on ne voit en son objectivité qu'une impuissance de l'esprit à démontrer objectivement que Dieu existe: l'incertitude n'est vraiment objective que si la question qui en est cause se constitue intersubjectivement; elle ne s'impose à toute conscience particulière que si cette question procède d'un jugement d'évidence, que si elle appartient d'abord à la conscience générale. Il me faut ici rappeler une assertion que j'ai avancée dans un précédent passage et qui se représente à moi sous un éclairage nouveau. La question de l'existence de Dieu est premièrement une vérité rationnelle, mais non, disais-je, une vérité comme les autres ou parmi les autres, ce qu'est telle ou telle vérité logique ou mathématique. Le mot de sur-rationalité caractériserait son essence ou le fond transcendantal dont elle surgit. Elle n'est pas déduite d'une proposition antérieure et aucune proposition conséquente n'en est déduite. Elle n'est pas localisée dans une région de la connaissance. La question de Dieu est au terme de l'activité de l'esprit comme l'interrogation inéludable de l'esprit sur la nature même de son activité; et c'est la vérité ou l'être même du monde et de la conscience humaine qui est mis par elle en question.

L'individualité est le second aspect de l'incertitude, aspect qui se révèle quand l'existant particulier comprend que la question de Dieu est constituée, à l'extrême de sa recherche, par la conscience générale qui le renvoie à lui-même pour qu'il y réponde seul et librement par oui ou par non. Ce renvoi n'est incontestable, cette alternative ne s'impose à l'existant que si la démarche réflexive qui aboutit à la question n'est influencée d'aucune manière par un présupposé idéologique quelconque: ce dont on n'a pas à douter dès lors que cette démarche suppose, pour s'accomplir, l'exclusion de tout parti pris et une entière disponibilité de la conscience générale aux évidences qui se présentent à elle à mesure qu'elle avance dans la compréhension du monde. Mais l'option particulière m'apparaît aussi dans une perspective nouvelle. Je viens de rappeler que l'existant n'en ressentira l'obligation que s'il commence par reconnaître, dans la question de l'existence de Dieu comme telle, une vérité de raison, une évidence intersubjective dont résulte à l'égard de tous une incertitude que chacun doit s'approprier pour décider et choisir seul. Discerner le caractère indubitable de l'incertitude ne serait-il permis qu'à ceux qui usent de la réflexion philosophique? Remarquons qu'une réflexion philosophique valable, qui est la moins artificielle, la moins soumise à un système préconçu, ne tend qu'à mettre en lumière des structures de l'être ou des conduites existentielles dont tous les hommes font plus ou moins clairement l'expérience. Du fait même qu'il en est venu par raison à se demander si Dieu est, l'existant éprouve qu'il ne peut éviter cette question et qu'il doit y répondre lui-même, en quelque sens qu'il décide. L'individualité de la réponse est marquée avec plus d'évidence dans l'acte de foi, mais elle caractérise aussi l'affirmation négatrice, et les arguments du négateur manifestent surtout la nécessité où il est de refuser une incertitude qui rendrait sa position intenable. Que l'on croie en Dieu ou qu'on le nie et quelques motifs qu'on se donne pour soutenir l'un ou l'autre, le parti en est pris par l'existant particulier, par le sujet individuel dont le philosophe du «Concept d'angoisse»[1] a souligné l'importance métaphysique. L'intuition de ce précurseur des philosophies de l'existence est qu'il y a en tout homme un être authentiquement personnel, une subjectivité originale, quelqu'un d'unique, d'irremplaçable. Cette subjectivité, l'existant humain ne l'atteint pas d'une saisie immédiate, dispersé qu'il est dans de multiples déterminations extérieures et aliénatrices. L'individu qu'il y a en chacun de nous ne nous est pas donné tout fait. Il n'est que possible, et il faut que chacun le devienne, qu'il «ose l'être». La manière de l'oser et le moyen de le devenir, tels que le penseur les décrit, constituent un extraordinaire paradoxe existentiel: d'une part, l'homme ne peut accéder à la subjectivité authentique que par relation à Dieu, qui est «Je» absolu, existence subjective pure: d'autre part, l'homme n'est pas assuré de l'existence de Dieu, il établit cette relation dans l'incertitude et donc par un acte absolument libre, selon un choix dont il est le seul maître, où il se choisit lui-même comme pur sujet individuel en optant pour la foi en

[1] Sören Kierkegaard.

Dieu. Cette pensée, qui a ouvert de nouvelles voies à la philosophie, comporte fondamentalement deux lacunes considérables, dont nous avons vu la première: l'incertitude n'est pas comprise en ce qu'elle est et représente d'abord une réalité intelligible, une vérité générale ou transcendantale. Le philosophe n'en saisit que le caractère affectif ou psychologique qui apparaît dans son appropriation par l'individu, bien qu'il dise que «tout homme peut être cet individu» par qui elle est appropriée. Cette expression: «tout homme» n'implique pas l'universalité objective de l'incertitude, elle signifie que tout homme peut reconnaître personnellement et pour lui-même qu'une incertitude existe, ce qui n'est pas du tout la même chose: la reconnaissance de l'incertitude serait laissée à la décision particulière, elle appartiendrait au libre choix de chacun, alors qu'il n'y a liberté que pour le parti qu'on choisit de prendre, la nécessité de choisir étant imposée au contraire par la validité universelle de la question de Dieu, que la raison reconnaît. Dans le premier cas, l'incertitude reste une disposition du sentiment, en dépit de la décision que l'existant particulier en dégage; dans le second cas, elle se constitue en jugement certain.

Une autre lacune aussi grave se trouve dans la manière dont l'auteur de «Crainte et tremblement» conçoit l'appréhension existentielle de l'incertitude. Elle doit être, déclare-t-il, «appropriée fermement par l'intériorité la plus passionnée», et il ajoute que «telle est la plus haute vérité qu'il y ait pour un existant». Remarquons au passage que l'incertitude, qui est bien une vérité, n'est pas la plus haute vérité: elle est le moyen d'accès à celle-ci, soit que l'existant témoigne de la réalité de Dieu, s'il s'engage de tout son être dans l'affirmation, soit qu'il décide que l'idée de Dieu ne correspond à aucune réalité, si la négation est assumée totalement par quelqu'un qui sait ce qu'il fait. «La plus haute vérité qu'il y ait pour un existant» est cette affirmation ou cette négation, et le philosophe se trompe sur ce point. Mais son erreur fondamentale n'est pas là. L'erreur qui imprègne toute sa pensée réside, disions-nous, dans sa façon de comprendre l'appropriation de l'incertitude par le sujet existentiel. Il semble d'abord que l'on doive consentir sans réserve à la formule du penseur en ce qui a trait au rôle et à l'importance de l'intériorité et de la passion. L'incertitude resterait inefficace si elle n'était qu'une vérité pour la conscience intersubjective, si elle n'avait à être reconnue comme telle que du point de vue «objectif et abstrait» de la raison générale. Il faut donc que l'épreuve intime et particulière en soit faite, et plus elle comporte de passion, mieux l'existant s'y découvre comme sujet concret et distinct. Cela est juste, et pourtant ne persuade pas. Il manque à l'épreuve de l'incertitude ainsi évoquée un élément essentiel, qui donne à l'incertitude toute sa signification et montre pourquoi l'épreuve en est nécessaire. Aux yeux du penseur de Copenhague[2], l'incertitude qui ouvre à l'existant la possibilité d'opter pour la foi est d'abord un état où il trouve la possibilité de se choisir lui-même comme croyant; et dans l'acte qui consiste à affirmer l'existence de Dieu en tant qu'absolue Subjectivité, le philosophe voit avant tout une initiative qui permet à celui qui s'y décide d'affirmer sa propre existence subjective libre et autonome. Sans doute la liberté et l'autonomie du sujet se découvrent-elles pour lui dans l'option, et cette option ne lui découvre sa liberté et son autonomie que parce qu'elle se fonde dans une incertitude où il doit décider en personne. Mais il n'y a, répétons-le, d'acte libre que celui d'opter. Il n'y a d'existence subjective autonome que celle qui surgit de cet acte à l'instant où il s'accomplit. Pour l'auteur de «Crainte et tremblement», l'appropriation intime de l'incertitude, comme sa reconnaissance objective, est une expérience qui appartient à l'individu pris à part et le concerne exclusivement; elle ne relève que de l'option et manifeste une conduite particulière à tel ou tel existant déterminé; elle participe de la liberté d'un homme seul. C'est là l'autre erreur ou lacune qui brouille irrémédiablement la vision du penseur. L'incertitude, qui se présente comme une vérité objective pour la raison, apparaît aussi comme au fondement de la structure de l'existant humain considéré en général. Pas plus qu'il ne discerne, dans l'objectivité de l'incertitude, l'effet d'une question qui s'impose à la conscience rationnelle intersubjective, le philosophe ne voit que la possibilité d'appropriation qui en est offerte à l'individu résulte de ce que l'incertitude est constitutive de quelque existence que ce soit. Tout est là, et l'on comprend aussitôt que l'incertitude où nous place la question de Dieu n'est pas une situation que l'on choisit. La définir comme une évidence générale pour la raison et à la fois comme un élément structurel indifférencié de l'existence, c'est constater, c'est éprouver qu'elle ne saurait être une expérience laissée à la liberté de chacun parce qu'une expérience différente serait également possible. L'option, en tant qu'elle se détermine, représente cette expérience. Elle est un acte libre en ce qu'elle pouvait aussi bien se déterminer pour l'autre terme de l'alternative et que sa détermination dépend de chaque existant en particulier. L'incertitude, élément de structure commun, forme de notre condition humaine, est de ce point de vue tout

[2] Sören Kierkegaard.

le contraire de l'acte libre où l'existant se révèle dans son individualité propre; mais c'est à l'individu qu'il appartient d'en sortir par un acte libre, et l'incertitude est donc aussi la condition générale qui rend possible cet acte par lequel un homme entre autres devient un être individuel authentique. Il ne suffit pas de dire que «l'incertitude... appropriée fermement par l'intériorité la plus passionné» est «la plus haute vérité qu'il y ait pour un existant», pour tel ou tel existant qui aurait à décider de son appropriation comme si elle n'était une vérité que pour lui, une vérité qu'il se donnerait à lui-même. Il faut comprendre que l'incertitude est la vérité de toute existence et le fondement de toute liberté, en sorte que son appropriation par l'individu est un acte constitutif, lié à la nécessité de choisir et auquel on ne se dérobe que par défaut d'attention et divertissement frivole ou par omission délibérée et volonté de refus, c'est-à-dire en se maintenant au niveau de l'existence non résolue et inauthentique. Je puis considérer comme également possible que mon existence soit promise à l'éternité ou qu'elle soit vouée au néant, et j'ai à me décider entre l'un et l'autre. L'incertitude où je suis à cet égard n'est pas une possibilité dont la prise en considération dépende de moi et sur laquelle j'aie à me décider. Elle n'est pas soumise à mon appréciation. Elle s'impose à tous les hommes ensemble en ce qu'elle est non pas un état psychique que chacun pourrait refuser ou accueillir, mais le point d'aboutissement de la raison universelle dans son rapport au monde. Elle s'impose en particulier à tout homme en ce qu'elle est non pas une vérité de raison dont on puisse personnellement se désintéresser, mais la possibilité ontologique qui garantit du moins à l'existant individuel que sa finitude, si elle n'est pas certainement surmontée, n'est pas non plus sûrement insurmontable.

Faute d'avoir aperçu que l'incertitude se révèle au terme d'une réflexion rigoureuse comme le sens de cette réflexion, et pour n'y avoir trouvé, au lieu d'une structure générale de l'existence, que le motif d'une décision arbitraire, que le premier acte de l'option personnelle, l'exégète exalté d'Abraham[3], qui opte pour la foi, pour le «saut dans la foi», met l'accent sur cette décision et cet acte au point de donner à croire que son choix ne vise aucune réalité hors de lui, que la Subjectivité absolue n'est pour lui qu'un motif de dialogue avec soi, qu'un moyen de découvrir sa propre liberté subjective: moyen qui ne serait alors qu'illusoire. C'est à cause aussi de ce manque de discernement qu'il considère la foi comme absurde, alors qu'elle ne l'est ni plus ni

[3] Sören Kierkegaard.

moins que l'autre terme de l'alternative, représenté par l'affirmation négatrice. Ces deux erreurs ou lacunes fondamentales (l'universalité existentielle de l'incertitude échappe au penseur danois comme lui échappe son universalité rationnelle) ne sont pas restées sans conséquence, on en perçoit l'effet dans les philosophies existentialistes ultérieures, dont on sait qu'elles doivent à l'auteur de «Crainte et tremblement» la plupart de leurs grands thèmes: la liberté comme source d'existence et l'absolu de la subjectivité individuelle, le néant et l'angoisse qui en procède, le sens d'une culpabilité rattachée à l'épreuve que fait l'existant de sa propre finitude, la démarche transcendante et l'échec, etc. Un acquiescement passionné, certes, mais d'abord médité et lucide, à l'incertitude comprise premièrement comme vraie — comme une vérité qu'on ne refuse qu'en acquiesçant au faux, car il est toujours possible de s'opposer même à l'évidence et d'accueillir l'erreur même manifeste — eût peut-être rendu moins faciles bon nombre de pré-suppositions et interprétations aventurées que présentent ces philosophies: l'affirmation péremptoire du néant comme vocation irrémissible de l'existant humain et l'explication de l'angoisse par le sens de cette vocation[4], la liberté se définissant elle-même comme une expression du néant radical sur quoi serait fondé l'être de l'existant[5]; la transcendance conçue comme une démarche de l'individu à partir de situations qui lui dévoilent l'inanité du monde et le sollicitent de surgir seul à son être propre[6], démarche dont on voit trop que l'inanité en est encore plus sûre que celle de l'existence immanente. Quant au sentiment d'une culpabilité éprouvée en dehors de toute action positive, de toute faute déterminable, une analyse stricte et totale de l'incertitude eût montré qu'il est à rejeter comme inconsistant s'il ne résulte aussi de l'option imposée par l'incertitude entre l'éternité et le non-être. Toutes ces questions, qui se tiennent de près, devront finalement se résoudre, s'élucider. Je ne cherche pas à dénigrer l'existentialisme, dont personne aujourd'hui ne conteste sérieusement la nouveauté et l'apport, ni des philosophes dont j'admire comme tant d'autres l'originalité ou la richesse d'invention et l'habilité dialectique. Il faut cependant constater ce qui est, et d'abord que ces philosophes empruntent souvent à la pensée religieuse des données dont ils détournent le sens ou retirent les fondements spirituels. Que leurs conceptions

[4] Martin Heidegger.
[5] Jean-Paul Sartre.
[6] Karl Jaspers.

contrarient la tradition et la doctrine ne me gênerait guère: l'argument d'autorité ne vaut rien en philosophie. Mais la richesse d'invention ou l'originalité ou l'habileté dialectique ne compense pas le manque de rectitude, et il est assez significatif que ce manque provienne ici d'une distorsion constante et comme systématique des notions reçues de la tradition et organisées par la doctrine.

CHAPITRE III

Le problème de la substantialité du monde extérieur: est-il, suivant l'expression du maître du rationalisme critique, un «tout existant en soi»[1] indépendamment de notre perception? — se pose à la philosophie depuis que la réflexion cartésienne a soutenu qu'il n'y a de réalité certaine que de celui qui dit: «je pense», l'existence réelle du monde objectif pensé étant douteuse; car même si on n'admet pas non plus comme certaine la réalité substantielle du sujet pensant, cette réflexion a eu pour conséquence de montrer que le monde objectif n'apparaît et ne s'organise que selon les structures mentales du sujet.

Avant le «Discours de la Méthode», l'existence réelle des choses et du monde ne faisait généralement pas de doute. Pour la scolastique médiévale, l'être et le type d'être de toute chose est déterminé par une forme propre caractéristique, l'intentionalité subjective tend à la connaissance d'objets subsistant en eux-mêmes dans un monde qui existe positivement. C'était aussi, quant au fond, ce que croyaient les deux grands Hellènes dont la scolastique s'est inspirée: je veux dire que pour eux la question de l'être dans le monde ne portait pas sur le point de savoir si le monde extérieur a une réalité intrinsèque ou s'il n'est, comme dans les rêves, qu'une apparence, ainsi que le doute méthodique le suppose; et ils ne se demandaient pas non plus comment ou en quoi un monde dont les aspects sont évidememment liés à la complexion de l'esprit humain peut avoir une existence hétérogène à l'esprit. Dans l'une et l'autre doctrine, une dialectique ascendante ou descendante — suivant le point de vue d'où l'on considère l'être — reconnaît en lui un étagement de valeurs, des degrés de vérité. La théorie platonicienne est une vision réaliste du monde, alors même qu'on y qualifie d'illusoires les images sensibles intra-mondaines: elles ne sont dites illusoires que par comparaison avec «l'Un» et avec les «Idées», d'une vérité ontologique infiniment plus pure. Les Idées, participations intelligibles de l'Un, ont néanmoins une réalité foncière, elles existent non dans un entendement humain ou divin, mais en tant qu'êtres séparés. Et ce n'est pas un monde de phantasmes qui a été modelé par référence à ce qu'elles sont. Les Idées ont mis leur empreinte, leur marque, dit le philosophe,

[1] Emmanuel Kant.

dans ce qu'il nomme le «réceptacle» ou «l'emplacement», et à propos de quoi il ne s'explique guère bien que donnant à entendre que ce n'est rien de matériel ni même d'étendu. L'important est que le monde, suscité d'un lieu non localisé et indéfini qui semble n'avoir pour raison que de permettre aux archétypes immuables de se manifester dans le mouvant et le divers, se présente comme un monde réel, en ce sens qu'il ne dépend pas de la subjectivité humaine mais reçoit son être de ces idéalités matricielles extérieures à toute subjectivité. Tout aussi réaliste est la pensée aristotélicienne, qui en refusant l'intuition d'Idées et de Nombres doués d'une existence autonome et en substituant à l'hypothèse du réceptacle l'explication par une matière première, élimine ce qu'offrait de trop mythique la spéculation du grand Athénien. Que la matière amorphe en elle-même et inactive soit habitée par la forme, principe spirituel dynamique qui ne vise aucune forme en particulier mais les rend toutes possibles, c'est ce qui conduit le philosophe de Stagire à concevoir l'être selon une hiérarchie d'actes et de formes qui vont en se spiritualisant, de sorte que la part de matière qui dans toute forme et tout acte introduit la possibilité d'une forme différente, d'un acte éventuel modificateur, décroît à mesure que gagne l'esprit et que l'on s'élève du sensible à l'intelligible. Au delà du monde est la Forme tout immatérielle, l'Acte absolument pur, la Pensée qui se suffit, l'Etre parfait. Mais les êtres et les objets dans le monde ont leur densité et leur sens, même au niveau le plus bas; ce sont des êtres et des objets réels, bien que perpétuellement inachevés ou toujours disponibles au changement.

Le «néo-platonisme» est à joindre aux conceptions du monde qui ont précédé et inspiré le réalisme dogmatique dont l'expression accomplie est la philosophie thomiste. Je ne discute pas ici de la validité des notions sur lesquelles se fonde le réalisme de la pensée thomiste et des écoles helléniques et alexandrines auxquelles le thomisme a emprunté; j'appelle réalistes les conceptions philosophiques pour qui la réalité des objets ressort non pas de ce que la conscience doit être nécessairement conscience de quelque chose (ce qui est évident aussi pour l'idéalisme subjectif) mais de ce que leur origine ontologique se donne comme réellement extérieure à la conscience, et cela sans équivoque, en termes explicites et clairs. Le néo-platonisme est certainement une philosophie du réel. Tel qu'il se développe chez son représentant le plus remarquable, l'auteur des «Ennéades»[2], ce mouvement de pensée cherche plutôt à accorder l'essentiel des deux doctrines platonicienne et aristotéli-

[2] Plotin.

cienne. De la première, le philosophe a retenu le concept de «l'Un-Bien» transcendant et ineffable, et celui des Idées, purs universaux, formes immatérielles et exemplaires; à la seconde, il a pris la notion de l'Etre parfait et de la Pensée qui se pense, ainsi que de la matière indéterminée qui coexiste avec l'Un éternellement. Mais il renonce à attribuer une existence autonome aux Idées, qu'il situe en l'Un (c'est là une innovation), ou plus précisément dans un Intellect ou «Logos» engendré de l'Un comme une hypostase immédiate. Quant aux êtres animés et aux objets corporels intra-modains, ils se constituent non plus d'un principe formel immanent à la matière, mais de l'activité informatrice d'une hypostase du Logos (autre conception nouvelle) que le penseur nomme «l'Esprit du monde». Ainsi le monde des corps qui procède de l'Un par l'intermédiaire de ses hypostases, n'est pas un monde créé, le produit d'un acte volontaire et libre; il est l'émanation inconsciente et nécessaire des puissances expansives de l'Un. Et il apparaît également que l'Un, pensée de la pensée et être parfait, n'est pas un être personnel dont on doive considérer qu'il existe. C'est dire que dans la perspective plotinienne l'Un demeure à l'état de pur concept. Rapporté à Dieu, ce concept se révèle radicalement vicié et incorrect, comme il l'est dans les philosophies platonicienne et aristotélicienne: car au concept de Dieu est nécessairement liée l'idée d'existence, encore que nous n'en puissions conclure que Dieu existe certainement en réalité. Il reste que le monde du traité des «Ennéades» est, je le répète, un monde réel, ou plutôt que l'auteur de ce traité a du monde une conception «réaliste», si ce terme qualifie justement toute conception qui ne fait pas du monde objectif une forme de la subjectivité, que celle-ci soit rationelle ou existentielle, humaine ou divine. Le monde des «Ennéades» est dans son être aussi distinct de la conscience des hommes qui le perçoivent que de l'esprit de l'Un dont il émane. Lorsque la pensée philosophique eut complété le concept de Dieu de l'idée d'existence, qui devait l'amener à concevoir Dieu comme personnel et créateur, et qu'en ce qui concerne le monde elle eut repris la notion d'un composé de matière et de forme, en y adjoignant parfois celle des idées premières — les métaphysiciens, malgré de persistantes querelles d'écoles, crurent avoir élucidé à jamais le problème de l'être dans son ensemble: suspendu à Dieu par l'acte créateur, le monde objectif était également séparé de Dieu par ce même acte de création dont naissait une réalité consistante, non une sorte de rêve dans quelque esprit éternel; et parce qu'il était créé réellement, fondé en nature et en vérité, le monde ne dépendait pas dans son être des manières d'exister et de penser propres à l'homme, qu'une disposition exceptionnelle pourtant et unique rendait apte à saisir hors de soi tout cet être immense et à comprendre cette vérité opaque à tout autre créature que lui. La question du sujet et de l'objet, de l'esprit et de la matière, était ainsi résolue, ou plutôt elle n'avait pas lieu de se poser en tant qu'elle est celle du rapport entre deux termes ou substances que l'on conçoit comme irréductibles constitutionnellement l'un à l'autre. La philosophie rejoignait le sens commun, ou pour mieux dire la croyance spontanée de celui-ci se trouvait confirmée par la réflexion doctrinale de celle-là.

* * *

Ce sont ces certitudes que le philosophe de «la Raison pure»[3] appelle «un sommeil dogmatique» d'où l'ont tiré, écrit-il, les empiristes qui ont critiqué et rejeté les notions de substance, de réalité en soi, de causalité externe, etc., pour conclure que s'il y a un intérêt pratique à croire que le monde existe hors de la conscience, cette croyance n'est pas fondée philosophiquement, et que le monde ne se distingue pas de la perception qu'on en a, qu'il est une trame de sensations associées qui se prolongent en idées générales où l'imagination joue un grand rôle. Il semble bien en effet que l'abandon de l'enseignement scolastique n'est pas venu d'abord du raisonnement ou de l'élaboration conceptuelle. C'est une expérience réfléchie de la perception en tant qu'acte qui a conduit les philosophes de l'empirisme critique à abandonner les notions traditionnelles de substantialité et de réalité, quand ils s'avisèrent que cet acte ne consiste pas pour la conscience à s'ouvrir à un monde d'objets dont les impressions l'affecteraient du dehors, mais à extérioriser pour soi les images qui se composent en elle, de sorte que rien de l'objet, pas plus la forme, la dimension ou le mouvement que la couleur, le son ou le parfum ne peut être considéré comme l'indice de quelque chose de réel en soi, et que l'étendue même du monde objectif se réduit à un phénomène, son extériorité à une sensation d'extériorité. La spéculation rationnelle vint ensuite, non pour reprendre à son tour la critique de l'idée de substance qui était définitivement écartée, ou pour contester le caractère purement subjectif des perceptions que l'on tenait pour certain; elle intervint pour montrer que l'intuition sensible, si elle est indispensable pour fournir à la connaissance sa matière, ne peut par elle-même atteindre à la connaissance, qui n'est obtenue que par l'activité de l'intellect. Sans doute les données sensorielles sont-elles organisées ins-

[3] Emmanuel Kant.

tantanément par l'intuition et par l'imagination, ce qui en fait déjà un ensemble de représentations cohérentes plutôt qu'un magma confus de phénomènes épars ou emmêlés. Telles qu'elles s'offrent à nous, cependant, toutes liées aux formes de temps et d'espace qui appartiennent à notre subjectivité humaine, les données de la perception sont trop mouvantes, disparates et fragmentaires, elles sont de nature trop psychologique et affective pour satisfaire au besoin de connaître essentiel à l'homme et qui se définit par la recherche d'une objectivité qu'on ne puisse mettre en doute. La sensibilité par qui (et non pas seulement pour qui) le monde apparaît, et l'imagination qui en rassemble les éléments perceptifs, ont une nécessité qui se marque en ce que l'intellect, sans elles, ne connaîtrait rien, mais elles ne font que soumettre à l'intelligence et à la raison de quoi connaître effectivement. Etant seules en mesure d'abstraire des aspects accidentels les caractères fondamentaux, l'intelligence et la raison possèdent seules les moyens d'une connaissance valable, qui ne doit point laisser de place à l'interprétation subjective particulière. La connaissance est dite objective dès lors qu'elle embrasse un ensemble de principes généraux et de lois que l'on présente comme définissant l'objet lui-même, parce que l'intellect les dégage et en établit la formulation en se réglant sur des faits repérables et à partir d'hypothèses qui se vérifient dans les faits.

Il est évident que cette manière de connaître est celle des sciences expérimentales et spécialement des sciences physiques, lesquelles n'utilisent guère le mot «être», qui tient au langage métaphysique, et parlent plus volontiers de «réel». Cela revient à peu près au même. Pour la physique, que sa recherche porte sur la structure du cosmos ou sur celle de l'atome, la description toujours plus mathématique et abstraite qu'elle donne du réel est bien ce qui peut se dire de plus vrai sur l'être; et déjà, alors qu'elle n'était que science de phénomènes tributaire de l'observation directe et des sens, elle se considérait comme la plus apte à découvrir l'en-soi des choses, elle prétendait que ses descriptions des phénomènes serraient la vérité objective de plus près que tout autre mode de connaissance. La philosophie conteste justement cette prétention, encore que certains philosophes aillent trop loin en assurant que l'être est sans aucun rapport avec la réalité scientifique. Plutôt que sa qualité de «science exacte», sa vocation à l'universalité me semble caractériser la physique, c'est le monde des corps qu'elle cherche à saisir totalement dans sa configuration réelle et ses composants ultimes. Elle n'en reste pas moins spécialisée non seulement par les buts, les techniques et les résultats, mais d'abord par l'intention générale qui l'anime, ce qui, du point de vue de l'ontologie, en limite la portée et l'intérêt. Sans doute ne doit-on pas exiger d'elle plus qu'elle-même ne se propose d'atteindre. Il s'agit de constater que la vérité scientifique n'est pas toute la vérité de l'être. Et l'on comprend, en poussant plus avant la réflexion, que ce n'est pas à cause essentiellement d'une spécificité d'intention et de procédés qui en restreint la valeur ontologique: la raison en est que la science, si on s'en tient — dirai-je pour le moment — à ce qu'elle apporte de positif, ne sort pas du domaine de la connaisance immanente. Quand elle calculerait à des trillions de lieues la vitesse de fuite des galaxies périphériques, ou dans le domaine encore moins accessible de l'infinitésimal l'exacte trajectoire du grain de matière, l'investigation scientifique ne dépasserait pas le monde de l'immanence. Nous en revenons donc à cette première notion de l'être tel que l'entend une authentique recherche métaphysique en évoquant l'être en tant qu'être: la transcendance lui est attribuée d'abord comme nécessaire à la compréhension qu'on en peut avoir; l'approche de la vérité de l'être commence par une affirmation de transcendance sans laquelle l'être n'est pas métaphysiquement pensé et posé.

C'est ce que paraît discerner le philosophe des «Critiques» quand il dit réserver l'appellation de «transcendantale» à la «connaissance qui s'occupe non des objets, mais de notre manière de connaître les objets en tant que ce mode de connaissance doit être possible a priori»[4]. Si ce propos a une signification métaphysique, il veut dire qu'au delà des spécifications de l'être, que nous représentent les objets dans la perception immédiate et les observations de la science expérimentale, cette «manière de connaître», propre à l'homme, atteint le principe même par qui sont possibles tout à la fois les objets et la connaissance que nous en avons, c'est-à-dire l'être comme tel, l'être sans détermination ni restriction en qui réside l'origine de toute objectivité et de toute subjectivité. Mais ce n'est pas ainsi que l'entend le philosophe et l'on est bientôt fixé à cet égard. Je ne puis là encore que rappeler, et seulement pour ce qui intéresse mon dessin, les thèmes de fond d'une analyse qui veut rendre compte de toute connaissance. Son auteur aperçoit fort bien l'objet terminal de la recherche métaphysique et ne craint pas de le nommer: c'est Dieu, conçu comme plénitude d'être et traditionnellement comme cause première de tout ce qui est. L'opinion du philosophe sur la notion de Dieu ne laisse rien à l'incertitude et n'implique aucune question: Dieu est pour lui une idée issue de l'exigence de la raison pure et obtenue par la totalisation idéale des qualités portées intellectuellement à la perfec-

[4] Emmanuel Kant.

tion, le passage de l'idéal abstrait à l'existence réelle, fondé sur ce que les êtres conditionnés et simplement possibles postulent un être totalement accompli qui soit leur cause inconditionnée, s'opérant par un raisonnement sophistique et pour une conclusion indue. C'est là, de la part du penseur, un jugement sans appel, ou dont on ne peut appeler que par le détour de la raison pratique, en considérant qu'il y a en l'homme une finalité d'essence morale qui permet à la raison de référer à Dieu comme à l'être capable d'assurer l'accomplissement du souverain bien, d'où l'on est autorisé rationnellement à voir une finalité intelligible dans l'ordre architectonique que la nature manifeste. Nous sommes fort éloignés ici de la foi authentique, qui est l'option pour laquelle celui qui choisit de croire se décide dans une incertitude objective et intersubjective totale, et par conséquent dans un acte absolument libre que ne peut soutenir aucune considération reçue de la conscience générale ou du monde de l'existence en commun. Je n'attache qu'une importance assez secondaire aux démarches par quoi la philosophie kantienne retrouve, dans l'usage des concepts transcendantaux comme régulateurs de nos conduites, un Dieu qui n'appelle ni option ni décision vraie, terme d'une connaissance pragmatique et moralisante dont l'analyste évite d'affirmer l'existence puisqu'aussi bien, dans sa «Critique de la Raison pure», il déclarait cette affirmation injustifiée et cette existence illusoire.

Il me semble au contraire d'un très puissant intérêt de reprendre l'argumentation qui le porte à juger non avenu et sans droit le passage logique du concept de Dieu, idéal formel de qualités que l'esprit humain se donne à lui-même, à l'idée de Dieu conçu comme un être réel et personnel. Cette argumentation fait corps avec l'ensemble de la critique, dont il me faut donc évoquer les motifs principaux. Il en est deux qui prédominent. C'est d'abord une distinction radicale entre la sensibilité d'une part, l'entendement et la raison d'autre part: distinction ou mise au point nécessitée à la fois par l'opinion de philosophes qui regardent les sensations comme des idées confuses, comme des jugements non formulés, et la théorie philosophique adverse pour qui les idées et les jugements tenaient à l'expérience perceptive, n'étaient au fond que des sensations liées les unes aux autres. C'est aussi et surtout l'innéité, l'apriorisme des formes sensibles et des principes rationnels. Le point de vue du maître du criticisme est que nous ne pourrions rien connaître des objets si «quelque chose n'était établi à leur égard avant même qu'ils nous soient donnés»[5]. Il y a des manières de concevoir, de comprendre,

[5] Emmanuel Kant.

de juger qui sont essentielles à la constitution de l'esprit humain, comme elles sont nécessaires à son fonctionnement, et ces schèmes mentaux universels et immuables imposent par avance aux objets leurs structures et leurs déterminations. Dès avant la connaissance proprement dite, qui dépend de l'intellect raisonnable, nous avons une notion du monde objectif qui n'est pas rationnelle ou conceptuelle mais intuitive, et ne résulte pas non plus de l'expérience mais nous est donnée «a priori», comme la condition de toute expérience que nous puissions faire. Cette notion est l'espace, dont le philosophe fournit une définition capitale: «l'espace ne représente ni une propriété des choses en soi, ni ces choses dans leurs rapports entre elles, c'est-à-dire aucune détermination des choses qui soit inhérente aux objets mêmes et qui subsiste si on fait abstraction des conditions subjectives de l'intuition». C'est ce qu'il dit du temps, en termes à peu près identiques. Comme le temps est la forme du «sens interne», au moyen duquel le sujet se saisit lui-même dans ses états successifs, l'espace est la forme du «sens externe» qui fait que nous saisissons les choses dans une expérience où elle «deviennent pour nous des objets extérieurs». Il est clair qu'il n'y a plus de temps éprouvé et vécu dès lors qu'on fait abstraction du sujet. Cela est aussi vrai de l'espace: que l'on supprime la subjectivité, et l'espace s'évanouit avec toutes les représentations objectives dont il est le fondement. Nous comprenons ainsi pourquoi sont possibles et comment s'établissent sur une assise non empirique et idéale les perceptions que nous avons des objets. Mais nos perceptions sont limitées, partielles, incomplètes, elles s'ordonnent à un groupe déterminé d'objets ou à tel objet particulier ou à un aspect de cet objet, elles portent à chaque instant sur un environnement plus ou moins proche, toujours circonscrit. L'imagination, par d'immédiates synthèses, complète et amplifie la perception, ajoute aux images directement perceptibles ce qui est nécessaire pour saisir totalement l'objet et se le représenter, au delà du regard, dans un ensemble objectif et un cadre spatial indéfiniment étendu, géographique, voire cosmologique. Au sens où l'entend le philosophe, et qui est d'ailleurs celui qu'on lui attribue d'habitude, la connaissance ne se réalise pas dans l'intuition sensible, même complétée du produit de l'imagination: elle est l'effet de la spéculation intellectuelle à qui l'intuition sensible procure ses données, spéculations que fondent les catégories et que parachèvent les actes de l'entendement. Je n'entrerai pas dans leur énumération, qui relèverait d'une étude de la philosophie kantienne sans utilité pour mon dessein. Il me suffit de noter que les catégories sont des «concepts de l'objet en général» ayant rapport à une certaine caractérisation logique: quantité, qualité, modalité, relation, et que les actes de l'entendement sont des jugements qui ressortissent à telle ou telle catégorie: universels ou particuliers pour la quantité, affirmatifs ou négatifs pour la qualité, etc. Cela dit, on tient l'articulation profonde de cette doctrine: il n'y a de connaissance qu'intellectuelle, mais toute connaissance doit s'appliquer à une expérience objective possible; et de même que l'intuition sensible ou empirique n'aurait pas valeur de connaissance si les concepts de l'entendement n'en organisaient la matière, la connaissance n'a pas de portée réelle si les concepts ne retrouvent leur objet dans l'expérience sensible.

Il y a bien des propositions contestables dans une philosophie aussi complexe et systématisée à outrance. Par exemple, on ne saurait admettre aujourd'hui que la connaissance mathématique est soutenue par les intuitions «a priori» d'espace et de temps, comme l'assure le penseur en ce qui regarde aussi bien la géométrie, qu'il appelle la mathématique de l'étendue, que la science des nombres. Imputable surtout à l'état où ces connaissances se trouvaient à l'époque du philosophe, l'erreur est ici occasionnelle, subalterne. Il en va autrement de celle, toute philosophique, qui consiste à définir l'existence comme une position de l'objet ou du phénomène déterminée empiriquement dans un ensemble ou une série selon la relation temporelle de cause à effet. Admettons qu'on puisse caractériser de cette manière l'existence de l'objet proprement dit, ou encore l'avènement de tout phénomène autre que l'humain. L'existence de l'homme individuel représente bien autre chose qu'une détermination reconnue par l'expérience en accord avec le principe rationnel de causalité, et elle va de beaucoup au delà d'une position dans une série temporelle. Il suffit de parler de l'existence de l'homme en général, ce qui, s'agissant de tout autre être que l'homme, n'aurait aucun sens métaphysique, pour voir que cette existence, s'il est vrai qu'elle se détermine dans le temps, ne vient pas dans un temps déjà donné puisqu'elle le constitue en se constituant elle-même. La conclusion s'ensuit aussitôt: pour qu'il en soit ainsi de l'existence humaine comme généralité, il faut que la présence, à un moment quelconque de la durée, de quelque existant particulier que ce soit, se définisse selon d'autres critères que ceux qui déterminent la position d'un objet dans la succession des phénomènes. Il est vrai que le philosophe ne comprend pas explicitement l'individu humain dans cette définition, mais il ne l'en exclut pas non plus explicitement, l'existence particulière, disais-je, n'ayant que peu d'intérêt pour une pensée qui se préoccupe de l'activité transcendantale d'un entendement chargé de rendre intelligibles les données d'une intuition et d'une imagination également transcendantales. La définition de l'existence comme une position déterminée par la relation causale est utilisée par le philosophe à propos de Dieu, pour montrer que Dieu ne peut être réellement dès lors qu'au concept que nous avons de lui ne correspond aucun objet dans l'intuition empirique.

* * *

J'en arrive aux critiques que fait le dialecticien des notions métaphysiques traditionnelles, c'est-à-dire principalement de la notion de Dieu dans la scolastique thomiste et des preuves ou des voies par lesquelles la scolastique entend fonder la conviction que Dieu est. Pour comprendre cette critique, on doit se remémorer ce que dit de la «raison pure» son méticuleux analyste. Ayant établi une distinction entre l'entendement et la raison d'une part, et la sensibilité d'autre part, il distingue aussi entre la raison et l'entendement. Celui-ci, dont les concepts aprioriques ou innés ne dérivent pas de l'expérience des choses, a toujours à faire cependant aux données de cette expérience qu'il amène à l'intelligibilité. C'est ce que montre notamment le concept de causalité, l'un de ceux auxquels le penseur se réfère le plus souvent: ce concept ne résulte pas de la perception sensible qui par elle-même ne saisit d'un phénomène à l'autre qu'une suite chronologique, et il faut donc que l'entendement intervienne pour rapporter logiquement un effet à une cause, mais ce rapport se retrouve empiriquement dans l'objet. — Ce qui distingue la raison est qu'elle n'est jamais au contact de l'expérience sensible ou objective immédiate. Elle a à faire aux seules notions que l'entendement élabore au moyen des catégories et à partir des matériaux reçus de la sensibilité. Pour valable que soit la connaissance ainsi obtenue, elle demeure assujettie aux limitations que ses objets mêmes lui imposent. Selon l'initiateur du criticisme, la raison tente de rompre cet assujettissement et de dépasser ces limitations. Elle s'y efforce par la recherche métaphysique, dont elle a un tel besoin, dit à peu près le philosophe, qu'il ne faut pas compter qu'elle y renonce jamais. L'objet de ce besoin, qui est donc celui de la métaphysique, est si vaste qu'il ne laisse rien hors de lui: c'est le tout de l'expérience possible et l'intégralité du réel, le principe et le terme de la connaissance. Je m'en tiens aux définitions qu'en donne l'analyste quand il parle des idées transcendantales de la raison pure, qui sont au nombre de trois: l'une se rapporte à l'unité synthétique des multiples états de conscience du sujet pensant; l'autre s'attache à la synthèse du divers objectif manifesté dans les phénomènes du monde extérieur, la troisième, qui englobe les deux précédentes, concerne (je crois devoir citer mot à mot) «l'unité absolue de la condition de tous les objets de la pensée en général», c'est-à-dire quels que ces objets puissent être, états de conscience intime ou phénomènes extérieurs, et qu'ils se rapportent au «moi» ou au «non-moi», au sujet pensant ou au monde. Ces trois idées transcendantales, dont le philosophe écrit qu'elles «dérivent subjectivement de la nature de notre raison», constituent de purs concepts, qui ne sont que dans la raison humaine et auxquels ne correspond aucun objet dans les faits. L'incoercible tendance de la raison est pourtant d'attribuer à l'idée transcendantale une existence effective correspondante et pour cela (je cite encore textuellement) de «convertir l'idée en une prétendue représentation d'un objet empiriquement donné, et par suite susceptible d'être connu aussi d'après les lois de l'expérience». Ce qui est «donné» par la «conversion de l'idée relative à l'unité des états subjectifs», c'est l'âme, représentée comme substantielle; l'idée d'une synthèse totale de la série des phénomènes extérieurs devient le monde compris comme un «tout existant en soi»; la troisième idée, qui est celle de l'unité absolue des conditions de toute expérience et de toute réalité, sensible ou intelligible, objective ou subjective, s'extériorise dans la représentation de Dieu comme un être parfaitement réel parce qu'absolument nécessaire, et qui, se suffisant à soi-même, est «la cause de tous les effets possibles». En hypostasiant ainsi ce qui n'est qu'en elle, la raison humaine satisfait au besoin qu'elle a d'une connaissance et d'une certitude plénières en qui elle puisse se reposer, ayant de la sorte achevé sa quête, résolu ses problèmes, mis fin à ses inquiétudes. Elle y parvient, dit le philosophe, à l'aide des disciplines qu'il nomme la psychologie, la cosmologie et la théologie rationnelles. Et il déclare que notre raison, qui pense de cette manière surmonter les limitations imposées à la connaissance par les objets dont s'occupe celle-ci et par de strictes conditions d'accomplissement, outrepasse en fait ses facultés, agit au delà de ses droits, s'illusionne sur ses pouvoirs.

Je m'arrêterai principalement à la critique d'après laquelle l'idée de l'unité absolue des conditions de la pensée et de l'être serait convertie, par une théologie dite rationnelle, en la représentation d'un «être des êtres» inconditionné et souverainement réel. C'est sans doute la plus importante des trois idées transcendantales qu'évoque l'analyste, car elle recouvre les deux autres, aussi bien l'idée de l'unité des états de conscience du sujet humain que celle de la synthèse des phénomènes du monde objectif, de même que la représentation de Dieu enveloppe celle de l'âme comme réalité substantielle et celle du monde comme tout et comme «en-soi». Il est certain aussi que cette critique, de caractère rationaliste puisqu'elle consiste en un jugement de la raison sur ses propres limites, continue d'inspirer l'athéisme philosophique, et cela même quand la philosophie considérée est une phénoménologie existentialiste qui s'oppose au rationalisme spéculatif. La contingence radicale non seulement de l'existence de l'homme, mais de toute existence possible, est une thèse de base de l'existentialisme phénoménologique qui se fonde sur l'expérience de l'être dans le monde et n'en admet aucune autre. Or, c'est là initialement une proposition kantienne, fondée sur ce que l'être nécessaire et absolu ne représente rien de plus qu'un concept, la nécessité ontologique se déduisant d'une non-contradiction logique sans qu'il y en ait aucun indice dans l'existence empirique intra-mondaine où tout se présente dans son être comme contingent et accidentel, limité, mêlé de néant. Quand un phénoménologue contemporain écrit qu'«il est frappant de constater qu'aujourd'hui on ne prouve plus guère Dieu, comme le faisaient saint Thomas, saint Anselme ou Descartes»[6], ce n'est pas qu'il pense, comme Pascal, que les preuves métaphysiques de Dieu sont «inutiles et stériles». Je tiens pour assez probable qu'il les renvoie implicitement aux contre-preuves de la «Critique de la Raison pure».

Ces contre-preuves, allégées des longs commentaires explicatifs qui les accompagnent, se ramènent à quelques traits essentiels fermement dessinés. Le philosophe se demande par quelles voies spéculatives on essaie de démontrer que Dieu existe. De même qu'il y a pour la raison trois grandes idées transcendantales, il y a et ne peut y avoir pour elle que trois manières de passer de la plus importante de ces idées, qui est l'unité synthétique absolue des innombrables conditions du réel, à la représentation d'un être qui embrasse et conditionne tout. Ce sont les preuves dites ontologique, cosmologique et physico-théologique. La première, l'«ontologique», tire du seul concept et d'une définition purement nominale la démonstration de cette existence suprême. Les deux autres font appel, de façon différente, à l'expérience de la causalité: la preuve cosmologique conclut de l'impossibilité d'une régression infinie des causes qui s'échelonnent dans le monde à une première cause hors-série qui en soutient l'échelonnement et ne peut être qu'un Dieu créateur; pour l'argument physico-théologique, c'est la disposition harmonieuse de l'univers qui n'aurait pu se réaliser par les seules forces

[6] Maurice Merleau-Ponty.

naturelles et doit avoir pour cause un Dieu infiniment sage. — Entre ces trois preuves, le philosophe voit encore une hiérarchie: c'est la preuve ontologique qui lui semble la plus importante, et il pense que les deux autres s'y rapportent secrètement. Cette preuve comporte des variantes que l'on peut réduire à deux selon qu'elle part de l'idée de l'être parfait ou de celle de l'être nécessaire. Nous ne reviendrons pas sur l'argument tiré de l'idée de l'être parfait, que nous avons évoqué à plusieurs reprises et que le philosophe néglige pour critiquer le concept de l'être nécessaire, issu lui aussi de l'exigence naturelle de notre raison et qui tient en ce mot: l'inconditionné, par lequel sont mises intellectuellement hors de jeu toutes les conditions observables qui nous font regarder comme nécessaire empiriquement l'existence de tel être ou de tel objet. Comment raisonne-t-on pour passer du concept de l'être nécessaire sans condition à la représentation de son existence, que l'on situe en Dieu? On constate que ce concept n'enferme pas de termes contradictoires, d'où l'on conclut que l'être nécessaire est possible, et que si sa possibilité existe, si elle est une possibilité réelle, il faut conclure que lui-même existe réellement, puisque par définition il implique la nécessité et que c'est dès lors sa non-existence qui serait pour l'esprit une proposition contradictoire. Le philosophe n'a pas de peine à montrer que de ce qu'on peut concevoir sans contradiction l'être nécessaire, il ne s'ensuit pas qu'on doive conclure qu'il existe; que la possibilité porte non sur l'être, mais sur le concept, ce qui signifie qu'elle est de nature simplement logique et qu'on ne peut en déduire une possibilité réelle qui obligerait à admettre l'existence positive de l'objet conçu, comme le veut le raisonnement; que c'est au contraire un «concept vide» puisque la réalité de cet objet, qui serait Dieu, n'est pas démontrée comme il convient, c'est-à-dire suivant «les principes de l'expérience possible», et que le raisonnement est donc un «paralogisme», un sophisme.

La scolastique thomiste avait écarté la preuve ontologique parce qu'elle jugeait précisément, que la non-contradiction interne du concept de l'être nécessaire ne suffit pas à démontrer la réalité de cet être, et elle s'en était tenue, pour asseoir la conviction que Dieu existe, aux arguments que l'auteur de la «Critique de la raison pure» appelle les preuves cosmologique et physico-théologique, qui ont recours à l'expérience. Le philosophe ne s'en prend pas moins vivement à la scolastique, contre laquelle il énonce un double grief. Il lui reproche d'abord de ne faire appel à l'expérience, dans la preuve cosmologique, que pour «donner l'apparence de différer de l'argument ontologique», alors que c'est sur celui-ci que s'appuie au fond l'argument empirique mis en avant par cette prétendue preuve. Son second grief contre la scolastique est qu'elle étend au delà de l'expérience possible l'application de principes rationnels et de moyens de connaissances qui ne sont utilisables que dans le champ des possibilités empiriques. Une telle extension est surtout manifeste dans la preuve par la série des causes: cette série, assure-t-on, ne peut remonter indéfiniment, la production l'un par l'autre des phénomènes du monde sensible doit s'arrêter à une cause qui n'est produite elle-même par aucune cause précédente, faute de quoi rien ne se produirait nulle part car rien n'aurait jamais pu commencer. De l'exorde à la conclusion, l'argumentation en se développant a changé de sens. On considère d'abord un monde qui nous montre partout des phénomènes dont la nécessité résulte des conditions particulières qui les produisent, et c'est l'argument empirique qui semble soutenir le raisonnement. Mais on ne part ainsi de l'observation, dit le critique, que «pour s'élever à l'existence d'un être nécessaire en général sur les attributs duquel l'argument empirique ne peut rien nous apprendre», de sorte, ajoute-t-il, que «la raison prend tout a fait congé de cet argument» pour ne se fonder soudain que sur une déduction toute conceptuelle. Le passage du plan de l'expérience concrète et des jugements qui l'organisent à un ordre qui n'a avec eux nul rapport est tellement arbitraire qu'on ne lui voit qu'une explication: il faut que notre raison ait déjà en elle, comme une exigence préalable, le concept d'un être absolument nécessaire dont l'existence, elle-même inconditionnée, soit la condition de tout ce qui existe. L'argumentation cosmologique ne fait que dissimuler ici cette preuve dite ontologique que l'on prétendait écarter, et l'ensemble du raisonnement est faux.

Le philosophe paraît avoir plus d'estime pour la preuve qu'il nomme physico-théologique, d'après laquelle l'ordonnance que l'on contemple dans le monde procède d'un dessein préconçu, cette organisation monumentale n'ayant pu sortir des forces aveugles de la matière et supposant derrière elle l'activité d'une intelligence libre. La preuve physico-théologique s'accorde mieux que les autres avec l'affirmation, par l'auteur des «Critiques», d'une finalité morale qui manifesterait dans l'esprit des hommes l'idée d'un souverain Bien. Le philosophe pourtant la rejette aussi, et cela principalement pour le même motif qui lui a fait rejeter la preuve cosmologique. Dans celle-ci, on passait du spectacle d'un monde constitué partout de réalités dérivées et contingents à la représentation d'une réalité absolue et première. Suivant la même manière de raisonner, on considère que l'ordre et l'harmonie de la nature ne s'y trouvent que d'une façon contingente car elle n'aurait pu s'adapter d'elle-même à des fins, et l'on conclut à l'existence d'une volonté organisatrice suprême. C'est faire, dans l'un et l'autre cas, un usage illusoire des procédés empiriques de l'entendement, et les appliquer là où ils n'ont aucun sens. En fait, l'argument ontologique est toujours sous-entendu: on n'a pas cessé de se référer au concept d'un être nécessaire, formé préalablement du besoin qu'a notre raison d'admettre une première cause déterminante. Mais le philosophe pense avoir établi qu'on ne saurait aller du concept à l'être par les seuls moyens de la raison, et rien ne subsiste pour lui des preuves ou des voies traditionnelles.

* * *

Cette critique, disions-nous, des preuves de Dieu, ou plutôt des moyens logiques et empiriques par quoi on cherche à se convaincre que Dieu existe, se rattache à la théorie de la connaissance élaborée par le philosophe de la «Raison pure», d'après laquelle toute connaissance est l'œuvre de l'entendement à qui il appartient d'unifier les diverses représentations sensorielles selon des catégories de pensée ou concepts généraux immuables; et quand la diversité sensible est ainsi soumise aux formes abstraites du concept, il faut qu'à son tour le concept soit «rendu sensible», qu'il retrouve dans l'intuition les formes concrètes qui lui correspondent, que ce qui a commencé par l'expérience finisse également par elle. Il est évident que la connaissance dont les modes constitutifs, les façons de procéder et le domaine d'application se définissent selon ces règles, n'est compatible avec rien de ce qui est ou serait de Dieu. L'homme que cette facile constatation ne détourne pas de la recherche dira que l'on connaît Dieu suivant d'autres modes que ceux qui valent pour un monde dont les objets sont donnés à l'expérience sensible, et pour un entendement dont les fonctions s'exercent dans le monde de cette expérience. C'est la position de qui pense qu'on ne peut connaître Dieu que par la foi, sous quelque forme qu'on envisage celle-ci, que l'on estime qu'il lui suffit de n'être point contraire aux principes de la raison (on reconnaît par là l'opinion de Pascal), ou qu'il est de l'essence de la foi de leur être contraire (d'après la thèse kierkegaardienne) et que dans cette contradiction réside sa manière originale de connaître. A peine est-il besoin de rappeler que la foi ne constitue pas un moyen de connaissance valable pour l'analyse de la «Raison pure», qui la déclare «objectivement et théoriquement insuffisante». Une certaine attitude de pensée est considérée comme intermédiaire entre la foi et la négation ou comme neutre à l'égard de l'une et de l'autre. En fait, elle n'est nullement intermédiaire et n'est pas précisément neutre. C'est l'attitude de l'ignorance, qui si elle se veut attentive à elle-même, si elle résulte d'une réflexion, prend le nom d'agnosticisme. L'agnostique est celui qui ne tient pas pour certain que toute connaissance soit contenue dans l'élaboration rationnelle vérifiée par l'expérience sensible, et qui n'a pas non plus l'assurance que ce qui est pensé et représenté au delà constitue une connaissance vraie. Ainsi se manifeste une forme assez fréquente de l'agnosticisme: une conscience réfléchie des limites naturelles de l'entendement, un non-savoir reconnu comme lié à une condition qui rend humainement impossible l'accord de l'idée et de l'expérience, empêchent d'affirmer avec certitude que l'existence réelle correspond à l'idée, mais réservent toutefois comme possible l'existence d'une réalité non empirique. Il y a une autre forme d'ignorance consciente, de non-savoir médité, et je remarque que si une position agnostique n'est jamais conciliable avec la négation, elle s'accommode fort bien de la foi et en est même l'accompagnement obligé. Pascal est agnostique quand il dit tout ensemble que nous connaissons par la foi que Dieu existe et que nous ne connaissons pas sa nature. Le maître de la philosophie scolastique[7], comme je le rappelais, pratique aussi cette sorte d'agnosticisme en disant qu'aucune définition conceptuelle de Dieu ne le définit réellement, non que le concept soit faux, mais l'homme qui conçoit est sans aucune mesure avec l'être dont il affirme d'autre part l'existence. C'est la raison ici qui s'avise qu'elle reste en deçà infiniment du témoignage ontologique de la foi.

On chercherait en vain cette dernière forme d'agnosticisme chez l'auteur de la «Critique de la raison pure». Doit-on lui attribuer, du fait qu'il s'abstient de dire formellement que Dieu n'est pas, l'autre position agnostique, où un non-savoir réfléchi se refuse à quelque conclusion que ce soit? De l'ensemble de sa doctrine, il ressort que la condition de toute connaissance est une application éventuelle de la pensée spéculative à un objet donné d'abord à la sensibilité, et qu'en dehors de l'expérience telle que l'organise l'entendement dans le monde il n'y a indubitablement aucune connaissance vraie, et même aucune possibilité de connaissance. «Rien ne nous est réellement donné que la perception et la progression empirique de cette perception vers d'autres perceptions possibles», déclare le philosophe. Il prévoit et analyse le cas où «on admet comme donné un objet d'une intuition non sensible», qui est celui où la conceptualisation et la représentation s'étendent au delà du domaine normal de

[7] Saint Thomas d'Aquin.

l'activité perceptive et des fonctions de l'entendement. On représentera alors cet objet, écrit-il, en disant «que rien de ce qui appartient à l'intuition sensible ne lui convient, que par suite il n'est pas étendu, qu'il n'est pas dans l'espace, que sa durée est en dehors du temps, qu'il ne peut y avoir de changement en lui, et ainsi de suite; mais ce n'est pas posséder une véritable connaissance que de montrer simplement ce que n'est pas l'intuition de l'objet sans pouvoir dire ce qu'elle contient». Il est clair que «l'objet» visé par ce propos est Dieu, dont le concept est le plus éloigné de l'expérience perceptive normale et de la spéculation qui s'applique à cette expérience. On saisit toute la démarche critique du philosophe de la «Raison pure». La philosophie scolastique, voyant que la déduction purement logique et abstraite que l'on tire du concept de l'être nécessaire ne démontre pas l'existence réelle de celui-ci, étend au concept l'usage concret et empirique des principes de l'entendement, notamment du principe de causalité, et elle part de l'expérience des phénomènes, dont nous observons qu'ils sont déterminés les uns par les autres, pour poser une première cause qui les détermine tous: extension illégitime, car le concept échappe à l'expérience; usage illusoire, car notre connaissance n'est pas enrichie pour autant et ne contient rien de plus que ce qui était déjà dans la définition conceptuelle. Tel est, dira le critique, le défaut de la métaphysique traditionnelle; tel est aussi le stratagème dont elle se sert pour masquer ce défaut. Mais en même temps il laisse entendre avec netteté que la métaphysique traditionnelle ne peut faire autrement que de se servir de ce stratagème, que de chercher à prendre appui sur un objet donné analogiquement dans l'intuition sensible et empirique, sans laquelle les concepts les mieux ordonnés en pure raison ne mènent à rien de réel. «Notre intuition sensible et empirique peut seule leur procurer un sens et une valeur», écrit-il. Si on suppose que le philosophe garde le moindre doute sur le sens et la valeur du concept de Dieu, il faut convenir qu'il se met lui-même par ce propos dans une étrange impasse intellectuelle. Comme tout un chacun, l'auteur des «Critiques» sait bien que si Dieu est, il n'est pas connaissable d'après les principes sur lesquels s'établit notre connaissance dans le monde, qui est science des objets, et qu'exiger de la connaissance de Dieu qu'elle se rapporte à ces mêmes principes, c'est-à-dire vouloir que Dieu soit traité en objet de science, ce n'est pas seulement s'interdire par avance de le connaître, c'est anéantir au préalable le concept qui situe Dieu nécessairement hors de l'objectivité intra-mondaine. On ne peut donc qu'écarter cette supposition que le philosophe aurait gardé un doute quelconque sur la valeur ontologique du concept de Dieu, doute qu'exprimeraient les mots: si Dieu est... qui viennent à l'esprit de beaucoup de gens. Ces mots ne sont pas dans l'esprit du philosophe. S'il considère qu'il n'y a pas connaissance véritable ni même possibilité de connaissance hors de l'intuition sensible et empirique, c'est aussi qu'il pense qu'il n'y a rien à connaître en dehors d'elle, qu'il n'y a ni réalité actuelle ni possibilité réelle hors du monde où l'intuiton s'exerce conjointement avec les concepts adéquats à ses données. L'initiateur du criticisme le dit expressément: «l'expérience possible donne seule de la réalité aux concepts, et sans elle tout concept n'est qu'une idée sans rapport à rien et sans vérité». La négation de la vérité du concept de Dieu, c'est-à-dire de son rapport à une existence réelle, bien que non explicitement formulée, est ici certaine et définitive.

Elle est aussi quelque peu gênante, en ce qu'elle contredit la démarche tout affirmative que le philosophe entreprend d'autre part pour retrouver, au nom d'une finalité morale et par l'utilisation des impératifs qui y tendent, le Dieu à l'impossibilité de qui il conclut dans sa recherche des principes et des modes de la spéculation rationnelle: démarche dont les motifs sont artificiels, l'efficacité tout à fait nulle, et qu'explique seulement l'empreinte de l'éducation, un piétisme héréditaire, le souvenir persistant d'une tradition religieuse. Si on veut toutefois ne pas rompre complètement le pont entre les deux «Critiques», concilier en quelque manière l'une et l'autre position, on devra là encore faire référence au «noumène», avoir recours au concept d'une réalité impossible à connaître. Les objets tels que nous les percevons dépendent de nos modes d'intuition sensible, ils sont des simples phénomènes, les représentations de quelque chose par quoi nos sens sont affectés et qui est la «chose en soi», réalité indépendante de l'expérience perceptive, mais requise par la raison comme le fondement indispensable du monde perceptible et empirique. Le philosophe sent bien que le concept de «la chose en soi», ou réalité «nouménale» établie hors de toute possibilité d'expérience, vient dans sa théorie comme une proposition arbitraire et fort insolite, alors qu'il s'ingénie à montrer que rien ne nous est réellement donné que dans la perception et que sans l'expérience possible tout concept est dépourvu d'objet et de vérité. La façon dont il se tire de cette difficulté est encore plus arbitraire que le concept de la chose en soi. Si notre connaissance, explique-t-il, n'est réelle et véritable qu'à la condition qu'un objet donné dans la sensibilité corresponde au concept formé par l'entendement, c'est que l'esprit humain ne comporte pas d'autre intuition que sensible, ne possède pas une intuition intellectuelle où l'objet du concept serait connu selon un mode que ne limiteraient plus le champ de la sensibilité et les fonctions catégorielles qui s'y appliquent. Une telle connaissance appartiendrait à un entendement pur, et le philosophe constate que nous n'avons pas la moindre représentation de la manière dont elle procéderait ni de ce que pourrait être cet entendement. Mais tout ce que prouve la critique, ajoute-t-il, c'est que l'intuition sensible est la seule possible pour nous; elle ne peut prouver que cette intuition est la seule possible en général et qu'il n'y a certainement pas d'esprit capable de connaître, vraiment et réellement, l'objet du concept selon une intuition autre que celle qui authentifie pour nous toute vérité et toute réalité. Le noumène peut donc prendre deux significations: une signification positive, si on le considère comme une réalité inaccessible à nos sens, mais qu'un mode d'intuition différent du nôtre livrerait à la connaissance d'un entendement libéré des servitudes sensorielles; une signification négative ou limitative si on estime simplement, comme dit le philosophe, qu'il «a pour but de restreindre les prétentions de la sensibilité... afin qu'on n'étende pas l'intuition sensible jusqu'aux choses en soi». Ce noumène, cette réalité que n'atteignent pas nos sens est d'abord le substrat de tout phénomène manifesté dans le monde, et le monde lui-même considéré comme la synthèse et le tout des phénomènes divers et innombrables. Mais il n'est pas prouvé, dit encore le philosophe, qu'à l'unité idéale, réclamée par notre raison, des conditions objectives ou subjectives de toute expérience interne ou externe, ne correspond pas une unité réelle suréminente qui serait ce que nous nommons Dieu et ne pouvons concevoir que comme un en-soi ou noumène, l'en-soi fondamental absolu, le noumène des noumènes inconnaissable empiriquement et spéculativement, qu'il est donc vain de représenter et comprendre sous quelque aspect ou notion que ce soit mais dont cependant l'exigence se fait sentir en termes de moralité, comme une loi intérieure à la conscience humaine et qui pratiquement nous oblige.

On a qualifié d'absurde la chose en soi entendue comme l'assise objective réelle du monde des phénomènes. Nous avons vu en quoi cette qualification est méritée. Il n'y a guère de sens à penser que quelque chose de l'objet soit sans aucune manifestation possible, puisque étant ce qu'il est, un objet qui par définition n'a pas d'existence intime, il ne peut avoir de réalité qu'extérieure, il ne peut être tout entier que quelque chose qui apparaît. Il y a encore moins de sens à supposer au delà du monde tel que nous le percevons une réalité en soi qui le supporterait en totalité, alors que cette supposition n'ajoute, n'enlève et ne change rien aux effets d'opérations subjectives par lesquelles est construit entièrement, des images sensibles aux rapports logiques, un monde dont l'unique garantie d'objectitivé est le caractère universel et nécessaire de ces opérations. — Accolé à l'idée de Dieu, le concept de noumène est tellement inadéquat qu'il n'offre même plus ce semblant de raison qu'on lui trouve dans son application aux choses du monde. Je remarquerai d'abord que l'idée de Dieu n'est en aucune manière celle d'un objet ou d'un être manifesté dans une existence apparente par delà laquelle l'idée d'un substrat inconnaissable s'imposerait à l'esprit: le noumène ne se conçoit que par rapport ou par opposition au phénomène, et l'idée de Dieu, si elle implique nécessairement l'idée d'existence, exclut tout aussi nécessairement l'idée d'une existence phénoménale. J'observerai ensuite que les qualificatifs de connaissable et d'inconnaissable, si c'est à Dieu que l'on pense, prennent une acception tout autre que celle qu'ils reçoivent de leur application au phénomène et au noumène: nous disons que Dieu est inconnaissable pour exprimer que l'idée, si juste qu'elle soit, ne saurait définir l'être, dissiper le mystère de la transcendance. Avant de nous demander si Dieu existe, et comment son existence peut être connue, nous voyons que Dieu est pour nous une notion intelligible, à la différence du noumène dont on dit bien qu'il doit être pensé nécessairement, mais dont on ne peut absolument pas dire comment il doit être pensé. La différence entre l'idée de Dieu, qui se présente comme rigoureusement structurée, et le concept du noumène que l'on donne comme tout indéfini, me conduit à remettre en cause la signification qu'attribue à celui-ci l'auteur des «Critiques». Le noumène, si on en admet le concept, ne doit pas se comprendre comme cette réalité en soi sous-jacente aux représentations subjectives que suppose le penseur. On ne peut voir en lui qu'indétermination essentielle et potentialité pure: une indétermination qui ne prend forme, une potentialité qui ne vient à l'être que par la sensibilité et l'entendement humains selon les déterminations et les pouvoirs propres de ceux-ci. Bien loin d'être un fondement réel existant en soi dont nous serions affectés de telle manière que nous n'en aurions jamais que les représentations subjectives, le noumène s'actualise dans ces représentations qui constituent la seule réalité véritable. En ce sens, il semble que nous puissions trouver une justification au noumène: il apparaît alors comme la possibilité objective du monde considéré indépendamment de son actualisation par la subjectivité. Cela dit, on s'avise que ce qu'on vient de dire n'a pas grande valeur significative: on a dit, sans plus, que le monde des objets est possible, ce qui est une vérité de mince intérêt, s'agissant d'un monde réalisé en effet et actuel. Nous ne sortons là encore du truisme qu'en évoquant la question de ce qu'est le monde objectif tant que la conscience humaine n'y est pas présente, sachant d'une part qu'il a préexisté de beaucoup à l'homme, et constatant d'autre part que c'est de la conscience humaine que dépend son apparition. Avant l'avènement de l'homme, disais-je, la conscience humaine n'est pas tout absente du monde, à une conscience en attente d'existence est coextensive la présence occulte d'un monde en instance d'apparaître. Cela signifie qu'à la possibilité d'un monde d'objets correspond nécessairement la possibilité d'une conscience, et qu'on ne peut concevoir, même comme potentialité pure, un noumène qui ne serait qu'objectif, c'est-à-dire séparé de toute subjectivité. Il n'est pas besoin, pour s'en rendre compte, de remonter juqu'à un passé où l'homme n'étant encore qu'à venir, le monde qui va surgir par lui et pour lui n'est encore totalement que possible. Cette même possibilité à la fois objective et subjective persiste partout dans le monde où l'homme est venu. Elle s'y trouve diffuse continûment jusqu'aux régions du cosmos les plus distantes de la Terre, où l'homme n'ira sans doute jamais et dont les aspects se révéleraient aussitôt si pourtant il y était transporté. Elle est sur la Terre elle-même, aux lieux vacants, dans les intervalles de désert où aucune image n'est suscitée par aucun regard. Elle est aux abords de chacun de nous, dans cette ville, dans ces maisons, là où n'existe momentanément pour personne un décor proche ou habituel, de sorte que les formes des objets y sont comme latentes dans une conscience en suspens.

On ne saurait considérer Dieu comme une réalité ou un être nouménal, le noumène n'ayant pas signification de réalité et d'être, qu'on le rapporte à l'objet particulier ou à l'objet en général, qu'on le conçoive relativement à quelque chose ou absolument comme tout. Conçu absolument, le noumène signifie une possibilité étendue à tous les effets susceptibles d'être observés ou éprouvés, c'est-à-dire qu'il serait la possibilité du monde ou plutôt de l'être dans le monde constitué sous ses deux aspects indissociables, l'objectif et le subjectif, le «moi» et le «non-moi». Dieu ne doit pas se concevoir comme la possibilité du monde ou de l'être dans le monde. S'il est, il n'est pas une possibilité ou une potentialité, même comprise comme précédent tout ce qui existe. Il est par soi uniquement et sans attache fondamentale à quelque objet et quelque sujet que ce soit. En appelant Dieu créateur, on veut dire que l'acte par lequel Dieu crée est parfaitement gratuit, et, en tant qu'acte, d'une absolue transcendance, où ne se retrouve rien qui ressemble à la relation entre un projet et son accomplissement, entre ce qui était éventuel ou virtuel et ce qui est advenu ou réalisé: d'où l'on comprend que Dieu n'est d'aucune manière impliqué dans sa création, à la différence de l'homme dont on dit qu'il se réalise lui-même dans son œuvre. Si le monde, en totalité et par chaque parcelle, se rapporte à l'acte créateur, il n'y a du côté de Dieu, pour ainsi dire, et dans l'acte créateur comme tel, aucun rapport réciproque au monde. Je m'explique par là qu'aucun argument tiré de l'observation du monde et offrant un caractère empirique, comme le spectacle des causes et des mouvements qui se conditionnent les uns les autres, ne nous met en mesure de remonter à une première cause inconditionnée ou à un premier moteur immobile qui serait Dieu: nous ne le pourrions que si l'activité créatrice était immanente à son objet ou à son effet, ainsi qu'on le voit chez l'homme dont l'activité n'est pas au vrai sens du terme une création, car elle ne s'exerce jamais que sur un donné préxistant et est donc toujours relative à ce donné. C'était l'erreur de la philosophie scolastique que de partir de l'expérience sensible pour chercher à prouver, ou même à suggérer, qu'un être réel correspond au concept de Dieu. Mais le philosophe des «Critiques» tombe exactement dans la même erreur quand il dénie à la recherche toute possibilité de conclure que Dieu est réellement, sous prétexte que l'idée de Dieu n'a pas de répondant objectif dans l'expérience sensible.

* * *

Il est vrai qu'un concept, aussi bien lié qu'il soit logiquement, peut n'être qu'un «concept vide». Nous avons dit pourquoi le raisonnement démonstratif ne saurait nous convaincre que l'être correspond réellement au concept: un être réel a nécessairement l'existence, et à cet égard l'existence de Dieu, si on considère comme possible que Dieu soit, ne diffère pas de celle de quelque être qu'on suppose; elle relève non de la démonstration mais de l'expérience. Dire avec Pascal que nous connaissons l'existence de Dieu par la foi, c'est constater que cette expérience a ceci d'unique qu'étant effectuée dans le monde, comme toute expérience humaine, elle ne saurait s'effectuer sur le mode sensible et empirique qui concerne les êtres et les objets intra-mondains. Le dialecticien de la «Raison pure», en répliquant que la foi, comme mode de connaissance, est insuffisante au plan théorique et du point de vue objectif, requiert de la connaissance de Dieu la même sorte d'universalité qu'il exige de la connaissance dans le monde, qui n'est fondée que si au concept de l'entendement correspond l'objet d'une expérience possible; et ce qu'il nomme «l'expérience possible» est non pas celle que chacun peut faire pour son propre compte, mais toute expérience proposée à l'homme en général et dont les effets, dès lors qu'elle est accomplie, s'imposent à celui qui l'a faite et ainsi à tous les autres de façon identique. C'est l'individualité absolue de l'acte de foi qui conduit le philosophe à le récuser en tant qu'expérience possible: individualité qui s'explique, à ses yeux, par une condition qui est au fond celle-là même qu'évoque Pascal pour conclure à la nécessité du pari: si l'acte de foi ne peut venir que d'une détermination strictement particulière, c'est que la raison est impuissante à retrouver dans une expérience commune, selon des modes normaux de fonctionnement, l'objet du concept né de sa nature même. Le rationaliste résolu qu'est l'auteur des «Critiques» refuse d'admettre que la foi en Dieu puisse s'établir sur l'impuissance de la raison à s'assurer que Dieu existe, et ce refus le mène, sur le plan spéculatif, à une conclusion nettement négatrice, qui outrepasse ce que lui-même peut dire légitimement quant à la vérité ontologique d'une idée transcendantale dont il constate qu'elle est innée en l'homme. Le refus de considérer la foi comme une expérience possible revient à juger que Dieu, en supposant qu'il soit accessible comme être à un entendement pur, n'existe pas plus pour l'homme dans le monde qu'il n'est démontrable par lui. Or, la seule conclusion qu'on ait le droit de tirer de ce que l'idée de Dieu n'est pas vérifiée par l'examen empirique et rationnel, au sens où le philosophe prend ces deux termes liés ensemble, est que cette idée ne s'impose pas à l'entendement humain et à l'expérience comme indubitablement vraie: d'où il résulte non pas que la connaissance de Dieu est certainement impossible, mais que cette connaissance ne saurait constituer pour l'homme dans le monde une certitude objective de caractère général. Et l'on discerne aussitôt qu'il ne peut en être autrement, qu'une connaissance de Dieu qui serait recherchée suivant les modes qui conditionnent, de l'avis du philosophe, toute connaissance valable, c'est-à-dire par l'adéquation du concept à une intuition empirique, aurait à s'établir en contradiction absolue avec le concept. Le critique utilise, en sens inverse et comme un argument négatif, le même procédé qu'il condamne dans la philosophie scolastique: il accuse celle-ci d'étendre au delà des possibilités empiriques intra-mondaines l'application de principes de connaissance qui ne valent que dans le champ de ces possibilités; et en même temps il exige de la connaissance de Dieu qu'elle s'établisse, pour être valable, sur ces mêmes principes applicables exclusivement au monde des possibilités empiriques. C'est dire que tout est résolu par avance, que la conclusion négative est déjà dans l'esprit du philosophe.

CHAPITRE IV

On me reprochera peut-être de parler avec excès de la philosophie kantienne. C'est qu'elle m'apparaît comme le lieu de référence et la garantie rationnelle de toute négation proposée par les philosophies ultérieures. Après la «Critique», plusieurs thèses ont été élaborées pour la justification de l'athéisme, qui se ramènent, ainsi que nous le rappelions, à la même perspective initiale, d'après laquelle l'idée de Dieu se serait formée de l'aliénation par l'homme de sa propre essence dans un être imaginaire, l'étude du développement et de l'évolution, d'âge en âge, de la conscience humaine, rendant compte de la manière dont cette aliénation s'est produite en rapport avec les situations historiques ou les conditions de la vie sociale. Il est évident que ces thèses ne nous mettent pas en présence de certitudes apodictiques ni même d'explications véritables, je veux dire que ce sont des constructions idéologiques de caractère interprétatif, édifiées à partir de présupposés que se donne l'historien, le sociologue, le poète, qu'il décrive les trois états de la connaissance qui précèdent l'ère positive, les variations de la pensée dans la dépendance des forces économiques, les vicissitudes de la volonté de puissance. Nous avons observé déjà que le rapport de l'homme à Dieu, que ce rapport soit vrai ou illusoire, qu'il tende vers un être réel ou s'adresse à une fiction, est d'abord purement personnel et concerne l'existant particulier, non pas l'homme en général. Il est vrai qu'une juste idée de Dieu a été formée dans la conscience générale par la réflexion de plusieurs siècles, mais la question d'existence qui est liée naturellement à cette idée ne se pose à la conscience générale que pour être renvoyée à l'individu, que pour être posée à chacun spécialement comme mettant en cause sa propre vocation existentielle: vocation à l'éternité ou vocation au néant selon qu'existe ou n'existe pas Dieu à l'existence de qui il a la liberté de croire ou de ne pas croire. Le point commun des penseurs auxquels je viens de faire allusion est qu'ils refusent à l'homme la liberté réelle de décider pour soi en particulier du sens de son être entendu comme vocation à l'une ou l'autre finalité: refus dont l'arbitraire consiste, en partant des données de l'histoire et de la sociologie qui intéressent la collectivité et portent sur des phénomènes, à trancher de ce qu'est en soi l'essence de l'homme et le statut ontologique total de l'être humain, c'est-à-dire de l'existant individuel concret à qui il faut tout de même en revenir car il n'y a en définitive d'existant que lui. La question métaphysique est ainsi éliminée purement et simplement. Je ne dirai pourtant pas que ces penseurs ont pris parti sans raison, qu'ils ont parié et opté. Ils pensent comme s'ils étaient assurés, eu égard à l'existence humaine dans ses structures communes enveloppant toute existence particulière, d'une vérité fondamentale démontrée déjà et certaine, dont ils n'auraient qu'à décrire, chacun de son point de vue et selon sa méthode, les modalités phénoménales, les expressions dialectiques multiples. Le rôle de la philosophie kantienne est d'apporter cette vérité et de procurer cette démonstration qui sert de soubassement rationnel aux descriptions et dialectiques intervenues par la suite. Peu importe que son auteur ait voulu ou non ce résultat: les penseurs que j'évoquais ont pu se dispenser de traiter au fond la question métaphysique parce qu'un grand prédécesseur, qui est précisément l'analyste de la «Raison pure», l'avait résolue pour eux de façon décisive. Je constaterai d'ailleurs que ceux-là ne sont pas les seuls à se référer à la «Critique» ouvertement ou implicitement.

* * *

La philosophie kantienne ne se présente pas comme une étude rétrospective de l'évolution et du développement de la conscience; elle n'est pas une dialectique du transitoire ni un système d'interprétation des phénomènes sociaux et déterminations historiques. Elle prend la conscience en général, qui est conscience rationnelle, dans sa croissance achevée, au terme d'un développement où la raison humaine, ayant accédé à la pleine possession et à la claire connaissance de ses moyens, définit une fois pour toutes en quelle mesure il est possible qu'une représentation réelle corresponde au concept; et au delà de quelle limite l'idée n'est rien de plus qu'une possibilité logique par laquelle rien n'est réellement représenté. Nous avons vu à quelle conclusion en arrive le philosophe pour ce qui est du passage de l'idée de Dieu à la représentation de l'être. Il ne se borne pas à dire que rien ne nous est donné de certainement réel en dehors de l'expérience sensible qu'organisent les concepts généraux de l'entendement, ce que peut admettre non seulement l'homme qui s'interroge mais celui dont la réponse affirmative se fonde sur cette incertitude même. Il déclare, rappelons-le encore, que «rien ne nous est réellement donné» que dans cette expérience, d'où il suit que ce qui est conçu et éprouvé en dehors d'elle, ou plus précisément au delà de sa possibilité, ne nous est donné qu'illusoirement ou même ne nous est pas donné du tout, n'est jamais qu'une construction de l'esprit «sans objet et sans vérité», ainsi que s'exprime l'analyste. L'idée de Dieu est qualifiée de «transcendantale» parce qu'elle n'a pas d'objet qui lui corresponde dans l'immanence sensible, et elle est attribuée à la «raison pure» parce qu'elle dérive de la raison en tant que celle-ci peut former des concepts sans référence à l'intuition empirique. Considérons tous les termes de l'argument: nous aboutissons à cette remarque curieuse que l'attribution à la raison pure et la qualification de transcendantale s'appliquent à une idée dont on nous assure également qu'elle est «sans vérité», le critère du vrai étant le réel, et le critère du réel, l'expérience perceptive possible hors de quoi toute l'idée n'est jamais qu'une entité vide. Les produits idéaux de la raison pure sont jugés par rapport aux concepts de l'entendement ou raison spéculative, qui seuls ont un contenu positif et une valeur d'être du fait qu'ils se retrouvent objectivement dans le monde de la sensibilité. Le principal et le plus typique de ces produits purement idéaux est l'idée de Dieu, qui est donc sans contenu positif et sans vérité ontologique. Ce jugement me conduit à une question dont il ne me souvient pas qu'elle ait été posée, du moins en termes précis, bien que cependant il me semble qu'elle ne puisse pas ne point se poser: quel motif rationnel autorise le philosophe à juger de la vérité de l'idée de Dieu — de Dieu qui, s'il est, est absolument transcendant au monde et doit donc être conçu comme tel — par confrontation avec les concepts dont la fonction est d'organiser les données de l'expérience sensible intra-mondaine? Je n'en vois pas d'autre que la manière même dont le philosophe comprend et définit d'abord l'idée de Dieu. Cette idée, écrit-il, «dérive subjectivement de la nature de notre raison», qui exige «l'unité absolue de la condition de tous les objets de la pensée en général», soit qu'ils nous apparaissent comme reçus continûment du dehors par nos perceptions, soit que nous les éprouvions en nous comme une suite ininterrompue d'états psychologiques, d'actes réflexifs, d'élaborations mentales. Le spectacle extérieur, ainsi que l'épreuve intime de cette diversité successive, inspire à notre raison l'idée d'un principe d'unité synthétique inconditionnée des phénomènes objectifs et subjectifs et de la série de leurs conditions; et quant au passage de l'idée ou unité conceptuelle à l'être, il résulte de ce que la raison en relation aux phénomènes ne connaît que des êtres simplement possibles, qui auraient pu ne pas exister, d'où elle éprouve logiquement la nécessité d'un être qui ne peut pas ne pas exister et les soutient tous éternellement. Dans la pensée du critique, l'idée de l'être nécessaire ou de Dieu est liée de manière essentielle aux phénomènes du sens externe et aux phénomènes du sens interne, au monde des objets corporels et au monde des faits de conscience. Aussi le critique se donne-t-il le droit de soumettre cette idée au contrôle des principes généraux de la connaissance, d'après lesquels un concept n'a de valeur que si on peut le rapporter à un objet sensible, faute de quoi il n'est qu'une forme logique toute dénuée de consistance. Or, ni dans le sens externe ni dans le sens interne, ni dans le monde des corps ni dans celui de la conscience nous ne trouvons rien qui nous rende sensible l'unité synthétique dont notre esprit a besoin, ou qui nous permette de supposer la possibilité réelle d'un être conçu comme nécessaire: de sorte que cette unité n'est qu'une idée de la raison théorique, et que par le concept d'être nécessaire, comme dit le philosophe, il se peut que nous ne pensions rien du tout.

On discerne donc clairement le motif tout à la fois logique et empirique dont s'autorise l'initiateur du criticisme pour conclure que l'être nécessaire est une entité, non un être, et que Dieu est la conversion de cette entité en une représentation imaginaire. On discerne non moins clairement le défaut de ce motif, qui est de se fonder sur une conception de Dieu tout à fait erronée. Nous venons d'indiquer en quoi elle l'est: le philosophe considère l'idée de Dieu comme liée esentiellement au monde et formée à seule fin d'en achever la compréhension, de sorte que cette idée, qu'il analyse non pas dans la perspective d'une évolution historique de l'esprit humain mais à la lumière de la raison pure — d'une raison devenue apte à fixer immuablement les critères et les modes d'une connaissance valable — ne prend forme que par rapport aux données du monde sensible et aux opérations intellectuelles qui s'effectuent sur ces données. La première démarche vers l'idée de Dieu procède, écrit-il, de «ce pressant besoin qu'a la raison de supposer quelque chose qui soit capable de servir complètement de principe à l'entendement pour opérer la détermination entière de ses concepts». C'est une exigence naturelle de synthèse et d'unité qui anime la raison en présence de la multitude des notions auxquelles elle parvient et des explications qu'elle élabore, mais il ne s'agit encore là que d'une synthèse ou unité idéale, et elle-même ne manque pas de s'en aviser. «Elle remarque trop aisément, poursuit le penseur, ce qu'il y a d'idéal et de fictif dans une pareille supposition pour qu'elle puisse par cela seul admettre immédiatement, comme un être réel, une simple création de sa pensée». C'est par le concept d'inconditionné ou plutôt, dit le philosophe, par une démarche qui consiste «dans la régression du conditionné vers l'inconditionné», que notre raison fait un pas de plus vers la représentation de l'être. Elle ne peut cependant en rester là. Le philosophe constate que l'inconditionné ne recouvre d'abord lui-même qu'une abstraction, qu'un terme intelligible pour l'esprit, et «n'est pas encore, en soi et quant à son simple concept, donné comme réel». Ce «simple concept» se donne enfin «comme réel» dès lors qu'on en fait la transposition de l'intelligible au sensible, de la spéculation rationnelle à l'expérience perceptive, de l'entité pensée à l'observation concrète. Ce que l'initiateur du criticisme appelle le «conditionné donné», c'est l'existence réalisée dans le monde sous la forme de phénomènes que caractérisent leur dépendance les uns par rapport aux autres et leur limitation dans l'étendue et la durée. La raison croit alors trouver un fondement concret et objectif au concept d'inconditionné et à la régression mentale que l'on fait du conditionné vers ce concept: de ce que les êtres et les objets intra-mondains se manifestent comme contingents, de ce que l'existence de chacun d'eux apparaît relativement aux autres comme une position dans une série, elle conclut à la nécessité d'une existence sans limitation ou position relative qu'elle se représente pour cela comme extra-mondaine, située hors de la série et qui est celle d'un être originaire de réalité infinie, qu'elle nomme Dieu. Ainsi le «conditionné donné», autrement dit le donné sensible, est-il pris comme base et point de départ de la démarche spéculative pour s'élever à la connaissance d'un inconditionné réel qu'exigerait la série des conditions empiriques et observables, alors que la base ou point de départ de cette démarche est de nature intellectuelle et réside seulement dans une supposition préalable de la pure raison. Ayant montré de cette manière que l'«idée de Dieu résulte du besoin inné qu'a notre esprit d'un principe qui assure l'unification idéale de ses concepts», et qu'en convertissant l'idée en la représentation d'un être on a cherché à obtenir «une connaissance plus déterminée d'une chose dont on avait par ailleurs les conviction qu'elle devait exister», l'auteur des «Critiques» déclare que cette opération n'aboutit pas, que l'argument tiré de l'expérience des causes et des effets dans les phénomènes ne se fonde que sur cette conviction sous-jacente dont il n'y a aucune justification sensible, que l'usage transcendantal de la notion de causalité n'ajoute rien à la connaissance de l'être nécessaire tel que le concept l'a défini, et qu'à vrai dire on n'est jamais sorti du concept ou de la supposition idéale.

* * *

L'erreur du philosophe se manifeste ici à l'évidence: Dieu en tant qu'unité parfaite n'intervient que comme synthèse de nos intuitions et concepts divers; Dieu en tant qu'inconditionné ne sert qu'à fournir la condition générale de tous les phénomènes objectifs et subjectifs; Dieu en tant qu'être nécessaire n'a de nécessité et de raison d'être que pour fonder la possibilité ontologique des êtres non nécessaires ou contingents. Dans cette conception, disions-nous, Dieu est lié au monde de l'immanence comme le terme où s'achèverait la connaissance que nous en avons et qui est elle-même une connaissance immanente, encore que toujours inachevée. Le Dieu ainsi conçu ne peut être pour notre connaissance du monde qu'un terme idéal, dont on conclura aisément qu'il n'existe pas en réalité puisque l'expérience n'en est pas possible au sens où l'entend le philosophe. Nous avons signalé déjà ce que l'idée kantienne de Dieu comporte d'irrémédiablement faux. Si Dieu est, disais-je, il n'est sous aucun aspect lié à un monde qui se rapporte à Dieu en totalité sans qu'il y ait le moindre rapport réciproque de Dieu au monde. La notion de «nécessaire», rapportée à l'être par qui existe la multitude innombrable des êtres simplement possibles, est essentielle au concept de Dieu; mais elle contredit le concept si on représente l'être divin comme nécessaire en tant que principe général d'unité exigé par notre raison pour la multiplicité diverse des choses et des êtres empiriques. Sans doute, Dieu étant correctement conçu, faut-il penser que tout ce qui est tient de lui son existence, car si on admettait que quoi que ce soit pût exister indépendamment de lui, Dieu serait représenté comme un être parmi d'autres, ce qui reviendrait à le nier. On en tirera cette conséquence que les choses et les êtres empiriques sont créées de Dieu nécessairement, mais non pas que Dieu est nécessairement créateur. Le monde avec tout ce qu'il contient pouvait ne pas exister, sa création n'oblige pas l'être qui se suffit à soi-même et qui n'y est, disions-nous aussi, impliqué d'aucune manière. C'est du concept même de Dieu que dérive rationnellement l'idée de première cause nécessaire, et non pas d'une exigence de la raison au spectacle des causes particulières et contingentes. Ce qui échappe au philosophe du rationalisme critique est une notion non moins essentielle au concept de Dieu que celles de causalité et de nécessité, et qui est la notion de transcendance ou d'altérité absolue, ces deux mots ayant d'ailleurs la même signification. Défini comme une idée transcendantale de la raison pure, le Dieu de la métaphysique kantienne n'est pas conçu comme transcendant, il n'est pas distingué et différencié conceptuellement du monde sensible qui le requiert comme fondement théorique de la liaison et de l'unité des phénomènes. Il n'est pas donné pour autant à l'immanence sensible. Conçu comme un principe de sustentation et de synthèse, il est évident que Dieu reste ce qu'il est dans le concept, une abstraction pure, une simple vue de l'esprit qu'on ne saurait retrouver dans le monde des phénomènes et à laquelle ne correspond aucune réalité d'aucune sorte, pas plus immanente que transcendante. Le philosophe a dès lors beau jeu de dire que l'expérience n'en est pas possible et que c'est indûment que l'on passe de l'entité rationnelle à la représentation d'un être qui existerait réellement. Le Dieu pensé par le philosophe n'existe pas en effet. Mais il n'est pas Dieu, ou plutôt il n'est pas dans la vérité du concept de Dieu; il n'a aucun point commun avec le Dieu dont on doit concevoir une idée juste avant de se demander s'il s'offfre à une possibilité d'expérience, et si l'expérience qui en est faite est ou non une expérience vraie.

L'intention du dialecticien étant de déterminer le champ et les limites de la connaissance réelle, rôle attribué par lui à la raison qui, écrit-il, «peut et doit mesurer exactement son propre pouvoir suivant les diverses manières dont elle choisit les objets de sa pensée», nous imaginons sans peine ce qu'aurait pu être sa réplique à nos objections. En parlant du «sommeil dogmatique» dont les philosophes empiristes l'auraient réveillé, l'initiateur du criticisme n'entend pas rejeter tout dogmatisme indistinctement. Il estime (et on ne peut que l'en approuver) qu'une science qui applique les principes innés ou aprioriques de la raison aux objets de l'expérience possible est nécessairement dogmatique, puisqu'elle a pour but de reconnaître dans ces objets des propriétés structurelles ou des lois de concordance qui doivent se retrouver dans toute expérimentation comme elles doivent s'imposer à tout esprit: le géomètre qui démontre les propriétés de tel triangle n'étudie pas la figure particulière qu'il a sous les yeux pour en recevoir quelques instructions, il construit cette figure selon un concept qui est déjà dans sa pensée et rend son opération démonstrative, c'est-à-dire universellement valable; le physicien qui cherche dans l'observation des phénomènes ce qu'il doit en apprendre et ne pourrait connaître par la seule raison, n'en apprend néanmoins que quelque chose de conforme à ce que la raison y a mis elle même, sans quoi l'observation des phénomènes n'aboutirait jamais à la découverte de lois générales. Il y a ainsi pour le penseur un bon et un mauvais dogmatisme. Le mauvais consiste à étendre l'usage des moyens de connaître qui valent pour les concepts rationnels vérifiables dans le domaine empirique à des concepts également rationnels, mais qui ne sont pas susceptibles de contre-épreuve expérimentale. Il appartient à la raison de procéder à sa propre censure en distinguant entre le bon et le mauvais dogmatisme, entre les opérations qu'elle accomplit légitimement et celles qu'elle prétend effectuer au delà de son pouvoir. Cette censure que la raison doit exercer sur elle-même s'applique à la métaphysique, ou plus précisément, dit le philosophe, à la «méthode suivie jusqu'ici en métaphysique», méthode qu'il tente de changer afin, ajoute-il, «d'opérer en elle (dans la métaphysique) une révolution totale». C'est «dans cette tentative, dit-il encore, que consiste l'œuvre de la Critique de la raison pure spéculative».

Nous voyons donc fort bien de quelle façon le philosophe eût répliqué aux critiques que nous opposons à sa «Critique», en ce qui concerne notamment la conversion de l'idée de Dieu en la représentation d'un être réel, le passage de l'abstraction à l'existence concrète: ce passage, cette conversion que la raison effectue sophistiquement, est le fait de la métaphysique traditionnelle, et non le sien; c'est le mauvais dogmatisme de cette métaphysique qu'il dénonce en disant que «la raison, qui part de principes dont l'utilisation est inévitable dans l'expérience... monte toujours plus haut, vers des conditions plus éloignées... mais, s'apercevant que son œuvre ne peut s'achever ainsi, puisque les questions n'ont jamais de fin, elle a recours à des principes qui dépassent tout usage possible dans l'expérience». Aussi considère-t-il que la méthode utilisée jusqu'à lui en métaphysique n'a été qu'«un tâtonnement entre de simples concepts», ou bien qu'elle s'est fondée sur des conjectures qui «ne peuvent être admises que dans la science empirique de la nature» et ne sont pas tolérables dans les jugements rationnels, ou encore qu'elle représente, «dans les choses de la raison pure, le premier pas, qui est dogmatique et en marque l'enfance». Des appréciations de ce genre se rencontrent un peu partout dans l'œuvre du philosophe. Je rappellerai celle qui les résume toutes, quand il prononce que la métaphysique «est tombée dans le discrédit général, parce qu'on en attendait d'abord plus qu'on ne pouvait lui demander, et qu'on s'est trouvé déçu après s'être longtemps bercé des plus belles espérances».

Cette métaphysique, dont le philosophe veut remplacer la méthode par de nouvelles formes d'investigation, est celle de l'enseignement scolastique traditionnel, c'est la notion thomiste de l'être dans sa vérité et sa plénitude, telle qu'elle s'est élaborée d'après les thèses platonicienne et surtout aristotélicienne, en corrigeant ce que celles-ci avaient encore de défectueux. Notons d'abord que le «dogmatisme» attribué par le critique à la doctrine de l'Ecole n'est pas aussi péremptoire qu'il le croit pour l'accès à la connaissance de l'être comme source unique, cause englobante, principe de toutes choses: cette doctrine place la foi avant la raison qui intervient pour lui donner l'appoint ou l'accord que notre esprit demande, ainsi qu'il est naturel et humain. Cela signifie que le raisonnement, s'il s'agit des propositions de la foi, n'est jamais démonstratif à la manière du raisonnement mathématique, et c'est bien pourquoi le maître de la philosophie scolastique appelle des voies convergentes, et non des preuves, le faisceau d'arguments qu'il rassemble pour persuader les esprits de l'existence de Dieu. De nombreux théologiens ont tendance encore aujourd'hui à considérer ces arguments comme générateurs par eux-mêmes de certitude, comme capables de tirer des considérations cosmologiques, par les seuls moyens rationnels, une conclusion affirmative indubitable, ce qui aboutit à leur donner valeur de démonstration et entraîne, à l'égard de la doctrine qui n'y prétend nullement, le plus fâcheux des malentendus. Si on tient les raisons thomistes pour des «preuves métaphysiques de Dieu», suivant l'expression de Pascal, c'est trop peu que de les qualifier, comme il le fait, de «stériles» et d'«inutiles». J'observais qu'il n'est pas moins absurde de supposer un Dieu dont la vérité serait démontrable logiquement que de supposer un Dieu dont l'existence serait saisissable par la perception. Le maître de la pensée scolastique est trop averti de ce dont il parle pour tomber dans l'une ou l'autre absurdité. Pour éclairer la manière dont on doit comprendre les attributions de Dieu, toute-puissance, suprême sagesse, infinie bonté, il fait appel à ce qu'il nomme l'analogie. En toute rigueur, on ne peut dire de Dieu rien d'autre que: Dieu est, affirmation que la foi est seule capable de formuler, et c'est en ce sens que Pascal déclare que nous ne savons s'il est, entendant par là que l'affirmation de la foi ne résulte en aucune manière d'un savoir. Nous ne savons donc pas non plus ce qu'il est, l'assertion de Pascal à cet égard vient directement du maître de la pensée scolastique qui considère qu'en parlant de Dieu selon l'intelligence nous parlons de lui «comme d'un inconnu»[1], nos dénominations n'étant à aucun degré définissantes ou identificatrices. Nous les appliquons cependant à Dieu valablement, cela n'est pas contradictoire, cela se comprend aussi. Dire que Dieu est ineffable, qu'il est au delà de toute expression, ce n'est pas dire que le concept que nous en avons est faux ou illégitime, car dans ce cas nous saurions d'avance que nous ne parlons de rien, que nous ne faisons que nommer un néant, ce qui couperait court à la réflexion. Le concept de Dieu est d'une stricte rectitude logique, il comporte un ensemble de prédicats qui lui sont rationnellement inhérents et cesse d'avoir un sens si nous cessons de qualifier Dieu de tout-puissant, de suprêmement sage, et d'infiniment bon, ou si nous lui appliquons quelque qualification contraire à celles-là.

[1] Saint Thomas d'Aquin.

Ainsi pouvons-nous, à propos de Dieu, nous exprimer en des termes analogues à ceux qui nous servent dans le monde, pourvu que parlant en ces termes nous gardions à l'esprit que nos paroles ne sauraient, même imparfaitement ou partiellement, définir Dieu dans son identité, le circonscrire dans son être.

Au contraire, il n'y a pas de rapprochement analogique valable entre l'idée de première cause inconditionnée ou de premier moteur immobile, et les notions de cause ou de mouvement que nous tirons du spectacle de la série des phénomènes. En faisant ce rapprochement dans les mots, nous faisons en réalité tout autre chose que donner à Dieu telle dénomination ou qualification attributive formulée avec les moyens intellectuels et terminologiques dont nous disposons, et qui est inhérente au concept que nous avons de lui: nous passons du cadre de l'expérience immanente, et avec les procédés de cette expérience, au plan de la transcendance qui en est foncièrement séparé, nous cherchons à remonter empiriquement jusqu'à Dieu en tablant sur l'observation des causes et des mouvements dans le monde avec quoi Dieu n'a en lui-même aucun rapport et qui ne lui sont similaires en rien. Pascal, à sa manière, l'avait vu avant le critique. Il ne consent «aux discours» des penseurs qui entreprennent de «prouver la Divinité par les ouvrages de la nature» que s'ils s'adressent «aux fidèles», car «ceux qui ont la foi vive dedans le cœur, écrit-il, voient incontinent que tout ce qui est n'est autre que l'ouvrage de Dieu qu'ils adorent». L'homme sans foi n'en est pas touché. «Ceux en qui cette lumière s'est éteinte et dans lesquels on a dessein de la faire revivre, dit Pascal, s'ils regardent la nature pour y chercher un signe de Dieu, ne trouvent qu'obscurité et ténèbres». Il est vrai que ces notions de première cause inconditionnée et de premier moteur immobile, en tant qu'elles expriment l'impossibilité d'une régression à l'infini des causes et des mouvements dans le monde, doivent s'entendre comme résultant de ce que le tout de l'être, qu'il soit un infini potentiel ou un infini actuel, n'est pas représenté ni signifié par une multiplication ou une totalisation numérique infinie des causes particulières et des mouvements locaux. Il est vrai aussi et surtout qu'une fois posé le concept de Dieu, on discerne que ces termes de premier moteur et de première cause ne font qu'exprimer tant bien que mal l'idée d'une activité créatrice qui, elle, appartient essentiellement au concept et dont il importe de comprendre, d'élucider le sens. Mais c'est en vain que l'on considérerait la chaîne des causes ou l'engrenage des impulsions motrices dans le monde physique pour chercher à rejoindre spéculativement un principe causal ou une impulsion originelle de nature métaphysique. Il n'y a là entre les termes qu'homonymie et homographie fallacieuse.

* * *

Ainsi, la critique kantienne peut paraître fondée et justifiée. Elle ne le serait cependant que s'il fallait prendre au pied de la lettre et tenir pour essentielles les conclusions de la métaphysique thomiste sur le concept de premier moteur ou de première cause rapporté aux causes et mouvements intra-mondains. La critique procède d'un examen très gravement lacunaire de cette métaphysique, elle fait complètement omission, ainsi que nous l'avons signalé, du point de vue thomiste sur la primauté de la foi dans la recherche et la connaissance de Dieu. Que le maître de la scolastique ait cherché à étayer la foi d'un argument tiré de l'expérience sensible, et qu'il se soit mépris sur la portée rationnelle de cet argument ou lui ait donné trop d'importance, ne modifie pas la position de la foi qui est à ses yeux première et fondamentale. Si contestable que soit la théorie de l'analogie dans le cas envisagé, il n'y a aucun motif de penser que le métaphysicien, qui y fait entrer tout ce qui est dit de Dieu, ait excepté ce qu'il en dit dans l'argumentation cosmologique. Les déductions d'allure catégorique qui achèvent ses raisonnements, par exemple: «il est donc nécessaire d'en venir à quelque premier moteur qui ne soit mû par nul autre...»[2], ne doivent pas être détachées d'un contexte où il est déclaré en général et formellement que tout ce que l'on peut dire de Dieu demeure vain si ce qu'on en dit se donne pour une atteinte même imparfaite ou partielle de la réalité divine, de quelque manière qu'on prétende l'atteindre, que ce soit par définition ou par démonstration. En refusant comme impropre, équivoque, et prêtant à malentendu, le rapprochement analogique entre la première cause transcendante et la causalité expérimentale, nous ne considérons pas que le docteur de l'Eglise ait voulu par là prouver ou définir Dieu à la façon dont on démontre un théorème ou dont on identifie un objet. C'est une opinion excessive que celle qui, jugeant de la métaphysique traditionnelle, estime qu'«on en attendait d'abord plus qu'on ne pouvait lui demander», et qu'ainsi «on s'est trouvé déçu». Cette appréciation peut valoir pour une scolastique déviée et obscurcie, mais c'est à son fondateur qu'il faut s'adresser si on veut juger avec exactitude de la vérité de la doctrine. Celui-ci ne demande pas aux procédés de spéculation fondés

[2] Saint Thomas d'Aquin.

dans l'empirisme objectif de nous fournir à eux seuls, c'est-à-dire sans l'accompagnement et l'action révélante de la foi, la certitude que Dieu est, pas plus qu'il n'attend de nos dénominations et qualifications la connaissance réelle de ce qu'est Dieu: ce qui signifie, si on veut bien se tenir dans la ligne de la pensée thomiste, qu'on ne doit voir là encore qu'une manière de suggérer et de parler adaptée à notre intelligence et à nos modes d'expression. Ne seraient déçus à cet égard que ceux qui demanderaient à la philosophe scolastique plus que son maître n'y a mis, et mis raisonnablement.

La primauté de la foi dans la recherche de Dieu relève en effet d'une nécessité de raison, étant imposée par l'idée même de Dieu à laquelle s'attache conceptuellement l'idée de transcendance. En disant que si Dieu existe son existence est nécessairement transcendante, nous ne parlons plus par analogie. Dieu, s'il est, est réellement transcendant, mais ce terme ne qualifie pas Dieu et ne représente pas, comme la puissance, la sagesse ou la bonté, une attribution inhérente au concept que nous exprimerions selon notre vocabulaire pour une compréhension à notre mesure: le terme marque que Dieu nous est en soi incommensurable, qu'il n'entre sous aucun aspect en composition avec le monde, qu'il est en son être absolument autre que tout ce que peut représenter ou concevoir notre imagination ou notre réflexion. Le problème se pose de la formation de la foi comme connaissance par l'homme du transcendant, ainsi que de la nature de ce mode particulier de connaissance. Remarquons que si la foi ne doit pas être contraire à la raison, comme l'écrit Pascal — c'est pourquoi un effort millénaire d'éclairement et de mise au point a été nécessaire pour la constituer dans ses dimensions authentiques — elle est elle-même, en tant que connaissance du transcendant, de nature purement transcendante: ni ses manières d'opérer, ni ses éléments constitutifs ne sont ceux de l'expérience sensible et de la raison spéculative.

Nous allons ici reconnaître la différence qui sépare le fondateur de la scolastique du philosophe de la «Raison pure» quant à l'idée que l'un et l'autre se font du transcendant. Il faut le dire tout net, au risque de scandaliser: le premier a de la transcendance une notion très sûre qui manque radicalement au second. On estimera à première vue, comme il l'estimait lui-même, que le dialecticien des «Critiques», en démontant l'appareil de la théologie spéculative a préservé et même restauré la notion de transcendance que compromettait une extension hasardeuse de principes qui ne s'appliquent que dans le champ des représentations immanentes. Mais voyons de quelle manière ce rationaliste exclusif comprend ce qu'il désigne sous le terme de transcendant. Ce terme a pour lui un sens strictement et résolument négatif, le sens d'une limite que la connaissance rationnelle ne doit pas essayer de dépasser, non parce que ses structures et ses procédés ne lui permettent pas l'accès du transcendant admis comme un donné de connaissance possible, mais parce qu'il n'y a pas de connaissance possible en dehors de la rationelle constituée par l'entendement sur des données expérimentales, de sorte qu'en allant au delà la raison humaine ne construit jamais qu'une fiction. Toute la critique part de cette proposition et se développe sur ce thème qu'une connaissance vraie n'est acquise pour l'esprit, qu'une réalité certaine n'est donnée à la spéculation que si le concept a un objet dans la sensibilité et dans les faits: qu'il en est ainsi de l'idée de Dieu, qui n'apparaîtra donc comme une réalité que si on peut la comprendre dans un raisonnement appuyé sur l'observation des phénomènes; mais que tout ce que l'on tente à cet effet est entaché de sophisme car l'idée de Dieu ne représente rien de plus qu'une réclamation intime de la raison pure.

J'observais que le critique attribue à l'argument empirique et cosmologique de la philosophie thomiste une intention de preuve objective que celle-ci ne comporte pas. Mais il va encore beaucoup plus loin, ainsi qu'il ressort notamment d'une phrase où c'est sa propre position qu'il indique. A propos de l'idée transcendantale de Dieu, le philosophe déclare que «la raison ne l'a posée que comme le concept de toute la réalité pour en faire le fondement de la détermination complète des choses en général». Le commentaire qui suit porte sur le point de savoir si «toute cette réalité est donnée objectivement et constitue elle-même une chose». Le philosophe pense qu'elle aussi est «une fiction par laquelle nous réunissons et réalisons le divers de notre idée», mais ce jugement est sans influence sur sa conception de Dieu: si le monde a une réalité intrinsèque, la raison exige Dieu comme «le fondement de la détermination complète des choses en général», c'est-à-dire du monde considéré dans son ensemble comme existant en lui-même; et si le monde n'a pas une telle réalité, s'il n'a que l'existence phénoménale qui se manifeste dans nos représentations, Dieu est exigé par la raison comme «le principe qui lui sert à opérer la détermination entière de ses concepts». Dans les deux cas, Dieu est un idéal hypostasié par l'esprit humain en un être qui lui répond de tout, et en qui il trouve son repos avec la fin de ses problèmes. D'après le philosophe, l'idée de Dieu se forme dans notre raison du «pressant besoin» qu'elle éprouve d'un principe d'unité synthétique totale en présence de la diversité sensible, et c'est là qu'intervient l'explication kantienne du recours à l'argument cosmologique: ce principe ne jouerait pas son rôle s'il restait pour l'esprit qui le conçoit un idéal rationnel; il ne satisfait au besoin de la raison que s'il se présente à elle comme lui étant imposé du dehors par les choses mêmes, dont le spectacle doit montrer la nécessité d'un être infiniment réel soutenant la multitude des réalités finies et contingentes. Fournir une base concrète à la «marche naturelle» de la raison humaine, c'est le résultat que la métaphysique traditionnelle veut obtenir, mais l'être nécessaire qu'elle se représente ainsi n'est lui-même l'objet d'aucune intuition empirique actuelle ou éventuelle qui garantirait sa propre réalité, et demeure donc à l'état de simple concept.

Nous avons objecté à ces critiques que les considérations qui y sont mises en œuvre appartiennent à la pensée kantienne, et non pas à la métaphysique thomiste contre laquelle elles sont dirigées. Les dénominations de première cause et de premier moteur sont inopportunes en ce qu'elles donnent à croire qu'on peut accéder, dans une perspective générale sur l'être et par analogie avec les causes efficientes et les impulsions motrices observées dans l'univers physique, à la conviction que Dieu existe. Le docteur de l'Eglise n'en réserve pas moins l'autonomie ou l'altérité absolue et ineffable de cette existence qu'on ne saurait connaître en soi conceptuellement même par approximation, et maintient, là aussi bien qu'ailleurs, qu'il nous est impossible de combler par nos seuls moyens l'incommensurable hiatus qui sépare de la transcendance le monde des hommes. — Des formules telles que: la synthèse du divers, l'unité de la série des conditions, la totalité du réel, sont de l'invention du philosophe de la Raison pure et traduisent une conception d'un Dieu qui est nécessairement, comme il le dit et le répète, ou bien «le rapport d'un objet réel à d'autres objets» ou bien «le rapport d'une idée à des concepts». Cette conception est exprimée le plus manifestement quand le philosophe déclare que l'idée de l'être nécessaire répond à l'exigence mentale d'un «substratum commun» de toutes choses. Je ne sais si une telle manière de voir ressortit à la raison pure ou à l'entendement spéculatif; ce qui est sûr, c'est qu'elle n'a pas le moindre rapport avec la métaphysique dont le dialecticien croit interpréter l'intention implicite. Et l'on relève dans cette interprétation même une sorte de désaccord entre le grief initial et l'analyse consécutive. L'auteur des «Critiques» reproche à la métaphysique traditionnelle, représentée par la pensée thomiste, un usage transcendantal illégitime de principes et modes de connaissance utilisable seulement dans le cadre des données sensibles. Or, l'analyse critique qu'il en fait suppose une opération intellectuelle toute différente de ce que serait une extension abusive de ces modes et principes à un au-delà transcendant considéré du moins comme une possibilité. Le transcendant est d'ores et déjà une fiction pour le penseur qui affirme que «si une intuition pure était possible pour nous antérieurement à l'objet» (disons avant la perception effective d'aucun objet), elle ne serait que la «forme simple de l'intuition empirique» qui seule viendrait lui donner une «valeur objective», une forme consistante. Il ne saurait donc être question à ses yeux d'une extension possible des procédés de la connaissance immanente à une transcendance dont il n'admet pas, même à titre d'hypothèse, qu'elle existe ou puisse exister réellement comme telle. L'opération intellectuelle qu'il suppose, et que signifient les formules que je rappelais: synthèse du divers, unité des conditions, substratum commun, etc., implique d'emblée réduction à l'immanence du concept de l'être nécessaire ou de Dieu, c'est-à-dire d'un transcendant purement fictif, dont on ne décèlera donc aucun signe dans l'intuition empirique où on cherche à l'introduire pour donner un contenu sensible à l'idée, une valeur objective à la forme simple. Je ne dirai pas que cette analyse prend à contresens la métaphysique qu'elle condamne. Il s'agit au fond de bien autre chose. Le philosophe substitue sa propre pensée à celle du maître de la scolastique, et ce qu'il condamne est l'idée que lui-même se fait de Dieu et de l'intime démarche qui amène l'esprit humain à conclure que Dieu existe positivement. Cette idée et cette démarche, il l'attribue à la métaphysique thomiste parce qu'il est persuadé que celle-ci est tenue d'en passer par là, et que lui-même ne fait que mettre en lumière le cheminement qu'elle doit suivre pour que ce qui n'est d'abord que concept puisse être envisagé comme un objet réel de connaissance. Ainsi est exclue toute possibilité de transcendance réelle, et par conséquent aussi toute expérience originale du transcendant, je veux dire configurée en elle-même à son objet et procédant vers lui par des voies appropriées. En jugeant que la foi «est insuffisante objectivement et théoriquement», l'auteur des «Critiques» juge de ce qu'est toute connaissance qui ne se constitue que selon les modes de l'expérience immanente. Ce jugement est encore plus net quand le philosophe parle du résultat auquel aboutit la métaphysique traditionnelle, qui pense s'élever à la notion d'une réalité suprême et dit que cette réalité, étant transcendante à l'homme et au monde, est inaccessible en soi à la perception et à l'entendement. «Ce n'est pas posséder une connaissance véritable, répond le critique, que de montrer ce que n'est pas l'intuition de l'objet (non spatial, non temporel, non soumis au changement, etc.) sans pouvoir dire ce qu'elle contient». Cette appréciation est indiscutable pour autant que l'objet de la recherche est découvert par l'observation ou constitué logiquement dans le monde, qu'il s'agisse de réalités particulières concrètes ou de généralités intelligibles. Si c'est Dieu que l'on met en cause, le «simple concept», pour parler comme le philosophe, suffit à montrer que nous ne pouvons avoir de lui, en admettant qu'il existe, une connaissance commune avec celle que l'expérience immanente nous procure, et il est non moins évident que la foi, si elle pouvait être «objectivement et théoriquement» suffisante, cesserait d'être ce qu'elle est pour se changer en son contraire qui n'est pas l'incrédulité, mais la démonstration. A vrai dire, tout est résolu d'avance par le philosophe qui ne doute pas que les seuls modes possibles de connaisssance soient ceux qu'il définit, et que les seules réalités authentiques soient celles qui correspondent à ces modes.

La critique kantienne ne découle pas de l'exposé et de l'examen directs de la métaphysique traditionnelle. Elle se fonde sur l'analyse des mécanismes mentaux suivant lesquels l'idée et la représentation de Dieu se formeraient dans l'esprit humain et du rapport de ces mécanismes avec les procédés d'une connaissance réelle: analyse où le philosophe commente ses propres vues méthodologiques qu'il substitue, disais-je, à la pensée thomiste, dans la conviction que celle-ci ne peut faire autrement, pour tâcher d'aboutir dans sa recherche, que de recourir à l'argument empirique, mais qu'elle l'utilise à vide et pour un résultat illusoire. La certitude du philosophe, qu'il n'y a de réalité et de connaissance vraies que là où se trouvent unies aux conditions intellectuelles des conditions matérielles adéquates, l'incite à se tourner vers les disciplines qui ont dû leur succès, déclare-t-il, à une «révolution subite dans la manière de penser», dès lors qu'on se mit à «chercher dans la nature» la confirmation expérimentale de concepts rationnellement établis, au lieu de se livrer aux conjectures de l'imagination. Le philosophe veut «changer la méthode suivie jusqu'alors en métaphysique» afin d'«opérer en elle une révolution totale», et il annonce que ce changement doit s'effectuer «suivant l'exemple des géomètres et des physiciens». La méthode nouvelle va-t-elle permettre à la métaphysique, comme elle l'a fait pour la physique et pour la géométrie, de «suivre la voie sûre d'une science»? L'expression est de l'auteur des «Critiques» qui se demande comment apprécier s'il en est ou non ainsi «dans le travail que l'on fait sur des connaissances qui sont du domaine propre de la raison». Sa réponse est immédiate et fort simple. «C'est ce qu'on peut juger bientôt d'après le résultat», déclare-t-il. Sur la question de savoir si à l'idée transcendantale de Dieu, que forme naturellement la raison humaine, correspond un être réel — question qui elle aussi dérive de l'exigence innée de notre raison — nous jugeons tout aussitôt du résultat que donnerait en métaphysique la méthode des physiciens et des géomètres s'il fallait s'y fier comme à la seule qui pût nous fournir à cet égard une connaissance véritable. Le résultat serait parfaitement nul et nous n'aurions plus qu'à conclure avec certitude que Dieu n'existe pas. Mais nous discernons en même temps que cette méthode n'a de valeur ni théorique ni pratique pour juger de la question de savoir si Dieu existe ou non, et que s'il est impossible de conclure d'une argumentation sur la série des causes intra-mondaines à l'existence d'une cause première transcendante au monde, on ne peut davantage, et pour les mêmes raisons, conclure de cette impossibilité à la non existence d'une telle cause. Il est absurde de «chercher dans la nature» la preuve objective que Dieu est, mais il serait plus absurde encore de tirer de cette absence de preuve objective la conviction qu'il n'y a point de Dieu.

Une recherche métaphysique qui se veut à l'imitation de ce qui se fait en physique et en géométrie doit fatalement aboutir à des solutions ou à des positions négatives, et non pas seulement sur la question de Dieu mais sur celle aussi de l'être, qu'il s'agisse de l'être particulier et spécifié ou de l'être sans détermination, de «l'être en tant qu'être», comme disent les philosophes modernes qui ne font d'ailleurs que reprendre là une expression scolastique. La raison de cet échec est indiquée par le critique lui-même. La méthode empruntée aux physiciens réussit à «souhait», écrit-il, dans la première partie de sa métaphysique, où il découvre que la possibilité de connaissance ou le «pouvoir de connaître» est en nous «a priori»: découverte considérable, d'où il ressort que les «objets... sont donnés dans l'expérience conformément à nos concepts», si bien que nous pouvons déterminer les lois qui en gouvernent l'ensemble et fondent l'ordre de la nature. Cependant la méthode physicienne, qui réussit avec tant de perfection dans la première partie de la métaphysique, ne s'adapte plus du tout à la seconde: c'est que notre pouvoir de connaître ne nous permet pas de «dépasser les limites de l'expérience possible», ainsi qu'il résulte des recherches de cette première partie, résultat que le philosophe trouve «étrange». Je pense plutôt qu'il serait étrange qu'on fût conduit à un résultat différent. Dès lors que les objets «sont donnés dans l'expérience conformément à nos concepts», il va de soi qu'une recherche dont le philosophe déclare qu'elle «ne s'occupe que des concepts qui peuvent être donnés dans l'expérience» retrouvera en celle-ci obligatoirement ce qu'elle a commencé par concevoir, ou sinon le concept est inadéquat et doit être rectifié jusqu'à ce qu'il concorde avec l'expérimentation. C'est s'exprimer de façon spécieuse que de dire qu'«avec ce pouvoir nous ne pouvons dépasser les limites de l'expérience», comme s'il y avait là une impossibilité due à l'insuffisance de nos facultés cognitives, alors que l'objet proposé à la connaissance, dans le cas considéré, appartient tout entier par nature au donné empirique dont on n'a donc pas à dépasser les limites. Parlant de la métaphysique, le dialecticien dit que ce dépassement «est pourtant son affaire la plus essentielle». Je le pense bien! C'est même son affaire unique si «cette science», comme l'appelle le philosophe, a son propre problème et un but tout autre que de définir les principes et analyser les modes suivant lesquels se constitue notre relation au monde; que de fournir un fondement certain aux sciences physiques ou de préparer les voies à une phénoménologie, que celle-ci soit rationnelle ou existentielle. La métaphysique n'a de signification originale que si l'être qui y est proposé à la recherche est l'être en tant qu'origine ontologique absolue. Le maître des «Critiques» en est fort persuadé, et c'est à la seconde partie de la métaphysique qu'il dit réserver cette recherche, mais il ajoute que la constatation à laquelle on est conduit dans la première partie, touchant les limites de notre «pouvoir de connaître», est «très préjudiciable au but poursuivi dans la seconde partie» (je cite littéralement). On est tenté de voir là quelque inconséquence si on se rappelle quels buts radicalement distincts sont assignés par le philosophe à ces deux parties de la métaphysique. La première s'occupe de concepts dont la vérité résulte de leur accord avec un objet empirique; les concepts dont traite la seconde partie sont ceux que forme la raison pure et qui ne relèvent pas d'une expérience possible au sens des concepts étudiés précédemment: il est assez évident qu'on ne trouvera aux concepts de cette seconde espèce aucune vérité ou réalité, si on en juge d'après les principes valables pour ceux de la première.

* * *

L'inconséquence est peu probable de la part d'un tel penseur et sur un sujet de cette importance. Je crois plus volontiers à un incoercible parti-pris rationaliste: pour le philosophe de la «Raison pure», il n'y a possibilité réelle de connaissance, c'est-à-dire possibilité d'appréhension par l'esprit d'une réalité véritable, que si le concept donné dans la connaissance rationnelle «a priori» peut être donné aussi dans la sensibilité, ce qui suppose que l'objet du concept, objet hypothétique, dont on ne sait encore s'il existe ou non, est pensé comme dépendant du monde de l'expérience immanente. Le philosophe voit bien qu'il ne peut en être ainsi de Dieu, qui est nécessairement conçu comme transcendant, mais il en conclut que Dieu, dans ces conditions, ne peut être une réalité, qu'il est et ne peut être qu'une idée de la raison théorique. J'aurai donc à rechercher si toute connaissance vraie est conditionnée par l'expérience immanente, ou s'il n'y a pas une manière de connaître que l'on puisse considérer comme valable, bien qu'elle ne se fonde pas sur cette expérience, dès lors qu'elle suppose une réalité autre qu'empirique dont il nous est permis cependant de considérer comme possible qu'elle soit. «Par la foi nous connaissons son existence», dit Pascal parlant de Dieu. Je veux me rendre compte de ce que ce verbe: nous connaissons, signifie au juste. C'est pour moi l'essentielle, la seule question, mais il apparaît dès à présent que la métaphysique, si elle cherche à se constituer «suivant l'exemple des géomètres et des physiciens», en restera aux «prolégomènes». L'échec de la tentative kantienne ne concerne pas Dieu seulement. Le philosophe en arrive au même résultat négatif pour quelque être ou objet que ce soit, comme il ressort du fait irréductible que la contre-épreuve expérimentale de la connaissance rationnelle n'atteint, écrit-il, que les phénomènes et non les choses en elles-mêmes, qui nous restent inconnues.

Devrais-je soupçonner l'auteur de la «Critique de la raison pure» de s'être donné au préalable, délibérément, les moyens de conclure à l'impossibilité de toute métaphysique? Il n'en est évidemment rien en ce qui concerne l'univers des objets. Le penseur qui tente d'opérer dans la métaphysique une révolution totale, en usant de procédés empruntés à la méthode scientifique, espère qu'il établira ainsi entre l'esprit et le monde matériel une communication ontologique plus adéquate et c'est comme malgré lui qu'il constate que notre connaissance ne saisit pas la réalité objective, que nous n'appréhendons des choses que les formes qu'elles reçoivent de notre intuition, que le monde n'est pas un tout existant positivement en lui-même mais une idée qui soutient l'ensemble de nos représentations sensibles. Au contraire, la conception que le philosophe a de Dieu implique déjà négation: l'idée de Dieu étant posée comme dérivant du besoin qu'éprouve la raison humaine d'un principe d'unité qui assure la détermination entière de ses concepts, il est acquis par avance que la conversion de cette idée en la représentation d'un être ne correspond à aucun être véritable. Nous n'hésiterions pas à dire que le dialecticien se place d'office dans des conditions de raisonnement qui vont lui permettre de conclure qu'il n'y a point de Dieu, si nous ne savions que ce n'est nullement son dessein, et que loin de tendre à une affirmation athéiste, il est persuadé qu'en procédant à cette critique de la raison, dont il pense dégager les possibilités réelles, il s'oppose à l'incrédulité ou au scepticisme qui résulterait pour les esprits clairvoyants du dogmatisme fallacieux de la tradition métaphysique et théologique.

Mais il ne peut se satisfaire de montrer les paralogismes d'une métaphysique et d'une théologie désormais insoutenables à ses yeux, même si elle a suffi à la pensée humaine durant une longue période de son histoire. Le rationaliste des «Critiques», esprit profondément religieux, se rend compte des conséquences désastreuses de son enseignement s'il en reste à cette «démolition», comme il le dit lui-même, d'une doctrine qui a étayé jusqu'alors la foi des hommes. Il essaiera donc de mettre à sa place de nouvelles raisons de croire, ce qui ne lui semblera possible, puisque dans l'expérience objective il n'y a pas le moindre indice d'une réalité correspondant au concept, qu'en dehors de cette sorte d'expérience, au moyen seulement de la réflexion morale par quoi le concept puisse être justement déduit de principes incontestables. Le drame du philosophe est là. Il faut qu'il parvienne à édifier cette métaphysique, cette théologie de remplacement, sinon il n'aura fait, lui qui n'a pas cessé de croire à un Dieu et même — il l'a dit en termes clairs — d'attendre une vie future, que ruiner le système de pensée traditionnel qui justifiait rationnellement cette croyance et autorisait cette attente; c'est du moins ce dont il ne doute pas.

CHAPITRE V

L'intention du philosophe des deux «Raisons» est de montrer que l'accès à une certaine connaissance ontologique de Dieu, impossible à la raison théorique dont la connaissance se limite naturellement au donné de l'expérience sensible, n'est pas interdit à la raison pratique qui constitue la structure morale de l'être humain, comme la raison théorique détermine sa condition intellectuelle. L'aspiration à la vérité de l'être reste un leurre pour l'homme en tant qu'il opère dans le monde des phénomènes et use des concepts de l'entendement spéculatif, mais il peut accéder en quelque mesure à une réalité supérieure authentique en tablant sur l'idéal du souverain bien qui est d'abord, suivant l'expression kantienne, un «système de moralité» que résume ce commandement, intérieur à la conscience, d'agir comme si le motif de toute action particulière devait être érigé en maxime de portée universelle. Ce n'est point là une prescription sur laquelle les hommes auraient à régler leur comportement sans en espérer aucun intérêt. A l'accomplissement du devoir moral est associé un droit au bonheur, ce que le philosophe traduit par cette formule: «fais ce qui peut te rendre digne d'être heureux». De même que l'unité synthétique absolue des phénomènes, idéal de la raison théorique, le souverain bien, idéal de la raison pratique, est une idée transcendantale innée à l'esprit humain et qui ne se déduit pas de l'expérience. Ce qui distingue ces deux idéaux est la finalité essentielle à celui de la raison pratique, finalité qui atteint un objet transcendant que l'idéal de la raison théorique ne peut saisir. Le philosophe constate que la réalisation parfaite du monde moral n'est pas compatible avec les conditions d'existence dans le monde de la nature, et que celles-ci ne permettent pas d'avantage l'accession à la plénitude de bonheur que sont en droit d'espérer ceux qui se sont conformés de leur mieux et à cet impératif de conscience dont l'universalité ne fait pas de doute pour lui. On est conduit rationnellement, dira-t-il, à l'affirmation d'un pouvoir suréminent par qui le souverain bien doit s'accomplir sous ses deux aspects corrélatifs de moralité et de félicité parachevées et plénières: pouvoir qui ne peut appartenir qu'à un Dieu; accomplissement qui postule une vie future et, chez l'homme, une âme immortelle.

Nous ne nous attarderons pas à contester la valeur universelle et absolue du sentiment de l'obligation, de l'idée du devoir que formule l'impératif catégorique. «Que signifie et que vaut cette prétention de les poser à titre de données indiscutables a priori? se récrie un philosophe de tendance bergsonienne. Leur complexité... le relativisme que l'histoire manifeste à leur sujet autorisent bien des doutes... Il y a une évolution, une genèse progressive de l'exigence morale... La moralité n'est pas quelque chose de fixe, de parfait dès l'origine, on la découvre, on l'invente peu à peu»[1]. Là n'est pas la question suscitée par la philosophie kantienne. Que la conscience morale se soit formée progressivement, à travers toutes sortes de vicissitudes historiques, ou qu'elle puisse passer à l'avenir par de nouvelles vicissitudes, cela est évident en effet, et quand l'auteur des «Critiques» qualifie l'idéal moral d'«originaire», il ne veut pas dire que cet idéal a été fixé et connu dès l'origine, mais que l'esprit humain est devenu apte à en reconnaître le principe éternel, quelles qu'aient été ou puissent être encore les conduites effectives des individus et des peuples. Tenons-nous sur le terrain même où le philosophe se place en établissant une différence fondamentale entre les possibilités des deux «Raisons» dont il fait l'analyse. Dieu, dit-il, est un postulat de la raison pratique. De cette proposition, il ressort que la croyance à Dieu, telle qu'elle est postulée par la raison pratique, ne constitue pas un fidéisme. La loi morale intérieure à la conscience humaine et qui s'impose comme telle à toute conscience, en dépit des manquements toujours possibles, ne lui est pas dictée par un Dieu que l'on aurait d'abord affirmé dans l'acte de foi. Elle émane de la conscience même qui l'éprouve tout ensemble comme indubitable et comme impossible à réaliser dans le monde, de sorte que l'on doit logiquement poser Dieu comme nécessaire à sa réalisation.

Nous remarquons que ce raisonnement a pour base et point de départ une exigence morale essentielle à la raison pratique, de la même manière que le raisonnement de la raison théorique est fondé et se construit à partir d'une exigence intellectuelle inhérente à sa nature. En ce sens, Dieu est «postulé» tout autant par la raison théorique dont l'exigence n'est pas moins justifiée, à son plan, que l'est au sien l'exigence de la raison pratique. D'un côté comme de l'autre, cette exigence et le raisonnement qui s'ensuit ne mènent qu'à un idéal conceptuel, et tout ce qu'on peut dire est que l'idée d'un être parfaitement juste qui garantirait l'accomplissement du souverain bien se rencontre dans la raison humaine avec le concept d'un être suprêmement intelligent par qui seraient assurés l'ordre du monde et la synthèse de tout le divers. C'est

[1] Edouard Le Roy.

là que se pose la question que j'évoquais plus haut: de quel droit le philosophe accorde-t-il aux visées de la raison pratique ou morale un pouvoir qu'il refuse à celles de la raison théorique ou spéculative? On ne voit pas pourquoi et en quoi la démarche de celle-là serait plus apte que le procédé de celle-ci à dépasser le simple idéal conceptuel pour atteindre l'objet transcendant supposé par le concept; pourquoi et en quoi il serait possible à l'exigence de finalité qu'implique l'idée d'un souverain bien irréalisable dans le monde de nous mettre rationnellement au contact de l'être réel, alors que l'exigence d'une unité synthétique absolue, inspirée par le spectacle de la multiplicité des choses, n'aboutirait pour notre raison qu'à une représentation fictive de ce même être. Le philosophe ne fait pas de différence d'origine entre l'idée d'une première cause inconditionnée, que la pensée spéculative met en œuvre, et l'idée du souverain bien, que définit la réflexion éthique: l'une et l'autre proviennent exclusivement de la conscience humaine. S'il en est ainsi, l'une a la même autorité que l'autre pour nous convaincre de l'existence nécessaire de Dieu. Ou bien ni l'une ni l'autre n'a cette autorité. Disons qu'il n'y a pas de motif pour faire une différence de valeur réelle entre les postulats de la raison pratique et ceux de la raison théorique. Toutes deux sont également capables de nous ouvrir accès à la vérité de l'être, ou elles en sont également incapables.

* * *

Le maître du rationalisme critique se rend compte de ce qu'il y a d'arbitraire dans le privilège qu'il accorde à la spéculation qui se fonde sur la loi morale pour conclure à l'existence de Dieu, par rapport à la spéculation qui conclut à cette existence en partant du donné empirique. Il va donc essayer de montrer qu'il n'y a là ni privilège ni arbitraire, et à cet effet le philosophe a recours de nouveau aux procédés de la spéculation. Nous ne trouverons qu'avantage à rassembler l'essentiel d'un raisonnement réparti dans de nombreux textes où les circonlocutions abondent. Ainsi remarquerons-nous que l'analyse fait d'abord appel à la notion de causalité, dont nous avons noté déjà qu'elle est l'une de celles à quoi il se réfère le plus volontiers et souvent. Le monde extérieur, dit-il à peu près, ne montre à notre observation que des séries de phénomènes liés les uns aux autres par une causalité strictement mécanique, de sorte qu'aucun motif rationnel ne nous autorise à imaginer à l'origine de ces phénomènes un principe de causalité libre, une volonté, une intelligence. Nous ne voyons pas plus de liberté en nous-mêmes si nous considérons notre existence empirique, les actes que nous y accomplissons comme les décisions qui les inspirent. L'homme soumis aux conditions naturelles d'espace et de temps est assujetti aux mécanismes rigoureux de la nature et entièrement déterminé par lui. Le philosophe en est convaincu au point d'écrire que «si nous pouvions scruter jusqu'au fond tous les phénomènes de la volonté, il n'y aurait pas une seule action humaine que nous ne pussions prédire avec certitude et reconnaître comme nécessaire d'après ses conditions antérieures». L'homme est libre cependant; mais pour discerner en quoi il l'est, nous devons cesser de le considérer du point de vue où ses volontés et ses actions se présentent à l'expérience comme comprises dans l'ordre naturel. L'idée du devoir nous fait reconnaître l'indépendance de l'être humain par rapport à cet ordre. On ne voit dans le cours de la nature aucun signe de ce que nous nommons le devoir ou l'obligation morale. «Nous ne pouvons pas plus demander ce qui doit arriver dans la nature que demander quelles propriétés doit avoir le cercle, écrit le philosophe; nous avons à demander seulement ce qui arrive dans la nature ou quelles sont les propriétés du cercle». Il n'y aurait aucun sens à dire que le cercle a l'obligation d'être ce qu'il est, ou à appeler une obligation la nécessité physique de tel effet dès lors que sont réunies les conditions qui le produisent.

Le devoir exprime la liaison du sujet avec des principes qui ne se trouvent pas dans le monde de l'expérience sensible ou de l'entendement spéculatif, et il est d'immédiate évidence que ces principes supposent la liberté du sujet. Nous ne pouvons pas ne point reconnaître que le cercle a telles propriétés, ou que la réunion de telles conditions entraîne la production de tel phénomène, mais nous pouvons fort bien ne pas suivre les principes moraux que nous enseigne la raison pratique. Ainsi, l'être humain apparaît à la fois comme soumis au déterminisme universel et comme capable de se déterminer lui-même librement, ce qui ne peut se concilier, dit l'analyste, si on ne commence par voir en lui deux caractères différents. «L'union de la causalité libre avec la causalité mécanique, toutes deux établies, l'une par la loi morale, l'autre par la loi naturelle, en un même sujet qui est l'homme, est impossible, à moins qu'on ne se représente ce sujet comme un être en soi sous le premier rapport, et comme un phénomène sous le second». Le philosophe ajoute qu'«autrement, la raison tombe en contradiction avec elle-même». Le sujet représenté sous le second rapport, comme phénomène affecté du caractère empirique, est celui qui dit «je pense» et à qui le critique dénie le droit de dire «je suis», car ce «je» n'a pas plus réellement l'être que ne l'ont les phénomènes externes, il n'est que l'unité formelle par quoi les phénomènes intimes, pensées et concepts divers, sont rapportés à une même conscience qui ne saurait être séparée d'eux et conçue comme une réalité substantielle distincte. Le même sujet représenté sous le premier rapport n'est pas soumis aux conditions de temps et d'espace, il n'est pas un phénomène dans la série des phénomènes, il est foncièrement réel et véritablement libre; mais nous n'en avons aucune connaisance qui se puisse préciser dans une représenation ou formulation quelconque. Nous pouvons toutefois le penser sans contradiction et sommes tenus de le supposer «de la manière même, dit le philosophe, que nous devons en général poser dans la pensée, pour fondemnt des phénomènes, un objet transcendantal, bien que nous ne sachions rien de ce qu'il est en soi».

Le sujet considéré en soi est donc un «noumène», et la liberté qui est sienne est une liberté «nouménale», qui s'exerce sur un plan tout autre que celui du déterminisme naturel où se situe le sujet empirique. A l'«en-soi» subjectif, le philosophe attribue un cacactère intelligible (nous dirons ce qu'il entend par là), et le monde où sa liberté s'exerce est un monde purement moral auquel l'analyste attribue aussi le caractère de l'intelligibilité: monde moral indépendant du monde des phénomènes où tout s'enchaîne mécaniquement, et qui postule Dieu non plus cette fois comme un principe synthétique ou substrat commun introuvable dans l'expérience objective, mais comme l'être indispensable à l'avènement de ce «règne des fins» dont le sentiment du devoir, associé à celui du droit au bonheur, nous donne dès aujourd'hui l'assurance.

* * *

Le rationaliste qui ne demande à la raison que de ne pas se mettre «en contradiction avec elle-même», et ainsi se satisfait d'une logique d'esprit mathématique ou géométrique, tiendra cette construction pour théoriquement cohérente. Mais nous n'avons pas à faire à un système d'abstraction dont il s'agirait de concilier les termes contraires de façon à ce que l'ensemble de la théorie n'apparaisse point contradictoire au jugement d'une raison éprise de symétrie. Encore faut-il, l'être de l'existant humain étant en question, que les propositions du philosophe soient plausibles au point de vue ontologique et existentiel, sinon il n'y a cohérence que dans l'absurde.

L'une des grandes difficultés du philosophe théiste, et même du simple croyant s'il se donne la peine d'y réfléchir, est l'accord de la liberté humaine avec la prescience divine; du moins le philosophe théiste ne considère-t-il pas nos actions visibles comme ordonnées sans exception par une nécessité mécanique absolue, et la difficulté consiste à comprendre, à admettre qu'elles soient libres, entièrement ou partiellement, tout en étant présentes déjà au regard de Dieu. La métaphysique classique distinguait entre l'homme et Dieu, entre la durée temporelle où nos actes s'accomplisent et l'éternité sous l'aspect de laquelle Dieu les connaît. Pour la philosophie kantienne, toute distinction est dans l'homme: phénomène selon la nature et assujetti à l'enchaînement causal, le sujet est aussi un être en soi selon une raison transcendantale dont les principes n'ont de signification pour lui que parce qu'il est comme tel maître de ses résolutions. Le comportement du sujet empirique s'ordonne dans une succession sensible où tout acte, rigoureusement conditionné par ceux qui précèdent, commence à un moment donné et s'achève en conditionnant lui-même telle conduite ou manière d'être éventuelle. Le sujet agissant «ne serait pas soumis, quant à son caractère intelligible, aux conditions de temps», déclare le penseur qui ajoute qu'«en lui ne naîtrait ni ne périrait aucun acte», et que «par suite il ne serait pas non plus soumis à la loi de tout ce qui change», cette loi ne concernant que les phénomènes; il n'y a ni états modifiables ni actions successives pour l'homme considéré en tant qu'être en soi ou réalité nouménale. Le philosophe lui attribue, avec une liberté pleine et entière, l'intemporalité et l'immuabilité.

L'union d'une causalité libre avec une causalité mécanique «dans un même sujet qui est l'homme», suivant l'expression du penseur, est-elle possible, ainsi qu'il l'affirme, réellement ou même conceptuellement, si on considère le sujet humain en distinguant entre deux modes de représentation, celui du phénomène et celui de l'être en soi? On admet difficilement la possibilité de ce qui demeure incompréhensible, et l'on continue à ne pas comprendre comment il se peut que les mêmes décisions et prises de position volontaires du sujet soient incluses dans une série empirique dont toute liberté est absente, et néanmoins rationnellement imputables à un être totalement libre. Le philosophe déclare qu'il faut précisément s'abstenir de chercher à comprendre, la compréhension étant pour lui synonyme d'explication. «Si nous examinons les actions de l'homme, écrit-il, au point de vue non pas de la raison spéculative pour lui demander d'en expliquer l'origine, mais uniquement dans la mesure où la raison est capable de les produire... en un mot au point de vue pratique, nous trouvons un ordre tout différent de ce qui est l'ordre de la nature». Toute la question est là, et elle reste entière. Nous demandons dans quelle mesure les actions de l'homme, examinées du point de vue pratique, sont produites par la raison, c'est-à-dire produites librement, et si même elles peuvent l'être ainsi dans une mesure quelconque, dès lors que l'expérience et l'entendement spéculatif nous les montre déterminées nécessairement selon l'ordre de la nature, et cela à partir des démarches les plus intimes du vouloir dont elles procèdent.

On a comparé au mythe platonicien de l'homme se prédestinant lui-même la tentative de l'auteur des «Critiques» pour accorder cette stricte détermination naturelle avec une liberté supérieure qui s'exercerait sur le plan moral. Le philosophe grec croit à la transmigration des âmes, et il suppose qu'après l'achèvement d'une suite d'existences corporelles et empiriques se situe pour toute âme un intervalle hors de la temporalité et de la matière où lui est proposée l'option entre plusieurs existences à venir, dont elle discerne alors lucidement les différences de valeur éthique et spirituelle. La réintégration de l'âme en un corps étant accomplie, toutes les volontés, toutes les actions humaines sont régies par une fatalité aussi implacable que la nécessité qui enchaîne les phénomènes objectifs externes, nous n'avons que l'illusion de décider et d'agir librement. Mais cette fatalité particulière dérive du choix de l'âme dans l'intervalle qui a séparé deux existences ou séries d'existences intramondaines, et l'illusion du libre arbitre naît en chacun de nous d'une réminiscence inconsciente de ce choix. On peut bien n'accorder à cette doctrine aucune créance, elle n'en est pas moins logique et intelligible de bout en bout: liberté entière et déterminisme absolu en l'homme sans que l'on ait à poser le problème de leur conciliation car ces deux modes ne viennent pas en lui simultanément; on n'a pas non plus à se demander comment la communication s'établit du noumène au phénomène, de l'être en soi au sujet empirique, car l'un et l'autre sont dans la continuité du même personnage humain selon une relation non pas chronologique, l'âme hors du monde n'étant pas soumise aux conditions de temps, mais logique, où le lien apparaît clairement entre la libre option antécédente et ses effets prédéterminés.

Cette clarté ne se retrouve pas dans la pensée de l'auteur des «Critiques», pour qui la transmigration des âmes ne saurait être qu'une pure imagination, une hypothèse qu'on ne peut sérieusement retenir. L'antériorité logique de la libre détermination relativement à la fatalité naturelle, qui dans le mythe platonicien s'explique par une décision de l'âme séjournant en une sorte d'empyrée métaphysique avant son retour dans un corps, est ici remplacée par «l'union de la causalité libre et de la causalité mécanique», c'est-à-dire par leur simultanéité qui ressort de ce que l'homme, engagé dans la durée temporelle et dont les volontés et les actes sont réglés sous ce rapport par des conditions strictes, doit être aussi représenté dans la conscience rationnelle pure comme hors du temps et du monde: de sorte que les mêmes volontés et les mêmes actes, considérés sous cet autre rapport, sont produits indépendamment de toute condition, par initiative spontanée et autonome. Cette théorie constate la dualité en l'homme de caractères qui l'affectent chacun de son côté, mais la question reste entière, disions-nous, de savoir par quel moyen les actes observables d'un sujet qui se situe dans la durée sensible, et dont les déterminations volontaires relèvent à ce titre de l'étude expérimentale qui les déclare dépendantes de la nécessité naturelle, peuvent au moment où ils s'accomplissent être tenus pour libres comme émanant d'un être intemporel, soustrait à l'ordre de la nature et qui échappe à l'expérience. Le philosophe voit bien le sens de la question qui revient à demander, dit-il à peu près, pourquoi et comment le caractère intelligible de l'homme, l'être en soi inconditionné de qui relève la cause libre de nos actions, donne dans le monde de la sensibilité le caractère empirique de ce même sujet et la causalité mécanique de ces mêmes actions exprimées en phénomènes. Mais il déclare que notre raison n'a pas le pouvoir d'y répondre, qu'elle n'a pas même le droit de la poser, et pour montrer qu'elle n'en a ni le pouvoir ni le droit il fait appel à un argument tiré de la «Critique de la raison pure». «C'est comme si l'on demandait, écrit-il, d'où vient que l'objet transcendantal de notre intuition sensible extérieure ne donne précisément que l'intuition dans l'espace et non pas une autre».

La spéciosité, l'inexactitude de ce rapprochement saute aux yeux: l'intuition sensible porte sur quelque chose d'hétérogène au sujet, et dont l'hétérogénéité n'est perçue que par l'intermédiaire d'un espace où les objets se donnent comme extérieurs à nous; les actes que nous accomplissons résultent de volontés qui nous sont intimes, et c'est abuser du vocabulaire, si on appelle celles-ci des phénomènes, que de les comparer aux phénomènes objectifs dont la perception nous vient du dehors comme de quelque chose d'autre que nous-mêmes. Cette insoutenable comparaison est symétrique à l'assimilation, non moins insoutenable, que le penseur établit du sujet à l'objet quand il prononce que nous sommes tenus de supposer et de penser un «être en soi» comme fondement des phénomènes mentaux, de la même manière que nous devons supposer et penser une «réalité en soi» comme fondement des phénomènes physiques. Je ne crois pas à une réalité objective en soi, et pense que l'objet, n'ayant aucune intériorité, ne peut avoir de réalité qu'externe, celle-ci donc se confondant avec son apparence, et il nous resterait à reconnaître en quoi l'objet, tout en étant réellement ce qu'il est pour la perception sensible, a néanmoins une réalité propre, indépendante de l'esprit qui le perçoit: ce que nous permet de comprendre d'abord cette simple idée que l'objet, qui est vraiment révélé dans l'acte subjectif de la perception, n'est en rien produit par cet acte, autrement dit que la subjectivité humaine ne saurait être prise comme origine ontologique de la réalité objective. C'est à partir de cette considération que le philosophe, ayant montré que l'objet reçoit de notre intuition sensible la forme sous laquelle il est perçu, conclut qu'il ne peut être en lui-même tel qu'il nous apparaît, et que son apparence est celle d'une chose réelle qui subsiste indépendamment de notre intuition: la matérialité, et surtout l'extériorité de l'objet par rapport au sujet qui le perçoit explique cette distinction entre le phénomène tel qu'il s'offre à l'expérience et le noumène qui en serait la matière non empirique et hétérogène à l'esprit. L'idée d'une réalité en soi différente de l'apparence a donc un semblant de raison en ce qui concerne l'objet. Il n'existe et ne peut exister dans le sujet aucune différence analogue. Qu'on le représente comme un phénomène ou comme un noumène, le sujet ne peut être qu'un «moi» et «je», qui n'est ce qu'il est qu'en étant conscience d'être et n'est rien hors de cette conscience, ce qu'on nomme le subconscient étant lui-même rattaché à un «moi» et un «je» conscient et n'ayant aucune existence indépendamment de celui-ci. La distinction entre le phénomène et l'être en soi n'a plus l'ombre d'une justification si on l'applique au sujet. Elle revient à soutenir qu'il y aurait en chacun de nous, sous-jacent au «moi» empirique, qui se connaît et a conscience de soi — encore qu'il comporte une zone obscure, une part dite subconsciente que l'investigation psychanalytique peut toutefois éclairer — un «moi» à qui non seulement ne s'étendrait pas la conscience que chacun a de lui-même, mais dont nous ne pourrions absolument pas savoir ce qu'il est ni rien dire qui ressemblerait à ce que nous sommes. Enoncée en ces termes, qui sont exactement ceux qui lui conviennent, la proposition du philosophe apparaît comme un pur nonsens. Cette distinction entre un sujet empirique et un être en soi subjectif se fonde sur la notion thomiste de substance mal comprise et interprétée inexactement par l'analyste des deux «Raisons», comme elle l'est d'ailleurs par la plupart des critiques modernes.

* * *

D'après la philosophie kantienne, considérer l'homme sous deux rapports différents doit rendre possible l'union de deux causalités, c'est-à-dire de deux modes d'être caractérisant les volontés et le comportement humains, liberté et déterminisme. Mais pour montrer la possibilité de cette union, il ne suffit pas de dire que l'un et l'autre des deux modes est concevable suivant la distinction entre le caractère intelligible de l'en-soi et le caractère empirique du phénomène. On doit donner au moins un commencement d'explication, puisqu'il s'agit du même sujet, sur la manière dont s'accordent et correspondent en l'homme l'être en soi, qui est libre selon la loi morale, et le sujet empirique, qui est déterminé selon la loi naturelle. L'explication qui vient immédiatement à l'esprit est que le caractère intelligible du sujet influe sur son caractère empirique, que l'être en soi modifie l'homme naturel en le libérant, dans une certaine mesure, de la causalité phénoménale qui enchaîne ses résolutions et ses actes. Cela posé, on s'aperçoit que cette explication est précisément celle que donne de nos volontés et de nos conduites l'observation anthropologique aussi bien que la raison et même, de nos jours, l'opinion commune. Seulement, l'anthropologie comme la raison ou l'opinion admet une réciprocité de l'influence modificatrice, d'où il suit que «les états antérieurs et les circonstances occasionnelles», pour parler comme le philosophe, contrarient en nous l'exercice de la liberté, de même que notre libre arbitre peut renverser le courant qui nous entraîne. Le sujet humain se présente alors, que l'on croie ou non en Dieu, comme composé essentiellement d'une part de liberté et d'une part de déterminisme, ce qui est tout autre chose que de dire qu'il y a en lui liberté entière d'une part et détermination totale d'autre part. Dans cette perspective, la représentation n'a plus cours d'un être en soi qui se situerait hors de la durée temporelle, ne serait pas soumis au changement, échapperait à toute expérience, etc. Si nous sommes croyants, ce qui nous conduit à poser d'une certaine manière un «en-soi» que nous nommons l'âme, celle-ci est comprise comme un principe d'éternité inhérente à tout homme, dont l'existence réelle, liée à la vérité de l'être divin, ne saurait faire non plus l'objet d'une connaissance démonstrative, et nous disons que l'âme est d'essence intemporelle en ce sens que la temporalité manifeste dans le monde la forme périssable de chacun de nous, cette marche constante vers la mort à laquelle nous sommes voués humainement et qu'elle-même ne doit surmonter qu'en Dieu. Cela ne signifie point que l'âme soit hors du temps et du monde alors que l'existant humain y est présent. Elle est dans le monde avec l'homme charnel, et il n'y a pas à la distinguer, autrement que par sa vocation éternelle, d'un sujet empirique à la durée duquel elle participe si intimement que c'est dans la même durée qu'elle accomplit ou manque sa vocation, est capable de changer, de se modifier en bien ou en mal, de croître dans son être ou d'aller vers son anéantissement.

L'auteur des «Critiques» n'accepte pas une perspective de pensée qui l'obligerait à admettre que le «moi» humain donné dans l'expérience intime n'est sous aucun aspect un phénomène du même ordre que ceux qui se manifestent extérieurement dans les objets; qu'il n'y a pas plus de sujet empirique mécaniquement déterminé qu'il n'y a, au sens où il l'entend, d'être en soi et de liberté nouménale; que l'«en-soi» ou l'âme est aussi pour l'existant un fait d'expérience intime, pourvu qu'il consente d'abord à l'expérience existentielle du Dieu révélé: expérience qui n'appartient pas à l'inuition et à l'entendement communs mais que tout individu peut accomplir s'il le veut, et en laquelle chacun reçoit pour lui-même et pour les autres la promesse de cet accord entre une raison transcendantale qui réclame l'avènement du souverain bien, et une nature imparfaite où la plénitude du bien n'est pas réalisable.

La logique de son système exige du dialecticien qu'il distingue radicalement entre la raison transcendantale et la nature: d'un côté l'être en soi inconnaissable, l'immuabilité, la liberté intemporelle; de l'autre le sujet visible, le changement, l'assujettissement aux conditions. Présentées sous cette forme absolue, les deux causalités ne sont absolument pas compatibles. Elles ne le sont que par leur interférence qui fait qu'aucune des deux ne s'exerce pratiquement seule sur nos conduites, et rend difficile, dans beaucoup de cas, l'appréciation des mobiles qui ont produit un acte contraire à la loi morale, dès lors que l'on veut juger si l'auteur en a été suffisamment responsable comme l'ayant commis avec assez de discernement, ou dans quelle mesure sa responsabilité s'est trouvée atténuée par des tendances dont il n'était pas maître. Dans la conception kantienne, la cause mécanique et la cause libre coexistent en l'homme de la même manière que les deux caractères radicalement distincts auxquels chacune se rapporte de son côté: je veux dire selon une juxtaposition purement théorique. Sitôt que l'on passe sur le plan pratique, quand il s'agit de reconnaître si l'auteur d'un fait tenu pour blâmable doit en répondre effectivement, on se rend compte que les deux causalités, données ainsi à l'état pur, ne peuvent se trouver à la fois dans le même sujet, et que les deux caractères s'excluent l'un l'autre. Pour le penseur, comme la logique de son système l'exige encore, c'est le caractère nouménal qui exclut le sensible, la liberté qui s'impose uniquement et domine tout. Le sujet empirique, dont les actes se réalisent dans le monde et y manifestent leurs effets, est surplombé du point de vue moral et en quelque sorte annihilé par cet être en soi dont il ne sait rien et en considération de qui toute faute lui est imputée sans atténuation aucune, la série des causes que l'expérience relève, hérédité, éducation, faits antécédents, étant regardée comme non avenue. La raison le condamne, car c'est à la lumière de la seule raison qu'il est réputé avoir agi. «On n'envisage pas, écrit le philosophe, la causalité de la raison comme une sorte de concours, mais comme complète en elle-même alors même que les mobiles empiriques lui seraient contraires». Point n'est besoin de rappeler que l'imparfaite justice humaine, du moins à notre époque, ne se montre heureusement pas toujours aussi catégorique dans ses sentences. Si on songe que le penseur en décide ainsi par rapport à la destinée éternelle de l'homme et à son droit au bien suprême, on trouve incomparablement plus rationnelle (je ne dis pas seulement plus équitable) la conception des théologiens selon qui Dieu est «Celui qui sonde les reins et les cœurs», connaît les sources profondes de nos volontés, les motivations secrètes de nos conduites, et ne juge point — puisqu'il est question de jugement — telle action ou série d'actions, mais l'âme elle-même ou l'homme tel qu'il se révèle tout entier, avec la part d'être, de vérité et de bien qui compense en lui moralement et ontologiquement le mal, le mensonge et le non-être.

* * *

Son abrupte manière de voir amène le dialecticien à émettre des propositions qui montrent que le rationalisme, un peu trop poussé, en arrive à ne plus s'accorder au simple bon sens. Nous parlions plus haut de la coexistence des deux causalités libre et mécanique, et observions que cette coexistence est impossible pratiquement sous la forme absolue que leur attribue l'auteur des «Critiques». A quoi celui-ci répliquerait que nous n'avons justement pas à poser la question d'une coexistence effective de la liberté nouménale et du déterminisme naturel, car nous ne pouvons, à propos de l'«en-soi» sous le rapport duquel on doit aussi se représenter l'homme, parler en aucune façon d'existence. Le penseur reprend et poursuit à fond la référence aux thèmes qu'il a développés dans ses précédentes analyses, celui du «noumène» et celui de l'idée transcendantale de la raison pure. Voici comme doit s'entendre, me semble-t-il, son raisonnement compliqué et étrange. L'être en soi qui caractérise l'homme est au sujet empirique, qui le caractérise également, ce qu'est le monde réel existant en soi au monde des phénomènes objectifs qui seul appartient à l'expérience sensible: c'est une exigence de notre esprit, dérivée de sa nature qui veut qu'une réalité transcendantale soit posée par la pensée comme fondement des phénomènes. En ce qui concerne le monde objectif, le spectacle de la diversité des choses inspire à notre raison le besoin d'une unité synthétique embrassant le tout, et l'expérience de la série des conditions déterminées physiquement dans les phénomènes lui inspire le besoin d'une cause première inconditionnée. Ainsi se forme l'idée de Dieu, que l'esprit humain se représente comme un être réel. Mais le philosophe estime avoir établi que «nous ne pouvons jamais conclure de l'expérience à quelque chose qui ne doit pas être conçu suivant les lois de l'expérience», et par conséquent remonter de la succession des causes dont nous observons l'enchaînement mécanique à une pure liberté causale qui serait Dieu. De même, si nous examinons les volontés et les actes de l'homme comme sujet empirique, c'est-à-dire en tant que ses volontés et ses actes représentent des phénomènes déterminés suivant l'ordre de la nature, nous ne pouvons remonter à un être en soi que nous considérerions comme existant et qui en serait le support substantiel et la cause libre. La liberté en l'homme est absolument inconnaissable, comme l'est aussi l'être en soi, et nous ne saurions parler, dit le philosophe, de la «réalité de la liberté comme d'une faculté contenant la cause des phénomènes de notre monde sensible». Le philosophe ajoute que nous ne sommes même pas autorisés à évoquer sa possibilité, puisque, précise-t-il, «nous ne pouvons connaître en général la possibilité d'aucun principe réel et d'aucune causalité par de simples concepts a priori». Nous voyons aussi comment la liberté doit se concevoir, et le penseur lui-même l'indique: elle doit être traitée comme une idée transcendantale, dont on ne retrouve pas l'objet dans l'expérience concrète, mais que la raison pose obligatoirement en vertu de son exigence propre.

Nous ne qualifierons pas de contradictoires les propositions kantiennes touchant les modes d'être du sujet humain ou la vérité de son essence, comme diraient les modernes philosophes existentialistes. La contradiction y est évitée, dirons-nous, au prix d'artifices théoriques dont nous dirons aussi qu'ils rendent impossible toute conciliation des deux modes entre lesquels le philosophe distingue. Le «sujet empirique» est celui qu'est chacun de nous dans la vie courante, qui veut telle chose ou telle autre, consent à une conduite ou s'y refuse, agit et se regarde agir, se connaît ou essaie de se connaître, etc. De ses actions visibles, comme des volontés dont il a conscience ou des impulsions qu'il ignore et que décèlerait le psychologue, nous apprenons qu'elles dépendent les unes des autres suivant le même mécanisme qui lie ensemble les conditions et les effets dans le monde physique. Nous sommes agis quand nous croyons agir. Nous n'avons jamais que l'illusion d'être libres. Le penseur ne veut cependant pas renoncer à la liberté, et c'est à un renversement d'optique, à un retournement de perspective qu'il nous invite. La liberté est ce qu'il y a en l'homme de fondamental et de vrai, mais il ne faut pas la chercher dans le «moi» sensible et dans les faits d'expérience intime qui n'ont pas plus valeur de réalité que les phénomènes du sens externe et sont comme ceux-ci déterminés naturellement. La conclusion à laquelle nous sommes alors conduits est à l'opposé de celle qui nous semblait ressortir des assertions du philosophe concernant le sujet empirique: c'est la liberté, désormais, qui se présente à nous comme réelle, et le déterminisme de nos actions visibles qui est illusoire. Mais nous nous tromperions encore, le philosophe nous répondrait que nos actions, telles qu'elles ont lieu dans le monde, sont bien toutes réellement provoquées par des volontés prévisibles elles-mêmes selon des conditions antérieures. Nous voici ramenés à notre question: comment concevoir l'union, dans le même sujet qui est l'homme, d'une causalité libre et d'une causalité mécanique, ou encore la simultanéité en lui d'un sujet empirique et d'un être en soi, si l'une et l'autre causalité est complète, si l'être en soi et le sujet empirique sont l'un entièrement libre, l'autre totalement déterminé? Le philosophe y répond en invoquant le «caractère intelligible» de l'être en soi. Ce qualificatif d'«intelligible» signifie qu'on ne doit en aucune façon imaginer l'être en soi et la liberté nouménale sous des formes empruntées à la sensibilité et à l'expérience, notamment écrit l'analyste, en envisageant «la liberté comme la propriété d'un être auquel on attribue des effets dans le monde sensible». Nous pouvons seulement, explique-t-il, «penser la liberté», ce qui veut dire que la «représentation de la liberté ne renferme du moins aucune contradiction, si on admet la distinction critique des deux modes de représentation, mode sensible et mode intellectuel». Mais nous ne pouvons aller au delà. Nous ne saurions situer et définir la liberté, pas plus que nous ne pouvons le faire en général pour le noumène ou objet transcendantal du concept. Il suffit, ajoute l'analyste, qu'elle «se laisse concevoir sans qu'il y ait à l'examiner plus à fond», de sorte qu'«elle ne mette pas obstacle au mécanisme naturel du même acte envisagé sous un autre rapport», c'est-à-dire qu'elle ne s'oppose pas contradictoirement à ce mécanisme.

Cette spéculation en tant qu'elle met en cause la structure ontologique de l'être humain, est de crédibilité nulle. Peut-on considérer qu'il s'agit là d'une construction intellectuelle et rationnelle dont on doit exiger qu'elle se tienne logiquement dans toutes ses parties, et qui est satisfaisante à cette condition? Je pense qu'on ne le peut pas. Il s'agit d'abord de l'homme, et un système de raisonnement édifié à son propos sur une manière artificielle de «l'envisager» ne peut être juste, fût-il en lui-même tout à fait logique et aussi ingénieux qu'on le voudra. Le croyant n'a rien à en retenir. Nous allons voir que ce raisonnement, qui doit nous conduire, selon le philosophe, au «concept d'un premier être unique souverainement parfait et raisonnable», c'est-à-dire au concept de Dieu, manque complètement son but, le concept auquel il nous conduit étant dépourvu des éléments de pensée constitutifs d'une juste idée de Dieu ou de quelque être que ce soit.

CHAPITRE VI

Peut-être convient-il de rassembler les traits principaux de cette théorie sur la simultanéité en l'homme de deux causalités différentes, théorie d'un rationalisme si compliqué qu'on s'y égarerait aisément. Si on se demande comment elle a pu naître dans l'esprit du philosophe, on reconnaîtra qu'elle lui a été non pas seulement inspirée, mais imposée plutôt par sa tentative de réfutation de l'idéalisme issu du doute méthodique. Au lieu de montrer que le monde des objets est aussi foncièrement réel que le sujet qui dit «je pense», ce qui réfuterait en effet l'idéalisme, le philosophe constate que la réalité substantielle fait défaut au sujet tout autant qu'au monde objectif, celui-là n'ayant comme celui-ci qu'une existence phénoménale. De la réflexion cartésienne, le dialecticien a retenu la conception mécaniciste de la nature, et c'est là qu'intervient sa psychologie personnelle, une disposition mentale qui s'oppose en lui aux motifs qu'il tire de l'analyse critique de la raison: le sujet, s'il n'est rien de plus que le centre référentiel d'une suite de phénomènes intimes assimilables aux phénomènes externes, est soumis comme ces derniers à l'ordre naturel et déterminé strictement dans ses volontés et ses actes; s'il dépend tout entier du même mécanisme qui régit le monde physique, il ne peut donner aucun fondement vrai à l'idée de Dieu dont on ne trouve aucune trace perceptible dans l'expérience intra-mondaine; s'il n'appartient qu'à la nature, il disparaît nécessairement tout entier dans la mort qui est le terme inévitable de notre vie corporelle.

L'obligation s'impose au philosophe d'inventer un moyen grâce auquel soit rendue pleinement à l'homme une liberté qui seule peut atteindre à la vérité du concept de Dieu et soutenir l'espérance d'une vie future. Ce moyen, il le trouve en poursuivant le parallélisme qu'il a établi entre le sujet et l'objet. De même que la raison exige pour l'objet-phénomène un substrat nouménal au delà de l'apparence sensible, elle exige pour le sujet-phénomène un être réel indépendant de l'existence empirique et soustrait à la nécessité. Si on admet en l'homme, comme le demande l'auteur des «Critiques», une double relation, l'une à l'empirisme objectif, l'autre à l'intelligible pur, de manière à envisager les actions humaines sous deux modes de représentation distincts, on considérera que les deux causes libre et mécanique existent simultanément sans opposition, et qu'ainsi la raison ne tombe pas «en contradiction avec elle-même». Mais on voit aussi de quelle manière la contradiction est évitée, et comment la liberté morale et le déterminisme naturel peuvent coexister sans se faire obstacle: c'est tout simplement que ces deux modes de représentation sont donnés non seulement comme distincts, mais comme absolument séparés, et que les deux caractères empirique et intelligible coexistent à la façon de deux volets d'un diptyque comportant chacun une indication sans le moindre rapport avec l'autre. Cette irréductible dichotomie, le philosophe la souligne lui-même dans son propos. «Le problème que nous avions à résoudre, écrit-il, était de savoir si la liberté s'opposait à la nécessité naturelle dans une seule et même action», et il pense y avoir «suffisamment répondu» en montrant que liberté et nécessité s'exercent chacune selon sa condition propre, de sorte que «la loi de la dernière n'affecte point la première et que, par conséquent, toutes deux peuvent avoir lieu indépendamment l'une de l'autre et sans être troublées l'une par l'autre». Les choses étant présentées ainsi, il n'y a même plus à parler de distinction ou de séparation, encore moins de simultanéité ou de coexistence. Chaque fois que l'on considère l'une des deux causes de l'action ou l'un des deux caractères du sujet agissant, on pense pratiquement comme si l'autre causalité n'existait pas, ou comme si l'autre caractère était aboli. C'est ce que fait le philosophe: en définitive il ne tient compte que de l'être en soi et de la cause libre, ainsi que des conséquences qui en résultent pour la responsabilité du sujet.

Refuserai-je l'idée de cet être en soi dont nous ne connaissons rien, pour n'envisager l'homme que sous le rapport du phénomène et ne retenir que le sujet empirique? Je puis bien admettre celui-ci, pourvu qu'on ne le présente pas comme déterminé exclusivement par le même mécanisme qui règle les phénomènes de la nature. Mais je ne refuse pas non plus l'être en soi, pourvu qu'on lui donne son vrai sens, le seul qu'il doive prendre raisonnablement. C'est l'âme que le philosophe désigne sous ce terme. Appeler l'âme un «en-soi» signifie que nous ne pouvons nous assurer de son existence au moyen de l'expérience sensible ou de l'entendement spéculatif. Cela ne signifie pas qu'elle nous soit inconnaissable. Si elle est, nous savons ce qu'elle est, une conscience, une subjectivité, un «je», et l'idée que nous en avons n'est pas inadéquate à l'être, comme l'est l'idée de l'«Ego» divin dont nous disons justement qu'il nous est incommensurable ou qu'il n'a, en lui-même, nul rapport à nous. L'âme n'est rien de plus et rien d'autre que notre propre existence subjective considérée comme ayant vocation à l'éternité. Ce dont nous n'avons pas la certitude objective est cette vocation, qui n'est éprouvée que par l'existant individuel dans l'acte de foi au Dieu révélé et vivant. Cet acte accompli, nous admettons, avec le philosophe, qu'il y a en nous un mode d'être «qui n'est pas soumis aux conditions de temps... et par suite à la loi de tout ce qui change», mais seulement en ce sens qu'une part de nous-même indéterminée ne dépend pas d'un monde où la durée temporelle nous mène inéluctablement à la mort, et que le changement n'en est pas ordonné aux lois mécaniques des phénomènes. Pas plus qu'à son extra-mondanéité et à son intemporalité, je ne crois à l'immuabilité que le penseur attribue à l'âme, ou, pour parler comme lui, à l'être en soi, aussi longtemps que le sujet se situe dans le monde des corps et dans la durée temporelle: c'est dans ce monde et cette durée que l'en-soi a à se constituer ontologiquement, c'est-à-dire pour l'éternité à laquelle chacun a personnellement vocation. Avec l'auteur des «Critiques», je crois au contraire à la liberté de l'en-soi, et que celle-ci originairement est totale, que l'âme est par essence entièrement libre. L'assertion du philosophe redevient inadmissible quand il juge de l'exercice de la liberté dans le monde matériel et des conséquences qui en découlent: le sujet humain est responsable, toujours, même si les «mobiles empiriques» indiquent qu'il ne l'est pas, et bien que l'être en soi, sous le rapport duquel on le considère comme libre, échappe à toute expérience. Nous sentons, nous éprouvons que cela n'est pas possible, que cela n'est pas vrai, au point que nous avons au contraire le droit de penser que l'âme immergée dans la matière, liée à une existence corporelle, peut n'avoir été libre que partiellement ou même ne l'avoir pas été du tout, alors que l'acte reproché semble ressortir pleinement, pour reprendre les termes du philosophe, à «la causalité de la raison».

Il y a cependant quelque chose de divinatoire dans cette idée absurde d'une liberté nouménale qui s'exercerait dans nos actes à notre insu, comme ressortissant à un être en soi inconnaissable. Ce que nous ne connaissons pas, c'est l'importance réelle, ou la portée, ou la valeur de tel acte que nous avons accompli entre autres sans presque nous en rendre compte, et il se peut que le plus humble, le plus insignifiant dans l'ordre des phénomènes ait fourni un apport décisif à cette constitution ontologique que j'évoquais et qui se fonde dès à présent dans l'éternité. Nous n'en avons pas aperçu la cause toute spontanée et libre qui nous déterminait par delà les motifs discernables où le jugement humain cherche des éléments d'atténuation ou d'aggravation. Et pas davantage nous n'avons soupçonné que notre vérité authentique s'y est laissée entrevoir, qui se tient au delà même du subconscient dont la psychanalyse cherche à interpréter les rêves et les symboles.

* * *

En examinant, comme je viens de le faire, la théorie kantienne des deux modes sensible et intelligible qui, d'après le maître du rationalisme critique, caractérisent l'homme selon qu'on le représente comme un sujet empirique ou sous le rapport de l'être en soi — je ne pense pas m'être écarté de mon dessein, qui est de reconnaître par quelles voies vient à se poser à notre esprit la question de Dieu et de la vie éternelle. C'est bien en effet cette question que la théorie de l'être en soi et du sujet empirique prétend poser en termes corrects et même résoudre autant que possible. Le philosophe veut retrouver dans l'idée de Dieu une valeur d'être que lui refusait sa critique de la raison spéculative, en tant que celle-ci prétend remonter de l'ordre des conditions empiriques à une causalité inconditionnée et libre. On ne retrouvera Dieu véritablement que si on donne une raison légitime à cette causalité; ce qui exclut toute argumentation fondée sur un empirisime et utilisant les moyens de l'entendement spéculatif. La loi morale, dont l'homme a le sens, le souverain bien, dont il a l'idée, ne relèvent pas de l'empirisme et supposent, pour leur accomplissement ou leur avènement, un monde qui n'est pas soumis à l'ordre naturel. Ce sont des notions auxquelles on ne comprend que l'homme puisse accéder qu'en l'envisageant lui-même comme un être qui échappe à l'ordre de la nature et se relie à ce monde moral ontologiquement plus sûr que le monde des phénomènes, car il est, par rapport à celui-ci, une réalité en soi. Cette réalité postule rationnellement, suivant l'expression kantienne, «un premier être unique, souverainement parfait et raisonnable», qui la garantit et dont le concept, ainsi justifié, intervient ici-bas dans nos conduites comme leur «régulateur»: de sorte que Dieu, qui apparaît à notre raison comme l'être par qui le souverain bien prend pour nous figure d'espérance, lui apparaît aussi comme l'être par qui tend à se réaliser dans ce monde même, si nous faisons usage des principes moraux, ce que le dialecticien appelle «l'harmonie de la nature et de la liberté».

Toute cette construction, disais-je, a pour but d'établir une différence de fait et de droit entre la conclusion de la pensée spéculative, qui ne s'élève qu'illusoirement et sophistiquement au concept de l'être suprême, et le postulat de la raison pratique (ou réflexion éthique) dont la démarche serait aussi efficace que légitime. J'observais que le raisonnement se fonde sur ce que le mécanisme des phénomènes n'offre aucun exemple de ce que nous nommons devoir ou obligation morale, sur ce que ces termes perdent toute signification quand on considère, dit le philosophe, «le cours de la nature». Ce propos peut s'interpréter favorablement, comme ayant entendu montrer qu'il n'y a pas besoin de s'appuyer sur le spectacle des choses pour donner à l'idée de Dieu une assise valable: la conscience doit chercher en elle-même cette assise, et elle la trouve dans la pensée du souverain bien qui n'est représenté qu'en elle. Sans doute, mais la conscience humaine est dans le monde avec ses pensées et ses représentations, celle du souverain bien comme celle de l'homme envisagé sous le rapport de l'être en soi, et il ne suffit pas de constater que les principes moraux, auxquels elles sont rattachées, ne dérivent pas du monde des choses, pour conclure valablement que la conscience est en liaison avec une réalité transcendante à ce monde. C'est une peu commode gageure que soutient le philosophe des «Critiques». Il ne s'est pas borné, ainsi que je le rappelais, à dire qu'il n'y a de connaissance objectivement certaine que celle qui se retrouve dans le donné empirique, et qu'une spéculation étayée sur ce donné ne nous permet d'accéder ni à la connaissance de ce qu'est Dieu, ni même à la certitude que Dieu est: toutes propositions auxquelles le croyant peut consentir. Il a affirmé avec énergie qu'un concept, quel qu'il soit, n'a de vérité que s'il a un objet dans le donné empirique et relève d'une expérience objectivement possible; affirmé que si la connaissance du réel n'est constituée que par l'entendement spéculatif, rien n'existe positivement que ce qui est donné dans la perception, et que si nous pouvons avoir l'intuition d'un objet non encore perçu, cette intuition ne nous fournirait que la forme simple, ou purement idéale, d'une chose qui ne deviendrait réelle que si la perception en révélait la forme sensible. Il est plutôt paradoxal, après de si péremptoires déclarations, de soutenir que nous pouvons nous convaincre de la vérité d'un concept sans objet dans notre expérience, de la réalité d'un être inaccessible à notre perception, et cela en prenant motif précisément de ce que les principes qui nous conduisent à ce concept et nous persuadent de la réalité de cet être n'ont pas de sens dans le monde empirique ni de forme pour notre sensibilité. La critique du philosophe devait l'amener à conclure que toute existence se réalise, nécessairement, comme une position de l'objet ou du sujet dans une série ou un ensemble de phénomènes reliés les uns aux autres par des rapports de temps et d'espace. Il est difficile, après cela, d'évoquer une existence qui, étant celle d'«un premier être unique», ne serait pas une position mais les dominerait toutes, et ne se trouverait pas dans l'espace ni dans le temps.

Est-ce bien d'ailleurs une existence réelle que le philosophe reconnaît à Dieu? L'analyse kantienne lui attribue, comme elle le fait pour l'homme envisagé sous le rapport de l'être en soi, le caractère de l'intelligibilité, ce qui veut dire qu'il ne faut pas chercher en un Dieu purement intelligible la cause première des phénomènes donnés à notre expérience naturelle. Admettons-le, cette manière de voir est commandée par la critique antérieure du philosophe concernant la raison théorique et la métaphysique traditionnelle. Mais le philosophe étend ce caractère d'intelligibilité au concept de la raison pratique. Il dénie également à Dieu d'être à l'origine des principes moraux que nous concevons et avons le devoir d'appliquer. «Quand la raison pratique, écrit-il, a atteint ce point sublime qui est le concept d'un être premier et unique comme souverain bien, elle n'a nullement le droit de faire comme si elle s'était élevée au-dessus de toutes les conditions empiriques de son application... C'est à dire de partir de ce concept et d'en dériver les lois morale mêmes». La signification de ce propos est fort claire: la raison pratique nous conduit au concept d'un être premier et unique, mais non pas au delà du concept que nous n'avons pas le droit de convertir en la représentation d'un être réel, pas plus que nous n'avons ce droit en ce qui concerne l'idée de l'être nécessaire que la raison théorique tire de son exigence d'une unité synthétique absolue des phénomènes.

* * *

Nous discernons désormais en quoi consiste la différence entre les deux raisons. Elle est marquée par le philosophe lui-même: c'est une différence de rectitude entre les moyens employés par la théologie spéculative ou raison théorique pour accéder au concept de Dieu, et ceux qu'utilise, pour arriver à ce même concept, la théologie morale qui relève de la raison pratique. «Cette théologie morale, dit le dialecticien, a sur la théologie spéculative l'avantage de nous conduire infailliblement au concept d'un premier être unique... concept que les principes objectifs de la théologie spéculative ne nous indiquent même pas». Le concept de l'être premier auquel la raison pratique nous conduit est correctement postulé et amené, tandis que la raison théorique se montre incapable de nous en fournir même une indication, c'est-à-dire d'en déceler le moindre signe dans l'expérience objective sur quoi elle s'appuie. S'il en est ainsi, et que par la théologie morale on ne puisse dépasser le concept, même déduit de façon correcte, je ne vois pas qu'on se trouve plus avancé que dans la théologie spéculative quand elle conclut sophistiquement de la série des causes et des conditions empiriques à une première cause absolue. Le dialecticien — que nous voyons partagé, déchiré même entre le besoin de revenir à une pensée résolument théiste et le souci de ne point contredire de précédentes analyses — se garde, bien entendu, de dire que l'être premier n'existe pas, mais il ne dit pas non plus formellement qu'il existe et évite ce mot autant que possible. Il ne peut cependant toujours l'éviter, et alors quelle existence évoque-t-il? Serait-ce celle d'un «Ego» que l'on se représenterait par analogie avec notre «je» humain? Certainement non, car ce serait retomber dans le paralogisme de la théologie spéculative, faire appel aux modes de l'expérience sensible pour imaginer un être qu'on ne peut que concevoir ou plutôt poser sur le mode de l'intelligibilité et de l'en-soi. Le bien suprême, l'unité des fins et l'être premier qui les garantit sont présentés par la raison pratique comme des suppositions plus valides rationnellement que ne sont la synthèse de tout le réel ou la détermination complète des concepts et l'être nécessaire que la raison théorique suppose. Mais de même qu'on ne peut remonter de la série des phénomènes objectifs à un être hors de la série qui en serait l'origine, on ne saurait voir dans l'être premier, auquel notre conscience rapporte l'idéal du souverain bien, la cause réelle et effective dont dériveraient les principes moraux qui nous obligent pratiquement. Telle est la conclusion du critique, qui n'intéresse pas seulement l'intellect transcendantal, la conscience universelle, mais encore et surtout le sujet particulier, l'homme dans le monde au sens des philosophies existentialistes. Nous n'avons pas à chercher des preuves de Dieu logiques et qui s'imposeraient à tous, mais nous n'avons pas davantage à considérer Dieu comme un existant à qui nous puissions individuellement nous adresser, et toute volonté de dialogue, toute tentative de prière est aussi vaine qu'une volonté et une tentative de démonstration. En admettant que la théologie morale ou la raison pratique nous conduise, comme l'assure le dialecticien, «infailliblement au concept d'un être premier et unique», il est certain qu'elle ne réussit pas à atteindre l'être présumé par ce concept et qu'elle n'offre même à cet égard aucune possibilité. Le philosophe estime que sa critique de la théologie spéculative doit «remplacer le savoir par la croyance». Mais le Dieu que nous propose sa propre théologie est un Dieu à la réalité duquel il est impossible de croire.

L'échec de la théologie morale est imputable à la même présomption intellectuelle et au même point de vue sur la connaissance qui inspirent la critique de la métaphysique traditionnelle. Je ne conteste pas l'opinion qui regarde l'argument cosmologique de la spéculation thomiste comme utilisant, au delà de l'expérience sensible, un jeu de concepts rationnels (en premier lieu celui de la causalité) qui ne valent que pour cette expérience. Nous avons noté cependant que le critique substitue sa propre pensée à celle du maître de la scolastique dès lors qu'il fait omission de la foi dont celui-ci affirme la primauté avec une vigueur surprenante, jusqu'à déclarer que «nous parlons de Dieu comme d'un inconnu» si nous en parlons en termes de savoir ou d'intelligence; dès lors qu'il veut voir dans le recours thomiste à l'argument cosmologique un moyen pour la raison de fournir à son idéal d'unité une base objective et concrète, et par là de convertir cet idéal en la représentation d'un être réel. Des locutions telles que: l'unité synthétique du divers ou de la série des conditions, le fondement de l'ensemble des phénomènes ou leur substratum commun, ne sont pas, disais-je, dans la philosophie scolastique. Autre chose est de considérer, même indûment, que l'on puisse, en partant des causes ou des mouvements observables, remonter à Dieu, mais à un Dieu qui n'en est pas moins conçu comme n'ayant en son être aucun rapport à nos représentations — et autre chose de considérer que l'idée de Dieu est posée par la raison «comme le principe qui lui sert à opérer la détermination entière de ses concepts» ou celle «des objets en général». Ces manières de parler sont du philosophe de la «Raison pure» qui affirme non seulement qu'il n'y a de connaissance objective que là où le concept se retrouve dans l'intuition sensible, mais qu'il n'y a de réalité, et ainsi de vérité conceptuelle, que dans la vérification du concept par cette intuition. La conséquence en est que nous ne tiendrons le concept de Dieu pour véritable, comme correspondant à une réalité, que s'il nous est rendu sensible dans l'expérience ou tout au moins indiqué par elle. Le philosophe déclare que la théologie spéculative cherche en vain à fonder cette expérience, mais il est lui-même convaincu qu'elle ne cherche à la fonder que pour donner un contenu empirique à ce qui reste une abstraction si ce contenu fait défaut.

La théologie morale, instaurée par l'analyse de la «Raison pratique», aboutit à un résultat tout semblable à celui qui procède de la critique qu'il fait de la métaphysique traditionnelle, ou plutôt de l'idée qu'il se fait lui-même du processus mental grâce à quoi notre esprit formerait la représentation d'un être nécessaire. C'est la conscience humaine qui dans la théologie morale donne seule et par elle-même valeur de vérité au concept de l'être premier ou de Dieu. «Si loin que nous conduise la raison pratique, écrit l'analyste, nous ne tiendrons pas nos actes pour obligatoires parce qu'ils sont des commandements de Dieu, mais nous les considérerons comme des commandements divins parce que nous y sommes intérieurement obligés». A la différence de la métaphysique traditionnelle, qui raisonne à partir des phénomènes déterminés mécaniquement, la théologie morale se fonde sur la liberté de la conscience, mais cette liberté ne s'exerce nullement selon une option et un choix. Cete conscience est encore rigoureusement rationnelle, comme la liberté qui ordonne ses conduites. «Nous étudierons la liberté sous l'unité finale suivant les principes de la raison, et ne nous croirons d'accord avec la volonté divine qu'autant que nous tiendrons pour sainte la loi morale que la raison nous enseigne», poursuit le philosophe. On ne voit aucune différence de fond entre l'unité des fins que postulerait la raison pratique et l'unité synthétique des conditions qu'exigerait la raison spéculative: les deux raisons opèrent dans l'immanence, et l'unité conçue par chacune d'elles demeure à l'état de concept, ainsi que l'être nécessaire ou l'être premier auquel chacune se rapporte. Je ne fais pas à mon tour une interprétation tendancieuse de la dialectique kantienne. «La théologie morale, déclare le dialecticien, n'a qu'un usage immanent, nous devons nous en servir pour remplir nos destinations dans ce monde en nous adaptant au système de toutes les fins, et non pas... pour rattacher notre façon de vivre à l'idée de l'Etre suprême, ce qui donnerait un usage transcendant, mais dont l'effet serait de pervertir les dernières fins de la raison». Une équivoque, dont je n'affirmerai pas qu'elle ait été volontaire, est introduite ici par cette expression: «un usage», qui laisserait supposer que l'utilisation de la théologie morale, entendue comme moyen de bien conduire notre vie, doit seule être considérée comme immanente, et que l'on maintient la transcendance propre de l'être évoqué par cette théologie. Mais l'acte qui consiste, comme dit le philosophe, à «rattacher notre façon de vivre à l'idée de l'Etre suprême», est taxé par lui d'«extravagant illuminisme», et il est évident qu'un être que l'on pose intellectuellement sans pouvoir le traiter en rien comme tel n'est pas positivement un être, ni la transcendance qu'on lui reconnaît une transcendance objective, je veux dire extérieure à l'intellect qui la nomme. Dans ce système, la raison se tient pour satisfaite puisque ses «fins dernières» ne sont «perverties» par aucun facteur irrationnel qui compromettrait son intégrité. Seulement, elle ne se satisfait que de sa manière d'opérer, de ses visées intimes, de ses conceptions: ce qui signifie que la raison ne sort pas d'elle-même. Je disais qu'il est impossible de croire au Dieu que nous propose la théologie morale. C'est que la croyance dont parle l'initiateur du criticisme n'est pas la foi, n'a aucun rapport avec la foi authentique qui permet à la croyance de se constituer. Le philosophe place la croyance à Dieu avant la foi qui témoigne de son existence, comme si celle-là était la condition de celle-ci, alors que c'est le contraire qui est vrai, la croyance étant le résultat d'une expérience qui s'effectue dans l'acte de foi selon un mode approprié à son objet.

* * *

Je me demanderai si l'expérience qui s'accomplit dans la foi est une expérience possible, si l'objet que la foi se donne comme réel et extérieur au concept est un objet que l'on retrouve en effet ou vers lequel on puisse tendre dans une expérience qu'on ait du moins le droit de tenter. Pour le moment, je ne veux qu'émettre une remarque sur le concept de l'être premier, auquel le philosophe des «Raisons» estime que nous sommes «conduits infailliblement» par la théologie morale. Quand on parle de l'être en tant qu'être, ou comme tel, ou dans son ensemble, on peut s'exprimer au neutre, comprendre l'être comme ce par quoi et en quoi tout ce qui est se manifeste tel qu'il est, en faire une potentialité générale qui se passe de toute structure. Cela devient impossible si on évoque «un être premier et unique»: aussi bien le philosophe lui attribue-t-il une volonté qu'il qualifie de toute-puissante, d'omnisciente, et d'omniprésente. Mais ces attributions n'ont plus de sens, ces qualificatifs ne sont que des mots vides si on ne reconnaît pas à cet être une existence consciente et une présence communicative, ou bien c'est l'idée d'existence et de présence qui se vide de toute espèce de sens si on décide qu'un tel être est hors de toute possibilité d'accès, que le sujet existentiel humain n'est autorisé d'aucune manière à considérer en Dieu une existence et une subjectivité à laquelle lui-même puisse se rendre présent. Le philosophe est tenu par sa précédente théorie de la connaissance, d'après laquelle rien ne nous est donné réellement à connaître que ce qui se donne dans notre intuition sensible, de sorte que nous n'avons aucun moyen de savoir si les idées de la pensée pure, à commencer par l'idée de Dieu, correspondent à des réalités, puisque nous n'en retrouvons pas les objets dans cette intuition. Quand il entreprend de rendre à l'idée de Dieu une valeur d'être, le philosophe est forcé de dire, conformément aux principes qu'il a posés, que nous n'avons pas la possibilité ni le droit de faire de cette idée pure un objet de connaissance imité de ceux que notre sensibilité identifie, par exemple pour «en dériver les lois morales» ou lui rattacher notre genre de vie si nous le mettons en accord avec ces lois. Les lois morales, nous les trouvons d'abord en nous telles que la raison nous les enseigne, et c'est d'elles que dérive l'idée de Dieu qui n'est pour notre raison que le fondement de l'unité des fins qu'elle-même réclame, comme l'idée de Dieu tirée du spectacle du monde n'est pour notre raison que le «fondement de la détermination complète des choses en général» qui ressortit aussi à son exigence.

Indépendamment du point de savoir si Dieu existe ou non réellement, il apparaît que dans cette théologie Dieu n'est pas conçu comme un être réel. Nous voyons aussi qu'il n'est pas pensé comme transcendant. Le philosophe prend soin d'exclure du concept de Dieu toute notion qui contredirait le principe que «nous ne pouvons jamais conclure de l'expérience à quelque chose qui ne doit pas être conçu suivant les lois de l'expérience»: on ne doit pas se représenter Dieu comme une personne, selon une imagination qui reproduirait ou rappellerait en quelque manière les formes empiriques de notre perception; il faut le concevoir comme un être en soi, comme un «noumène». Mais l'idée de transcendance n'est attachée nullement à celle de réalité nouménale ou d'être en soi. Au contraire, nous constations que l'en-soi objectif conçu comme le substrat, inaccessible à la perception, des phénomènes apparents, appartient tout autant que ceux-ci au monde de l'immanence, car la «chose en-soi», si on en admet le concept, ne se présente pas, disais-je, comme une réalité véritable qui subsiste indépendamment de notre subjectivité, mais comme quelque chose de simplement virtuel qui s'actualise et vient à l'être selon les pouvoirs et les déterminations du sujet. La transcendance n'est pensée ni dans le concept d'un principe nouménal d'unité qui engloberait tous les phénomènes, ni dans la représentation d'un être réel obtenue par conversion du concept: l'être nécessaire qu'on se représente ainsi a sa raison d'être non pas en lui-même, mais en tant que condition générale de toutes choses. L'erreur est de s'imaginer que la perspective se modifie à cet égard si on passe du raisonnement tiré de l'observation extérieure à celui que fonde la notion intime du devoir. On a dit et répété que la théologie organisée par la raison pratique est subordonnée à la morale. En fait, c'est Dieu même que la raison pratique subordonne aux principes moraux qui lui sont innés, car si on peut remonter de ces principes à l'idée d'un premier être qui en serait la fin rationnelle, on ne doit pas les faire descendre d'un premier être qui en serait l'origine ontologique tout en étant autonome par rapport à eux. La finalité de la conscience morale ne comporte pas plus de transcendance que l'unité synthétique de l'entendement spéculatif, qui n'en comporte aucune. L'une et l'autre son immanentes à l'homme et au monde de l'homme parce que ni dans l'une ni dans l'autre l'être qu'on évoque, être nécessaire ou être premier, n'a cette suffisance à soi, cette altérité absolue qui font la transcendance: on y regarde Dieu comme lié soit à la diversité objective dont il assure la synthèse, soit au système de moralité dont la force obligatoire, tirée de la seule raison, justifie seule la supposition d'un être divin.

Ce qui est ainsi manifesté, c'est l'inconsistance de cette assertion et de cette prétention d'après laquelle la théologie morale serait une «voie infaillible» pour arriver au concept d'un être premier et unique, dont la théologie spéculative ou métaphysique traditionnelle ne nous fournirait pas même un indice. J'ai paru consentir à ce propos, tout en remarquant que nous ne gagnons pas grand-chose à passer d'une théologie à l'autre, si la théologie morale n'a pour avantage que de nous conduire avec rectitude au concept, sans nous donner le moyen d'accéder à l'être. Il m'est loisible de remarquer à présent que le concept auquel nous conduit la théologie morale, n'incluant ni l'existence ni la transcendance (cela dit sans préjuger de la réalité de cette existence et de cette transcendance), n'est pas juste en tant que concept, n'est pas non plus dans la vérité du concept de Dieu. Nous en conclurons que la fausseté du concept de la théologie morale est ce qui nous ferme encore toute possibilité d'accès à l'être, et par conséquent que les procédés de cette théologie sont tout aussi inadéquats que ceux de la théologie spéculative telle que la comprend le critique des deux «Raisons».

Troisisème partie

CHAPITRE I

Pour le savant, l'hétérogénéité à l'esprit et l'existence réelle du monde ne font pas de doute, non plus que la possibilité d'une saisie du réel et d'une compréhension du monde de plus en plus adéquates. S'il y a de nos jours une crise de la conscience scientifique, (crise au sens étymologique, qui veut dire jugement et serait ici auto-jugement), elle est seulement au plan moral, ou spirituel, ou religieux. Le savant peut s'interroger sur la valeur de ses découvertes en voyant l'emploi qui en est fait, et que l'humanité risque d'en périr. Qu'il croie ou non en Dieu, il peut se tenir coupable, d'une culpabilité qui n'est ni de l'homme individuel, ni de l'homme de science, mais de l'homme en général, comme s'il éprouvait dans son œuvre que toute entreprise humaine s'effectue sous l'angle d'un tel écart originel de pensée et de comportement qu'elle tend sans cesse à se retourner contre l'homme. Mais la question ne se pose pas pour lui de la validité de sa recherche en tant qu'elle s'applique effectivement au réel. C'est parce qu'il a à réfléchir, non sur la connaissance elle-même, c'est-à-dire sur les conditions qui en fondent la possibilité, mais sur un objet de connaissance, c'est-à-dire sur la structure fondamentale de l'objet lui-même, qu'il est un savant et non un philosophe. Le savant est d'emblée réaliste parce qu'il l'est par raison d'être plutôt que par raisonnement.

Il est réaliste dès les données du sens commun, dont il admet que la représentation surtout subjective et qualitative qu'elles nous fournissent du monde correspond bien à une réalité, puisque c'est à partir de cette représentation que le savant entreprend ses recherches. Mais les données du sens commun ne nous fournissent qu'une représentation primaire insuffisante ou incorrecte, ainsi qu'il ressort de l'enquête expérimentale qui la rectifie peu à peu pour une connaissance adaptée de plus en plus à une réalité strictement objective et quantitative. Un exemple souvent rappelé parce qu'il se place au début de l'investigation scientifique et qu'on le comprend sans peine, est celui du soleil dont nous savons que c'est la terre qui se meut autour de lui, et non lui autour de la terre comme l'intuition directe, comme l'évidence immédiate nous le donne à croire inexactement. Il n'en faut pas plus pour saisir tout le sens et la démarche constante de la science, à quoi elle tend et comment elle y tend. Elle a commencé par reconnaître que les données de l'intuition, pour réelles qu'elles soient, peuvent être fausses ou qu'il y a des réalités plus vraies que celles qui se manifestent à l'évidence. Le mouvement de l'astre d'est en ouest n'est pas une erreur d'optique et la perception que nous en avons n'est pas trompeuse comme par exemple celle du bâton qui, plongé en partie dans l'eau, nous semble tronqué. Ce mouvement existe en tant que fait ou phénomène positif, mais dans notre vision et non d'une existence propre. Cette perception est vraie, mais subjectivement et non objectivement, elle est véridique, non pas véritable. Pour le savant, il y a une existence du fait en lui-même ou une vérité intrinsèque du phénomène, et de fait en fait, de phénomène en phénomène, une totalité d'être rigoureusement impersonnelle à la connaissance de quoi on ne parvient qu'en éliminant les modes de percevoir et de concevoir liés à notre existence, qu'il s'agisse des formes qui appartiennent à la sensation ou d'une élaboration logique qui se déduit elle-même de son discours. La pensée scientifique ne va pas de l'illusoire au réel, mais, à travers le réel, du moins exact au plus exact; elle ne va pas non plus vers un terme idéal de recherche où l'objet ne serait qu'objet pensé, mais vers un terme de recherche purement physique où l'objet n'est qu'objet de savoir. C'est dans l'expression mathématique que l'exactitude, l'objectivité et le savoir, qui ont le même sens intentionnel, trouvent leur parfait accomplissement: aussi la physique est-elle devenue, en progressant, plus mathématique, s'est-elle éloignée davantage de l'explication conceptuelle du monde, et, ce qui étonne encore plus, de toute description figurative d'un monde sensible et imaginable. — «A mesure que l'image du monde physique se perfectionne, elle s'éloigne du monde des sens», écrit un grand physicien de ce temps; mais on doit cesser de parler d'image à propos d'un monde à ce point différent du «monde des sens», et dont la structure, fondée sur les seules relations numériques, n'est plus susceptible d'aucune représentation formelle. Le physicien ajoute que «cet éloignement équivaut à un rapprochement du monde de la réalité». Il me semble qu'une telle remarque s'accorde avec la définition que je donnais plus haut de l'objet, qu'il est ce avec quoi il n'y a pas d'échange, qui se présente comme radicalement impropre à une participation et, à cause de cette impropriété même, comme totalement réductible à un savoir. La démarche scientifique a ceci d'analogue à celle de la phénoménologie transcendantale qu'elle aussi opère une réduction, mais en direction inverse et pour un effet opposé. La réduction phénoménologique aboutit à ce qu'on a appelé un idéalisme transcendantal, en ce sens que le monde et toutes réalités intra-mondaines y renvoient à un sujet pur constitutif sans qui ces réalités ni le monde n'auraient de signification, et qui est le «moi» humain pris universellement. C'est à un réalisme transcendantal que tend la science (je parle ici exclusivement de la physique), par réduction du monde à l'objet pur.

* * *

Puisque l'objet, par définition, n'a pas de subjectivité, l'être en lui ne fait qu'un avec l'apparence et l'on n'a rien à en attendre que ce qu'on en saisit dans une certaine perspective externe. Mais le monde n'est pas un objet, encore qu'il ait une existence objective que chacun d'entre nous perçoit comme hétérogène à la nôtre. Le monde n'est pas autour de nous sous nos yeux comme un décor ou comme un dehors séparé et passif. Et nous ne sommes pas devant lui comme des spectateurs distants et impassibles. Tel qu'il nous apparaît, il est indissociable de l'existence humaine qui le manifeste et elle-même s'accomplit en lui, tantôt la modifiant, tantôt modifié par elle, imprégné de nos rêves qu'il inspire, projeté dans nos desseins, rejeté dans nos souvenirs, lié sans cesse à un mouvement intérieur, l'élan d'une passion, le contour d'une idée. Réduire ou convertir le monde à l'objet, ce sera donc, disions-nous, en donner une notion décantée de quelque rapport que ce soit à l'existence, qui rende compte autant que possible de ce qu'il est comme substrat préalable à toute dialectique vécue ainsi qu'à tout analyse rationnelle. En d'autres termes, il s'agit de faire l'expérience de phénomènes qui non seulement ne peuvent être perçus mais demeurent inimaginables, de rendre intelligibles des réalités qu'on ne saurait comprendre suivant les normes de l'entendement; et cela n'est pas simplement un résultat auquel aboutit la recherche scientifique en ce qui concerne le monde extérieur, mais aussi et d'abord le principe interne et animateur de la science; cela n'est pas simplement la découverte d'un état de choses obtenu par les savants modernes à l'aide d'un matériel approprié, c'était, dès son commencement, le sens même de l'entreprise scientifique.

Cette entreprise a eu pour premier effet de ruiner la conception du monde toute subjective que le moyen-âge occidental avait établie d'après les données de l'antique cosmologie grecque réajustée à celle de la foi judéo-chrétienne. En qualifiant cette conception de subjective, je ne fais référence à aucun idéalisme. C'est réellement et concrètement que la pensée scolastique distinguait entre les substances célestes, inaltérables et subtiles, et les êtres de nature corruptible qui habitent la terre; réellement et concrètement qu'elle apercevait dans l'espace les grandes sphères superposées où les astres se mouvaient. Mais dans ces corps lumineux et immortels, les hommes pouvaient contempler comme un reflet de l'âme qui vivait en eux éternellement. Et tout orbe d'astre avait la terre pour centre, le firmament tournait autour d'elle, pivot du monde, lieu de convergence des rayons d'en haut, où l'homme coupable et racheté poursuivait dans la vicissitude une vocation surnaturelle. Il est facile de remarquer qu'une telle idée du cosmos relevait de l'interprétation religieuse plutôt que de l'observation des faits, qu'elle transposait au plan cosmique une vue théologique sur l'homme et ne répondait pas à ce que nous appelons aujourd'hui un savoir. Cette idée pourtant se bâtissait à partir d'une perception immédiate, primitive: celle que donne à un regard nu le ciel qui monte circulairement du bord de notre horizon terrestre et dont les étoiles semblent prendre position par rapport à nous. Aussi bien est-ce l'invention d'instruments capables d'ajouter à la précision et à la portée du regard qui devait montrer le peu de cas qu'il fallait faire de cette perception, en tant qu'elle conduisait à une notion géocentrique de l'univers. Nous apprîmes que notre planète n'est qu'une poussière dans l'infini, et qu'au-delà immensément de notre vision des milliards de systèmes ignorent que l'homme existe. Cette seule connaissance n'eût pas suffi à constituer un savoir, elle fournissait un thème de rêveries, non une donnée objective: ce n'est pas sortir du subjectif que de méditer sur ce rien que nous sommes, perdus dans l'incommensurable abîme et l'énorme grouillement sidéral. Le passage à l'objectivité scientifique consista à substituer à la représentation médiévale du monde, tout ensemble logique et mystique, une cosmologie mécaniste, fondée sur l'observation de phénomènes que le calcul pouvait mesurer et lier entre eux. Il n'y avait ni musique des sphères et harmonies célestes, ni volontés intelligentes pour conduire les astres sur des orbites hiérarchiquement disposées jusqu'à la voûte ultime où l'édifice s'achevait en spiritualité pure, mais des masses, des vitesses, des distances, des forces dont les combinaisons, traduisibles en chiffres, donnaient à l'univers sa figure et son équilibre. Nous n'entrerons pas dans le détail des découvertes et des théories, n'ayant pour propos que de rappeler le sens ou l'intention de la science, qui est d'atteindre à une notion du réel sans alliage de subjectivité, d'où résulte la prétention qu'elle a de saisir le fond du réel. Cette notion parut atteinte quand la loi de gravitation fut énoncée, vers la même époque à peu près où l'analyse spectrale allait montrer l'unité chimique de l'univers. Une dynamique où se composaient les deux forces adverses de l'inertie et de l'attraction était révélée et définie par une formule valable aussi bien pour la translation des astres que pour le jet d'une pierre. On en a admiré justement la simplicité souveraine. Je pense que sa nouveauté résidait d'abord en ce qu'elle offrait, ou semblait offrir, de rigoureusement objectif. De l'ordre de la qualité et de l'imagination, ou d'une intelligence appliquée à son propre jeu, on passait à celui de la quantité et du nombre: ce n'était plus l'homme qui se donnait la contemplation d'un monde à sa ressemblance métaphysique et spirituelle, c'était un monde tout matériel et physique qui dévoilait à la compréhension humaine sa structure et ses propriétés. La recherche positive avait tiré le monde du mystère sacral qui l'enveloppait et dans lequel l'homme projetait l'idée qu'il se formait de lui-même, son temple intérieur, son propre mythe ingénu; et elle l'avait tiré aussi d'une intelligibilité encore plus vaine que ce mystère, qui était celle d'une construction de l'esprit aperçue chimériquement dans la réalité externe. L'expérience seule, exprimée en termes mathématiques qu'éclairait une explication rationnelle suffisante, pouvait conduire à une connaissance exacte de la vérité des choses. — Or nous étions fort loin de la réduction ou conversion du monde à l'objet pur qui est ce à quoi la science vise et ne peut pas ne point viser; fort loin du réalisme transcendantal par quoi le monde se dévoilerait effectivement à un savoir amené à la pure transcription du réel sans aucune intervention subjective.

En fait, l'homme gardait dans le cosmos la position centrale que l'ancienne conception lui attribuait. La méthode expérimentale ne l'en avait dépossédé que du point de vue naïvement réaliste où cette position était représentée topographiquement, localisée dans l'espace. Et le droit sur la création entière que l'homme croyait tenir d'une vocation surnaturelle, maintenant qu'il se savait confiné à ce recoin d'univers, il en retrouvait l'exercice dans sa raison en relation aux choses, qui prétendait tout s'assujettir. Le «je» pensant était partout dans un monde non circonscrit. Si largement que portât l'investigation, et encore plus au large, où nul télescope n'atteindrait jamais, le monde s'organisait d'accord avec l'intuition et l'entendement humains. L'élimination du sensible par la stricte observation objective avait conduit au rejet d'une cosmographie tout idéale et finaliste, édifiée d'après les données frustes du sens commun et à la correction de ces données elles-mêmes par le calcul précis des distances, des structures, des mouvements; mais ce calcul s'établissait à l'intérieur des mêmes données, et le sensible demeurait partout présent dans l'observation objective. Les trillions de lieues, les milliers d'années-lumière pouvaient s'accumuler, les plans et les axes, les diamètres et les rayons se tendre, se prolonger à des profondeurs que n'embrassait plus le prodigieux arpentage des astronomes, c'était une étendue dans toutes ses parties semblable à la nôtre qui recommençait perpétuellement sans sortir des trois dimensions qui sont en nous. Peut-être que la matière allait en s'appauvrissant, qu'une limite, une sorte d'orée ou de lisière quelque part dans cette immensité marquait la place des galaxies au-delà desquelles, obscur, le vide... et au-delà encore, beaucoup plus loin, une ligne terminale, une plage magnétique extrême où se perdaient les dernières ondes des radiations venues de ces galaxies; l'espace, lui, ne s'achevait nulle part, l'étendue dénuée de toute vibration comme du moindre grain de matière, désertique, immobile absolument, continuait sans interruption à jamais. On éprouve un vertige à y songer, l'effroi dont parle Pascal. Mais c'est un vertige que l'imagination tire d'elle-même, l'effroi par où passe la pensée qui s'évertue à sa propre poursuite. Il n'est pas besoin de beaucoup d'attention pour reconnaître que l'infinité de l'espace est ce qui ressort à l'évidence, que l'ouverture incessante de l'étendue est ce qui se présente comme rationnel. C'est un espace fini et fermé qui est irrationnel et inimaginable. Pour l'intuition imméditate, de l'espace, peuplé ou non, s'ajoute indéfiniment à de l'espace, un corps animé d'un mouvement rectiligne, et dont la course ne serait arrêtée ou déviée ni par la rencontre d'un autre corps, ni par l'entrée dans un champ gravitationnel, poursuivrait droit devant lui toujours à travers une étendue illimitée. Et quand la théorie des ensembles raisonne de la collection des points d'une droite en nombre infini, c'est l'infini actuel de l'espace que l'on traite en objet de raison: car ce que la théorie met en cause est la ligne droite comme telle, sans longueur physique déterminée, et ce qui fait que l'on peut considérer l'espace comme infini est précisément qu'il se construit, dans quelque direction que ce soit, sur la ligne droite ainsi comprise. Où que le regard pût atteindre, où que l'on se plaçât par la pensée, le cosmos semblait s'ajuster avec une cohérence quasi parfaite aux principes directeurs de notre esprit: causalité, identité, non-contradiction, etc. Les mêmes conditions que nous avions reconnues ici reproduisaient là-bas des phénomènes de même nature, les notions d'égalité et d'équivalence, qui ressortissent à notre besoin intime d'identification, recevaient une application concrète universelle en ce que, partout et constamment, un état ultérieur se trouvait déjà contenu dans l'état qui l'a précédé; et cela au sein d'une réalité qui respectait l'exigence rationnelle selon quoi une chose ne peut exister à la fois sous deux rapports contraires ou différents, ne peut être ensemble cette chose-ci et cette autre: le vide s'opposait au plein, le discontinu au continu, l'énergie se distinguait de la masse, le rayonnement de la matière, la pesanteur de l'inertie.

Enfin, c'est en l'homme que le temps de l'univers prenait source, c'est le temps de l'homme qui irradiait dans l'univers entier. La phrase d'un astronome du siècle dernier est restée fameuse: «une intelligence qui, pour un instant donné, connaîtrait toutes les forces dont la nature est animée et les situations respectives des êtres qui la composent, si d'ailleurs elle était assez vaste pour soumettre ces données à l'analyse, embrasserait dans la même formule les mouvements des plus grands corps et ceux du plus léger atome; rien ne serait incertain pour elle, et l'avenir, comme le passé, serait présent à ses yeux». Ce propos a été entendu parfois comme signifiant un monde spatial exclusivement et statique, par contraste avec la conception physique actuelle qui introduit dans l'univers une dimension de temps ajoutée aux trois dimensions d'espace. J'y vois plutôt l'affirmation d'une coïncidence constante de l'évolution du monde avec la durée telle que nous l'éprouvons et la mesurons, cette rétrospective et cette prévision certaines des «situations respectives» dans le passé et dans l'avenir résultant de l'adéquation rigoureuse de l'univers d'une part à l'ordre transitif qui fonde notre existence, d'autre part au principe causal suivant lequel notre pensée s'exerce au-delà comme en deçà de tout instant vécu et de toute situation momentanée. C'est depuis l'inclusion dans l'espace d'une forme temporelle variable, depuis l'instauration d'une physique où l'instant de tout phénomène est relatif à la position et au mouvement de l'observateur, où tout phénomène a autant d'instants qu'il y a de systèmes de référence, que les événements cosmiques échappent à cette durée au long de laquelle nous pensions qu'ils se produisaient simultanément avec ceux de notre vie. C'est depuis la découverte d'un principe d'indétermination dans les choses qu'une intelligence aussi vaste qu'elle pût être perdrait le droit d'affirmer que les situations des grands corps et des atomes sont prévisibles avec certitude, ou telles rigoureusement que la rétrospective les rétablirait.

* * *

Poser, et se poser à soi-même la question de savoir si Dieu est, c'est aussi poser et se poser à soi-même la question de savoir ce qu'est l'homme, et puisque l'homme est dans le monde, la question de savoir ce qu'est le monde. L'existence de Dieu se présente comme une question pour l'individu humain qui doit y répondre de lui-même et seul, selon cette alternative que l'on nomme ordinairement et justement «le pari de Pascal», car personne n'en a posé les termes avec autant de force que celui-ci l'a fait. On ne peut se dispenser de parier, voilà ce qu'il montre; et parier pour l'existence de Dieu, comme il le demande, c'est se porter soi-même individuellement, dès qu'on s'y résout, au-delà du monde où sont notre raison et notre expérience communes, c'est reconnaître qu'aucune raison ou expérience inter-mentale et intra-mondaine ne nous assure de cette existence. Cela également, Pascal l'a vu et exprimé à sa façon, qui est décisive. — «Eh quoi! ne dites-vous pas vous-même que le ciel... prouve Dieu? — Non. — Et votre religion ne le dit-elle pas? — Non, car encore que cela est vrai en un sens pour quelques âmes à qui Dieu donne cette lumière, néanmoins cela est faux à l'égard de la plupart». Les cieux ne racontent la gloire de Dieu, suivant le psaume, qu'à ceux qui déjà croient en Lui. Les autres, on ne les persuadera point en leur donnant, comme dit encore Pascal, «pour toute preuve de ce grand et important sujet le cours de la lune et des planètes». Pas plus qu'on ne trouve Dieu certainement par les voies des philosophes, on ne le décèle dans les merveilles dont la nature est ornée ou à travers les lois qui la gouvernent. Chacun doit accomplir pour cela un acte volontaire absolument personnel. Il faut cependant, si la question de Dieu s'impose à nous comme une vérité, si l'incertitude où nous sommes à cet égard est du moins une réalité certaine, que cette question se pose rationnellement et que cette incertitude ait une valeur ontologique: ce qui veut dire que l'une et l'autre doivent résulter du rapport de notre conscience avec un monde dont elle révèle l'être dans le même acte où son être propre se révèle à elle-même. La pensée philosophique a mis des siècles à découvrir que la conscience n'existe comme telle qu'en étant conscience de quelque chose qui est le monde avec tout ce qu'il contient; et que le monde ne vient à l'être que par la conscience qui le révèle en cet «existant privilégié» qu'est l'homme. Mais la philosophie n'est pas seule à prétendre à la connaissance de l'être. La science y prétend de son côté, par les voies dont elle dispose, et il est aussi excessif de lui refuser d'office tout droit à cette connaissance qu'il le serait de ne se fier qu'à elle pour y parvenir.

Nous avons dit qu'au contraire de la phénoménologie transcendantale, qui tend à dégager du monde un sujet pur dont on voit alors que c'est en lui que le monde a son origine, la science tend à dégager le monde de toute subjectivité et à le saisir comme une pure explication objective. La démarche à laquelle nous invite le maître de la phénoménologie transcendantale: réduction des faits et des phénomènes aux essences et aux significations qu'ils impliquent, suspension de tout jugement d'existence sur le monde et découverte d'un «Je» dit «extra-mondain» parce qu'il apparaît comme nécessaire à la genèse et à la constitution du monde, n'est pas une opération intellectuelle qui procéderait par analyses achevées et explications statiques s'étageant l'une sur l'autre. C'est un courant de visées intentionnelles où l'être propre du sujet constituant est lui-même toujours impliqué. La démarche scientifique offre aussi un sens ou un courant intentionnel qui s'exerce selon la nature propre de la science, et ce courant consiste à l'inverse en un reflux du sujet et du subjectif, ce sens vise à l'émergence d'un monde réduit à l'objet tel qu'il est hors de l'existence comme hors de tout prise de conscience génétique ou constitutive. Connaître une réalité que l'intuition sensible n'informe plus et qui échappe à nos catégories de pensée, telle est la fin — et le paradoxe — de la science. Mais c'est d'abord et surtout une manière d'être qui lui est essentielle et oriente sa destination. De la physique classique à l'actuelle il semble que le passage se soit accompli par saut et rupture, mutation soudaine, révélation inattendue de perspectives toutes nouvelles. Je crois cependant que la science physique n'a fait que suivre une tendance fondamentalement sienne et qui devait la conduire à l'état où elle se trouve aujourd'hui. Un moment allait venir où de son mode particulier d'appréhension du monde et de la manière caractéristique qu'a le monde de s'offrir à elle se dévoilerait nécessairement pour la recherche positive une structure du réel qui lui apparaîtrait comme d'autant plus significative des choses mêmes, et du monde tel qu'il est en soi, que cette structure s'éloignerait davantage des modes de perception, de concept et de langage suspendus à la subjectivité: de sorte que l'effort personnel le plus hardi du chercheur ne dût tendre désormais qu'à enregistrer et transcrire, aussi fidèlement que possible, la réalité ainsi révélée, au moyen des notations symboliques seules aptes à exprimer non le monde de l'homme mais un monde scindé de l'humain et qui ne correspond plus qu'à un savoir.

Au stade précédent, la science comme d'ailleurs la philosophie, et chacune selon ses procédés, s'efforçait à la compréhension totale de l'univers, l'effort de compréhension étant avant tout une tentative de rationalisation. Ce qui permettait entre elles des rapprochements et provoquait aussi des dicussions de préséance ou de primauté: on se demandait volontiers si la science ne trouvait pas dans la philosophie le fondement logique qui la justifiait, ou si ce n'était pas en tant que commentaire de la science que se justifiait la philosophie. Implicitement leurs buts étaient déjà opposés: par disposition innée, la science a toujours visé à l'objectivité nue, qui est à l'antipode de la raison pure. Le divorce que l'on voit de nos jours entre ces deux formes de connaissance est le fait de la science bien plutôt que de la philosophie. Celle-ci se sépare beaucoup moins qu'elle ne le croit de l'analyse réflexive, elle en vient naturellement aux vues théoriques et thétiques, sinon systématisées, même quand elle se veut existentielle, préoccupée des conduites de l'individu et soucieuse de décrire plus que d'expliquer, attentive à saisir le monde dans l'épreuve vivante qu'en fait l'existant avant toute spéculation rationnelle... comme si l'existant n'avait pas aussi à raisonner, ou si la raison avait jamais pu se passer de l'existence! En tout cas, c'est toujours et plus que jamais le «je», le sujet humain dans le monde qui apparaît à la philosophie comme le phénomène central, comme le lieu des expériences sensibles et intellectuelles où l'être se révèle. Quels que soient ses points de vue et ses thèses, qu'elle restitue un monde construit et pensé ou évoque un monde à assumer et à vivre, la philosophie tendra toujours à l'éclairement des notions, à la précision des images, et cela du fait même qu'elle rapporte tout au sujet. La science, au contraire, parce qu'elle prétend atteindre l'objet en soi, c'est-à-dire purifié de toute composition subjective, ne pourra manquer d'aboutir à l'obscurcissement des notions et à la dilution des images à mesure qu'elle gagnera sur le monde. Elle s'écartera, jusqu'à l'incompatibilité, des structures universelles de la raison, ou plutôt la raison qu'elle mettra en œuvre sera foncièrement différente, et son universalité spécifiquement autre. Ce ne sont pas ses manières de penser seulement qui échapperont au sens commun. D'étape en étape, les résultats de son expérience seront devenus inconciliables avec le monde réellement perçu et avec tout monde qui se puisse imaginer.

Cette différence ne s'est manifestée que dans le dernier état de la science. Elle était dissimulée encore à l'époque récente où une géométrie conforme à nos impressions sensorielles régissait l'étendue, où des forces qu'éprouvent nos muscles apparaissaient comme agissant sur les corps célestes, où le même principe qui entraîne vers la mort notre être individuel était regardé comme applicable universellement. Une discipline ancienne avait maîtrisé autour de nous l'afflux désordonné des formes, ramenant les objets à l'essence qui les fonde, réduisant aux lignes, aux surfaces, aux volumes idéaux leur diversité profuse, et elle soumettait à ses figures tout l'espace. La force attractive et la force transversale qui tiennent les planètes sur leurs orbes, étaient celle-là même qui renvoie l'athlète au sol après qu'il a franchi la barre, celle-là même que dégagent le bras et l'épaule poussant le poids ou le javelot; et de leur synthèse s'épandait par le cosmos une grande lumière humaine. Au plan moléculaire, la loi qui veut que l'énergie se dégrade réintroduisait une indication de valeur, une note qualitative, donc existentielle, dans le monde de quantité immuable que la loi de conservation avait défini, et montrait dans les choses une irréversibilité où se retrouvait le temps de l'homme.

Il importait peu à la recherche scientifique de décider si notre connaissance se règle sur les objets, ou les objets sur notre connaissance: de son point de vue, l'effet était le même, que produisait une concordance certaine entre les objets et notre complexion mentale. Cette concordance, qui s'étendait à tout le monde objectif, on l'exprimait en parlant d'un univers architectural, ce qui rendait compte à la fois de son extériorité par rapport à nous et de son intelligibilité pour notre esprit. La comparaison de l'univers avec un monument d'architecture, dont on ne contemplerait que du dehors et à distance l'arrangement, est encore reprise aujourd'hui pour être opposée à la conception moderne où la distance de l'esprit au monde s'abolit dans une pensée mathématique avec laquelle la réalité physique coïncide. Or, loin d'abolir cette distance, la science l'accroît; loin d'aboutir à une coïncidence du monde avec la pensée humaine, la physique mathématique les sépare radicalement. Connaître, suivant la définition la plus simple, c'est se rendre intime à l'intelligence un objet perçu comme extérieur. Nous avons eu plusieurs fois à remarquer que l'objet, parce que rien en lui n'est subjectif, n'a de réalité qu'externe, n'est jamais que son apparence saisie dans une perspective donnée. L'objet se fait donc connaître d'abord dans cette apparence qui est son être même et dont l'extériorité correspond en lui à ce qui est spontanément réceptif dans la perception. Mais celle-ci n'est pas réceptive à la façon d'un miroir où ne passe que le reflet de l'objet réel: elle amène l'objet lui-même à surgir dans son apparence concrète, de sorte que l'extériorité nécessaire à cette apparence est l'œuvre aussi de la conscience qui perçoit. Et l'on voit bien que la résistance opposée à l'esprit par l'objet vient de ce qu'il nous est extérieur, mais c'est aussi parce que le monde des objets et des phénomènes nous est extérieur qu'il est non seulement représentable et imaginable, mais compréhensible, qu'on peut le regarder de telle manière que l'esprit y discerne les types synthétiques, les essences unifiantes, les lois fonctionnelles, des implications, un ordre. L'extériorité, qui conditionne l'apparence de l'objet et du monde, est la condition également de leur intelligibilité.

La tendance de la pensée scientifique allait la porter fatalement à l'élimination de l'apparence et à la conviction qu'il y a une réalité plus vraie qui est une réalité infrasensible. La science a affaire désormais à un monde qui échappe à la perception, mais non comme lui échappent les objets trop éloignés, ou trop minuscules, ou animés d'une vitesse trop grande, dont on admet pourtant que des moyens optiques ou photographiques plus parfaits pourraient les déceler ou les saisir car ils appartiennent à notre étendue et à notre durée. L'imperceptibilité est ici irréductible parce qu'elle tient à la réalité même qui se situe dans une dimension autre que celles de l'existence humaine, du sujet humain; et cette dimension en effet ne peut être qu'autre, puisque la visée scientifique va à l'objet en soi et au retrait du sujet existentiel. N'étant ni perçu ni perceptible, ce monde n'est pas imaginable, et il n'est pas non plus compréhensible pour la raison qui ne se reconnaît pas en lui et y trouve contredites ses plus sûres évidences. On songe à cette réalité inconnaissable que la philosophie appelle «noumène», fondement originel de tous les objets et phénomènes sensibles, et à Dieu, l'En-Soi absolu, le Noumène par excellence. D'où cette sorte de divinisation que l'on fait souvent de la matière ou de l'énergie: primordiale, chargée de toutes les potentialités, se suffisant à elle-même et éternelle. Mais la science n'admet pas de noumène, pas de réalité inconnaissable, c'est son intention qu'elle accomplit à la découverte d'une réalité inapparente foncièrement et irrationnelle, dont elle cherchera à rendre compte le plus exactement possible. Elle dispose pour cela d'un langage aussi différent des langages du monde de l'homme que cette réalité qu'elle découvre est différente de la réalité humaine: langage qui a son lexique, ses conventions formelles, sa syntaxe, son écriture, et — ce qui le distingue essentiellement — une logique réservée et inclusive, un sens qui lui appartient en propre et ne passe pas dans d'autres langages, et des modes spéciaux d'intellection tels qu'on échoue presque toujours si on essaye de les rapporter à la compréhension générale. L'abstraction mathématique la plus close correspond à l'objectivité la plus nue, ce qui a fait croire à une spiritualisation du physique, et dire que le monde dans son intime structure se confond avec la pensée du monde, qui est une pensée mathématique. Il me semble que cette structure et ce monde, étant tout à fait coupés de l'homme, inhabitables même à l'intelligence, ne sont saisissables que dans un savoir, et que l'expression mathématique du savoir est la seule possible pour signifier un objet dont l'extériorité au sujet est non plus donnée à la perception et apparente, mais intrinsèquement réelle en ce sens que l'objet s'y annonce tel qu'il demeure quand le subjectif l'a évacué totalement. L'assertion suivant laquelle le monde réel et l'esprit se rejoignent dans la mathématique vient de ce que l'on assimile à tort exactitude et intelligibilité, savoir et compréhension, objectivité et rationalité. C'est le sens de la science que de convertir de plus en plus le monde à l'objet; le sens de tout savoir, et très particulièrement du savoir scientifique, que d'aller toujours à plus d'exactitude. Mais plus il y a d'objectivité, moins il y a de rationalité; plus il y a de savoir, et d'exactitude, moins il y a de compréhension. A mesure que se perfectionne la connaissance scientifique du monde, les notions et les intuitions élémentaires se brouillent, à commencer par les plus immédiates, celles de l'espace et du temps.

CHAPITRE II

Un pas considérable a été fait par la physique relativiste dans la direction de ce que je nomme un réalisme transcendantal. Certaines de ses propositions, aujourd'hui courantes, telles que: «le temps est relatif à l'observateur», ou bien: «une longueur n'est pas indépendante du procédé de sa mesure», ou encore: «il n'y a pas dans la nature de grandeur absolue», ont pu faire croire qu'elle mettait en doute la portée universelle attribuée aux résultats de l'observation objective par la physique classique, qu'elle affirmait, par rapport à celle-ci, la subjectivité de notre connaissance. Cette interprétation est rejetée par les spécialistes, qui estiment que leur théorie serre le réel de plus près que les précédentes, qu'elle a avancé dans la connaissance de ce qu'est en soi exactement l'univers physique. Il revient au même de dire que ce progrès résulte d'une éviction plus complète de l'élément subjectif dans l'observation du monde des phénomènes, ou qu'il est dû à une réduction plus complète du monde des phénomènes à l'objet. A cet égard, je tirerait un renseignement du commentaire que donne de la construction relativiste le génial physicien qui l'a établie. Ayant mentionné une première sorte de théories physiques qui s'édifient sur une hypothèse de base (ainsi, par exemple, la théorie cinétique des gaz explique les phénomènes mécaniques et thermiques à partir de l'hypothèse d'un mouvement moléculaire), le savant évoque un autre groupe de théories, dont celle de la relativité, qui reposent sur des principes découverts par la seule expérience. «Ici, écrit-il, le point de départ et la base ne sont pas constitués par des éléments de construction hypothétiques, mais par des propriétés générales trouvées empiriquement... principes d'où découlent des critères mathématiques formulés auxquels les phénomènes particuliers doivent satisfaire»[1]. Il y aura bientôt trois siècles que l'inventeur de la loi de gravitation déclarait, lui aussi, qu'«il ne forgeait pas d'hypothèses»[2]. Mais l'affirmation qu'il n'y a point d'hypothèses dans leur système recouvre chez l'un et chez l'autre une manière de voir différente. L'inventeur de la gravitation exprimait par là son assurance d'avoir, pour la première fois, posé en termes mathématiques irrécusables, et non plus cherché à

[1] Albert Einstein.
[2] Isaac Newton.

définir par quelque approximation philosophique, la loi fondamentale de l'univers tel qu'il est depuis toujours et continue d'être à jamais: car cette loi, que le calcul garantit et qui révèle l'attraction réciproque des corps dans un espace aux trois coordonnées de longueur, de largeur et de hauteur, n'est pas d'expérience seulement, elle fournit à la raison l'explication la plus éclairante; et elle n'est pas seulement explicative, l'éclairement de l'intelligence nous fait reconnaître une lumière qui existe avant toute réflexion et monte à nos yeux quand nous les tournons simplement vers le monde pour en contempler l'harmonie. La loi que je viens de rappeler consonne ontologiquement à notre expérience intime, elle nous rend intelligible un accord préintellectuel du monde avec l'existant humain — accord fondé sur des postulats qui ne sont pas seulement de raison, mais supposent entre le monde et nous une affinité originelle. Ce que la théorie relativiste relègue au rang d'hypothèses, et qui ne lui apparaissent ni comme nécessaires ni comme les seules valables, ce sont ces postulats mêmes, implicites, sous-jacents au raisonnement et à l'intuition parce qu'ils vont de soi, enracinés qu'ils sont à notre nature, à notre existence. Les «propriétés générales trouvées empiriquement» dans les phénomènes par la physique nouvelle ne relèvent plus de tels postulats, et le monde qui ressort de cette expérience n'offre plus de prise à l'intuition naturelle, ni d'assise à un raisonnement autre que mathématique.

* * *

Je ne peux me dispenser de dire quelques mots de l'expérimentation[3] d'où est née la théorie relativiste: il ne suffit pas d'affirmer que la science tend à amener le monde à l'objet pur, il faut montrer comment ou en quoi elle y arrive, et le passage à l'objet est déjà fort amorcé dans cette expérimentation qui constitue bien «le point de départ et la base» de la théorie, suivant l'expression de son fondateur. Au point de départ et à la base, il y avait cependant un donné de nature toute subjective, j'entends par là qu'il relevait de l'expérience immédiate en accord avec la compréhension générale. Chacun voit qu'un mobile relié à un système de référence en translation se déplace avec plus ou moins de rapidité selon que sa vitesse s'additionne à celle du système de référence ou, au contraire, s'en retranche: il tombe sous le sens, par exemple, qu'un nageur qui suit le courant d'un fleuve d'amont en aval se meut plus vite

[3] Albert Michelson - E.W. Morley.

que s'il remonte d'aval en amont contre le courant, son mouvement propre s'ajoutant, dans le premier cas à celui du fleuve, et s'en soustrayant dans le second cas; et il est aussi évident que la distance parcourue, en un temps donné, par ce nageur, sera plus longue, ou le temps mis par lui à parcourir une distance donnée plus court quand les deux vitesses s'additionnent que si l'une vient en déduction de l'autre.

On avait donc cru possible de mesurer la vitesse absolue de la Terre, c'est-à-dire sa vitesse de translation réelle dans un espace considéré lui-même comme absolu, c'est-à-dire immuable, statique, mesurable partout suivant les mêmes règles rigides, tel enfin qu'il apparaît à notre intuition. A cet effet, un dispositif très précis avait été mis en place, les deux termes de comparaison étant d'une part la vitesse de la Terre autour du soleil, d'autre part la vitesse de la lumière dans un milieu que l'on jugeait nécessaire à sa propagation et par rapport auquel notre planète était censée se mouvoir, l'éther, fluide impondérable, coïncidant avec l'espace absolu et comme lui immobile. Mon dessein n'est point d'exégèse scientifique, aussi ne m'attarderai-je pas à décrire l'appareil optique de mesure, d'une construction et d'un fonctionnement assez compliqués. Disons seulement, pour nous en tenir à l'exemple du nageur, que le courant supposé par l'expérience était un flux d'éther provoqué par le déplacement de la planète en sens inverse de sa direction; que l'on tablait sur ce fait qu'un même trajet aller et retour est plus vite accompli par le nageur perpendiculairement au courant, s'il va et vient d'une rive à l'autre, que dans le sens du courant et contre lui, d'amont en aval, et inversement; que les temps de trajet aller et retour du rayon lumineux étaient donc mesurés et comparés dans le sens perpendiculaire à la translation de la Terre et dans le sens de cette translation. Toujours est-il que le principe de l'addition et de la soustraction des vitesses, dont l'effet est une vitesse totale plus ou moins grande, donc un trajet plus long dans le même temps ou un temps plus court pour le même trajet, était rigoureusement appliqué dans l'expérience, d'où aurait dû ressortir un écart, si minime fût-il, entre les durées nécessaires au rayon pour accomplir son parcours, selon que le mouvement de la Terre s'ajoutait au sien ou au contraire s'en retranchait. — Or, quelle que fût la direction donnée au rayon lumineux, que son mouvement s'unît à celui de la planète ou s'y opposât, la durée du parcours accompli par lui demeurait constante, comme si la vitesse totale était la même dans le premier cas et dans le second.

Ce résultat montrait que la théorie d'un éther intersidéral ne se soutenait pas. Il montrait aussi — ce qui est, de notre point de vue, beaucoup plus important — que le principe de l'addition et de la soustraction des vitesses cessait de s'appliquer si l'un des mobiles mis en cause était la lumière. L'évidence la plus sûre se trouvait contredite à cet égard. A moins d'en revenir aux cosmogonies anciennes, qui veulent que la Terre soit fixée au centre d'un monde tournant autour d'elle sans qu'elle-même se meuve, il fallait admettre que l'écart normalement prévu existe bien en réalité, mais qu'il ne nous est pas décelable, et cela pour un tout autre motif que sa petitesse. Les physiciens l'expliquèrent en disant que le dispositif optique subit automatiquement une contraction matérielle quand le rayon est orienté de telle sorte que son mouvement s'accroît de celui de la Terre et qu'il parcourt, dans la même durée, une distance plus longue que si le mouvement de la Terre diminue d'autant le sien: la contraction automatique de l'appaeil de mesure comprenant l'allongement du rayon, l'observateur ne peut noter la différence de durée, de vitesse ou de distance qu'il attend.

Cette explication s'établit sur un ensemble de formules mathématiques[4] qui la rendent physiquement incontestable. Elle n'en est pas moins irrationnelle. Peut-être remarquera-t-on que tout phénomène est irrationnel, et que par exemple on ne voit pas plus de raison dans l'attraction des corps telle que la loi en a été énoncée. Mais la raison, entendue dans son acception générale et humaine, utilise le plus souvent, sinon toujours, les données d'une expérience dont on reconnaît qu'elle est antérieure au raisonnement, étant celle de notre présence au monde éprouvée dans le contact spontané et concret que nous entretenons avec lui dès l'environ immédiat. Chacun de nous a vu une pomme tomber de l'arbre, et sent à chaque moment sa propre pesanteur. Que cette pesanteur et cette chute dépendent de la même loi qui donne à l'univers sa stabilité, cela ne nous semble pas étrange: c'est parce que le fait brut était révélé d'abord à nos sens qu'une loi en a été dégagée pour notre raison. D'après l'expérimentation que j'ai rappelée, la contraction subie par l'instrument de mesure varie en fonction de la vitesse du système auquel l'observateur se réfère, disons encore du mobile où il se situe: de sorte que quelle que soit cette vitesse, jusqu'à celle, indépassable, de la lumière, l'instrument fournira toujours la même expression numérique, la même indication de grandeur ou de durée. On en conclut que sur la Terre, et où que ce soit dans l'espace, il est impossible de connaître les grandeurs et les durées propres ou réelles des objets et des phénomènes. Cette conclusion s'impose à nous comme exacte, l'esprit doit s'y sou-

[4] Hendrik Lorentz.

mettre, il n'y adhère pas de soi-même et rien dans la sensation ne l'en avertit. Nous avons à constater seulement que la modification de l'instrument de mesure en fonction de la vitesse du mobile est calculable à partir de «critères mathématiquement formulés», dont la précision rigoureuse ne permet pas de douter qu'ils correspondent à la vérité physique.

Partant de ces premières données expérimentales, le fondateur de la construction relativiste a pensé que le temps constituait une quatrième dimension de l'espace, ou, pour mieux dire, que le monde était naturellement à quatre dimensions, dont trois d'espace et une de temps. — «Nous ne sommes pas habitués, écrit le savant, à regarder le monde comme un continuum à quatre dimensions, parce que le temps jouait en physique, avant la théorie de la relativité, un rôle différent et indépendant des coordonnées de position»[5]. Voilà qui est clair: dire que le temps est indépendant des coordonnées de position, c'est dire qu'il ne dépend pas de l'espace objectif, qu'il dépend de notre subjectivité. Cet instant qui passe, je le sens d'abord passer en moi, et tous événements, tous phénomènes, en quelque lieu de l'espace qu'ils se produisent, passent par lui synchroniquement, ma durée, la durée de l'homme se déploie sur le monde entier, l'homme est la mesure absolue d'un temps universel que ses horloges marqueraient partout au même rythme, comme ses mètres définiraient partout les mêmes longueurs. Voilà, la découverte du rôle joué par le mouvement dans la mesure des objets et des phénomènes a imposé la notion d'un complexe d'espace et de temps indissoluble, et celle de la relativité à l'observateur des indications qui resssortent de ce complexe: puisque les instruments de mesure, mètres et chronomètres, sont modifiés automatiquement par la vitesse du mobile où l'observateur est placé, il n'y a pas de grandeur spatiale invariable à laquelle on puisse se référer pour connaître les dimensions propres des objets, et il n'y a pas non plus d'échelle de temps fixe et universelle à laquelle on puisse rapporter les durées des phénomènes. Les indications qu'on obtient à cet égard ne sont vraies que relativement au système de référence où l'on se trouve et qui se définit par des coordonnées de position, et par un état de mouvement lié à ces données. Dire que le temps est relatif à l'observateur, ce n'est pas dire qu'il est relatif subjectivement à l'esprit qui le perçoit et le mesure, mais que le temps perçu et mesuré par l'esprit est objectivement constitué selon le système de référence auquel l'observateur appartient. Le monde est alors aperçu dans

[5] Albert Einstein.

une perspective cinématique qui comporte une multiplicité de temps distincts et locaux. Nous saisissons, suivant le sens commun, une simultanéité et une situation chronologique des événements qui se produisent dans notre système, mais cette vue, pour le relativiste, est sans réalité physique s'il s'agit d'événements que nous voudrions situer par rapport à nous et qui ont lieu à l'intérieur d'un système dont la position et l'état de mouvement diffèrent considérablement des nôtres, comme dans quelque galaxie à d'énormes distances cosmiques et d'une vitesse de translation de plusieurs milliers de lieues à la seconde. D'éminents philosophes contestent sur ce point la théorie, l'estimant artificielle — puisque contraire à notre intuition d'un temps unique, d'une durée homogène, et insoutenable pour la raison qui n'admet pas que l'instant où quelque chose se passe ici ne soit pas le même instant où quelque chose se passe là-bas et partout dans l'univers. Je ne suis pas de l'avis des philosophes, si justifié qu'il semble. Nous en sommes au stade de l'entreprise scientifique où s'accomplit explicitement la réduction ou conversion du monde à l'objet transcendantal qu'elle visait dès ses premières démarches; conversion, disais-je, inverse de celle dont l'effet est de renvoyer toutes réalités dans le monde à un sujet pur extra-mondain par qui elles prennent un sens, et qui exige le retrait du sujet pour qu'émerge dans son objectivité pure un monde aussi proche que possible de l'en-soi, et paradoxalement signifié par la science: il n'est pas étonnant, il est fatal que le monde qu'on tente ainsi de décrire échappe par certains aspects à notre existence et à notre activité subjective, qu'il ne cadre pas toujours avec la perception et la raison naturelles. Là se manifeste un écart irréductible entre l'empirisme scientifique et l'expérience intime.

Je ne cherche pas à traiter de la théorie relativiste, ce que beaucoup d'ouvrages ont fort bien fait, mais à l'évoquer dans le courant intentionnel de la science, en tant qu'elle a fait avancer celle-ci vers la réduction à l'objet transcendantal qui constitue son sens et sa fin. Il me semble que la généralisation de la théorie a étendu cette réduction au monde entier. La relativité dite restreinte ne concernait que les corps ou systèmes de référence animés d'un mouvement rectiligne et uniforme. Nous l'avons vu, sa nouveauté était d'avoir découvert, ainsi que l'a écrit son inventeur, que «la forme des mètres et la marche des horloges devaient dépendre de leur état de mouvement par rapport au système de coordonnées»[6]. La découverte empirique qui fait dépendre de cet état la marche

[6] Albert Einstein.

des horloges, comme la forme des mètres, ne s'applique pas aux seuls instruments de mesure, ce qui montrerait sans plus que le mouvement les dérègle ou les fausse: ce sont les dimensions mêmes des objets et les durées des phénomènes qui varient selon l'état de mouvement du système. Tel objet ou tel phénomène a des dimensions ou une durée réelles différentes selon que le mobile où il se situe est animé d'une vitesse plus ou moins grande. Mais nous ne nous apercevrions pas de ces différences si nous passions de l'un à l'autre mobile: nos observations n'en seraient modifiées en rien, les indications numériques concernant l'objet ou l'événement resteraient les mêmes, l'impression sensorielle que nous en recevrions ne changerait pas. C'est ce qu'énonce l'inventeur de la théorie en disant que tous les systèmes de référence en mouvement rectiligne et uniforme les uns par rapport aux autres «sont équivalents du point de vue de l'expression des lois de la nature quel que soit le mouvement de chacun d'eux»[7]. Quant à moi, je remarque que s'il y a équivalence entre ces systèmes, elle ne ressortit pas à une identification rationnelle; que si les lois de la nature gardent la même expression à quelque système qu'on se réfère, c'est par le jeu de transformations automatiques qu'on ne peut traduire que mathématiquement; et que derrière les transformations qui maintiennent pour nous l'invariance de ces lois, il y a des dimensions et des temps propres et distincts sur lesquels ni la perception ni l'intelligence n'ont de prise. Ce n'est plus un monde objectif qui s'accorde aux formes de l'esprit, c'est l'esprit qui subit les formes auxquelles le monde objectif le contraint et qu'il met en équations sans se les représenter ni les comprendre vraiment.

Pour le savant physicien, une question se posait: était-il possible de généraliser la théorie, de dire que les lois de la nature ont une forme invariante et la même expression mathématique pour tous les systèmes de référence en état de rotation et de mouvement accéléré? Le savant a répondu, dans un commentaire ultérieur, que ce n'était pas possible si on s'en tenait, comme on le peut encore pour le mouvement rectiligne et uniforme, à la mécanique classique, ajoutant que «cette considération nous laisse pressentir qu'une théorie de la relativité généralisée doit nous fournir les lois de la gravitation», c'est-à-dire une explication nouvelle de la gravitation et du monde. Les procédés de calcul utilisés pour y parvenir n'intéressent pas mon dessein, qui est de montrer, non de parti pris mais en laissant seulement parler les faits, que la généralisation de la théorie, si hautement spéculative qu'elle soit, aboutit à une scission plus

[7] Albert Einstein.

complète entre l'esprit humain et un univers de plus en plus objectivé. L'auteur de la construction relativiste, qui n'envisageait assurément pas cette conséquence, la donne cependant à prévoir. Du propos que j'ai cité, nous pouvons conclure nous-mêmes qu'il allait renoncer à la mécanique classique. «Le chemin, écrit-il, a été plus dur qu'on ne l'aurait cru, car il exigeait l'abandon de la géométrie euclidienne»[8]. Or, cette géométrie est la manifestation la plus évidente ou l'effet le mieux achevé d'un accord que l'homme retrouve avec le monde ou qu'il invente entre le monde et lui: cet espace familier, l'espace de notre expérience proche, de notre champ de vision immédiat, elle en tire les figures essentielles qui l'amènent à l'intelligibilité parfaite et l'étend à tout le cosmos qu'elle assujettit à sa logique. Son abandon, écrit encore le savant, signifie que «les lois d'après lesquelles les corps solides doivent se disposer dans l'espace ne concordent pas exactement avec les lois spatiales que la géométrie euclidienne prescrit»[9]. Ajoutons qu'elles ne concordent pas davantage avec nos structures ou dispositions sensibles et intellectuelles.

Le décalage (je ne vois d'autre terme, celui de discordance me semblant encore moins convenir) se manifeste dès le principe qui fonde la relativité généralisée, à savoir l'identité de la pesanteur et de l'inertie. Je ne puis me dispenser là non plus de chercher à dire ce que cela signifie, le risque, si on veut parler trop clairement, étant de s'écarter de la vérité scientifique, et si on veut serrer cette vérité de trop près, de paraître inintelligible. On voit tout de suite que ce principe met en cause la notion de force, notion obscure peut-être quand on la transpose dans l'abstraction mathématique, obscure parce que concrète, présente sans cesse à notre existence où les phénomènes produits par la force, mouvements et actions conjugués ou adverses sont constamment perçus, éprouvés, expérimentés par nous. La mécanique classique s'établit sur l'antagonisme de deux actions issues de forces contraires: l'inertie, qui est la résistance des corps à toute influence qui tend à modifier leur vitesse ou leur direction, et la pesanteur, qui est l'attraction que les masses matérielles exercent les unes sur les autres. L'inertie étant proportionnelle à la masse des corps, comme l'est aussi la pesanteur, on avait distingué entre une masse inerte et une masse pesante, et conclu à leur égalité. Le maître de la théorie relativiste conçoit ces deux masses non pas seulement comme égales entre elles, mais comme rigoureusement identiques, de sorte que les deux forces qui s'y rapportent sont substituables l'une à l'autre. Evoquant un

[8] Albert Einstein.
[9] Albert Einstein.

corps ou un système de coordonnées en état de rotation et de mouvement accéléré, il attribue à la force d'inertie, dont ce corps reçoit l'impulsion qui l'emporte, l'effet de la force de gravité qui l'attire, le corps étant alors considéré comme immobile dans un champ de pesanteur qui varie de chaque point dans l'espace et avec le temps. La possibilité mathématique de cette reconstruction n'est plus discutée. Pour le sens commun, l'idée reste proprement inacceptable: c'est à peu près comme si on disait d'une voiture lancée sur une route, que ce n'est pas la voiture qui se déplace mais la route par rapport à la voiture, et avec la route tout l'environnement spatial associé à la durée. Nous en retiendrons que la théorie nie et rejette la conception suivant laquelle les mouvements des «corps solides» procéderaient de deux forces opposées, la force attractive s'exerçant par points d'application locaux et sans aucun temps de propagation dans un espace indifférent et immuable. Les mouvements de ces corps, il faut donc qu'ils soient produits par une autre cause, qui tient à la structure même et aux propriétés spatio-temporelles de l'ensemble du champ. On a comparé le champ gravitionnel à un disque tournant. Pour défectueuse qu'elle soit, la comparaison offre quelque chose de saisissable par la compréhension générale: toutes les parties du disque, bien que solidaires les unes des autres, ne se meuvent pas à la même vitesse, celle-ci augmentant à mesure que l'on va du centre vers le pourtour; ainsi, dans le champ gravitationnel, les différences de vitesse des mobiles dépendent de la position qu'ils occupent à chaque instant, l'attraction qui s'exerce à partir d'un point quelconque situé dans le champ par rapport au centre gravifique variant en grandeur selon une fonction qui exprime, relativement à ce point, la variation structurelle de tout le milieu. Ce qui demeure incompréhensible est l'influence, que nous retrouvons ici, de l'état de mouvement sur les instruments de mesure et sur les dimensions des objets ou la durée des phénomènes auxquels ces instruments s'appliquent: l'observateur immobile d'un champ de gravitation verrait, sur chacun des corps qui s'y déplacent, les horloges constamment accélérer ou ralentir et les mètres raccourcir ou s'étirer. Mais il n'y a pas dans l'univers d'observateur immobile ni de repère absolu à qui et par quoi se décèleraient les formes et les temps réels. Pour l'observateur placé sur l'un de ces corps et emporté avec lui, les instruments de mesure, ainsi que les longueurs et les périodes conservent la même valeur numérique quelle que soit la quantité de mouvement du mobile à quelque moment que ce soit, en raison des transformations qui accompagnent automatiquement les variations de vitesse et que l'on ne sent ni n'explique, mais qu'une algèbre suit très précisément.

La relativité généralisée résulte de l'extension aux systèmes en état de rotation et d'accélération, aux champs gravitationnels et enfin à tout l'univers, du principe de la relativité dite restreinte suivant lequel aucun changement n'est apporté aux lois naturelles par les différences de mouvement que présentent les uns par rapport aux autres les systèmes en translation rectiligne et uniforme. Le fondateur de la théorie dira qu'il y a «équivalence» entre ces systèmes, que n'importe lequel d'entre eux «a le droit d'être pris, et avec le même succès, comme système de référence pour l'expression des lois générales de la nature»[10]. Nous avons remarqué que l'équivalence des systèmes n'est pas compréhensible à l'intelligence ni explicable par la raison. Cette remarque concerne l'«ego», le sujet humain, qui a seulement à noter avec exactitude ce qu'il observe d'un monde où il n'entre pas. Du côté du monde objectif, une remarque aussi s'impose à nous: constater, avec le savant physicien, que chacun des systèmes de coordonnées peut être pris indifféremment pour exprimer le réel, c'est constater qu'il n'y a pas de système de référence privilégié par lequel serait exprimée une réalité objective fondamentale, et que s'il n'y a pas de système de référence privilégié, c'est qu'il n'y a pas de réalité objective fondamentale. L'équivalence des systèmes du «point de vue de l'expression des lois naturelles»[11] correspond à une indétermination foncière de la réalité objective. Sans doute l'indétermination n'est-elle ici qu'une hypothèse logique, une conclusion de l'esprit, j'entends par là qu'elle n'est pas un état de choses expérimenté et noté par la science physique et mathématique, qui ne parle d'indétermination que là où elle en peut donner la formule; et il se trouve que la science est en mesure de donner cette formule là où la conversion à un réalisme transcendantal ou réduction du monde à l'objet pur, dont nous disons qu'elle est le but de la démarche scientifique, semble à peu près totalement accomplie, c'est-à-dire dans l'étude des constituants premiers de la matière.

* * *

Avant de dire — aussi clairement que possible — comment cette étude aboutit au réalisme transcendantal et à la réduction totale à l'objet, je voudrais m'arrêter un instant sur l'image qui nous est donnée du monde, à l'échelle astronomique, par la construction relativiste. J'ai cité le commentaire de son fondateur indiquant qu'«une théorie de la relati-

[10] Albert Einstein.
[11] Albert Einstein.

vité généralisée doit nous fournir les lois de la gravitation», je dirais plus volontiers: un aperçu nouveau de ce qu'est le champ gravitationnel. «Le chemin a été plus dur qu'on ne pouvait croire», écrit le savant. Le chemin, ou plutôt le cheminement par lequel a été obtenu ce résultat nous intéresse autant que le résultat lui-même. On nous rappelle pourquoi il «a été dur»: c'est, précise le savant, qu'il exigeait qu'on abandonnât la mécanique classique et la géométrie euclidienne. Nous avons vu que c'était abandonner également la notion d'une réalité physique coextensive à l'esprit, renoncer aux schémas de structure mentaux auxquels le monde extérieur s'adaptait, édifier une connaissance objective où l'adéquation entre l'expérience et la pensée disparaît pour faire place à une transcription purement symbolique.

La mécanique classique, qui met en jeu partout dans le cosmos les mêmes forces que nous éprouvons là où nous sommes, et la géométrie euclidienne qui y projette continûment notre métrique locale, supposent un espace absolu. Un tel espace est celui qui demeure indifférent aux mobiles qui circulent en lui, ce qui veut dire qu'il n'influe pas plus sur leur comportement que ceux-ci n'influent sur sa structure. Qu'il soit ou non associé à un éther, c'est un contenant homogène, identique partout à lui-même, où les corps se situent et se meuvent: ainsi l'étendue est-elle radicalement séparée et distinguée de la matière. Dans cette vue, l'espace apparaît nécessairement comme infini, non que l'on puisse se le représenter comme tel mais parce qu'on ne peut imaginer qu'il s'interrompe, supposer une limite où il prenne fin. La question: qu'y a-t-il après cette limite? se pose alors invinciblement à l'intuition et à la raison. Le néant, répondrai-je, au sens ontologique et métaphysique du terme. Mais le néant métaphysique, s'il est quelque chose de plus qu'un mot, je ne puis le concevoir autrement que sous l'aspect du vide physique absolu, de sorte que se représente à moi toujours l'idée d'un espace qui se prolonge indéfiniment, la seule limite que je puisse, à la rigueur, imaginer, étant celle qui marquerait l'épuisement de la matière d'abord, puis de l'attraction et du rayonnement, une première bordure circulaire immense et vague où flottent çà et là comme des fumées les galaxies les plus distantes du centre de l'univers, plus loin et autour l'impondérable confin où cessent tout à fait de s'exercer les actions des masses gravifiques, plus loin encore quelque périphérie ultime où vient expirer toute lumière. Un grand philosophe se demandait pourquoi Dieu, dans un espace infini, aurait créé le monde ici plutôt que là[12]. Si l'espace est infini, il n'y a pas

[12] G.L. Leibnitz.

en lui d'«ici» et de «là» spécifiés et repérables, le seul lieu qui s'y trouve est créé avec le monde et c'est celui que le monde occupe. Je m'imagine quelque part dans le vide, d'où les milliards de nébuleuses ne sont plus pour mon regard qu'une gouttelette de lumière tremblante... et voici que le vide prend forme, se construit autour de cette étincelle comme une sphère dont celle-ci est le centre: sphère au sein de laquelle l'esprit éprouve qu'on avancerait éternellement sans en trouver la surface ou le pourtour, selon un rayon partant de ce point central en quelque direction que ce soit. Il est aisé de comprendre comment s'établit notre intuition d'un infini spatial: c'est que nous reportons toujours au-delà et agrandissons par la pensée sans achèvement concevable l'espace que nous commençons par percevoir autour de nous comme un milieu tout immatériel, dont la structure de long en large et verticalement est fondée sur la ligne droite et le plan. Mais l'espace ultra-cosmique, vacuité parfaite, que la courbe d'aucun astre ne définit, où nulle force ne s'applique en aucun point et qui n'est le support d'aucune onde, cet espace a-t-il encore un sens physique, est-il une étendue concrète? ou n'est-il pas plutôt une abstraction, une projection géométrique idéale? et l'infini où il apparaît est-il plus réel que celui de la série des nombres, qui ne signifie rien de plus que la possibilité pour l'esprit d'ajouter toujours l'unité à l'unité? Le postulat euclidien me donne à croire que l'infini de l'espace n'est pas une fiction, que l'espace est objectivement infini. On ne démontre pas que par un point quelconque, situé hors d'une droite, on peut mener une droite qui ne rencontrera jamais la première, et qu'on n'en peut mener qu'une. Ne sont à démontrer, en géométrie comme en tout système logique ou théorie déductive, que les propositions dont l'évidence n'est pas immédiate, en ce sens qu'elles affirment entre certains termes dissemblables ou inégaux à d'autres égards des analogies ou équivalences qui ne sont dégagées et reconnues que par le raisonnement. Le postulat que je viens de rappeler offre ce type d'évidence où rien n'est laissé à la discussion rationnelle, car toute proposition différente apparaît immédiatement à la raison non pas comme irrationnelle ou même absurde, mais comme impensable. Or, nous ne pouvons affirmer que tout ce qui est pensable est réel; mais nous croyons pouvoir affirmer que ce qui n'est pas pensable n'est ni réel ni même seulement possible. Et il n'est pas pensable que par un point situé hors d'une droite on ne puisse mener aucune droite qui ne rencontrera jamais la première, ou au contraire qu'on en puisse mener plusieurs qui ne la rencontreront jamais.

Des géométries ont été fondées pourtant sur ces deux propositions aussi étrangères l'une que l'autre au donné intuitif et à la démarche conceptuelle, à l'espace que nous percevons et à la forme de notre esprit; et ces géométries ne sont pas moins rigoureusement cohérentes que l'euclidienne. Qu'est-ce que cela prouve, sinon que l'esprit est capable de raisonner correctement à partir de propositions tenues arbitrairement pour vraies, si absurdes ou impensables qu'elles soient dans leur énoncé? Nous ne devrions y voir qu'un jeu intellectuel bien conduit, mais tout paradoxal et sans vérité objective. Voici que la théorie relativiste découvre que ce sont ces géométries-là qui ont raison, ou plutôt (car la raison, au sens du moins où on l'entend d'ordinaire, n'a rien à faire ici), que ce sont ces géométries qui rendent compte le plus exactement de la structure de l'espace, et non celle qui s'accorde à nos façons de sentir et de penser, de percevoir et de concevoir: l'espace n'est pas ouvert indéfiniment et sans limite, il est clos et fini; il se construit selon une courbure, non d'après la ligne droite et le plan, lesquels, ainsi que l'indique l'inventeur de la relativité, «cessent d'avoir une signification précise en physique»[13]. Une théorie aussi éloignée des données du sens commun ne pouvait manquer, à ses débuts, de susciter de grandes résistances. Je m'en tiens, pour moi, à la même manière de voir: c'est dans la mesure où elle s'est éloignée des données du sens commun que la théorie a marqué un progrès vers l'en-soi objectif qui est le but de la science physique et sa constante visée intentionnelle. Il ne faut donc pas attendre d'elle plus de compréhension du monde, si par plus de compréhension on entend une intimité plus étroite de l'esprit avec l'objet. L'expérience que met en œuvre la théorie relativiste s'établit non seulement hors de nos perceptions, dont la science sait depuis longtemps qu'elles peuvent être de fausses évidences, mais aussi hors des principes de notre entendement, qui peuvent ne nous fournir sur le réel que des préjugés sans rapport avec lui. Ce que l'on doit attendre de la relativité, c'est qu'elle soit plus complètement exacte que les théories précédentes, et ce résultat est obtenu si certains phénomènes qui, jusqu'alors, n'étaient que des faits isolés d'observation, sont intégrés par elle dans ce système de «critères mathématiques formulés» dont parle son initiateur.

On connaît généralement de la relativité que l'espace est courbe, que, par conséquent, deux parallèles poussées assez loin finiraient par se rencontrer ou par diverger, qu'un mobile lancé droit dans l'étendue se retrouverait à son point de départ après des milliards d'années de parcours, et l'on s'émerveille sans comprendre. A vrai dire, les savants spécialistes n'arrivent guère à donner de cette structure une image même

[13] Albert Einstein.

approximative ou une idée à peu près claire, et ils conviennent qu'elle ne relève en dernière analyse que du développement algorithmique, ce qui est tout juste convenir de l'incapacité où l'on est de la représenter et de l'expliquer. Incapacité qui, elle, s'explique fort bien: l'idée de l'infini spatial n'est pas un préjugé, ni un jugement, et ce n'est pas seulement une idée mais une expérience originaire exclusive de toute autre, en ce qu'il est impossible de la corriger dans notre esprit par une représentation plus exacte, comme nous faisons, par exemple, en substituant à l'image sensible du soleil en mouvement de l'un à l'autre horizon terrestre l'image, non sensible mais parfaitement représentable, de la terre tournoyant sur son axe et autour du soleil. Un espace incurvé, fermé sur lui-même, ne peut être ce milieu identique en tous ses points et immobile en toutes ses parties qui est donné à notre intuition et à notre intelligence, réceptacle intemporel distinct et indépendant des corps de masses diverses qui ont en lui leur position et leur mouvement, support immuable de phénomènes qui ne l'affectent en rien. Pour concevoir l'espace comme construit autrement que sur l'ensemble des points d'une droite en nombre infini, et cela partout et dans toute direction, il faut admettre qu'il dépend de la matière, qu'il est déterminé et même produit par elle, et que celle-ci est une quantité finie: dans ces conditions, il n'y a pas d'espace séparé de la matière, et celui qui lui est uni et s'organise autour d'elle est nécessairement fini et courbe. L'image que je me donnais d'un au-delà infini de l'univers n'a pas de réalité, mais celle d'un univers sans au-delà est à peu près irreprésentable, tant elle est contraire à notre esprit. Du moins puis-je me donner une explication — une lueur d'explication — en ce qui concerne l'union de l'espace à la matière et sa dépendance par rapport à elle. Il me faut pour cela remonter à un commencement, évoquer la nébuleuse originelle, l'astre primitif. Cet astre, je le suppose constitué d'une matière, ou, ce qui revient au même, d'une énergie (car l'une, comme on sait, est identifiable à l'autre) extrêmement compacte, resserrée sur elle-même par une force d'attraction centrale qui le comprime au point qu'il n'y a en lui aucun vide, que le nœud d'énergie matérielle dont il est fait ne comporte pas d'intervalles où s'introduisent la distinction et le mouvement. Rien donc ne s'y meut en particulier, et rien ne s'y distingue du tout, mais ce tout n'est pas quelque chose de stérile, un bloc figé, puisqu'il est énergie et que l'énergie est aptitude à une action, à une œuvre. Pour que s'accomplisse cette œuvre, qui est l'univers, il faut qu'à la force attractive, qui amènerait l'astre, si elle s'exerçait seule, à une telle densité que l'énergie qui le constitue resterait nouée et inefficace, s'oppose une force centrifuge qui, si elle s'exerçait seule, l'anéantirait par dispersion de son énergie. De la composition des deux forces résultent l'expansion de l'astre originel et la cohésion du cosmos. La matière en se dilatant produit en elle-même les intervalles où nous voyons un espace qui lui préexiste et la contient, alors qu'intervalles et espace se forment de la matière qui passe de l'intensité à l'extension, de l'homogénéité du tout et d'un dynamisme indifférencié et statique à la distinction et à la mobilité des parties. Une première perspective nous montre les forces attractive et centrifuge se distribuant dans les grand corps gravifiques dont leur action combinée détermine et règle le mouvement en raison directe ou inverse des masses et des distances. Mais, de ce point de vue, l'espace apparaît encore à l'observateur comme cette donnée préexistante, cette réalité fondamentale, l'étendue, indépendante des corps qui s'y déplacent et illimitée, où l'univers se disloquerait si la gravitation, agissant partout instantanément, n'en maintenait l'équilibre. La perspective relativiste conduit à penser que l'espace n'a de réalité que celle qu'il tient de la matière, ou plutôt qu'il est avec elle la même réalité, n'étant ni son contenant, ni son véhicule, mais son prolongement dans la même énergie à l'état libre qui réside à l'état stationnaire dans les corps solides. Et comme la matière n'est pas une quantité infinie, l'espace n'est pas une étendue illimitée: le tout représente ce cosmos dont on dit qu'il est à la fois fini et infini, comme l'est une sphère dont on pourrait faire le tour indéfiniment. Cosmos où se poursuit, semble-t-il, l'expansion dont le moment initial est dans l'astre primitif, l'analyse de la lumière des galaxies ayant montré qu'elles s'éloignent à une vitesse de fuite qui croît en proportion de leur distance, conformément à l'image, que je rappelais tout à l'heure, d'un disque tournant, dont les parties se meuvent non pas à la même vitesse, mais de plus en plus vite à mesure qu'on remonte du centre vers la périphérie.

Plus grande encore, insurmontable, est la difficulté de comprendre ou d'imaginer un univers qui, étant le lieu de toutes les situations, ne se situe lui-même nulle part. Je remarquais qu'aucun lieu n'est spécifiable dans un espace infini et vide, dont chaque point est l'homologue de n'importe quel autre, sinon ce lieu que l'univers occupe et qui apparaît à l'esprit comme le centre flamboyant d'une étendue extra-cosmique ininterrompue et obscure. Mais il n'y a pas d'étendue extra-cosmique, l'espace n'existe que dans le cosmos et lié à la matière, comme la nappe dont la trame mouvante est faite des formes d'énergie cinétique qu'elle dégage ou par lesquelles elle passe, forces gravitationnelles, radiations, magnétismes. Je dois écarter l'image d'un espace vide au-delà de l'univers et qui l'envelopperait, et aussi l'image d'un univers qui aurait son lieu et sa dimension dans un tel espace: ou bien il n'y a pas de point de vue sur l'univers extérieur à lui, ou bien l'univers, considéré d'un point de vue qui lui serait extérieur, est sans lieu et sans dimension confrontable à nos mesures, inétendu. J'évoquais la nébuleuse originelle, l'astre primitif. Il serait plus exact d'évoquer l'atome, ou mieux le noyau de l'atome, qui n'a pas de localisation ni d'extension spatiale, qui ne relève pas de nos dimensions. Le noyau originel n'est pas cependant comme l'un des trillions de noyaux qui constituent la moindre parcelle de matière, il les contient tous, il contient en puissance tous les soleils et les nébuleuses avec les abîmes qui les séparent. Si dense qu'en soit le tissu énergétique, si serré qu'en soit le grain, je ne peux l'imaginer autrement que sous un certain volume qui remplit donc une certaine portion d'espace, car je ne peux non plus nommer autrement le milieu où je l'imagine. Invinciblement, mon esprit en revient à poser une étendue autour de l'atome ou noyau originel. Et si j'arrive à écarter aussi cette image, à ne considérer en cet atome ou noyau qu'une intensité pure, je n'ai fait que reculer la difficulté: car le noyau a pris forme immensément, l'univers se compose autour de notre horizon terrestre comme par cercles de plus en plus vastes et qui vont s'étageant dans sa profondeur, du système solaire aux myriades d'étoiles, de l'énorme floculation de la voie lactée aux autres grands amas nébulaires et des plus proches aux plus lointains, des galaxies encore visibles à celles qui restent à découvrir. Que l'étendue qui s'ouvre devant mon regard ne continue pas à jamais, ou qu'il n'y ait pas après elle une étendue qui l'englobe, c'est ce que je conçois d'autant moins que l'expansion dont parlent les astronomes évoque un corps qui se dilate en gagnant sur un milieu extérieur fluide ou vide auquel il touche par toute sa surface. Il n'en est pas ainsi de l'univers, qui n'a d'expansion, comme il n'a de dimension, qu'interne. Ce qu'on nomme la courbure de l'espace n'est pas une barrière terminale, un dernier cercle interposé entre le monde et l'infini, qui obligerait magiquement tout mobile matériel à un éternel retour et arrêterait même la pensée. Je rappelle ce que j'ai dit précédemment de l'union de l'espace à la matière avec laquelle il compose une réalité commune, où la même énergie tantôt se déploie en libres ondulations, tantôt se concentre en masses stables. Comme totalité, l'incurvation de l'espace, qui se chiffre en milliards d'années-lumière, correspond à la densité moyenne de la matière cosmique, elle est la synthèse des courbures locales qu'on observe aux environs des masses matérielles et dont on cherche à déterminer le nombre et les coefficients pour chiffrer la courbure du tout. Ce qui m'importe est que celle-ci dont le rayon est constant et de même valeur générale dans toutes les parties du cosmos, signifie à l'esprit qu'il ne saurait aller non plus au-delà de la réalité physique qu'elle circonscrit et du chiffre qui l'exprime elle-même: car il n'y a aucun espace au-delà, ou s'il y en a un, il n'a pas de rapport avec notre étendue sensible ni avec aucun espace physique ou abstrait que nous puissions décrire ou construire, il est au-delà de toute expérience et de toute connaissance humaine. Je retrouve ici ce que je disais tout à l'heure de la «chose-en-soi», du «noumène»: dire d'une chose, quelle qu'elle soit, qu'elle existe, mais d'une connaissance inconnaissable par nature, qu'elle est une réalité, mais foncièrement inaccessible, c'est se contredire; c'est dire qu'elle n'existe pas, qu'elle n'est une réalité à aucun titre. — Et pas plus qu'il n'y a d'espace extérieur à l'univers, il n'y a de temps antérieur à lui. L'image du cosmos qui sort d'un noyau primitif, et s'ouvre, s'amplifie, s'articule de tous côtés sous l'action d'une énergie qu'il libère et de forces qui se combinent, c'est d'abord une sorte de modèle mécanique ou logique qu'on représente, le rapport d'un effet à sa condition, d'un état donné à celui dont il est issu originellement. C'est aussi un processus temporel que l'on retrouve, celui d'une évolution qui s'est poursuivie sur un nombre de millénaires dont on discute le chiffre, comme on discute la valeur numérique, en milliards d'années-lumière, de la courbe générale du cosmos. Le chiffre, là encore, m'importe peu. Je retiens seulement que l'univers a un âge, un temps durant lequel il s'est fait et que l'on remonte jusqu'à une période, aussi proche que possible du commencement, où on le décrit au cours d'une formation dont on peut par hypothèse reconstituer les phases. Le commencement lui-même n'a pas pour nous de temps conjecturable, étant lié à un état antérieur où n'existait que le noyaut primitif à propos duquel il serait sans aucune signification d'évoquer quelque durée que ce soit selon nos mesures. Encore moins est-il possible de parler d'un temps, d'une durée, d'un passé même et d'une antériorité au sens chronologique du mot si on pense que le noyau n'a pas existé toujours, qu'il y a eu d'abord un état de l'être où n'existait rien dont nous ayons idée; et cela n'a pas non plus de sens; nous pourrions aussi bien parler d'un néant si nous n'évoquons l'action ou l'intuition créatrice d'un Dieu. C'est alors passer du domaine de la physique à celui de la théologie, mais à moins de dire que l'univers s'est formé de rien, par hasard, ce qui serait ridicule, nous devons admettre, si nous refusons de croire à un acte créateur, que l'univers existe de toute éternité, et ce n'est pas moins arbitraire que de croire à sa création.

Il n'y a donc ni espace hors du cosmos ni avant lui. L'infini, le vide sans borne, semblable à une sphère dont l'univers serait le centre à partir duquel on avancerait tout droit sans en atteindre jamais la courbure externe, c'est, je le répète, une idée fausse, une représentation sans réalité aucune. Elle m'aide cependant à imaginer la structure spatio-temporelle qu'attribue au cosmos la théorie de la relativité, structure que je conçois mieux en prenant, si je puis dire, le contre-pied de celle qui m'est représenté inexactement par l'idée d'un espace infini. Ici la ligne courbe est partout, et la droite ne se trouve nulle part: c'est en ce sens qu'on dit de l'univers qu'il est sphérique, ou plutôt hyper-sphérique. Comparées aux espaces ouverts, les masses matérielles ne constituent qu'une infime part du cosmos, l'étendue étant évidemment plus vaste là où l'énergie se déploie que là où elle se tient condensée. Ce sont pourtant les étendues matérielles, planètes, soleils, amas galactiques, qui donnent à l'univers cette forme arquée qui fait qu'en quelque point qu'on s'y place, on est au bord d'une circonférence qui finit par se refermer sur elle-même. Et comme l'espace dépend de la matière, il n'est à peu près euclidien, c'est-à-dire rectiligne, que dans ses parties désertes, son incurvation s'accentuant dans les parages des archipels cosmiques où les corps solides suivent les lignes de parcours que la courbure spatiale leur impose. — Cette conception, que l'expérience a ratifiée là où elle était possible, permet encore une sorte d'image de l'univers si on n'envisage que l'espace seul, en éliminant le temps sans lequel la conception serait cependant incomplète et même fausse. Intégrer le temps dans l'image de l'univers, ce n'est pas simplement ajouter une coordonnée temporelle aux trois coordonnées spatiales pour la détermination complète d'un phénomène: point n'était besoin de la théorie relativiste pour constater que dans un monde où tout se meut et évolue l'instant et la durée interviennent, à cet effet, autant que le lieu et la position. En attribuant à l'univers une structure quadridimensionnelle où la dimension de temps est solidaire des trois dimensions d'espace et varie, d'un mobile ou système de coordonnées à un autre, avec la position et l'état de mouvement, la théorie relativiste récuse la notion de simultanéité comme n'ayant plus de sens au-delà du système ou mobile où nous nous situons.

CHAPITRE III

Nous venons de caractériser le temps de la relativité générale par comparaison avec le temps absolu de notre intuition: les événements n'y sont plus synchrones ou produits selon un axe de durée unique, ils peuvent se trouver déphasés les uns relativement aux autres. Cette proposition est d'abord inintelligible, et les physiciens qui cherchent à donner une idée de la pluralité des temps conçue par la théorie relativiste invoquent plus volontiers le comportement du «méson», particule électrisée découverte dans le rayonnement cosmique à grande altitude et dont la durée au repos est extrêmement brève, moins d'un millionième de seconde. Sachant d'autre part que sa vitesse de translation approche celle de la lumière, on devrait pouvoir conclure que la distance franchie par la particule en mouvement avant de disparaître atteint quelques centaines de mètres tout au plus. Or, le méson franchit une vingtaine de lieues pour arriver au sol à partir de la stratosphère où il naît, ce qui montre que la durée d'existence du méson en mouvement est incomparablement plus longue que celle du méson au repos. La portée de cette expérience ne dépasse pas le cadre strictement physique où elle se situe. On observe qu'une particule infinitésimale, assez semblable à l'électron de l'atome, subsiste beaucoup plus longtemps si elle déplace que si elle est à peu près immobile, et tout ce qu'on a le droit d'en déduire est que son extrême vitesse a pour effet de retarder considérablement sa disparition. Cest là une constatation pure et simple, qui ne répond pas aux objections adressées à la théorie par des philosophes soucieux de se référer, comme l'a écrit l'un d'eux, «au tout du monde humain»[1], et dont le concept de temps se fonde sur la manière dont la durée est vécue et mesurée normalement par l'homme. La simultanéité universelle des faits, l'identité universelle de l'instant est ce qui caractérise la durée telle que nous l'éprouvons et la vivons. Traiter de la théorie relativiste par le biais philosophique, c'est rechercher ce que signifie au juste cette simultanéité ou identité et comment on peut en récuser la notion.

Des événements se produisent devant moi, avec lesquels coïncident à chaque instant d'autres événements qui se produisent partout sur la terre devant d'autres observateurs; et cet instant que je vis, que vivent

[1] Maurice Merleau-Ponty.

avec moi tous les hommes, est le même instant qui recouvre ensemble tout ce qui advient d'une extrémité à l'autre du monde: ainsi puis-je croire que le geste de cet enfant lançant une balle coïncide avec la naissance d'une céphéide à des trillions de lieues. Le savant relativiste estime qu'il n'y a pas pour l'univers un temps unique, mais une multiplicité de temps, et que nous ne sommes pas autorisés à étendre l'instant que nous vivons à d'autres systèmes que le nôtre, à penser qu'il y ait synchronisme entre les événements de la Terre et ceux qui se produisent dans d'autres parties du cosmos. Il faut ici refuser une certaine confusion ou équivoque qui rapporte les temps multiples aux époques différentes où le même phénomène lointain serait perçu par des observateurs disposés en divers points de l'espace. Si, par exemple, un éclat plus vif est observé cette nuit dans une étoile située à deux mille années-lumière de notre planète, l'observateur terrestre n'aura pas de peine à comprendre qu'un autre observateur à mi-distance entre l'étoile et nous l'aurait aperçu il y a mille ans, et que c'est dans deux mille ans que l'apercevrait un troisième observateur stationné, par rapport à l'étoile, à une distance double de la nôtre. Les trois auront donc noté le même phénomène à des époques très différentes, ce qui ne signifie nullement qu'à chacun d'eux appartienne un temps distinct de celui des autres, ou que le temps de l'étoile, au cours duquel s'est réellement produit le changement d'éclat, soit différent de celui des observateurs. En rapportant tout à notre temps, nous constatons comme nous le montre un bref calcul fondé sur les distances relatives et sur la vitesse de la lumière, que le phénomène qui a eu lieu dans l'étoile est contemporain de tout événement survenu sur la Terre il y a deux mille ans, et que l'époque où le situe dans sa propre durée chacun des deux autres observateurs, qui est pour le premier de mille ans, pour le dernier de quatre mille ans antérieure à l'observation, coïncide avec celle de notre durée terrestre où nous situons le moment de la production réelle du phénomène. Les erreurs pratiques qui résulteraient d'une connaissance insuffisament exacte des durées de propagation n'empêchent pas que le point observé et les points d'observation participent à la même durée commune et universelle.

C'est compliquer encore trop la notion du simultané qui se ramène à ceci qu'en regardant cette étoile, je ne peux pas ne pas penser que ce qui s'y passe, et qui ne nous est pas perceptible en ce moment, se passe en ce moment même. Que la perception n'en doive être possible pour l'homme que dans vingt siècles environ, cela tient à la distance du lieu de l'événement à la Terre, et donc au temps que mettra à parvenir à l'homme la radiation lumineuse qui lui signalera cet événement: événement qu'il placera alors dans un passé correspondant à peu près à notre moment actuel. — Nous disons, avec le relativiste, qu'il y a non un seul temps universel, mais une multiplicité de temps associés chacun au système auquel l'observateur se réfère: cela veut dire qu'il n'y a au cours du temps de l'étoile aucun moment qui soit le même que sur la Terre, et qu'à aucun moment, passé, présent ou à venir, il n'y a simultanéité entre les événements qui ont lieu sur la Terre et ceux qui se produisent dans l'étoile. Cela ne veut pas dire autre chose, ou bien la théorie de la relativité n'est que duperie de langage, jeu de miroirs. Mais pour qu'il en soit ainsi, pour qu'on puisse parler de temps multiples, il faut qu'ici et là les mesures qu'on en prendrait et comparerait l'une à l'autre soient en elles-mêmes si différentes — c'est-à-dire affectées d'une dilatation ou d'un rétrécissement relatifs tels — qu'il apparaîtrait comme vain de chercher des points de coïncidence entre l'une et l'autre durée, et un synchronisme, même approximatif, entre les événements qui se placent dans l'un et l'autre système de référence.

C'est bien de cette manière que les philosophes ont entendu la théorie. Mais ils n'y croient pas. Ils ne croient pas que ces temps multiples désignent ce que nous nommons le temps et qui est le seul temps réel, celui de notre intuition, unique pour le monde entier. Un penseur illustre qualifie de «fictifs», et «fantasmatiques»[2] les temps représentés dans les formules relativistes, où il voit des grandeurs imaginaires tirées d'un effet de perspective et auxquelles on attribue une réalité qu'elles n'ont pas: selon lui, le physicien suppose un observateur qui, d'un système de référence donné, disons la Terre où le temps est celui que nous percevons, se fait une représentation différente du temps d'un autre système où stationne un autre observateur, et prête à ce dernier la représentation qu'il s'en fait dans sa perspective mathématique, alors que l'observateur à qui il se substitue arbitrairement perçoit en réalité le temps comme lui-même le perçoit, comme nous le percevons tous où que nous soyons. Un peintre, s'il montre sur une série de toiles un personnage placé à des distances variées, le peint de dimensions diverses et il ne va pas prétendre que ce personnage prend réellement la grandeur que lui-même lui prête sur chaque toile à la distance où il le voit. Les différences de dimension portées sur les toiles n'empêchent pas que le personnage garde partout en réalité la même grandeur; la multiplicité des temps représentés par le physicien n'enlève rien à l'unité du temps réel: tel est à peu près l'argument dont la conclusion est que les temps de la physique relativiste n'ont

[2] Henri Bergson.

rien de concret, qu'ils sont des variables dans une équation, des entités algébriques. Les choses étant présentées ainsi, on peut soutenir, comme l'a fait un autre philosophe, que le premier observateur a sur le temps du second une vue où la durée réelle n'est pas plus exprimée que, sur les toiles, la grandeur réelle d'un personnage situé au loin, et que cette durée est pour le second la même que pour le premier, mais saisie dans une perspective qui la modifie apparemment. — «Quand le physicien dit que le temps de Pierre est dilaté ou rétréci au point où se trouve Paul, il n'exprime pas du tout ce qui est vécu par Paul, qui, lui, perçoit toutes choses de son point de vue et n'a donc aucune raison de sentir le temps qui s'écoule en lui et autour de lui autrement que Pierre ne sent le sien. Le physicien prête abusivement à Paul l'image que Pierre se fait du temps de Paul... Et il parle d'un temps qui n'est celui de personne, d'un mythe»[3]. Ainsi juge le philosophe, qui a raison s'il est exact en effet que «le temps de Paul» n'est rien d'autre que «le temps de Pierre» aperçu par celui-ci sous une forme rétrécie ou dilatée «au point où se trouve Paul»: ce qui est évoqué alors n'est, à vrai dire, ni le temps de Pierre, ni le temps de Paul, c'est un temps homogène, commun à l'un et à l'autre, universel, qui apparaît à Pierre, au point où est Paul, selon une optique modifiée par la distance et le mouvement, et c'est seulement à cette modification apparente que Pierre, ou le physicien, donne une expression mathématique. Dans ce cas, la théorie relativiste ne constitue pas une physique du réel, aussi mathématiquement exacte qu'elle puisse être. Mais il faut voir si le philosophe a traduit avec justesse ce qu'il nomme, un peu dédaigneusement, «la vérité physicienne»[4].

Je remarque d'abord que, contrairement à ce que pense le philosophe, il ne semble pas que le physicien prête à quelque observateur que ce soit l'image ou l'idée qu'un autre observateur se fait de son temps. A cet égard, le physicien ne pense pas autrement que le philosophe. Celui-ci estime que «Paul... perçoit toutes choses de son point de vue et n'a donc aucune raison de sentir le temps qui s'écoule en lui et autour de lui autrement que Pierre ne sent le sien». Cela signifie que la conscience, étant de même complexion en tout et partout, ne peut percevoir le temps ici et là d'une manière différente, et qu'une durée, étant une durée vécue par une conscience, ne peut être vécue différemment ici et là. Le physicien ne dit pas autre chose quand il affirme que tous les systèmes de référence sont équivalents pour l'expression des lois de la nature, qui

[3] Maurice Merleau-Ponty.
[4] Maurice Merleau-Ponty.

demeurent invariantes en quelque système de référence qu'on se place. Mais à la différence du philosophe, qui voit dans l'homogénéité du temps un effet de l'unité de conscience, le physicien estime que l'invariance des lois naturelles et leur unité d'expression résultent, dans le temps comme dans l'espace, de transformations de nature physique par lesquelles sont maintenues pour l'observateur les mêmes grandeurs et les mêmes périodes qui varient, en réalité, avec la vitesse et la position du système. Ici et là, suivant la quantité de mouvement, les durées propres des phénomènes et de leurs intervalles diffèrent, elles sont d'autant plus longues intrinsèquement que le mobile est plus rapide; mais l'instrument qui mesure celles-ci, horloge mécanique, chronomètre, dispositif optique, subit dans sa marche ou dans son fonctionnement une contraction correspondante telle que l'expression numérique des temps est partout la même pour l'esprit, c'est-à-dire l'expression par laquelle est mesurée, avec la durée perceptible des événements, le «temps vécu», qui est donc vécu identiquement ici et là. Nous ne saurions acquiescer à l'argument du philosophe suivant lequel c'est le temps du premier observateur que celui-ci se représente comme «dilaté ou rétréci» au point où le second observateur est placé. Il s'agit bien de temps distincts l'un de l'autre et liés à deux mobiles ou systèmes de coordonnées, mais si chacun des deux observateurs passait sur l'autre mobile, il ne trouverait pas de différence entre la manière dont il éprouvait et mesurait le temps là où il était d'abord et celle dont il l'éprouve et le mesure là où il est venu. Les différences ne seraient saisies que par un observateur qui ne se situerait sur aucun de ces mobiles et ne dépendrait d'aucun système de coordonnées, mais les tiendrait tous sous son regard. Considérant dans chaque système les temps des phénomènes et ceux des intervalles qui s'écoulent entre eux, il verrait que partout les même mesures en sont fournies aux observateurs locaux, et que cependant ces temps sont de grandeurs réelles inégales; que l'identité de mesure des temps dans tous les systèmes est liée à une même valeur subjective et existentielle, tandis que les inégalités que constaterait aussi par comparaison cet observateur absolu définissent des différences physiques et objectives qui tiennent aux durées intrinsèques des phénomènes et résultent des positions et des vitesses; que les horloges dans tel système sont accélérées ou ralenties par rapport à celles qui marquent dans tel autre les même périodes, et que cette accélération ou ce ralentissement correspond à des temps rétrécis ou dilatés l'un par rapport à l'autre, alors que tous sont exprimés par le même nombre et perçus de la même manière. On a imaginé que la dilatation du temps propre au mobile, si la vitesse de celui-ci approchait celle de la lumière, serait telle que l'homme qui y aurait passé vingt-quatre heures d'une horloge reliée à son système retrouverait la Terre plus âgée de plusieurs siècles. Cette hypothèse, jusqu'à plus ample informé reste du domaine de la fantasmagorie. Ce que l'on peut dire sérieusement est qu'après la théorie relativiste, il n'est plus possible de tenir l'unité du temps ou la simultanéité universelle pour une notion sûre et qui va de soi, parce que fondée sur une intuition qui semble adéquate à la réalité même.

* * *

La relativité se ramène à deux découvertes prodigieusement insolites, qui sont l'une, la courbure de l'espace, l'autre, la pluralité des temps. Nous nous expliquons à la rigueur un univers non pas infini ou situé dans l'infini, mais courbe et fermé, et au-delà duquel il n'y a rien, ou, pour mieux dire, qui ne comporte aucun au-delà. Il faut comprendre l'espace comme une forme de la matière qu'il représente à l'état d'énergie radiante, les corps solides représentant cette même manière ou énergie à l'état stationnaire: si la matière cosmique est une quantité finie, l'espace cosmique est aussi un espace fini, bien que sans limite, donc hyper-sphérique, en ce sens que la courbure s'y trouve comme à la surface d'une sphère. La question d'un espace qui continuerait indéfiniment hors du cosmos n'a plus à se poser. Elle se pose cependant, encore qu'on la sache dépourvue d'objet. Quand j'ai admis que l'univers a une incurvation générale de plusieurs trillions d'années-lumière, et qu'un rayon lumineux, ayant voyagé dans le cosmos des trillions d'années durant, se retrouve à son point de départ, je ne puis m'empêcher de me demander: et après? qu'y a-t-il au-delà de cette courbure immense? C'est, dit Pascal, que «nous connaissons qu'il y a un infini». Disons seulement que nous en avons l'idée, et que si on ne peut affirmer avec certitude qu'il y a un infini, on ne peut non plus affirmer qu'il n'y en a aucun et que l'idée que nous en avons est un préjugé ou une idée préconçue, alors qu'elle tient si fort à notre conscience qu'un espace qui s'achèverait nous semble tout d'abord impensable. A propos de l'infini, Pascal dit que «nous ignorons sa nature». Nous savons toutefois, si la théorie relativiste est vraie, que sa nature n'est point spatiale, ni corporelle ou physique, et que «l'infini en nombre» qu'évoque Pascal n'a pas de réalité dans l'univers où le nombre des électrons, qui représentent chacun la plus petite quantité matérielle, est limité, aussi énorme qu'il soit. S'il y a un infini réel, il n'est ni une quantité ni une étendue.

L'espace existe hors et indépendamment de nous, il apparaît à notre regard comme le milieu extérieur et objectif où les corps se situent et que l'on peut parcourir dans tous les sens. Nous ne voyons pas le temps, nous le vivons, nous l'éprouvons en nous d'abord comme le cours même de notre existence irréversible, et c'est à cette intime expérience que nous confrontons sans cesse les changements qui se font autour de nous. Aussi la pluralité des temps, qui est l'autre notion essentielle de la relativité et s'oppose à notre intuition d'une simultanéité universelle, d'un temps unique pour le monde entier, nous semble-t-elle plus intolérable encore à la raison qu'un espace courbe et fini. Peut-être ne nous sera-t-il pas impossible de nous donner là aussi une lueur d'explication. J'observais tout à l'heure qu'il n'y a pas de temps antérieur au cosmos, c'est-à-dire à l'explosion du noyau primitif et à cet état d'évolution où la matière en se dilatant a produit les intervalles en elle-même de plus en plus vastes où les corps se sont disposés, l'attribution d'une durée quelconque au noyau avant le commencement du monde n'ayant guère de sens, et encore moins, disais-je, l'idée d'un temps qui aurait précédé le noyau originel. Je remarque à présent qu'il ne peut y avoir de temps extérieur au cosmos. Le tout de l'être physique étant contenu en lui, il n'y a rien en dehors de lui qui soit physiquement en quelque manière, pas même le vide, il y a le néant, le néant métaphysique, qui est absence de tout ce qui est ou peut être en quelque manière que ce soit. Nous voyons par là que le temps, bien qu'essentiellement subjectif et psychologique, n'est pas séparable de l'espace cosmique objectif. Nous voyons aussi pourquoi la théorie relativiste conçoit le cosmos comme de structure spatio-temporelle, ce qui signifie que l'espace et le temps constituent en lui un complexe où le temps n'est pas plus indépendant de l'espace que l'espace ne l'est de la matière. Cette dernière remarque nous fait reconnaître qu'un temps unique et homogène, qu'un axe des durées absolu pour l'univers entier, tel que chaque instant soit le même ici et partout ailleurs, n'est possible que s'il y a aussi un espace absolu, identique en tous ses points, indifférent dans son immobilité aux mouvements des masses matérielles. Dans ce cas, les durées des parcours comme celles des phénomènes appartiennent à un même temps mesurable partout au même rythme d'horloge, parce que phénomènes et parcours s'effectuent dans un contenant spatial invariable où nos mètres en quelque lieu que ce soit définissent les mêmes longueurs réelles. La théorie relativiste le nie. J'ai cité l'extraordinaire propos de son inventeur, d'après quoi «la forme des mètres et la marche des horloges doivent dépendre de leur état de mouvement par rapport au système de coordonnées»[5], en précisant que ce sont aussi les dimensions propres des objets comme les durées propres des phénomènes qui varient suivant l'état de mouvement du système. De ce que le temps est dilaté par la vitesse, ce qui signifie que la vitesse ralentit les phénomènes avec les horloges qui mesurent leurs durées, résulte la pluralité des temps associés chacun à un mobile plus ou moins rapide, et si la raison est déconcertée par la notion de temps multiples, l'idée d'une dilatation du temps ou d'un ralentissement des phénomènes d'autant plus considérable que la vitesse est plus grande exalte l'imagination: ainsi a-t-on rêvé d'aller jusqu'aux lointaines étoiles au moyen d'un mobile animé d'une célérité fantastique et dont le temps, comparé au nôtre, se trouverait dilaté ou ralenti au point qu'un de ses jours serait comme plusieurs de nos années. On s'étonne moins de constater que la forme des mètres et celle de toutes choses qu'ils mesurent varient aussi en fonction de la vitesse, se contractent et rapetissent d'autant plus que le mobile est plus rapide, sans que nous puissions nous en rendre compte. C'est cependant à partir de ces variations dans l'espace que s'explique la multiplicité des temps. Il est aisé de comprendre que dans un espace aperçu, suivant notre immédiate intuition, comme le lieu immobile, le support uniforme des corps qui se déplacent en lui, le mouvement relie l'étendue à la durée en imposant à l'observateur la notion tout ensemble de distances à parcourir et de temps nécessaires aux parcours. Mais le temps n'en reste pas moins indépendant de l'espace, et si différentes que soient les vitesses des mobiles en translation d'un point à un autre, les durées qu'ils mettent à parcourir les distances s'évaluent selon une échelle de temps commune à tous: l'observateur cosmique qui suivrait la marche d'horloges rigoureusement exactes, placées sur les divers mobiles, constaterait que toutes avancent synchroniquement, coïncident à chaque fraction de seconde, et que par conséquent l'expression numérique qu'elles fournissent aux observateurs locaux et qui marque pour chacun d'eux le temps vécu, définit aussi sur chaque mobile le temps réel, partout identique. Il n'en va pas de même si l'espace n'est pas ce milieu indifférent que nous percevons, s'il est non le réceptacle immuable mais une détermination de l'énergie matérielle stabilisée, suivant certains états d'équilibre, dans les étendues massives, ou propagées en trains d'ondes, librement, dans les étendues intervallaires qui se sont constituées à partir de l'ouverture d'un astre primitif absolument compact. Celles-ci, bien que beaucoup plus vastes, procèdent de celles-là en lesquelles la matière de l'astre s'est

[5] Albert Einstein.

répartie, et sont soumises de leur part à une influence d'autant plus forte que le point considéré de l'étendue intervallaire est plus proche d'une étendue massive. Ainsi devient-il compréhensible que l'environnement spatial de toute masse dépende, dans sa structure, de l'énergie particulière à cette masse, et donc de la quantité de mouvement dont elle est capable. Ce ne sont pas les mètres seulement et les dimensions des objets, ce sont les grandeurs spatiales et la forme même de l'espace environnant qui varient en fonction de la vitesse, de sorte qu'on peut parler d'espaces distincts afférents chacun à un mobile ou système de référence. Et si on admet que l'espace afférent à un mobile est modifié par le mouvement selon la quantité qui en est produite, on doit admettre que le temps du mobile subit aussi une modification selon cette quantité. Car le mouvement embrasse à la fois l'un et l'autre: s'il a une action sur l'étendue, il agit pareillement sur la durée. L'unité du temps ou la simultanéité universelle est donc liée à l'homogénéité de l'espace: celle-ci étant rompue, la notion du simultané n'a plus cours. Dans cette perspective, comme je le notais plus haut, l'observateur des divers mobiles verrait, ici et là, les durées de phénomènes que mesurerait aux horloges la même expression numérique offrir des grandeurs réelles inégales, tandis que différeraient, ici et là, ou sur le même mobile selon que croîtrait ou diminuerait sa vitesse, la longueur et les dimensions propres des mètres et des objets. Une coordonnée temporelle variable est partout solidaire des trois axes de référence spatiaux, eux aussi variables. Ainsi peut-on se représenter la structure quadridimensionnelle du cosmos.

* * *

Quelle qu'elle soit, une interprétation de la théorie relativiste sera toujours assez vaine, car elle constituera toujours une tentative de retour au concret, donc aux données intuitives et à une analyse rationnelle fondée sur ces données. Tentative vaine, en effet, parce qu'à contre-courant de l'intentionalité scientifique, dont la théorie relativiste est un moment décisif et qui vise à réduire le monde à l'objet en soi, dégagé autant que possible des aspects où il se révèle à toute subjectivité et qui font qu'il existe non en soi, mais pour nous. Que le temps et la durée des phénomènes, comme l'espace et les dimensions des choses soient perçus uniformément en quelque mobile ou système de coordonnées qu'on se place ne signifie pas certainement qu'ils tiennent leur unité de la conscience qui les perçoit partout de la même manière. Le physicien observera que l'unité qu'ils gardent pour la conscience résulte de transformations de nature physique qui s'accomplissent automatiquement à toute variation de vitesse; et peut-être objecterait-on alors que ces transformations, dont on formule mathématiquement le jeu, montrent par leur automatisme même que l'univers spatio-temporel se règle sur notre esprit. Mais cette objection n'est pas probante: l'effet positif, la conséquence directe des transformations, est de masquer à l'esprit les temps propres, les durées vraies des phénomènes, ainsi que les dimensions réelles des objets. C'est ce que signifie l'équivalence, constatée par le maître de la théorie relativiste, des systèmes de coordonnées pour l'expression des lois naturelles qui restent inchangées quel que soit le mouvement du système. Nous savons qu'en fait les durées et les dimensions changent selon l'état de mouvement, et que ni dans le temps ni dans l'espace il n'y a de réalité objective fixe et absolument définie. Que l'on puisse se référer à n'importe quel système pour l'expression des lois naturelles, montre déjà l'indétermination fondamentale de la réalité objective. Elle apparaît pleinement dans l'autre grande découverte de la physique nouvelle, touchant le domaine de l'atome. Tel est le sens de l'entreprise scientifique: la réduction du monde à l'objet en soi, qui est sa visée et sa fin, aboutit à un en-soi objectif au niveau duquel la notion même de loi s'évanouit pour faire place à un probabilisme statistique, de même qu'à toute représentation actuelle ou possible se substituent l'absence et l'impossibilité de quelque figure que ce soit. Là émerge, du gouffre de l'infinitésimal étendu à l'immensité de la matière cosmique, un monde radicalement scindé de l'humain. Là le savoir remplace la connaissance, ceci dit sans les mettre l'un avec l'autre en comparaison de valeur, sans attribuer à aucun de supériorité intellectuelle par rapport à l'autre. Il faut seulement voir leur différence. Essentiellement, elle consiste en ce que la connaissance, qu'elle soit intuitive ou réflexive, qu'elle se propose de décrire ou de comprendre, tend à l'appropriation par l'esprit de l'objet qu'il se rend aussi intime que possible dans la perception ou l'explication; alors que l'objet considéré en soi, dans une extériorité sans nul rapport avec celle où il s'offre à la sensibilité ou à l'intelligence, irréductible, ne livre de lui-même que ce qu'on en peut savoir au moyen de symboles entre lesquels des corrélations purement numériques correspondent en lui à un comportement et à des effets que l'expérimentation vérifie. — J'appelle transcendantale l'objectivité à laquelle le monde est réduit par une physique qui cherche à exprimer ce qu'il est hors de toute apparence où il se révèle à nous et de toute idée où il prend pour nous une signification.

CHAPITRE IV

On qualifie volontiers de précurseurs les philosophes et les poètes anciens qui attribuaient une nature atomique à la matière. En fait, la conception atomiste des penseurs grecs et latins ne ressemble pas plus à l'énergie nucléaire des physiciens modernes que les cosmologies aristotélicienne et scolastique ne ressemblent à l'univers de la relativité. Je ne veux pas dire, ce qui serait d'ailleurs sans intérêt, que de la représentation du monde physique par les anciens à la science contemporaine il y a tout le progrès que la recherche et l'outillage ont réalisé: ce n'est pas d'abord par des moyens techniques et des résultats expérimentaux, c'est dans son intention et son esprit que la physique mathématique diffère de conceptions qu'elle semble rejoindre après vingt siècles, qu'il s'agisse de la composition microcosmique du monde ou de sa structure astronomique.

L'univers, pour le maître du péripatétisme, était un univers fini, comme il l'est pour l'initiateur de la relativité, et de même que celui-ci le décrit comme ordonné partout à une courbure qui ramène tout rayon lumineux à son point d'émission, il apparaissait à celui-là comme circulaire, formé d'une superposition d'orbes allant des planètes aux étoiles, tous contenus dans la sphère céleste. Ce qui distingue foncièrement cette construction du système relativiste n'est pas une différence d'exactitude et de conformité au réel: la finitude de l'univers conçu par le philosophe antique procède de l'expérience sensible et du raisonnement, elle nous est représentable et intelligible. Au plan physique, elle ressort de la théorie dite du «lieu naturel»[1], d'après laquelle les corps, qui sont plus ou moins légers ou «graves», selon qu'ils participent surtout du feu, de l'air, de l'eau ou de la terre, se portent d'emblée vers le lieu qui leur convient et qui est le haut pour les légers, le bas pour les graves: d'où il apparaît que toute la matière existante est réunie en un seul monde dont la Terre, lieu naturel des graves, occupe le centre, et qui ne peut donc être qu'un monde achevé, qu'un monde fini. Nous voyons aussi bien en quoi cette finitude est rationnelle: si l'univers a pour centre cosmographique la Terre, la situation de l'homme y est pareillement centrale dans l'ordre de la pensée et de la sensibilité. Le cosmos du philosophe grec

[1] Aristote.

comporte bien une région supérieure où tournent en silence les corps célestes animés par leur propre élan vers Dieu, Acte pur, premier Moteur immobile; mais le mouvement de ces corps, d'une substance plus inaltérable que le feu, éternelle, semble ne servir à rien qu'à produire sur la Terre la génération et la corruption où se trament nos destinées, et de l'incohérent tumulte d'ici-bas monte aussi vers le Parfait l'aspiration humaine. Lorsque, au concept d'un Dieu impassible et qui ne connaît que Soi, qui n'a point de relation à un monde au-dessous de Lui, où Il ne descendrait pas sans déchoir, se substitua la croyance à un Créateur engagé dans sa création, si anxieux du salut des hommes qu'Il va jusqu'à se faire l'un d'eux, jusqu'à prendre leur condition et mourir pour les racheter, alors, plus que jamais, l'univers parut institué pour notre regard et pour notre compréhension, établi physiquement et intellectuellement autour de cette Terre où chacun de nous reçoit son corps et son esprit. L'idée d'un espace cosmique ou extra-cosmique incommensurable par nature eût semblé absurde en des temps où l'homme, qui apparaissait dans le monde même comme la pensée du monde, en était aussi le lieu géométrique à la place où il se trouvait.

L'infinité de l'espace allait pourtant devenir une notion qui non seulement serait admise par l'entendement, mais s'imposerait à lui. Pour cela, il fallait commencer par reconnaître que l'univers géocentrique et anthropocentrique de la tradition grecque et médiévale n'était pas physiquement réel, que l'univers réel était physiquement hors de proportion avec l'homme et avec la Terre, que l'homme et la Terre n'occupaient quelque part en lui qu'une insignifiante place parmi des myriades d'astres épars sur d'insondables abîmes. Un univers naturellement fini ne se soutient rationnellement que s'il est à la dimension humaine, et il n'est à cette dimension que s'il touche à un au-delà surnaturel en vue duquel l'homme existe et qui assigne sa fin au monde de la nature. Si l'homme n'est pas la mesure du monde, et le monde le reflet fidèle d'une vision intérieure où il s'achève en spiritualité, il n'y a point de raison de croire que ces abîmes aient une limite; il y a au contraire toute raison de penser qu'ils n'en ont pas, et la seule question qui demeure est de savoir s'ils sont peuplés indéfiniment ou si le vide commence, pour ne jamais finir, après quelque ultime poussière matérielle extrêmement éloignée de nous. De toutes manières, c'est un infini spatial objectif qui devait se manifester comme rationnel dès lors que l'observation avait montré quelle position négligeable notre planète et nous-mêmes tenons, du point de vue physique, dans un univers démesuré; et cela non seulement parce que l'interruption d'une étendue qui se creuse à des milliards d'années-lumière n'est pas concevable — où s'arrêterait-elle? et comment? — mais à cause aussi de l'unité de forme qui s'impose à nous spontanément entre notre espace proche et celui qui continue au-delà de toute prospection possible, que ce soit le vide interminable, ou que les mêmes phénomènes et les mêmes lois se reproduisent sans fin dans la matière. Un univers clos et fini, mais non sur un horizon encore humain, et qui propose à l'esprit l'idée d'une finitude résultant à d'inimaginables distances de sa seule structure physique, est un univers irrationnel, et cette idée est sans clarté pour l'esprit. Tel est l'univers de la relativité. Dirons-nous qu'il est absurde? Mais il n'est pas plus absurde qu'il n'est rationnel. Ce que nous pouvons dire est que la description relativiste de l'univers est plus exacte objectivement que ne l'étaient les descriptions précédentes, et plus exacte dans la mesure même où elle élimine l'apport subjectif et humain qui rendait les précédentes plus intelligibles.

* * *

La conversion du monde à l'objet, que la science physique cherche à opérer, je remarquais tout à l'heure qu'elle s'opère au maximum dans la recherche atomique et sous-atomique. Telle qu'elle se propose à l'astronomie, la construction relativiste, si nous n'arrivons guère à la comprendre et à nous la représenter dans l'ordre de l'intelligence et du sens commun, nous permet encore de rêver, laisse du moins place à la fiction. Je puis me voir en esprit transporté dans l'espace-temps avec le dessein étrange de m'évader du cosmos, mais toujours maintenu au-dedans de sa concavité mouvante, ramené par l'implacable circonférence à une vitesse impliquant une telle extension relative de ma durée qu'il faudrait des générations d'observateurs pour suivre, de la Terre, si cela aussi était possible, chaque geste que je ferais, et retournant au lieu de mon départ, et n'y retrouvant pas même le souvenir de ceux que j'avais connus... L'imagination n'accède pas à l'univers de l'atome, car si nos dimensions sont compatibles, malgré une disproportion effarante, avec l'espace astronomique réel, elles ne sauraient se transposer dans une région de l'espace tellement infime qu'on ne peut plus parler de dimensions et même d'espace qu'en un sens purement conventionnel et allusif. On peut encore moins fournir de cet univers une description logique, rationnelle. Cependant l'invention de l'atome fut inspirée à la pensée hellénique par un besoin et un souci de raison. Pour des hommes qui rejetaient ou ignoraient l'idée d'un Dieu créateur, la matière dont le monde est tiré, coexistante à Dieu et comme lui éternelle, avait une importance primordiale. Les penseurs s'interrogeaient sur sa contexture, et l'un d'eux, s'étant demandé jusqu'où il serait possible d'en morceler un fragment quelconque avait conclu qu'elle était divisible à l'infini, que son partage en fractions de plus en plus petites était sans limitation théorique[2]: conclusion que n'admit pas un autre penseur, à qui il sembla qu'une matière sans fond ou sans fondement n'eût donné au monde aucune stabilité, que le monde ne fût pas sorti alors de l'informe[3]. De là est née l'idée de l'atome conçu comme assise de la matière, particule basale parfaitement simple, insécable, indestructible. C'était une vue de l'esprit, dont l'expérience a montré qu'elle concordait peu avec la réalité physique: l'atome non seulement est complexe, puisqu'il est fait d'électrons négatifs distribués autour d'un noyau d'électricité positive, et que le noyau associe en lui plusieurs composants, mais il est aussi divisible et, d'une certaine manière, sujet à destruction, puisque des électrons à tout instant s'en séparent et que le noyau même peut se dissocier.

Je ne rappellerai les recherches accomplies dans le domaine de l'atome que pour éclairer mon propos sur l'intentionalité de la physique mathématique. Aussi bien toute recherche dans ce domaine concourt-elle à la réduction objective transcendantale et à son corrélat nécessaire qui est le retrait progressif de la subjectivité, c'est-à-dire une impossibilité croissante d'accorder les résultats de l'expérience aux principes de l'entendement. On ne peut les accorder davantage au monde des sens, et un premier échec fut constaté à cet égard quand on imagina l'atome comme un système solaire où les électrons satellites poursuivraient autour du noyau central, à des distances relativement comparables à celles qui séparent du soleil les orbites planétaires, une révolution continue avec émission continue d'énergie: image fausse, l'électron ne décrivant pas autour du noyau un cercle ininterrompu mais sautant sans cesse d'une orbite à l'autre, et l'émission d'énergie se produisant non d'une coulée uniforme mais, selon la théorie dite des «quanta», par impulsions, ou paquets, ou jets distincts. Je ne retiens de la théorie, qui concerne les spécialistes, que ce qu'elle nous apprend de la discontinuité et de son importance dans l'univers physique. De récentes et spectaculaires expériences ont familiarisé l'opinion avec l'idée d'une structure granulaire de la matière universelle. Ce bloc de granit qui surplombe un chemin de forêt, j'en contemple le grand corps bleuâtre, je tâte du plat de la main sa face rugueuse. Rien n'est plus opaque au regard, plus dense

[2] Anaxagore.
[3] Démocrite.

au toucher. Je songe qu'il n'y a en lui foncièrement que du vide, et que s'il était possible de le rendre plein en abolissant les intervalles qui séparent les noyaux atomiques où siège presque toute sa masse, il ne serait plus, avec le même énorme poids, qu'un corpuscule invisible. Ainsi en est-il des étoiles et des galaxies et de l'univers entier qui en reviendrait aux dimensions du noyau primitif si toute la matière en était rassemblée par suppression des vastes espaces astronomiques et des espaces infinitésimaux non moins vastes, proportionnellement, dans la perspective atomique. La discontinutié est partout, mais c'est une discontinuité spatiale qui se révèle dans l'extrêmement petit comme elle se manifeste dans l'immense. Et s'il est vrai que l'espace dépend de la matière, ou qu'entre celle-ci et celui-là il n'y a de différence que celle qui existe entre l'énergie stationnaire dans les corps et l'énergie libérée dans le rayonnement — il est vrai aussi qu'il n'y a pas plus de discontuité réelle dans l'extrêmement petit qu'il n'y en a dans l'immense; que les intervalles subatomiques ne sont pas plus vides que ne le sont les intervalles astronomiques; que les uns et les autres représentent une forme dilatée ou une détermination extensive de l'énergie matérielle resserrée dans les grandes masses gravitantes et les fines particules électro-magnétiques. La discontinuité réelle apparaît dès lors qu'on l'évoque, comme fait la théorie des «quanta», dans l'émission de cela même qui est physiquement le principe de toute action et de toute potentialité: l'énergie, rappelons-le, ne coule pas continûment, elle vient par impulsions ou jets saccadés à chaque changement de niveau des électrons, qui ne circulent pas de façon régulière sur la même orbite mais passent par mutations brusques de l'une à l'autre. D'où je pense que quels que soient la puissance des impulsions et leur nombre en un temps donné, il y a entre chacune d'elles et la suivante une lacune, une solution de continuité essentielle, c'est-à-dire ne comportant rien de spatial ni de temporel: de spatial, puisque l'espace est lié à la matière, donc à l'énergie, et que le passage de celle-ci est suspendu dans l'intervalle; de temporel, puisque le temps est lié à l'espace par le mouvement, et que l'énergie étant suspendue, il n'y a alors ni mouvement ni espace. Le «quantum», qui est une constante universelle exprimant la plus petite quantité possible d'énergie émise, et la fréquence, qui est variable et, multipliée par le «quantum», détermine la puissance de l'émission, ont une réalité physique; l'intervalle n'en a absolument pas, c'est un vide sans étendue aucune et un suspens de nulle durée.

Il y a sans doute une haute difficulté pratique à individualiser et localiser des corpuscules dont le circuit s'effectue sur un cent millionième de millimètre, alors qu'ils feraient le tour de la Terre en une seconde. La représentation théorique de l'atome n'en est pas moins nette et stable dans l'hypothèse d'un passage régulier ou d'une émission continue de l'énergie: autour du noyau central solaire, les électrons suivent à leur place et en ordre des orbites séparées les unes des autres par des couches concentriques qui rappellent les espaces ouverts entre les planètes, l'électro-dynamisme jouant à l'échelle infinitésimale le rôle de la gravitation en astronomie. La théorie quantique et la notion de discontinuité ont anéanti cette image trop commode. On ne peut reconnaître avec certitude le même électron en celui qui vient de surgir sur telle orbite et celui qui circulait sur une orbite de palier différent, d'où il serait venu en franchissant la couche intermédiaire dont on ne sait au juste ce qu'elle est, sinon une zone interdite au corpuscule qui jamais n'y séjourne (peut-être cette zone indéfinissable se confond-elle avec l'intervalle entre deux jets d'énergie, dont je disais qu'il n'a pas de réalité spatiale ou temporelle). On ne peut simultanément repérer la position d'un électron dans l'atome et mesurer sa vitesse; il n'est possible de connaître dans la même observation que l'une ou l'autre seulement, et d'une manière fugace, au moment de la mesure ou du repérage. Autant que j'en puisse juger, le point de vue des physiciens sur cet empêchement s'est modifié quelque peu. Il semble que la cause en ait d'abord été aperçue hors du système atomique, dans la projection lumineuse dont on éclaire l'électron pour l'observer mieux et qui aurait pour effet de perturber son comportement par le choc d'un grain de lumière, ou «photon», avec le corpuscule considéré. L'obstacle que signalent aujourd'hui les chercheurs de la microphysique tient non plus seulement à une cause extérieure mais à la structure même de l'atome, et il est tel qu'on ne peut attribuer à l'électron une trajectoire, c'est-à-dire à chaque instant une position dans l'espace. L'adjonction, nécessitée par l'expérience, de la notion d'onde à celle de corpuscule dans l'édifice atomique tel qu'on le figurait, rend impossible objectivement la trajectoire supposée de l'électron et oblige à conclure que celui-ci n'occupe dans l'espace à aucun moment une position précise: du coup, c'est tout l'édifice qui s'effondre, toute description figurative de l'atome qui devient théoriquement impossible.

Le complexe d'ondes et de corpuscules est une vue synthétique qui a porté d'abord sur la lumière, dont certains effets ne s'expliquent que si elle est constituée de grains doués d'un moment, capables d'agir en projectiles: c'est ce qu'il faut admettre quand on voit le rayon lumineux arracher des électrons à la cellule photo-électrique, ou heurter un électron dans sa course et l'en faire dévier. Mais on voit aussi le rayon que l'on dirige sur un écran en le faisant passer par un étroit orifice, s'étaler, se «diffracter» sur l'écran, alors qu'il le frapperait tout droit en face de l'orifice s'il était composé de corpuscules: il faut alors conclure que la lumière est de nature ondulatoire. Un grand physicien de ce temps a résolu le problème en montrant qu'elle est faite non pas de corpuscules seulement, et non pas seulement d'ondes, mais de corpuscules et d'ondes en relation les uns avec les autres: «J'associai, écrit-il, au mouvement rectiligne et uniforme du corpuscule... la propagation dans la direction du mouvement d'une onde plane monochromatique ayant une amplitude constante...»[4]. La forme plane de l'onde n'appelle pas de commentaire: on ne voit pas qu'une onde puisse se propager autrement que sur un plan, que ce plan soit une surface d'eau ou qu'on l'imagine dans l'espace. L'aspect monochrome qu'elle reçoit de l'une des sept couleurs du spectre tient à sa longueur, qui est la distance d'une crête d'onde à celle qui suit, et sa fréquence, d'autant plus grande que l'onde est plus courte. Et plus courte est l'onde et grande sa fréquence — ce que l'on observe en allant du rouge vers le violet — plus le corpuscule auquel elle est associée et qu'elle guide a d'énergie. Ces remarques, mises en formules mathématiques compliquées et précises, ne s'appliquent pas au seul rayonnement lumineux. Elles concernent toutes les radiations, visibles et invisibles, que ces dernières soient dans l'infra-rouge et en deçà, où les ondes hertziennes, par exemple, peuvent atteindre plusieurs lieues de longueur; qu'elles soient dans l'ultra-violet et au-delà, où les rayons cosmiques ont une onde tellement courte que plusieurs millions tiendraient sur une tête d'épingle.

* * *

L'intuition admirable, le coup d'audace du savant physicien a été de transférer à la matière la mécanique ainsi conçue et formulée pour la lumière et les radiations. Celles-ci, considérées d'abord comme de nature purement ondulatoire, sont faites aussi de corpuscules matériels; l'atome matériel, considéré comme de nature corpusculaire comporte, à très petite échelle, des ondes associées aux corpuscules. Et de même que l'on observe l'action du rayon lumineux sur les électrons, on constate la diffraction des particules électroniques: ce qui montre l'identité de la lumière et de la matière. Pour l'une et l'autre, la recherche aboutit à une

[4] Louis de Broglie.

même synthèse accomplie à partir de deux structures distinctes, l'onde et le corpuscule formant, selon l'inventeur de la mécanique nouvelle, «une seule réalité physique», où le corpuscule représente «une sorte de singularité au sein d'un phénomène ondulatoire étendu»[5]. Le sens de cette réalité, son interprétation logique préoccupe le physicien, qui voit bien qu'une contradiction persiste sous l'unité physique qu'il a traduite algébriquement, et que la coexistence des deux modes du phénomène demeure incompréhensible. Cherchant à en rendre compte, il suppose que le corpuscule, placé au centre du phénomène ondulatoire, en est solidaire dans toutes les circonstances qui se produisent au cours de la propagation de celui-ci dans l'espace. «Pour cette raison, écrit-il, son mouvement ne suivrait point les lois de la mécanique classique, qui est une mécanique ponctuelle où le corpuscule subit seulement l'action des forces qui s'exercent sur lui le long de sa trajectoire»[6]. En d'autres termes, les rencontres que fait directement le grain de matière ne sont pas seules à l'influencer; il est soumis également à l'influence des rencontres que fait l'onde qui lui est associée: qu'elle vienne à toucher un obstacle, l'effet qui s'ensuit en est répercuté sur lui instantanément. «Ainsi, ajoute le savant, s'expliquerait l'existence des interférences et de la diffraction»[7]. A vrai dire, ce n'est point là une explication, mais la simple constatation d'un lien entre le corpuscule et l'onde. L'explication n'est donnée que si on montre en quoi consiste ce lien, et c'est ce que tente de faire l'auteur de la mécanique ondulatoire. Ayant dit que l'onde, parce qu'elle a «même amplitude en tout point de l'espace... ne permet aucunement de définir à chaque instant un point privilégié qui serait la position du corpuscule à cet instant», il précise que la répartition uniforme de cette amplitude signifierait que «le corpuscule peut se trouver en n'importe quel point de l'espace avec une égale probabilité»[8]. Le grain de matière posséderait donc à tout moment un ensemble de positions et d'états de mouvement possibles, et l'onde représenterait cet ensemble de possiblités égales. On admet seulement qu'une probabilité plus grande de la présence du corpuscule en tel point se manifeste parfois au moment d'une observation, sans que l'on puisse préjuger de ce que révélera à cet égard l'observation suivante.

Du moins pouvait-on penser que cette interprétation probabiliste de l'évolution du corpuscule et, par conséquent, de la structure de l'atome à

[5] Louis de Broglie.
[6] Louis de Broglie.
[7] Louis de Broglie.
[8] Louis de Broglie.

quelque moment que ce soit, était due à une difficulté peut-être insurmontable mais de caractère tout subjectif, résultant de l'inaptitude de l'esprit à dégager d'un ensemble physique trop complexe les paramètres ou éléments de calcul qui lui feraient reconnaître, entre les multiples potentialités du grain de matière, celle qui doit nécessairement s'actualiser selon le déterminisme affirmé par la physique classique dans la production et la marche des phénomènes. — Mais qu'est-ce que la physique classique? En quelques mots, c'est celle qui donne des phénomènes une image mécanique telle que ceux mêmes qui ne sont pas saisis par la perception sensible sont représentables cohéremment pour l'esprit. La notion de probabilité s'y était aussi introduite, principalement en ce qui concerne les propriétés des gaz qu'on explique par les mouvements des molécules qui les constituent, mouvements dont on sait que chacun d'eux est déterminé bien qu'on n'en puisse prévoir le résultat que globalement dans une représentation statistique, à cause de leur diversité extrême et de leur grand nombre. Cela revient à dire que ces molécules ont toutes, à chaque instant, une position et une vitesse dont la connaissance, si elle nous était fournie par des moyens d'investigation plus parfaits que ceux dont nous disposons, permettrait à l'observateur de l'évolution des gaz d'en énoncer les lois avec certitude, au lieu de fonder ses prévisions sur un calcul de probabilités. Il semble plausible que les particules matérielles dont se composent les atomes soient aussi déterminées en principe, bien qu'on n'en puisse déceler pratiquement les déterminations. Le savant fondateur de la mécanique ondulatoire écrit qu'à l'époque où il concevait sa théorie, «il lui paraissait certain que le corpuscule devait avoir à chaque instant une position dans l'espace et une vitesse, et par suite qu'il décrivait au cours du temps une trajectoire»[9]. S'il en était ainsi, on devrait admettre d'abord que chaque corpuscule dans l'atome se situe et se meut, avec l'onde qui en est inséparable, dans un cadre spatio-temporel continu; ensuite qu'il est régi par le principe causal auquel les phénomènes sont soumis généralement; enfin qu'il possède une existence ou une réalité physique certaine.

Cette manière de voir, qui attribue aux probabilités dans la physique quantique le même caractère subjectif qu'elles ont dans la physique traditionnelle, est contredite par d'autres chercheurs dont la thèse prévaut depuis quarante ans, quoique n'ayant pas persuadé tous les physiciens. Selon eux, la probabilité en microphysique ne tient pas à notre incapacité intellectuelle, mais découle de la nature des choses. La connaissance

[9] Louis de Broglie.

qu'on peut prendre du comportement de la particule élémentaire ne vaut que pour l'observation qui la procure: elle n'est pas donnée en général et de telle sorte qu'on en puisse tirer une prévision pour d'autres observations éventuelles. On ne saurait donc considérer la particule comme décrivant une trajectoire déterminée, ce qui signifie que sa position ou sa quantité de mouvement, constatée à un moment donné, n'est liée par aucun enchaînement causal à la quantité de mouvement ou à la position révélée à un moment antérieur. Et si le phénomène échappe à la causalité, si on ne peut dire de la particule qu'elle occupe dans l'espace à chaque instant un point défini suivant les coordonnées classiques, c'est que la matière à l'échelle atomique ne se présente plus sous l'aspect de continuité qu'elle offre naturellement à l'échelle humaine. De là cette conséquence que les informations qu'on obtient sur les propriétés dynamiques du grain de matière sont toujours approximatives et fragmentaires: une incertitude demeure, non plus subjective, disent les tenants de la théorie, comme l'incertitude où l'on est quant aux mouvements des molécules gazeuses, mais liée à une indétermination constitutionnelle, dont l'origine se trouve dans les objets atomiques eux-mêmes. Ce qui marque le caractère objectif de cette indétermination est qu'elle s'exprime par une formule dont il me suffit de rappeler (car son énoncé mathématique n'importe pas à mon propos) qu'elle présente un élément qui persiste dans tous les cas, une constante: le «quantum» d'énergie, et un élément qui diffère d'un cas à un autre, une variable: la «fréquence». Au plan physique, il ressort de cette formule qui définit les relations entre la position du corpuscule et sa vitesse, que la mesure de l'une est d'autant moins juste que la mesure de l'autre l'est davantage, que la position est d'autant mieux connue que la vitesse l'est moins bien, et inversement[10]. Ce qui m'importe est la conclusion qu'on en tire au plan rationnel: la formule montre que l'obstacle qui s'oppose ici à une connaissance exacte et totale n'est pas dans l'esprit, mais qu'il est opposé à l'esprit par l'objet. Dans le complexe de corpuscules et d'ondes qui constituent la matière, il n'y a pas de paramètres que dissimulerait leur multitude immense et confuse, pas de lois latentes sous un désordre apparent, ni de déterminisme trop compliqué pour être suivi par l'intelligence. Le rapport nécessaire, le lien de cause à effet que l'on constate ou dont on maintient le principe dans les phénomènes encore justiciables de nos dimensions, n'existe plus, même théoriquement, dans le monde des atomes. En physique quantique, ce n'est pas de notre ignorance des élé-

[10] Werner Heisenberg et Niels Bohr.

ments de calcul que découle l'incertitude. Elle réside dans la réalité matérielle foncièrement. — Mais une vue aussi catégorique et tranchante est contestée à son tour par ceux des hommes de science (il en est d'illustres parmi eux) qui n'acceptent pas que l'un des principes directeurs de l'esprit humain cesse d'être applicable dans la nature en quelque domaine que ce soit. La recherche en ce sens n'est donc pas close. Sans doute les chercheurs n'espèrent-ils pas retrouver, en microphysique, la possibilité d'une description causale semblable à celle que l'expérience fournit des phénomènes qui relèvent de la perception et dont on observe de bout en bout le développement formel. Leur ambition est indiquée fort clairement, en quelques lignes, par le fondateur de la relativité: en supposant que leur effort aboutisse, écrit-il, «la physique quantique statistique prendrait dans le cadre de la physique future une position analogue à celle de la mécanique statistique dans le cadre de la mécanique classique»[11]. L'interprétation probabiliste aurait donc, en physique atomique, la même portée que dans la mécanique traditionnelle où elle traduit une incertitude mentale en présence d'effets et de causes trop variés pour qu'on en suive le jeu, de sorte que l'évolution de l'ensemble est seule prévisible statistiquement. Il devrait alors être admis qu'un déterminisme caché existe dans ce chaos d'ondes et de corpuscules, et l'on ne se trouverait pas mieux renseigné sur ses modes ou ses applications, mais le principe du moins serait sauf.

[11] Albert Einstein.

CHAPITRE V

Je ne cherche pas à traiter de la physique quantique ni à rendre compte scientifiquement de son état actuel, mais à en rapporter les données à une compréhension générale du monde. On ne peut le faire dans un exposé suivi et cohérent, alors que cela reste possible pour la théorie de la relativité. C'est qu'une différence remarquable existe entre les deux branches maîtresses de la physique contemporaine. La construction relativiste, qu'on y voie une géométrie ou une mécanique, se fonde bien sur des axiomes auxquels l'esprit ne croit pas spontanément, propose à l'esprit des images qui ne s'accordent pas à ses formes immédiates: univers courbe, à la fois fini et infini, où la droite et le plan n'ont plus de sens, mesures d'espace et de temps liées à la position du mobile et à sa vitesse, dimensions et durées propres aux objets et aux phénomènes et distinctes des dimensions ou durées perçues ou vécues — autant de notions que l'esprit reçoit d'une mathématisation du monde où l'expérience intime et l'explication rationnelle font place à l'empirisme objectif et au savoir. Mais l'univers de la théorie relativiste est naturellement continu et il demeure ordonné au principe déterministe, ce qui maintient son rapport à la conscience humaine qui ne perçoit, n'imagine, ne pense que par causes et effets et dans une continuité. L'indétermination même qui ressort, selon la théorie, de ce qu'il n'y a pas de système de référence privilégié qui exprimerait dans l'espace et le temps une réalité objective fondamentale, est une indétermination aux résultats, si je puis dire, bien déterminés, puisque toutes choses s'y organisent de telle manière que les lois naturelles, quelles que soient la position et la vitesse du mobile où est situé l'observateur, restent pour lui invariantes dans la perception qu'il en a aussi bien que dans leur expression numérique. Ce principe, à la base de la relativité, d'après lequel les dimensions des objets et les durées des événements, à quelque système de coordonnées qu'on se réfère, sont mesurées et ressenties de façon identique, montre encore une adaptation du monde à l'esprit, ou de l'esprit au monde. Au contraire, l'esprit ne prend appui nulle part dans le champ de l'atome, et la formule mathématique qui en exprime l'indétermination foncière signifie qu'on n'y trouve aucun système de référence où se révèle quelque réalité que ce soit, de sorte qu'on se demande si quoi que ce soit de réel correspond au schéma qu'on en propose. Il n'est peut-être pas tout à fait absurde de prétendre soumettre à l'intelligence humaine une région plus éloignée de l'homme que les nébuleuses des confins. Mais à qui l'entreprend, il apparaît que cette tâche n'est en quelque mesure réalisable que dans la discontinuité même qui caractérise ce qu'on veut décrire, par coups de sonde jetés et perspectives ouvertes çà et là, par observations sans lien entre elles qu'il faut noter comme elles viennent et telles qu'elles se présentent, où des aspects parfois inconciliables de l'évidence empirique émergent séparément.

L'univers tel que le décrit la théorie relativiste, encore qu'il nous soit moins intelligible que dans les cosmogonies antérieures, intéresse la compréhension générale du monde. On voit bien pourquoi: c'est que le lieu de notre existence y demeure inclus et que les données de la théorie, étayées par les quelques vérification expérimentales qu'on en peut faire, se rapportent à des formes astronomiques d'espace et de temps qui, bien qu'échappant à nos prises intuitives, contiennent aussi le monde de notre intuition puisqu'au-delà d'elles il n'y a pour nous ni temps, ni espace, ni monde. La notion d'un univers hyper-sphérique où les grandeurs réelles varient selon les mouvements et les positions déconcerte l'expérience immédiate, celle de l'unicité de la durée et de l'infinité de l'étendue, oblige l'esprit à mettre en question ses formes propres, concerne à la fois l'être du monde et l'être de l'existant humain. Il y aura toujours comme un affrontement et une affinité entre le grand cosmos aveugle et l'homme perdu en lui qui le regarde. — L'univers subatomique est dérobé au regard. Il semble, à première vue, n'offrir d'intérêt que pour le physicien, être le domaine exclusif du chercheur spécialisé, que celui-ci s'adonne à la connaissance pure ou travaille à des fins pratiques, en technicien soucieux principalement des moyens d'utiliser l'énergie enclose dans la matière. Quant aux non-spécialistes, lorsqu'ils y pensent, c'est pour craindre les catastrophes que cette énergie peut produire plutôt que pour méditer sur «l'infini de petitesse» dont parle Pascal. Quoi que celui-ci en dise, il n'y a pas un infini de petitesse qui fasse pendant à «l'infini de grandeur», à ce firmament dont l'homme a le spectacle. L'infinitésimal n'est pas perspective d'observatoire, mais objet de laboratoire. Que le corpuscule énergétique n'ait ni position ni trajectoire définie, que l'onde conductrice soit sans réalité intrinsèque et représente seulement les potentialités du corpuscule, cela n'importe pas, semble-t-il, à l'intelligence du monde, à l'acte par lequel un monde opaque s'éclaire avec ses phénomènes et ses lois pour le regard et pour l'esprit. L'importance de l'infinitésimal apparaît à la réflexion quand on le comprend dans la même grandeur où l'astronomie se déploie; quand on songe que toute la matière est faite de ces corpuscules et de ces ondes, et que l'immense ordre universel se fonde partout sur une infinité subatomique dont l'incohérence se répète d'une extrémité à l'autre du cosmos. On cesse alors d'attribuer une certitude absolue aux lois et aux principes naturels qui gouvernent le monde où l'homme existe: lois physico-chimiques et lois de la biologie, lois du mouvement et de la pesanteur, principe d'inertie, principe relatif à la conservation et à la dégradation de l'énergie thermodynamique, lois qui conditionnent le phénomène vital suivant le principe de l'adaptation au milieu, depuis la génération des êtres organisés et leur croissance ou leur évolution jusqu'à leur décadence et à leur mort. Il n'est de principes et de lois que si les effets considérés, qu'ils soient produits par l'expérimentation ou spontanément dans la nature, se réalisent sans exception possible selon un enchaînement causal rigoureux. Dès lors que leur profond substrat se révèle irréductible à la causalité, ces effets apparaissent eux-mêmes comme résultant non plus d'un déterminisme mais de probabilités qui, si fortes ou nombreuses qu'elles soient, laissent quelque marge pour d'autres effets éventuels. Il n'est pas absolument impossible qu'une pierre lancée vers le ciel continue à monter avec une accélération constante, la force attractive s'étant renversée soudain et agissant au rebours d'elle-même; ou que deux corps de températures différentes étant en contact, ce soit la chaleur du plus froid qui se communique au plus chaud, les températures s'écartant ainsi l'une de l'autre au lieu de tendre au même niveau calorique; ou que des lésions constatées dans un organisme et tenues pour irréversibles se réparent d'elles-mêmes fortuitement sous l'effet d'une combinaison de cellules équivalant à un retour en arrière... Non pas impossible absolument, mais très insolite et hautement aléatoire: disons des milliards de chances contre une pour que la pierre retombe, pour que l'équilibre thermique s'établisse, pour que l'organisme meure de ses lésions. Je notais précédemment que cette chance unique, si elle existe (et elle existe sans aucun doute dès lors qu'il y a non une certitude contraire absolue, mais un nombre si considérable soit-il de chances contraires) se réaliserait dans une série suffisamment étendue d'expériences ou de cas. Oui, mais cette série, même si l'expérience était répétée à chaque minute, devrait s'étendre sur une durée qui dépasserait de beaucoup celle de l'existence du soleil, donc de la Terre et de l'homme: c'est évident du moins pour le cas de la pesanteur renversée ou de l'entropie décroissante. Et s'il n'y a pas de raison, comme je le notais aussi, pour que l'effet extrêmement improbable dans chaque cas, mais fatal dans l'ensemble de la série, se produise à la trillionième expérience plutôt que dès la prochaine, il n'y a pas non plus de raison pour qu'il se produise dans la prochaine expérience ou dans quelque autre envisagée particulièrement, son improbabilité extrême concernant chaque cas particulier. Pour que cet effet soit réalisé dans tel cas plutôt que dans n'importe lequel de la série, il faut qu'une raison intervienne afin de le réaliser précisément dans ce cas: une raison, c'est-à-dire une cause par laquelle soit orienté le hasard et maîtrisé le jeu obscur des grands nombres. Cette cause ne peut naître que de l'esprit, c'est l'esprit lui-même quand il entre dans le secret des éléments pour qu'il se concertent avec lui et accomplissent ce qui leur est demandé de contraire aux lois naturelles. Nous sommes alors en présence du miracle. Les uns le qualifient d'absurde, et n'y croient point, parce qu'il constituerait une dérogation à l'ordre de la nature inadmissible pour la raison; les autres y croient et ne l'en considèrent pas moins comme irrationnel, parce qu'une dérogation à cet ordre ne leur paraît admissible qu'au seul regard de la foi. Mais l'ordre de la nature, tel qu'il se manifeste à nous, est issu du désordre que l'on constate au niveau des particules élémentaires dont la nature se compose dans ses profondeurs: désordre cinétique et mécanique essentiel, dont la conséquence est qu'à notre niveau et dans notre monde la prévisibilité des phénomènes, bien qu'on puisse lui accorder pratiquement valeur de loi, n'est prévisibilité que de résultats statistiques qui n'excluent pas l'exception. Le miracle ne transgresse pas les lois et l'ordre naturels perçus par nous. Il fait échec au désordre sous-jacent, il y introduit un ordre qui procède non plus des combinaisons du hasard mais d'une volonté et d'un dessein, pour que soient réunies à tel moment les conditions exceptionnelles d'un phénomène imprévisible à quelque moment que ce soit, et qui cependant est possible à tout moment. Il est vrai que le miracle intervient d'abord pour la foi, et par elle. Mais il n'est ni irrationnel ni absurde. Il est au contraire, et au sens strict du terme, une opération toute logique, la démarche d'un «logos» qui dispose de la matière par ce qu'elle a d'indéterminé et d'incertain. Comment ce «logos», comment l'esprit qui en est capable accomplit cette opération, c'est évidemment ce que nous ne pouvons connaître. Il suffit, si nous n'en sommes pas persuadés par la foi, que nous ne rejetions pas sa possibilité comme déraisonnable. De là nous serons conduits à regarder aussi comme possible un phénomène qui n'a, lui, absolument aucune chance de se réaliser dans le monde par le seul jeu des probabilités, la série des phénomènes s'étendît-elle sur toute la durée du cosmos. Car ce phénomène, si jamais il s'est réalisé et chaque fois qu'il se réalise, résulte d'une toute autre démarche de l'esprit que celle qui agit sur un ensemble de particules matérielles désordonnées et indistinctes pour un effet seulement physique. L'acte que j'évoque est proche de l'intuition créatrice: de même que rien n'a d'existence avant celle-ci, ce qui n'est plus rien désormais est ramené par lui à l'existence; de même que celle-ci implique la pleine connaissance de tout l'être qu'elle instaure, il suppose la pleine connaissance de l'être particulier qu'il restitue. L'univers tout entier surgit de l'éternel «Fiat» primordial. Ainsi, la parole de résurrection coïncide avec l'être même qu'elle relève dans son identité du sein de la matière commune. La dialectique de l'esprit avec la matière ne tend plus alors à introduire un ordre dans le chaos matériel, elle associe la matière à l'éternité personnelle de l'esprit. Et c'est de la plus haute raison qu'elle procède, n'eût-elle qu'une seule fois dans le monde fait échec à l'énorme absurdité de la mort.

* * *

Je ne sais si je m'égare, ou si je touche là au cœur même de la question de l'être qui est celle du rapport de l'homme avec le monde sous tous ses aspects, dont l'aspect physique et mathématique, et avec Dieu qui n'est d'abord que question, mais question inévitable, que l'on retrouve en toutes les autres. On la retrouve dans la question que pose à l'homme la signification d'un monde tout étranger au monde où il existe, et qui apparaît comme le fondement de celui-ci. C'est à ce niveau, dans les plus profonds dessous, me semble-t-il, que le miracle se constitue. Je ne pense pas le définir mieux qu'en disant qu'il est utilisation, ce terme étant pris dans une autre acception que l'habituelle, pour exprimer l'autorité de l'esprit sur la matière convertie et associée à ses fins: autorité qui s'exerce non du dehors au moyen et par l'intermédiaire d'outils et de machines, mais directement, dans une connivence instantanée. C'est tout le miracle, que quelque chose de l'esprit puisse passer dans la matière afin que d'elle-même et comme intimement elle consente à ce qu'il lui demande. Je l'expliquais physiquement, par le jeu des particules matérielles surprises dans leur désordre et disposées de façon à produire, au moment voulu, un phénomène hautement improbable à quelque moment que ce soit, et qui cependant aurait fini à longueur de temps par sortir d'une disposition du hasard. Cette explication n'est nullement essentielle. S'il y avait un ordre dans la matière au lieu de l'incohérence qu'on y trouve, je n'en reconnaîtrais pas moins la rationalité du miracle. Je constaterais alors qu'il substitue, pour un instant, un ordre supérieur à un inférieur: l'ordre d'un choix et d'une liberté à celui d'un déterminisme et d'une loi.

Mais je n'ai rien à constater de tel. Il n'y a ni ordre, ni loi, ni déterminisme décelable au niveau des corpuscules atomiques et des ondes. Je n'y vois pour notre compréhension du monde qu'un élément positif, d'une formidable importance, il est vrai: c'est la communauté de nature que la mécanique ondulatoire a révélée entre la matière et le rayonnement, composés des mêmes ondes et corpuscules énergétiques tourbillonnant sur place dans la matière ou courant par vagues dans le rayonnement sur d'incommensurables distances. L'identité des masses matérielles et des radiations nous fait mieux comprendre non seulement qu'il n'y a pas d'espace vide, mais que l'idée d'un espace vide n'a pas de signification: l'espace ne se distingue pas plus de l'énergie cosmique, représentée par ces radiations et ces masses, qu'une étoffe ne se distingue du tissu dont elle est faite. En partant de cette notion on conçoit mieux aussi la finitude et la sphéricité de l'univers tel que le décrit la théorie relativiste, et qu'il soit sorti d'une nébuleuse, ou d'un astre, d'un atome ou noyau d'atome originel. La référence au noyau est préférable parce qu'elle permet, le noyau étant sans étendue, d'écarter autant que possible l'idée fausse d'un espace préexistant à une nébuleuse ou à un astre et qui envelopperait l'univers, alors que c'est l'univers qui englobe l'espace formé lui aussi de l'expansion de la matière primitive.

Cela posé, il reste que le monde des atomes est un monde d'incohérence, le lieu d'une contradiction qui s'exerce dans la perspective du physicien comme pour ce que j'appelle la compréhension générale. D'ordinaire, une connaissance plus précise de la vitesse d'un mobile aide à repérer plus exactement, sur un parcours donné, la position de ce mobile; et, de même, sa vitesse sera connue d'autant plus précisément que l'on aura fait de sa position un repérage plus exact. Je rappelais que la position dans l'atome et la vitesse d'une particule ne peuvent être connues ensemble avec exactitude, la connaissance de l'une étant d'autant moins précise que celle de l'autre l'est davantage. Cette impossibilité résulterait, selon les physiciens, d'une interaction de l'instrument de mesure avec l'objet atomique qui ne saurait donc être comparé à un objet ou mobile ordinaire qu'on localise ou dont on évalue la quantité de mouvement sans agir sur lui. Je comprends en effet que l'étude des deux aspects du phénomène exige en physique quantique, ainsi que l'écrit l'inventeur des formules d'indétermination, «des arrangements expérimentaux qui s'excluent l'un l'autre»[1], de sorte qu'on doit observer et noter séparément la vitesse et la position du corpuscule. Mais qu'une

[1] Niels Bohr.

meilleure mesure de celle-ci se traduise par une mesure moins bonne de celle-là, et inversement, est un résultat qui contredit l'expérience courante et l'évidence rationnelle. — Une autre contradiction non moins flagrante est manifestée par la coexistence des particules matérielles et des ondes dans les radiations, et, à une échelle réduite, dans les atomes. On conclut nécessairement à cette coexistence du fait que certain phénomènes, comme on le constate mieux pour les radiations perceptibles, c'est-à-dire pour la lumière, ne se comprennent que par une structure corpusculaire du rayon, alors que d'autres phénomènes ne sont explicables que si le rayon se compose d'ondes. Le savant fondateur de la mécanique ondulatoire a fait la synthèse du corpuscule et de l'onde en ce sens qu'il a réussi à représenter leur dualité dans une série unique d'équations: ainsi peut-il écrire que le tout constitue «une seule réalité physique». Il apparaît toutefois que cette synthèse est purement mathématique; que dans cette «seule réalité physique» persistent, de manière incompatible, les deux formes corpusculaire et ondulatoire; et qu'il ne s'agit point là d'une réalité qui, sous deux aspects différents, resterait identique dans sa structure, mais bien de deux structures du réel qui s'opposent radicalement l'une à l'autre. Comme nous l'avons indiqué, l'auteur de la mécanique ondulatoire explique le comportement du corpuscule, principe actif de la radiation lumineuse, par sa solidarité avec l'onde qui le porte: à la différence de ce qui se passe en mécanique classique, où un mobile n'est affecté que par l'action des forces avec lesquelles il entre lui-même en collision, le corpuscule subirait par répercussion l'influence de tout obstacle rencontré seulement par l'onde pilote. Ce commentaire rend-il plus compréhensible le phénomène? J'imagine sur la mer une longue vague emportant avec elle un objet massif, une barque par exemple, et que cette vague se heurte, sans que l'objet soit directement touché, à un obstacle quelconque, récif ou courant contraire; le choc retentit sur toute l'ondulation jusqu'à l'objet dont il modifie le mouvement, d'où je conclus, sans ironie, que l'objet est lié à l'ondulation, que la barque est solidaire de la vague. Il est à peine besoin de préciser que l'objet ne change pas de nature ni de comportement, que la barque reste ce qu'elle est et que sa manière de réagir au choc demeure celle d'une barque. La diffraction et les interférences de la lumière qui résultent du contact de l'onde radiante avec des forces extérieures à la trajecoire du corpuscule, sont des effets de nature ondulatoire. Or, le principe lumineux n'est pas dans l'onde, mais dans le grain de matière auquel elle est associée et qu'elle a pour rôle de conduire dans son mouvement de propagation à travers l'espace. Il faut donc conclure que le grain de matière change alors de comportement et agit comme s'il était une onde: résultat d'autant plus paradoxal qu'il se comporte bien en corpuscule matériel quand c'est lui-même qui heurte l'obstacle, comme dans l'effet où le rayon lumineux projeté sur la cellule photo-électrique en bouscule et chasse les électrons. On objectera, là encore, que ma comparaison de l'onde et du corpuscule avec une vague et une barque est tout à fait grossière et inadéquate, et que celui-ci notamment n'est d'aucune façon assimilable à quelque objet ou mobile que ce soit qui vienne sous nos sens. Je le veux bien, mais alors il ne faut pas dire, comme fait le physicien de l'indétermination, que «de si loin que les phénomènes s'écartent de l'explication physique classique, le compte rendu de l'agencement expérimental et du résultat des observations doit être exprimé suivant la terminologie classique de la physique»[2]. Rendre compte d'un phénomène suivant la terminologie classique, c'est décrire l'expérience qui s'y rapporte en termes propres à représenter ce phénomène à l'imagination et, bien entendu, à en analyser pour l'intelligence la structure et le mécanisme. Il est impossible d'imaginer que le corpuscule puisse, en certains cas, se comporter comme le ferait une onde tout en restant un corpuscule; il n'est pas compréhensible que la lumière soit corpuscule et onde à la fois, ou tantôt l'un, tantôt l'autre, alors qu'elle ne peut être rationnellement que l'un ou l'autre. Mais l'expérience le montre, objectera-t-on encore, nous avons à faire à deux propriétés distinctes du réel dont l'étude exige, comme celle de la position et de la vitesse de l'électron, des agencements expérimentaux réciproquement exclusifs: ainsi devons-nous joindre, à la perspective déterministe où se tient la physique traditionnelle, un point de vue nouveau, celui de la complémentarité, qui embrasse sur différents tableaux l'ensemble de l'observation, la totalité du phénomène. Il est trop aisé de répondre que ce ne sont pas, en l'espèce, les seuls dispositifs expérimentaux qui s'excluent, mais aussi les résultats de l'expérience; que ces résultats, considérés du point de vue simplement et généralement rationnel, semblent moins complémentaires que juxtaposés; et que si c'est d'une même réalité physique qu'on prétend rendre compte, ils apparaissent comme formellement contradictoires. A cette difficulté, insurmontable, d'imaginer et de comprendre, je vois seulement l'explication — encore n'en est-ce pas une au sens habituel du terme — que j'ai proposée à plusieurs reprises et sur laquelle je ne peux me dispenser de revenir. J'ai cité le mot d'un chercheur contemporain déclarant: «plus

[2] Niels Bohr.

l'image du monde physique se perfectionne, plus elle s'éloigne du monde des sens», et que «cet éloignement équivaut à un rapprochement du monde de la réalité»[3]. L'erreur de beaucoup d'hommes de science est de croire qu'un monde physique si «éloigné du monde des sens» qu'il en est inimaginable reste néanmoins intelligible, qu'un monde qui n'est plus susceptible de représentation peut encore être compris et expliqué. Mais il faut bien voir aussi comment ce «monde physique», ce «monde de la réalité» dont la recherche se rapproche en s'éloignant «du monde des sens», et, ajouterai-je, du monde de l'entendement, en vient à n'être plus représentable ni même vraiment intelligible. La réalité dont parle le chercheur n'est évidemment pas tout le réel. C'est le réel saisi selon une optique très spéciale, quand la recherche de l'esprit appliquée au monde tend à le définir, autant que possible, tel qu'il est en soi, c'est-à-dire en dehors de l'intuition perceptive et donc de l'imagination, qui, même si elle ne se fonde pas sur le souvenir de perceptions éprouvées, ne fait jamais que reconstruire les choses comme elles seraient dans les données sensorielles; c'est-à-dire aussi en dehors de l'intelligence logique, qui ne conçoit et comprend que ce qui peut être imaginé et représenté. Que cette réalité expérimentale apparaisse, presque partout, comme réfractaire à l'explication, que sa découverte s'accomplisse, le plus souvent, dans l'incompréhension de ce qu'on observe, cela résulte de la visée même de la conscience qui dégage du monde perçu et intelligible un monde d'où elle s'est retirée, et dont l'objectivité nue n'est exprimable que par l'abstraction mathématique. Ainsi peut-il se faire que les synthèses qui l'expriment dans un système d'équations ne s'étendent pas aux structures concrètes que l'observation en a montrées et qui restent, les unes par rapport aux autres, disparates ou même contradictoires.

[3] Max Planck.

CHAPITRE VI

La contradiction caractérise le projet des physiciens qui veulent maintenir un déterminisme dans la discontinuité du monde subatomique. Il est d'immédiate évidence, il saute aux yeux tout de suite que la relation de cause à effet, pour jouer entre les phénomènes, suppose un milieu de transition et de transmission continu. Il est donc aussi évident qu'à la relation de cause à effet doit se substituer une relation d'incertitude ou d'indétermination, si la continuité du milieu est remplacée par une ambiance naturelle de discontinuité; et les formules mathématiques qui expriment cette relation correspondent à un état de choses où la nécessité causale fait place elle-même à la contingence. Les savants n'en gardent pas moins cette conviction, reçue de la physique classique, qu'aucune science n'est possible sans un déterminisme strict des phénomènes. Aussi certains d'entre eux cherchent-ils à retrouver, en microphysique, un probabilisme analogue à celui qu'on rencontre dans la mécanique classique où les probabilités ont un caractère subjectif, en ce sens qu'elles résultent non pas d'une indétermination réelle des mouvements moléculaires, mais de l'inaptitude de l'esprit à reconnaître des déterminations dans l'extrême complexité de ces mouvements. Pour les savants qui affirment la réalité objective de l'indétermination dans le domaine atomique, la difficulté qu'ils éprouvent pourtant à renoncer au principe causal se manifeste dans cette assertion de l'un d'eux, que «l'idée de complémentarité peut être considérée comme une généralisation rationnelle de l'idéal de la causalité»[1], ce qui ne semble pas très clair. — Avant d'argumenter sur la question de savoir si c'est ou non à une indétermination réelle qu'on a à faire dans ce domaine, peut-être faudrait-il se demander si la discontinuité qu'on y trouve est elle-même réelle ou ne l'est pas. J'ai dit plus haut qu'elle me semblait ne pas l'être, du moins dans la représentation qu'on s'en fait généralement. Quand on tente de figurer le discontinu (l'exemple que j'évoquais tout à l'heure était celui d'un rocher énorme qui se réduirait aux dimensions d'un grain de sable si on en concentrait toute la masse), c'est toujours dans le corps même de l'objet tel qu'il s'offre à notre perception, et que nous imaginons constitué de milliards de particules tournoyant dans le vide. Mais

[1] Niels Bohr.

pas plus que dans l'espace astronomique, il n'y a de vide dans l'espace des atomes où les intervalles entre les corpuscules ont une contexture de forces électro-magnétiques plus serrées que celles dont se composent les champs de gravitation. La discontinuité n'est pas réelle si elle n'est aperçue dans la matière que sous l'aspect d'intervalles spatiaux. Nous en déduirons qu'elle l'est si ces intervalles ont aussi une forme temporelle, comme le constate la théorie d'après laquelle l'émission et les échanges d'énergie s'effectuent non pas sans interruption et continûment, mais de façon intermittente. Une réflexion plus approfondie nous montre cependant que nous ne tenons pas là encore une notion vraie de la discontinuité. Il n'y a pas de discontinuité réelle dans une structure quantique où l'énergie vient par émissions successives, c'est-à-dire dans une continuité de temps transanimatrice où leurs effets se prolongent et qui maintient entre elles un principe d'action constant, un rythme ininterrompu d'évolution. Comment la discontinuité peut-elle être réellement? Ce n'est pas une hypothèse que j'avance à ce sujet. C'est encore moins une affirmation. Je pense seulement qu'il n'est pas impossible de se faire quelque idée de ce que doit être, au niveau de la microphysique, une réalité discontinue, si on commence par voir clairement ce qu'elle ne saurait être. Une telle réalité ne comporte, par définition, aucun milieu par où s'établisse un lien de cause à effet entre des phénomènes. L'idée qu'on en prend d'abord est celle de l'intransmissibilité absolue, qui n'est réalisée que si les solutions de continuité interviennent dans le temps même, et non, comme on les conçoit, entre des impulsions d'énergie distinctes et périodiques dans un flux temporel continu. Mais on ne conçoit d'intermittences que dans la production de phénomènes dont l'un succède à l'autre après un certain laps mesurable. Le temps en lui-même, ou comme tel, le temps pur ne s'interrompt pas; d'un instant donné à un autre il n'y a et ne peut y avoir qu'une suite d'instants transitifs qui composent ensemble une durée constante, homogène. Parler de solutions de continuité dans le temps, c'est parler, semble-t-il, pour ne dire rien qui ait une signification. — J'essaierai de dire ce que cela tout de même signifie, et comment peut se concevoir une discontinuité temporelle sur quoi s'élaborerait la réalité discontinue de la physique quantique.

Plus encore que dans le domaine de l'astronomie relativiste, il est malaisé, en microphysique, de construire un modèle figuratif des résultats numériques de la recherche. Les physiciens considèrent justement que la difficulté tient à ce que l'on tente de transposer, dans l'espace de nos représentations sensibles, des structures liées à un espace qui n'a avec le nôtre rien de commun. Cet espace est dit algébrique, et il y en a de plusieurs sortes: à dimensions multiples, dont chacune correspond à une coordonnée; à un nombre infini de coordonnées et de dimensions; aux dimensions et aux coordonnées indéfinies. Un tel espace n'est descriptible qu'en termes d'équations différentielles, ce qui ne veut pas dire qu'il ne soit rien d'autre qu'équations sur le papier du mathématicien. Le seul formalisme mathématique peut l'exprimer, mais c'est un formalisme que le physicien utilise pour prévoir des phénomènes et produire des effets dont l'expérience, dès lors qu'elle les produit et en confirme la prévision, montre également qu'ils appartiennent à un espace doué d'une réalité physique, encore qu'il soit sans rapport avec celui de nos perceptions et de nos concepts. On constate, en cosmologie relativiste, que des géométries fondées sur des postulats contraires à la géométrie euclidienne, qui s'accorde à l'entendement et aux sens humains, rendent compte plus exactement que celle-ci de la structure spatiale objective. C'est ce qui se passe à l'échelle sous-atomique, dans un retrait plus accentué et caractéristique de la subjectivité. Il y a là non pas seulement un espace, mais plusieurs espaces algébriques qui comportent chacun, sans qu'aucun les intègre tous, certains attributs et dynamiques d'un ensemble qui les totaliserait et constituerait, — d'après certains commentateurs, l'espace réel que n'embrassera jamais notre connaissance. Il semble opportun de confronter, pour ainsi dire, ces trois espaces: l'euclidien, qui convient à nos données concrètes, l'espace de la théorie relativiste et celui de la théorie des «quanta», afin de rendre plus intelligible, s'il se peut, la réalité discontinue de la microphysique.

* * *

Il n'y a aucune difficulté de compréhension pour ce qui est de l'espace euclidien, où nous voyons le prolongement, l'élargissement, l'approfondissement de l'espace qui nous environne et se construit selon trois axes de référence naturellement rectilignes. Aussi rayonne-t-il sans limite concevable, de chacun de nous vers quelque horizon accessible à notre pas, de tous les horizons de la Terre vers un ultime horizon cosmique, et au-delà du cosmos dans une infinité sans horizon, uniformément plane. C'est le lieu des corps, où ils se déplacent et changent sans que leurs mouvements et leurs modifications dérangent en rien son repos et son indifférence: espace absolu, qu'on trouverait identique en quelque point qu'on se situerait, et auquel s'appliquent universellement les mêmes règles rigides et fixes, ses dimensions, ainsi que les grandeurs des objets contenus en lui, étant partout définies par nos mesures terrestres.

A l'unité de l'espace correspond, dans l'univers euclidien, l'unité du temps, qui est autonome par rapport à l'espace et présente, comme lui, un caractère absolu. Ce temps est celui que nous vivons, et dont nos horloges suivent du dehors l'intime passage pour l'exprimer en mesures numériques où coïncident, instantanément et au long de la durée, tous les phénomènes et événements qui surviennent d'une extrémité à l'autre du monde. Le temps réel se confond dans l'univers avec le temps perçu par nous, ou plutôt il n'y a dans tout l'univers qu'un seul temps réel, qui est le nôtre. On le définit par l'idée de la succession, mais son caractère essentiel, qui persiste dans la succession et la fonde universellement, est la simultanéité.

Il est moins facile de parler en termes courants de l'espace conçu par la théorie de la relativité. J'en ai tenté à mesure la description, dont il faut maintenant, pour une intelligence plus claire, rassembler les traits principaux. Sa première caractéristique, de laquelle on doit pouvoir déduire toutes les autres, est qu'il n'est pas illimité comme le serait un espace euclidien. Il se referme sur lui selon une courbure de rayon constant, et cette structure exige qu'il soit autre chose que le lieu des corps, le contenant immobile où ils se meuvent, le support immuable de leurs changements. L'espace n'est pas illimité parce qu'il dépend de la matière, qui est une quantité finie. Allons plus loin: dire qu'il dépend de la matière ne suffit pas, ou n'a de sens que si on le considère comme la forme déliée et ouverte d'une énergie cinétique stabilisée et pleine dans les masses matérielles. Nous en venons à l'hypothèse d'un noyau originel d'énergie inconcevablement dense, dont la dilatation a donné naissance à un univers où l'étendue spatiale, qui nous semble le contenir, est en réalité contenue, étant elle-même issue de cette dilatation. L'image d'une sphère se présente à nous, dont on entrevoit du moins que l'incurvation générale est corrélative à la densité moyenne de la matière primitivement concentrée dans le noyau, et répandue depuis son éclatement, par tout le cosmos. Nous devons faire effort pour admettre que rien n'existe hors de cette sphère que nous puissions percevoir ou supposer. Aussi bien ne doit-on pas l'imaginer sous l'aspect d'une circonférence ayant une courbure périphérique, un arc externe qui dessinerait la frontière entre l'univers physique et le néant métaphysique. La courbure existe partout dans l'espace, et tout point y est situé sur une circonférence. Un mobile, rayon ou corps solide d'où qu'il fût parti, s'il allait droit devant lui toujours suivant un chemin curviligne, retournerait, après une immense boucle, au lieu de départ.

L'autre caractéristique importante de l'univers relativiste est la pluralité des temps. On entend par là que le temps de l'existence humaine, notre temps terrestre ne recouvre pas tout l'univers, que l'instant vécu par nous n'est pas le même qu'en d'autres lieux de l'espace, que les événements qui se produisent au loin ne se synchronisent pas avec ceux qui se passent à proximité, et qu'il en est ainsi parce que les durées réelles seraient là-bas différentes de ce qu'elles sont ici, les unes étant dilatées ou rétrécies par rapport aux autres. Ces différences tiennent aux positions et aux vitesses des mobiles ou systèmes de coordonnées, et on peut en chercher l'explication dans l'idée d'une pluralité d'espaces, idée qui se fonde elle-même sur celle d'un espace dépendant de la matière. Pour la théorie de la relativité, tout se déplace et varie dans l'univers, tout est mouvement et changement, les étendues spatiales comme les corporelles. Il s'ensuit qu'à la notion de forces qui résident dans les corps mêmes et agissent par traction instantanée dans un espace immobile, s'est substituée la notion du champ, qui fait résulter la gravitation des propriétés d'un ensemble physique solidaire en tous ses points et dont les variations associent le temps à l'espace. Les parcours des corps s'effectuent suivant des lignes de translation qui représentent leur chemin le plus aisé et procèdent de tout le milieu gravitationnel. On qualifie justement cette structure de géométrique, mais le principe informateur en est l'énergie universelle d'abord condensée dans le noyau primitif, puis répartie dans les masses gravifiques. Ainsi s'explique le rapport de l'énergie à la masse, et si on admet que les étendues spatiales, créées aussi de la rupture du noyau, sont faites de la même énergie qui compose les masses matérielles, on comprend mieux que des courbures d'espace se forment ou s'accentuent aux environs de la matière, l'espace n'étant à peu près plan que là où elle est absente ou extrêmement raréfiée. L'influence de la matière sur l'espace s'exerce donc d'autant plus fortement que celui-ci est plus proche d'une masse matérielle, et elle s'y manifeste par un effet plus étonnant encore que la formation ou l'accentuation de courbures. Cet effet consiste en ce que les grandeurs spatiales, à l'entour des masses, varient en fonction de l'énergie propre à la masse considérée. Or, l'énergie est aptitude à produire le mouvement, elle est le mouvement même: d'où il apparaît que ces grandeurs auxquelles s'ajustent les instruments de mesure et les dimensions des objets, sont modifiées par la quantité de mouvement ou vitesse du mobile. Dans l'espace de la théorie relativiste, les mètres ne sont plus, comme dans l'espace euclidien, des règles fixes universelles: leur longueur diffère, suivant l'état de mouvement, d'un système de référence à un autre. Ce ne sont plus des règles rigides, immuables: à l'intérieur du même système, selon qu'augmente ou diminue sa vitesse, ils raccourcissent ou s'étirent, se tendent, s'infléchissent comme algues dans l'eau courante.

De la notion d'espaces multiples on passe nécessairement, disions-nous, à celle d'une pluralité de temps relatifs chacun à un système de référence, et ce passage est rendu compréhensible par l'analyse de ce qu'est le mouvement. Nous remarquions que déjà dans l'univers euclidien, où le temps est distinct essentiellement de l'espace et autonome par rapport à lui, le mouvement met l'un en communication avec l'autre, ainsi qu'on l'expérimente dans le moindre parcours que l'on accomplit et qui enveloppe tout ensemble une distance et une durée. Mais le temps ni l'espace n'en sont d'aucune manière influencés. Que dix ou bien soixante-dix mille lieues soient franchies à chaque seconde (c'est à peu près la différence qu'il y a entre la vitesse de la Terre autour du soleil et celle qu'aurait un mobile presque aussi rapide que la lumière), les durées qu'on mesurerait en se référant à l'un et à l'autre système seraient des durées réelles dans un temps homogène, de même que les mesures des objets exprimeraient de part et d'autre des dimensions réelles dans un espace uniforme. Dans l'univers courbe de la construction relativiste, où l'espace apparaît comme le halo prodigieusement dilaté de l'énergie matérielle retenue dans les masses, l'étendue qui avoisine celles-ci varie en grandeur avec l'énergie particulière à chacune d'elles, que traduit une certaine quantité de mouvement. Et si les grandeurs d'espace varient avec cette quantité, les grandeurs de temps doivent suivre ces variations puisque le mouvement unit la durée avec l'étendue; il doit donc y avoir aussi des temps multiples et locaux. Les horloges reliées à deux mobiles de vitesses différentes seraient, pour une même mesure numérique de durée, accélérées ou ralenties les unes par rapport aux autres, et l'accélération ou le ralentissement des horloges se produirait sur le même mobile suivant les variations de sa vitesse. Ici, le temps propre des phénomènes, leur temps réel, est autre que celui qui est chiffré par l'instrument de mesure et perçu par l'observateur. Pour l'univers, la perspective est celle d'une multitude d'amalgames spatio-temporels distincts associés chacun à un mobile ou système de coordonnées, et qui se forment des modifications incessantes de champs de structure énergétique.

* * *

Le rappel de ces images et leur rapprochement m'ont permis de passer de l'univers euclidien, qu'on se représente aisément, à l'univers relativiste, dont la compréhension est difficile. C'est peut-être une entreprise vouée d'avance à l'échec que de prétendre, de ce point de vue, passer de l'univers relativiste à celui du subatomique, à propos duquel les mots du langage courant perdent leur sens. Quand la théorie de la relativité évoque un univers courbe où des parallèles poussées assez loin finiraient par se rejoindre, si malaisé qu'il soit de l'imaginer, je sais du moins que les termes de courbure et de parallèles ont la signification qu'on leur donne communément. Des vocables tels que: courbe, trajectoire, position, dimension, forme, employés pour l'univers de la physique quantique, ne répondent plus à l'idée qu'ils sont appelés normalement à exprimer, ils se dérobent à toute image, à toute notion. C'est que nous atteignons ici au domaine de l'énergie pure ou brute, à une réalité en soi avec laquelle ne s'établit aucun rapport de connaissance qui participe de nos manières d'être.

Il y a cependant quelque chose de commun entre le monde de la microphysique et celui de la relativité: c'est la dépendance de l'espace et du temps à l'égard de l'énergie cinétique, et donc leur modification par le mouvement. Mais nous ne savons si ce temps et cet espace ont une ressemblance quelconque avec ce que nous nommons l'espace et le temps. Nous ne savons pas même si le mouvement est là encore ce qu'il est pour nous, cet intermédiaire entre l'étendue et la durée que manifeste le passage d'un lieu à un autre au moment où il s'accomplit. Qu'est-ce, en microphysique, que le passage d'un lieu à un autre? Qu'est-ce que la durée ou l'étendue? La vanité de telles notions apparaît quand on songe que les grains de matière dans l'atome se déplacent à une vitesse de plusieurs milliers de lieues par seconde sur une aire de plusieurs millioniemes de millimètre. C'est l'inconcevable réunion du strict équilibre statique et du mouvement paroxystique, de l'ubiquité où toutes positions sont occupées au même instant et de l'absence à quelque instant que ce soit de toute position répérable. Je suppose que cet espace d'une part se constitue de l'énergie des corpuscules atomiques, et que ceux-ci d'autre part trouvent en lui les champs nécessaires à leur activité: champs électro-magnétiques, champs nucléaires et peut-être sub-nucléaires si on descend jusqu'aux composants du noyau. Y aurait-il là quelque analogie avec un espace astronomique issu de l'expansion de la matière, où les grands corps se donnent à eux-mêmes des champs de gravitation variables selon leur masse et leur énergie? Les physiciens ont longtemps échoué à unifier dans une seule théorie le champ gravitationnel des grands corps et le champ électro-magnétique des corpuscules, à comprendre dans une synthèse mathématique l'espace astronomique de la relativité et l'espace microphysique des «quanta». Cette unification, un chercheur pense l'avoir aujourd'hui réalisée en partant de postulats et de prémisses théoriques auxquels l'expérience pourrait apporter certaines vérifications[2]. Il n'est pas besoin de souligner l'importance que présenterait, du point de vue scientifique, un système explicatif qui concilierait la théorie quantique avec la théorie de la relativité. Je n'ai pas à en juger à cet égard et ne m'y arrêterai un instant que dans la perspective philosophique et métaphysique où son auteur entend se placer aussi. De toutes manières, je veux dire quelle que soit la valeur scientifique de la thèse, il apparaît qu'elle ressortit à un savoir spécialisé beaucoup plus qu'à la connaissance proprement dite, ce qui signifie que l'unification qu'elle réalise, que l'explication qu'elle propose est de caractère à peu près exclusivement technique, n'aboutit pas à une intelligibilité véritable. La mécanique ondulatoire nous a montré, à propos de la dualité du corpuscule et de l'onde, l'exemple d'une synthèse accomplie dans une série d'équations qui rend compte algébriquement de l'une et de l'autre forme sans que la conciliation rationnelle en soit obtenue pour autant. L'auteur de la théorie dite du «champ unitaire»[3] considère la réalité physique universelle ou l'espace dans son ensemble comme susceptible de géométrisation, et il décrit en effet cette réalité ou cet espace au moyen d'un groupe d'équations géométriques. Mais d'autre part, ajoute le physicien, «on peut obtenir à partir de ces équations ce qui peut être connu en chaque point», et on retrouve alors «la description discontinue de la théorie quantique» en tablant sur deux postulats qu'il appelle principes de quantification d'action et d'espace et qui définissent le point. En termes clairs, nous avons à faire ici à deux structures du réel, l'une continue et géométrique, l'autre ponctuelle et discontinue, entre lesquelles une équivalence mathématique est établie. Le dualisme fondamental de ces structures ou leur incompatibilité logique n'en demeure pas moins, comme il ressort de cette évidence immédiate et fort simple que ni pour l'esprit, ni en elle-même, la réalité ne peut être à la fois continue et discontinue. Nous retombons sur la même difficulté de compréhension que comporte la coexistence de l'onde et du corpuscule, dont le savant fondateur de la mécanique ondulatoire déclarait qu'ils appartiennent tous deux à «une seule réalité physique»[4], ce qui n'explique rien. Cette difficulté, le physicien du «champ unitaire» veut la résoudre

[2] Jean E. Charon.
[3] Jean E. Charon.
[4] Louis de Broglie.

en niant la réalité des corpuscules, en disant qu'ils «n'existent pas dans la nature»[5]. Tout dépend alors du sens que l'on donne au verbe exister, ce qui situe la question sur le plan philosophique au moins autant que sur le plan scientifique. Le physicien distingue entre ce qu'il nomme «le réel», qui serait continu et que représenterait la forme géométrique qu'il décrit, et ce qu'il appelle le «connu», qui se manifesterait dans la discontinuité sous l'aspect corpusculaire que traduit la physique des «quanta». Le «réel» continu et géométrique s'exprimerait au moyen d'équations semblables à celles de la relativité générale, «construite uniquement, écrit l'auteur de la théorie, sur de grands principes de la nature», tandis que le «connu» correspondrait aux équations de la mécanique quantique et serait lié à l'intervention subjective de l'observateur à raison d'un postulat d'allure kantienne, qu'il appelle «principe de limitation de la connaissance». Cette terminologie présente comme telle un défaut de convenance assez sensible: il semble, rationnellement parlant, peu adéquat d'appeler «le connu» ce qui traduit un donné dont on n'a jamais qu'une connaissance incomplète à cause de moyens d'investigation nécessairement imparfaits. Quant au fond, et alors qu'il ne peut s'agir en un tel domaine que de résultats d'expérience interprétables par le seul formalisme mathématique, on ne voit pas, du point de vue concret, pourquoi la structure quantique discontinue serait moins «réelle» qu'une structure continue dont la théorie relativiste fournit la description. L'intervention subjective de l'observateur, à l'échelle microphysique, ne consiste pas à donner une apparence corpusculaire à une réalité qui serait continue en soi; elle aboutit à l'impossibilité d'une information précise sur toutes les propriétés de l'objet atomique, position et quantité de mouvement, à cause d'une interaction de l'appareil de mesure avec le comportement de l'objet. L'incertitude qui en résulte se définit par une formule mathématique ni plus ni moins valable objectivement que quelque autre formule que ce soit, où la relation dite d'indétermination comporte une variable qui dépend du dispositif expérimental, mais aussi une constante universelle exprimant la quantité d'énergie minima et qui est tout aussi objective, tout autant «dans la nature» que la constante représentant la vitesse de la lumière ou que le principe relativiste d'après lequel «toutes les lois de la nature sont covariantes relativement aux transformations des coordonnées»[6], principe que le physicien prend comme l'un des postulats de sa théorie. A propos de ce

[5] Jean E. Charon.
[6] Jean E. Charon.

principe, on remarquera que le physicien, en parlant de la covariance des lois naturelles relativement aux transformations des coordonnées, le définit par ce qu'il présente d'objectif: on pourrait aussi bien le présenter sous une forme subjective, et soutenir qu'il est dans l'esprit plutôt que dans la nature, en parlant de l'invariance de ces mêmes lois quel que soit le système de coordonnées auquel on se réfère. Ce que je veux dire est que le réel, de quelque manière ou par quelque méthode qu'on l'appréhende, offre toujours quelque chose d'anthropocentrique puisqu'en définitive tout passe, à ces niveaux différents, par la subjectivité humaine, depuis le monde de la perception spontanée jusqu'au monde d'un savoir aussi objectivé qu'il se peut. Le sens philosophique de la démarche entreprise par la science est de réduire autant que possible la part d'intervention subjective dans la description des phénomènes, de tendre à la conversion totale du monde à l'objet en s'éloignant de plus en plus d'une intellection fondée sur la représentation sensible, d'amener enfin la connaissance à ce que je nomme un réalisme transcendantal. A cet égard, il est certain que la discontinuité quantique, considérée par rapport à la structure géométrique continue de la relativité, marque un stade plus avancé vers le pur en-soi objectif.

Il faut cependant n'être pas dupe des mots. La question qui divise les savants porte sur l'objectivité ou la subjectivité de l'indétermination observée dans les choses à un niveau où le réel se présente comme discontinu. Je notais que ce problème est subordonné à la question préalable de savoir si la discontinuité que l'on attribue aux choses est ou non elle-même une discontinuité réelle. La notion scientifique du discontinu est assurément peu convaincante, qu'on l'envisage sous la forme spatiale, le vide absolu ayant encore moins de sens physique à l'échelle des atomes qu'à l'échelle des astres, ou sous la forme temporelle, les mutations énergétiques distinctes s'effectuant dans un flux de durée ininterrompue. Une discontinuité réelle ne peut donc être que hors de l'étendue et de la durée. Elle ne se conçoit que dans une perspective ontologique originelle qui dépasse le cadre spatio-temporel où se situe l'empirisme scientifique aussi bien que l'expérience courante. Nous aurons à voir si cette conception est possible...

Pour l'homme dans le monde, dans quelque perspective qu'il se place, une certaine corrélation naturelle existe encore entre l'univers astronomique de la relativité et celui de notre perception, qui est l'univers euclidien. Il n'y en a plus aucune entre celui-ci et l'univers des atomes, qui nous est incomparablement moins connu que l'univers de la théorie relativiste, si une moindre connaissance se traduit par moins d'intimité entre l'esprit qui cherche à connaître et l'objet de la recherche. Je regarde par-delà l'horizon au-dessus de moi. Si loin que se déploie l'étendue, sa configuration est celle de notre milieu spatial immédiat. Que j'imagine un espace immatériel sans borne enveloppant le monde des corps, ou que je le suppose lié à une quantité limitée de matière et englobé dans un univers shérique, la perspective que j'en ai reste fondamentalement la même: ou bien toute ligne droite que j'évoque se prolonge implicitement à l'infini; ou bien toute ligne qui m'apparaît droite est incluse dans une courbure que je dois évoquer ici même et qui se retrouve partout. Dans les deux cas, l'espace s'édifie par agrandissement d'une forme qui, de notre point de vue et pour notre esprit, commence là où nous sommes. Il n'importe guère que cet agrandissement puisse se reprendre sans fin ou qu'un rayon d'univers en limite la possibilité. De toutes façons, les distances ont d'emblée une vastitude telle que les chiffres qui les expriment ne représentent rien pour les sens ni pour l'intelligence. Mais cela non plus n'importe pas. Notre expérience immédiate est que nous sommes mêlés à cet espace, participants d'une immensité où la Terre que nous habitons laisse après elle dans les millénaires l'invisible et indélébile sillage de notre présence. L'aride nuit interastrale peut s'ouvrir à perte de vue et de pensée, il y a quelque part en elle un jour coloré et vivant où se tient l'homme et que les ténèbres cernent en vain. Le nombre qui mesure la profondeur du monde des galaxies, trillions de lieues qu'une radiation à trois cent mille kilomètres-seconde parcourt en des centaines de millions d'années, peut ne signifier pour nous rien de concret, il n'en est pas moins obtenu à partir d'unités fondamentales, lieue, année, seconde, kilomètre, qui tombent sous le sens humain: ce qui reproduit, dans un prodigieux alignement de chiffres, la démarche de l'imagination pour qui l'espace universel prolonge notre espace environnant, et qui voit dans les durées cosmiques le développement indéfini de nos durées. Sans doute la conception relativiste d'une multiplicité d'espaces et de temps, en rompant l'homogénéité que nous attribuons spontanément à la durée et à l'étendue, rend-elle la figure de l'univers beaucoup plus difficilement représentable. Nous discernons cependant, pour peu que notre attention s'y applique, que cette figure diversifiée et plurielle a un fond de structure permanent, que ces espaces et ces temps multiples sont de même et unique essence. L'univers de la relativité diffère de celui que nous percevons en ce qu'une coordonnée temporelle variable y est intégrée partout aux trois coordonnées spatiales de longueur, de largeur et de hauteur, qui varient également: de sorte qu'il apparaît dans son tout comme une continu quadridimensionnel formé d'une multitude de complexes d'espace et de temps distincts et connexes. Mais ces variations se produisent, pour l'espace, dans le cadre des trois dimensions qui nous sont connues et restent telles quelles à nos yeux de l'un à l'autre système de coordonnées, et il en est de même pour le temps, dont la nature spirituelle n'est pas modifiée par les variations de grandeur propre qui résultent des différences de vitesse et de position des mobiles. Nous sommes conduits à observer (c'est là que je voulais en venir) que ces espaces distincts, que ces temps multiples constituent, au fond, un même espace contracté ou distendu, un même temps ralenti ou accéléré dans telle ou telle partie de l'univers. Et soit que la conscience, enveloppant dans le monde tous les phénomènes, en ramène à son unité les longueurs et les temps, soit que des transformations de nature physique dissimulent ou compensent automatiquement pour l'esprit les différences de dimension et de durée, les objets et les événements seraient perçus et vécus, sur quelque bolide avançant librement dans le gouffre avec la rapidité de la lumière, comme ils le sont sur notre planète enchaînée dans sa giration autour du soleil.

* * *

La position de l'homme par rapport au monde de l'infinitésimal est d'une tout autre sorte. Encore est-il vain de parler d'une position de l'homme par rapport à l'infinitésimal. Une position n'est prise précisément que par rapport... ce qui implique un milieu commun aux êtres ou objets disposés les uns relativement aux autres. J'occupe telle position par rapport à un point de repère quelconque devant moi. La Terre à chaque instant a une position relative au soleil. La position du système solaire se définit par rapport au centre de la galaxie, etc. Nous pouvons considérer que les positions, les vitesses, les durées sont rapportables partout à des mesures d'espace et de temps invariantes, de sorte que l'univers relève d'un unique système de coordonnéees; nous pouvons admettre que les grandeurs spatiales et temporelles varient avec les positions et les vitesses, de sorte qu'il y a dans l'univers autant de systèmes de coordonnées que de mobiles: quoi qu'il en soit, notre situation ne change pas, notre condition demeure la même. Ce qui veut dire que quel que puisse être l'agencement, la complexion, la structure de l'univers, nous sommes en lui nécessairement, et que notre existence s'y accomplit, que nos proportions sont contenues dans les siennes qui ne sont elles-mêmes que l'énorme amplification des nôtres. Le télescope de l'astronome est braqué sur un abîme réel, dont Pascal s'effrayait.

L'attraction nous retient d'y choir, mais déjà elle est vaincue, nous voici près du moment où des hommes à chaque seconde d'une propulsion constante verront fuir la Terre derrière eux, et Pascal s'effraierait encore plus à la pensée de celui qui, ayant manqué d'un infime écart le point de retour, tombera vers les astres, à jamais, dans la nuit béante. Le monde de l'homme n'est pas la Terre seulement. Nous appartenons au cosmos, dont les dimensions, je le répète, incluent les nôtres dans leur démesure, et leur sont conformes à travers même les variations de grandeur qu'entraînent dans l'espace-temps les changements de coordonnées.

Le monde subatomique n'est en aucune manière le prolongement du nôtre, il ne continue sous aucun aspect le monde où nous existons, et pour entrer en communication avec lui, pour le connaître même en idée et théoriquement, il ne suffit pas de changer de coordonnées, il faudrait passer à d'autres dimensions que celles où nous avons nos références, et donc changer de structure mentale. Il serait un peu simple de constater qu'on n'ira jamais en exploration dans l'espace des atomes comme on le fera sûrement quelque jour dans l'espace intersidéral. Ce que je veux dire est qu'on ne saurait obtenir une idée valable de l'espace des atomes par rapetissement indéfini de l'espace environnant, comme on se représente l'espace intersidéral en agrandissant indéfiniment par la pensée notre environ immédiat. L'abîme de grandeur, l'abîme de petitesse, et l'homme à l'intersection des deux abîmes, pris entre les deux vertiges contraires qu'ils proposent à son esprit, cela fait image, cela porte. Mais ce n'est pas vrai, il y a bien un abîme de grandeur mais non un abîme de petitesse, les proportions atomiques ne sont pas comprises dans les nôtres comme les nôtres le sont dans les proportions astronomiques. Faut-il donc croire que l'espace de nos dimensions ne comprend que les seuls objets perceptibles? Ce ne serait pas vrai non plus, des multitudes d'objets, qui y sont compris, resteraient imperceptibles sans l'aide de moyens optiques appropriés: ainsi la flore microbienne sous le microscope. Ces objets, cette flore sont trop minusucules pour apparaître à l'œil nu, mais aucune distance ne nous en sépare, ils sont à notre contact, dans l'eau et dans l'air, sous nos mains, dans notre souffle. Des bactéries, des virus flottent autour de nous qui ne sont pas encore décelés par l'observation. Les molécules des éléments ne seront jamais isolées et perçues, et cependant il n'est pas douteux qu'elles se situent dans notre espace tridimensionnel... Voilà que j'hésite sur ces derniers mots, que je me demande pourquoi il me semble indubitable que les molécules se situent dans l'espace de nos dimensions. Définir la molécule comme la plus petite particule chimique d'un élément simple ou d'un corps composé, signifie qu'elle est la plus petite particule représentative de cet élément ou de ce corps tel qu'il se manifeste à notre perception dans le monde des phénomènes sensibles. Pour indiscernable qu'elle soit, une molécule d'hydrogène, élément simple, ou une molécule d'eau, corps composé, est de l'hydrogène ou de l'eau. L'atome ne ressemble en rien à l'élément simple dont il est la substruction ou la clef de voûte, ni au corps composé qui se forme d'une réaction chimique effectuée à son niveau entre deux éléments simples. C'est un état d'équilibre entre un noyau central d'électricité positive et un ou plusieurs électrons satellites comportant une charge négative égale, pour l'ensemble, à celle du noyau, et disposés sur une ou plusieurs couches concentriques, le nombre des électrons et celui des couches déterminant, à notre échelle, les différences qui existent dans la matière: et cela sans qu'il y ait rien d'analogue entre la matière, telle qu'elle nous apparaît avec ses différences, et les corpuscules électroniques qui sont, au contraire, quels que soient les atomes considérés, rigoureusement identiques et interchangeables. Je dois donc compléter la définition que je donnais de la molécule: dire qu'elle est la plus petite particule représentative de tel élément ou de tel corps signifie qu'elle remplit la plus petite portion d'espace qui puisse être remplie, selon nos dimensions, par cet élément ou ce corps. D'où je conclus qu'il n'y a pas de zone infra-moléculaire qui continuerait notre espace dans le sens de la petitesse et où les atomes seraient logés. Pour passer de la molécule à l'atome, de l'espace de nos perceptions, où l'imperceptible n'est qu'extrême ténuité, à l'espace atomique et subatomique, il faut, disais-je, changer de dimensions, supposer un espace qu'on ne désigne encore de ce terme que par convention ou d'une manière allusive, et à propos duquel la qualification de perceptible et d'imperceptible ne signifie rien. Aussi ne peut-on parler d'une quelconque distance spatiale qui existerait entre nous et le monde des atomes. Nous en sommes pourtant plus séparés que des constellations dont nous séparent les distances abyssales de l'astronomie. Nous en sommes séparés par toute l'incommensurable dissimilitude qu'il y a entre le monde tel que la subjectivité le révèle ou le constitue selon l'intentionalité qui lui est propre, et le monde qui résulte du retrait de la subjectivité, dès lors que la démarche scientifique, dans un immense effort de recherche mais selon une visée intentionnelle inverse, tend à réduire le monde révélé ou constitué à l'en-soi pur, à l'objet transcendantal descriptible seulement par l'algorithme.

CHAPITRE VII

En disant de l'espace atomique qu'il est à plusieurs dimensions, ou qu'il en comporte une infinité, ou que ses dimensions sont indéfinies, on exprime, du point de vue expérimental, cette idée qu'il n'a de rapport ni avec notre espace intuitif, qui se construit dans l'univers selon trois coordonnées invariantes, ni avec l'espace de la relativité, auquel est joint une variable temporelle qui forme avec les trois coordonnées spatiales un univers à quatre dimensions. Il faut admettre d'abord que ce que nous appelons longueur, largeur, et hauteur ou profondeur, n'a rien qui lui corresponde dans l'espace des atomes, dont on ne saurait même assurer que la définition classique de l'étendue lui soit applicable. L'idée que nous avons de l'étendue est celle d'une composition de parties à la fois rigoureusement similaires, chacune d'elles étant indiscernable des autres, et rigoureusement distinctes, aucune ne pouvant coïncider avec une autre, n'étant superposable à quelque autre que ce soit. C'est la similitude des parties qui fait que les objets occupent, dans l'espace concret, des positions relatives les unes aux autres; c'est la distinction, la non-coïncidence des parties qui fait que deux objets ne peuvent, au même instant, occuper une même position dans l'espace, et qu'un objet, qu'il soit en mouvement ou immobile, ne peut y occuper à chaque instant qu'une seule position. Il n'est pas certain que cette structure, qui permet la différenciation comme elle empêche l'ubiquité, se retrouve dans l'espace atomique et subatomique. Celui-ci se présente, disions-nous, sous diverses formes algébriques dont chacune exprime certains caractères et propriétés qu'un espace réel inconnaissable rassemblerait totalement. Je ne crois guère à cet espace total inconnaissable, mais il reste que plusieurs structures spatiales coexistent au niveau des atomes, et le fait même de les présenter comme les formes diverses d'une réalité physique qui les contiendrait toutes montre que ces structures ne sont pas seulement des entités algébriques, qu'elles ont aussi une réalité. La similitude des parties de l'espace, dont résultent les positions relatives des objets, n'est donc pas sûrement à ce niveau une idée encore valable. On n'est pas sûr non plus que la complexion de l'espace atomique soit telle que la différenciation y soit permise et l'ubiquité interdite, comme on le voit dans l'espace de nos dimensions. Que le corpuscule, guidé par l'onde, puisse se trouver en n'importe quel point de l'espace avec une probabilité égale, cela veut dire qu'il n'est à chaque instant nulle part parce qu'il est partout au même instant, qu'il n'a à aucun moment une position déterminée parce qu'il passe simultanément par toutes les positions possibles. Quant à l'onde qui lui est associée, son rôle semble encore plus étrange. On doit lui reconnaître une réalité physique, puisqu'elle a une longueur et une fréquence; mais si elle se définit comme la représentation de l'ensemble des potentialités du corpuscule — ce que donne à croire la répartition uniforme de son amplitude — elle n'a pas de réalité propre, elle n'existe que par le corpuscule qu'elle représente de cette manière. D'autre part, c'est l'existence d'une onde représentative de toutes les positions possibles du corpuscule qui fait que celui-ci demeure pour ainsi dire toujours introuvable. Ces conséquences extrêmement singulières ne sont pas dues au seul comportement d'un corpuscule et d'une onde qui participeraient d'une étendue encore intelligible; elles proviennent sans doute aussi d'un ensemble dynamique qui n'a rien de commun avec ce que nous nommons l'étendue, et qu'on n'appelle encore un espace que faute d'un terme plus adéquat. L'astronome se tourne vers un infini de grandeur où les images de corps situés au loin sont saisies par des moyens optiques et photographiques. Personne n'a jamais vu et ne photographiera jamais un corpuscule ni un atome, non parce qu'ils sont trop loin dans la petitesse mais parce qu'ils ne relèvent pas de nos dimensions, parce qu'ils appartiennent à un monde tout dissemblable du nôtre, dont les éléments, projetés un instant très bref dans le monde des phénomènes que nous observons, se laissent seulement supposer par le chercheur. Un physicien célèbre avait fini par ne plus croire à l'existence de l'onde et du corpuscule[1]. Il avait tort. La vérification d'hypothèses inspirées par les résultats déjà acquis, la prédétermination d'effets que l'expérience suscite ou au contraire l'apparition imprévue de particules et de champs nouveaux, la résistance aussi bien que la réductibilité de l'électro-dynamisme à une mathématisation — tout montre qu'il y a là un milieu objectivement réel. Mais cette réalité s'évanouit aussitôt que l'on tente d'en fournir une image sensible ou une explication logique. L'entreprise paradoxale de la science, disais-je, est de tendre à une connaissance de l'objet aussi rapprochée que possible de ce que serait celui-ci s'il pouvait être sans l'intervention d'aucune activité subjective. Cette connaissance s'éloignera donc de plus en plus de celle de l'objet tel qu'il est pour la conscience qui le

[1] Erwin Schroedinger.

perçoit ou le conçoit; elle sera de moins en moins figurative et de moins en moins rationnelle.

* * *

Les savants se demandent si la notion de probabilité, en physique quantique, répond à une indétermination réelle, inhérente aux choses elles-mêmes, ou si elle exprime simplement une incertitude de l'esprit devant un état de choses trop complexe pour qu'on puisse y reconnaître des déterminations. Cette question est liée à la discontinuité de la matière, constatée au niveau des atomes. Je pense donc qu'il faut se demander d'abord si cette discontinuité est réelle, si la matière dans ses éléments premiers est réellement discontinue.

Nous remarquions que la discontinuité est généralement aperçue dans une perspective spatiale, sous l'aspect de corpuscules atomiques menés par des ondes et tourbillonnant dans le vide là où notre perception est celle d'un corps massif et compact. L'union du corpuscule avec une onde n'intéresse pas seulement le photon lumineux et l'électron; elle s'étend à tous les corpuscules qui foisonnent dans le monde électromagnétique, constitué de trillions de grains de matière qui se meuvent fantastiquement dans des trillions de radiations et que séparent, compte tenu de leur volume, des intervalles comparables aux espaces intersidéraux. L'idée du discontinu s'impose donc, avec d'autant plus de force qu'on imagine ce qui adviendrait si ces intervalles étaient supprimés, et qu'un corps d'homme, par exemple, serait alors réduit aux proportions d'un de ces fétus dansant dans un rayon de soleil. Mais nous observions aussi que les intervalles entre les corpuscules sont chargés d'une énergie bien plus dense encore que celle qui remplit les intervalles astronomiques, et que l'espace des atomes est lié à la matière plus que ne l'est celui de la théorie relativiste, car la matière, ici, est l'énergie même à sa source et dans son principe. La découverte, dans l'espace atomique et subatomique, de champs énergétiques dont le nombre ne cesse d'augmenter, montre bien qu'il n'y a là nulle part de vide réel. Quant à l'image d'un corps qui se trouverait réduit à des proportions infimes si les intervalles qui séparent les corpuscules étaient abolis, elle évoque la possibilité d'amener, par rupture d'équilibre, les électrons périphériques de chaque atome contre le noyau central, et ainsi de précipiter les uns contre les autres touts les atomes qui composent ce corps. Cette image montre qu'on pourrait obtenir une pleine concentration de l'énergie matérielle dont les intervalles atomiques sont une manière d'être ou une forme expansive, comme le sont aussi les intervalles astronomiques; elle ne signifie nullement une discontinuité préalable à cette concentration, qui n'existerait que dans l'hypothèse où les intervalles entre les atomes et dans les atomes étaient absolument vides: hypothèse dont il va sans dire qu'elle n'a aucun sens. Considérer le discontinu dans la matière sous l'aspect spatial, c'est rapporter le discontinu aux données de notre perception, là où ces données n'ont que faire; c'est voir se disposer les corpuscules atomiques comme nous voyons, dans l'étendue sensible, les corps se situer à de certaines distances les uns des autres. La discontinuité réelle n'est pas dans les intervalles entre les grains de matière, qui sont de l'énergie matérielle comme les grains de matière eux-mêmes; elle n'est pas dans l'espace où les grains de matière se meuvent et qui se compose de champs de force, électro-magnétiques, nucléaires, etc., dont chaque point réagit avec l'ensemble. Peut-être la discontinuité ne se trouve-t-elle en aucun espace algébrique considéré séparément, mais dans la totalité des espaces que l'on nomme algébriques parce qu'ils ne sont assimilables en rien à notre espace intuitif et ne se décrivent qu'en termes mathématiques. Au contraire de l'espace de la théorie relativiste, qu'on percevrait et mesurerait partout de la même manière parce qu'il n'est, malgré les variations de grandeur locales dues à l'état de mouvement, qu'un seul espace aux mêmes aspects structuraux et attributs fonctionnels, les espaces algébriques qui constituent le milieu des atomes sont de structures et de propriétés diverses, inconciliables peut-être. Il faudrait supposer alors que ces espaces coexistent partout et ne se rejoignent nulle part, qu'il n'y a point de passage ou de communication de l'un à l'autre, mais des lacunes marginales, des franges de vide absolu. Mais le vide, même absolu, ne serait pas rien: ce serait de l'espace encore, nous en avons une claire représentation en imaginant l'univers dans une étendue illimitée absolument nue à des milliards de lieues au-delà des dernières galaxies, où cesseraient toute matière, toute radiation, tout magnétisme. Pour qu'il y ait réellement discontinuité, il faut qu'il n'y ait plus d'espace du tout: ce ne sont pas des zones physiquement vides, c'est le rien essentiel, le néant au sens ontologique et métaphysique du terme, ce sont des phases de rien ou de néant qui interviennent dans la matière cosmique. Le rien n'est pas représentable. Le néant n'est pas intelligible. On ne peut ici que suggérer en prenant pour base certaines notions encore susceptibles d'éclairement.

La discontinuité n'est réelle, disais-je, que si le milieu de transmission naturel des phénomènes fait place à une structure qui suppose d'abord l'intransmissibilité, d'où il suit qu'à la nécessité causale se substitue l'indétermination. Et s'il est vrai, comme j'ai tenté de le montrer, qu'une telle structure ne se réalise pas dans l'espace, je dois admettre qu'elle est essentiellement temporelle, qu'il n'y a de solutions réelles de continuité que celles qui affectent le temps. La physique quantique l'admet en ce sens que l'émission, les échanges, les variations d'énergie, selon elle, ne s'effectuent pas d'un seul tenant mais par saccades, par impulsions séparées et distinctes. Il apparaît toutefois que ce sont les phénomènes d'émission, de variation et d'échange qui sont produits distinctement et séparément: ils se succèdent dans un courant de durée qui les relie l'un à l'autre selon un processus évolutif ininterrompu. La discontinuité que manifeste l'intermittence de ces phénomènes n'est donc pas plus réelle ou plus vraie que celle qui est représentée par l'intervalle constaté entre les corpuscules électrodynamiques. Je dirai du discontinu temporel ce que je disais du discontinu spatial, qu'il n'a de réalité que si c'est dans le temps même que les solutions de continuité interviennent, que si c'est le temps même qu'elles abolissent. En parlant de phases de rien ou de néant, je songeais au temps plus qu'à l'espace qui est possibilité de parcours et cesse d'être si le temps n'est plus, aucun parcours, dans cette hypothèse, n'étant possible puisqu'il impliquerait une participation temporelle, une durée. Je n'entends pas accorder une sorte de primauté au temps sur l'espace, alors que tous deux constituent, dans le monde dit infinitésimal, un complexe plus indissoluble que dans l'univers astronomique. Je veux dire que c'est à partir du temps que l'on arrive sinon à se représenter, du moins à comprendre en quelque manière ces ruptures essentielles, ces défauts d'être, ces comas ontologiques par quoi s'élabore une réalité discontinue.

Pas plus que l'espace des atomes ne ressemble au nôtre, le temps atomique ne ressemble à celui que nous percevons. Le physicien déclare qu'on ne peut attribuer une trajectoire au corpuscule, qu'on ne peut le considérer comme ayant à chaque instant une position dans l'espace: ce qui signifie qu'il n'occupe aucune position dans une étendue que nous puissions définir, et ne passe non plus par aucun instant dans une durée qui nous soit intelligible. Le temps atomique aussi ne se décrit qu'algébriquement, et la variable qui l'exprime dans l'équation joue le même rôle que les variables d'espace qui traduisent des grandeurs ouvertes sur toutes directions, alors que le temps perçu n'en a qu'une, irréversible. Je dois admettre cependant que le temps des atomes, qu'exprime le paramètre algébrique, a en commun avec celui de notre intuition l'irréversibilité sans laquelle on ne pourrait le nommer un temps. On voit mal comment s'établit un ordre transitif sans régression possible, tel qu'est l'ordre temporel, dans un monde où il n'y a pas d'événements discernables et dont on ne peut affirmer avec certitude que son état actuel se rattache à un état antérieur, ni même qu'il possède un état actuel, étant composé de particules indistinctes et d'ondes qui n'ont pour raison d'être que de représenter l'ensemble des potentialités de ces particules. L'irréversibilité du temps atomique se manifeste seulement dans les effets que l'expérimentateur amène du monde des atomes au monde de nos perceptions: qu'il s'agisse des plus intimes transmutations d'éléments ou de réactions chimiques superficielles, la durée de l'observation est celle de l'effet lui-même qui se poursuit dans une continuité d'instants dont l'un précède nécessairement l'autre. Mais on peut penser tout aussi bien que la durée de l'effet est celle de l'observation, ce qui veut dire que le phénomène d'origine atomique, en apparaissant à l'observateur, est intégré, comme tout phénomène sensible, dans notre temps subjectif. Il est donc indispensable de distinguer dans le monde des atomes un ordre sans retour en arrière qui soit l'indication d'un temps intrinsèque à ce monde: temps que je qualifierai d'objectif, entendant par là qu'il n'est pas celui que nous percevons et relève non de la connaissance intuitive mais d'un savoir. C'est en lui qu'interviennent les solutions de continuité qui sont au fond de la réalité physique.

* * *

Cet ordre propre à l'univers atomique, étranger à la vie subjective et qu'on peut cependant nommer temporel puisqu'il est doué de l'unité de sens qui caractérise le temps, est indiqué nettement par la constante qui fonde la dynamique des «quanta». Je rappelle ce que sont les «quanta» et ce qu'est cette constante. Il résulte de l'expérience que l'émission, ou l'échange, ou la variation d'énergie dans l'atome et dans le rayonnement s'effectue par jets séparés et sous la forme de grains, le «quantum» étant une constante universelle dont la mesure correspond à la plus petite quantité d'énergie concevable. On a remarqué que l'extrême petitesse du «quantum», de cette constante, atténue ce que l'on peut voir d'irréductible entre la continuité du monde où nous existons et la discontinuité du monde atomique. Mais c'est bien une impression visuelle que produit cette image de jets et de grains, c'est une perspective spatiale, non un ordre temporel qu'évoque l'idée de quantité. L'indication du temps, nous la trouvons dans une définition du «quantum» plus proche de celle qu'on donne de l'énergie quand on cherche non à l'analyser dans ses composants physiques, mais à exprimer sa signification générale. Elle se définit alors comme aptitude à réaliser une œuvre, à accomplir une action. Le «quantum» mesure d'abord le minimum d'action qui puisse être accompli dans chacun de leurs avatars innombrables par le corpuscule matériel et par la particule de lumière. L'idée d'action étant inséparable de la notion de durée, aussi bien dans le monde subatomique que dans celui de notre existence, le «quantum» d'action réprésente, à l'échelle de l'atome, le passage d'un sens irréversible, et comme ce «quantum» est une constante, comme il se répète partout dans l'énergie universellement pareille à elle-même, il montre que l'énergie considérée dans sa totalité cosmique est orientée temporellement, cela sans qu'il y ait à rechercher si elle se dégrade, ainsi qu'on l'observe dans la physique classique, ou si elle se reconstitue, comme on l'admet parfois dans la physique nouvelle. Constante d'action et de temps, le «quantum» représente aussi un minimum absolu dont l'énergie des corpuscules est toujours un multiple: comme tel, il est le signe d'un fractionnement dans l'action, d'une interruption dans le temps. Dire que l'énergie est émise par intervalles, c'est constater que sa production même est discontinue et que chaque émission d'énergie, dans chacun des trillions de systèmes dont se compose le cosmos, est une création nouvelle tirée du néant de chaque intervalle.

Voilà que se pose une question de langage. Le physicien parle d'échanges, de variations, à la rigueur d'émissions d'énergie, il n'use pas des termes de production et de création dont je viens de me servir. La terminologie qu'il emploie répond à son dessein et aux résultats qu'il recherche, puisqu'il se propose, en physique quantique comme dans la physique traditionnelle, d'observer et de noter des phénomènes, c'est-à-dire des modalités, des comportements. Mais au niveau quantique, qui est aussi proche que possible de l'en-soi, nous sommes, disais-je, au principe, à la source de l'énergie, ce qui revient à dire, si on réserve le recours à une volonté créatrice, que l'énergie est en soi principe et source d'elle-même, que l'action accomplie par elle et l'œuvre que cette action réalise d'abord dans toute les parties du cosmos sont une auto-production perpétuelle, dont les échanges, les variations, les transformations sont les procédés observables. Le «quantum» d'action, qui se retrouve dans tous ces phénomènes comme l'indication d'un sens et d'un temps, est à cet égard représentatif d'une production constante de l'énergie cosmique, et il est aussi, comme minimum d'action absolu, un signe de discontinuité, une constante universelle de rupture dans la production de cette énergie. L'image de pulsations, d'impulsions périodiques vient alors à l'esprit. On commence par se représenter toute action énergétique, échange, mutation, variation de niveau, comme un phénomène extraordinairement bref alternant avec un moment aussi bref d'inactivité. Et de même qu'on voit une atténuation de l'influence du discontinu spatial dans l'extrême petitesse de la constante envisagée comme mesure de quantité, on est tenté de penser que l'extrême brièveté du minimum d'action indiqué aussi par le «quantum» atténue la valeur de la discontinuité temporelle. C'est là, je le répète, supposer entre des phénomènes de durée mesurable un laps de temps également mesurable, et comprendre le discontinu comme une suite de phénomènes intermittents au cours d'une durée continue. S'il en était ainsi, ce ne serait pas à une discontinuité réelle qu'on aurait à faire. Mais c'est, en réalité, la production de l'énergie qui est intermittente. Nous avons vu, à propos de la théorie relativiste, que le temps est uni par le mouvement à l'espace et dépend avec lui de l'énergie matérielle. En disant que la production de l'énergie est intermittente, c'est le temps qu'on met le premier en cause. Cela veut dire non pas que des phénomènes distincts apparaissent dans une continuité de temps, mais que le temps, au niveau subatomique, s'égrène en instants qui se présentent chacun comme radicalement distinct, étant coupé de tout autre instant par une césure absolue ou phase non transitive, correspondant à un point d'arrêt de l'émission, où le temps est résorbé et annulé.

Telle est du moins une première approximation de la discontinuité temporelle comprise comme discontinuité dans la production de l'énergie cinétique, et qui prend pour l'observateur l'aspect d'émissions successives: l'intervalle entre les émissions se caractérise non par l'absence momentanée de mouvement et d'action, qui suppose encore le temps et l'espace, mais par l'impossibilité de tout mouvement et de toute action, qui signifie l'abolition du spatial comme du temporel. Cet intervalle n'est mesurable ni par mètre ni par chronomètre: c'est ce que j'exprimais plus haut en le nommant un vide sans étendue aucune et un suspens de nulle durée, entendant par là qu'il est en soi aussi faux de lui attribuer un millionième de seconde ou de millimètre qu'il le serait de l'estimer à un million d'années ou de lieues. Il devient donc évident que ce suspens ou ce vide n'est représentable d'aucune manière, car on ne pourrait le représenter que dans une intuition positive de temps et d'espace, alors que de ce point de vue il n'est rien que d'absolument négatif. Et l'on n'en peut avoir connaissance que négativement, à raison de la question que posait le philosophe antique et qui contient en elle-même sa réponse: comment ce qui n'est pas pourrait-il être connu? Nous nous reporterons encore à l'univers de la relativité, univers spatio-temporel sphérique au-delà duquel il n'y a ni espace ni temps parce que l'un et l'autre procèdent de l'énergie matérielle et que celle-ci est en quantité finie. Au-delà est le non-être, le néant métaphysique, ce qui revient à dire que l'univers est sans au-delà. Et bien! C'est aussi l'absolu néant, le non-être métaphysique qui intervient dans la production de l'énergie cosmique, de telle sorte qu'entre chaque émission et celle qui lui succède le temps se résout avec l'espace dans un hiatus d'où l'énergie de liaison est absente.

* * *

Je pense avoir exprimé assez nettement ce que me semble devoir être la discontinuité de la matière aperçue dans l'univers atomique et subatomique: elle est temporelle avant d'être spatiale et se réalise d'abord dans la production de l'énergie, une pause absolument adynamique et de durée nulle s'intercalant partout entre deux moments d'action énergétique intense. Cela dit, je comprends que l'idée du discontinu, telle que je viens de l'énoncer, si elle n'est pas totalement fausse n'est pas vraie non plus et qu'il n'est pas possible de s'y tenir, qu'on y arrive comme à la première ébauche encore erronée d'une notion exacte et définitive. Il ne me sert à rien de dire que l'intervalle entre deux moments d'énergie n'est pas mesurable dans le temps, si je persiste à situer ces moments eux-mêmes dans une relation chronologique, l'un étant représenté comme antérieur à l'autre, et ainsi de suite. En parlant de moments d'action ponctués d'intervalles suspensifs, d'hiatus de continuité, je n'ai fait que réintroduire la notion de durée dans l'intervalle, que rétablir le temps dans l'hiatus, puisque je supposais la succession des moments, la périodicité de l'action: c'était, en somme, revenir implicitement à l'idée de phénomènes distincts dans une continuité temporelle. Une notion exacte du discontinu doit exclure celle d'une suite d'instants, celle d'une alternance d'action et d'inaction, celle d'une périodicité quelconque dans l'émission ou la production de l'énergie. A l'observateur placé avec ses appareils dans le monde continu de nos dimensions, l'univers discontinu des atomes apparaît comme une succession de phénomènes quantiques instantanés que l'on parviendra peut-être, en les considérant non isolément mais par ensembles de systèmes, à comprendre dans une continuité statistique où le principe déterministe, qui est d'essence temporelle, se trouvera rétabli au moins théoriquement: l'observateur aperçoit cet univers non pas tel qu'il doit être s'il est réellement discontinu, mais d'un point de vue toujours à notre niveau, dans une temporalité qui relie les phénomènes l'un à l'autre ainsi qu'il ressort de ce que certains effets en sont prévisibles ou prédéterminables. Il n'y a réellement discontinuité que si aucun phénomène n'en annonce ou continue un autre selon quelque ordre évolutif et dans quelque milieu de transmission que ce soit: aussi disais-je qu'en chacun des innombrables systèmes cosmiques, chaque émission d'énergie est tirée du néant de chaque intervalle comme une création entièrement nouvelle. L'intervalle n'est ni temps ni espace, il signifie au contraire l'absence et l'impossibilité de l'espace et du temps, ce qui est inimaginable mais pas plus que leur absence et leur impossibilité au-delà d'un univers conçu comme courbe et fini. La condition nécessaire du discontinu est qu'il ne comporte, sous aucune forme, de cadre où des objets puissent prendre les uns par rapport aux autres une position spatio-temporelle: de sorte qu'on ne peut parler, à son propos, ni d'un sens irréversible, ni de directions de parcours.

Me voici enfermé dans un dilemme, acculé à une impasse. Ayant vu, dans l'espace et le temps, des formes de l'énergie suivant lesquelles les objets et les phénomènes se disposent et s'enchaînent dans un ensemble dont toutes les parties sont solidaires, j'ai écarté les notions de temps et d'espace comme essentiellement incompatibles avec une discontinuité réelle... Mais comment, d'autre part, maintenir la notion du discontinu hors de toute idée d'espace et de temps? Il faut rompre le cercle, sortir de l'impasse. C'est possible, oui. Mais ce n'est possible que si on sort du domaine de la physique, que si on se place non plus seulement hors de l'expérience perceptive, mais hors de l'empirisme scientifique. Le discontinu est une notion qui à son tour doit être écartée ou dépassée. Je ne dis pas que les physiciens se trompent. Je pense qu'ils n'ont raison que du point de vue où le principe de discontinuité intervient pour rendre compte expérimentalement de phénomènes tels que les échanges et les variations de l'énergie, dont on constate qu'ils ne s'expliquent à cet égard que si l'énergie est émise ou absorbée par mutations brusques, par sauts quantiques. Qui veut aller plus au fond et cherche une compréhension vraie du discontinu en se demandant ce qu'il est par rapport à l'univers continu de notre existence, tombe dans une contradiction impossible à résoudre: car le discontinu n'est réel que si on le conçoit indépendamment de tout cadre spatio-temporel générateur de continuité, et rien, pas même le discontinu, n'est concevable en dehors d'un cadre spatio-temporel. En fait, la visée du physicien tend à une réalité dépouillée au maximum de l'activité constitutive ou révélatrice de la conscience, aussi rigoureusement objective que possible. Mais cette réalité est encore «de trop», comme dirait de l'être le philosophe existentialiste[2], et cet objet, aussi réduit à lui-même qu'on le suppose, contredit encore le concept de discontinu. La contradiction se résout pourtant, mais à ce point initial où l'énergie, qui est aptitude à accomplir une œuvre, n'accomplit encore que celle qui la suscite elle-même de sa propre potentialité: œuvre qui ne saurait être décrite en figures d'imagination ni traduite en formules mathématiques, parce qu'elle est non seulement en deçà de nos perceptions, mais encore en deçà de l'objet. Ce qu'on en peut dire est qu'il n'y a pas pour elle de moment antérieur ou postérieur à un autre moment, ni en elle d'action qui serait l'effet d'une action précédente et la cause d'une action consécutive. Mais cette œuvre ne présente pas non plus de rupture, ou de suspens, ou d'intermittences. La production de l'énergie n'est pas une action discontinue. Elle n'est pas davantage une création continue ou continuée. Saisie dans son irruption originelle, dans son jaillissement premier, l'énergie cosmique fuse toute d'un seul et même acte fondé sur un seul et même instant qu'aucune mesure ne détermine parce qu'il est intemporel et éternel.

[2] Jean-Paul Sartre.

CHAPITRE VIII

La parole superbe de l'astronome me revient en mémoire: «une intelligence qui, pour un instant donné, connaîtrait toutes les forces dont la nature est animée et les situations respectives des êtres qui la composent, si d'ailleurs elle était assez vaste pour soumettre ces données à l'analyse, embrasserait dans la même formule les mouvements des plus grands corps et ceux du plus léger atome...». C'était au début du siècle dernier, bien avant la théorie relativiste et la découverte de l'énergie nucléaire. L'assurance que témoigne ce propos concerne l'univers des objets et l'esprit de l'homme. L'univers est donné une fois pour toutes, réglé de telle sorte que ses déterminations jusqu'au plus lointain avenir sont prévisibles à partir de sa configuration présente, qui elle-même résulte de situations antérieures qu'on reconstituerait en remontant de l'une à l'autre dans le passé. Espace absolu, temps universel, qui expriment l'absolutisme et l'universalité de la conscience humaine, à qui ne manque que le moyen de tout embrasser pour obtenir effectivement une connaissance dont le principe est en elle. Nous savons aujourd'hui que c'est illusion. Une intelligence, aussi vaste qu'elle puisse être, capable même d'embrasser le cosmos, n'en aurait cependant pas la compréhension totale, la vision moniste évoquée par l'astronome, qui supposait une adéquation rigoureuse du monde objectif à l'esprit. Quelle serait cette vision suivant les données de la théorie relativiste et de la mécanique quantique? On peut au moins tenter de l'imaginer. — Mais il me faut en finir avec l'indétermination de la matière qui appelle encore deux remarques.

* * *

La première est inspirée par une assertion du maître de la théorie relativiste. On sait que le grand mathématicien a pris parti, dans ce qu'on a appelé la controverse du déterminisme, contre l'opinion qui veut que l'indétermination dérive de la nature des choses, réside dans la matière elle-même. J'ai cité la phrase où il déclare, à propos de «la physique quantique statistique», qu'elle doit prendre «une position analogue, dans le cadre de la physique future, à celle de la mécanique statistique dans le cadre de la mécanique classique». C'est une référence à la théorie d'après laquelle les propriétés des gaz s'expliquent par les mouvements des molécules qui les composent, et dont on peut, faute de moyens qui permettraient à l'observateur de suivre leurs déterminations particulières, prévoir le résultat global conformément à la loi des grands nombres. De la même façon, pense le savant, une description satisfaisante des variations de l'énergie en physique quantique doit être possible si on considère des ensembles de systèmes, et non un système individuel, une collectivité d'atomes, et non un atome isolé. Il ne m'appartient pas d'apprécier la valeur de cette hypothèse ou de cette thèse au plan de la physique mathématique. Le seul point de vue où je me place est celui de la compréhension générale, et je ne m'étonne pas si les données de la science ne s'y intègrent jamais complètement ou s'en écartent de plus en plus, puisque c'est l'effet auquel ne peut manquer d'aboutir la recherche scientifique d'une réalité objective en soi. J'éprouve, au contraire, de la défiance si un homme de pensée mathématique, quelque génie qu'on lui reconnaisse, rapporte à la compréhension générale des données qui ne s'y ajustent pas, et encore plus s'il suppose une analogie physique entre des données qui appartiennent à des mondes physiquement distincts. C'est ce que fait, me semble-t-il, le fondateur de la relativité. Entre la molécule et l'atome il n'existe d'analogie ni théorique, ni empirique, et l'on ne passe de l'une à l'autre qu'en passant du monde de nos dimensions à un autre monde. Nous observions tout à l'heure que la molécule est la plus infime particule représentative d'un élément ou d'un corps tel qu'il se manifeste à notre sensibilité, qu'elle est différente suivant l'élément ou le corps que l'on considère, et qu'elle occupe la plus petite portion d'espace à nos dimensions qui puisse être remplie par cet élément ou ce corps. L'atome, ajoutions-nous, n'a rien de semblable à la matière très différenciée qui apparaît à notre regard et dont il est, sans que lui-même soit modifié, le principe de différenciation, en ce sens que les éléments matériels se diversifient selon l'importance et la disposition du cortège électronique autour du noyau central, alors que les électrons, quel que soit l'élément, demeurent parfaitement identiques. Et ce sont les électrons extérieurs, les plus éloignés du noyau, les plus faiblement liés à lui, qui se combinent par échange d'un atome à l'autre pour constituer la molécule chimique; celle-ci alors surgit dans notre espace où elle forme le premier composant des corps qui se tiennent devant nos yeux, tandis que le noyau central et ses satellites électroniques proches résident ailleurs, dans l'univers dissemblable et secret de l'électro-magnétisme.

Ces considérations font voir qu'il y a du moins quelque difficulté à assimiler un ensemble de systèmes atomiques à une collectivité de molécules gazeuses. — D'autre part, il est peu satisfaisant pour l'esprit de demander aux grands nombres, comme on fait pour ces molécules, des indications statistiques globables sur le comportement des corpuscules atomiques. Les mouvements moléculaires, d'après la théorie cinétique, expliquent les propriétés des gaz, pression, température, etc. Il suffit de le rappeler pour comprendre que la théorie cinétique, quelque importance qu'elle offre, si grand qu'en soit l'intérêt, n'a d'importance que pour le spécialiste, n'offre d'intérêt que pour la chimie et la physique en tant que sciences particulières. On a comparé les molécules des gaz à un essaim d'abeilles qu'on aurait enfermées dans un récipient et qui s'agiteraient en tous sens, battant les parois, rebondissant, s'entrechoquant sans cesse et jetées dans une autre direction par le choc, vibrant sur place une fraction de seconde et reprenant leur course grouillante et heurtée. Pour la compréhension générale du monde, la connaissance des paramètres cachés, qui permettraient à l'observateur de suivre exactement les déterminations des molécules gazeuses, n'aurait guère plus d'importance et d'intérêt qu'une connaissance précise des vitesses et des positions des abeilles tourbillonnantes. L'atome pose une question fondamentale. S'il est dans l'univers entier le substrat de tout corps, de tout élément, de toute matière, on ne peut se satisfaire quant à lui de notions qui s'établiraient sur des résultats massifs et sur des probablités. L'espoir du physicien est que l'indétermination, inhérente à la matière même, que l'on constate en microphysique, se ramène à une incertitude intellectuelle; et que de l'impossibilité objective où l'on est de connaître la position et la vitesse des particules atomiques, donc la structure de l'atome, on en vienne à admettre seulement l'impuissance de l'esprit à déceler, dans un ensemble prodigieusement mouvementé et nombreux, les déterminations du système atomique individuel. Mais il n'est justement pas admissible, du point de vue de l'esprit, qu'une incertitude même intellectuelle persiste en ce qui concerne l'atome, et qu'on doive là aussi se contenter d'indications statistiques et d'effets globaux. Il n'y a pas d'atome individuel qu'on puisse considérer à part dans des ensembles de trillions d'atomes. Mais l'atome n'est pas non plus à considérer par ensembles de trillions d'individus. L'atome n'est ni individu ni ensemble. Il est archétype, entité basale, assise élémentaire de tout l'univers physique. Il faut connaître la structure de cette assise, le mode d'être de cette entité, la loi de cet archétype. Sans doute, l'ignorance où l'on demeurerait à cet égard n'empêchera pas la mise en place et le rendement des techniques d'utilisation. Cependant, pour qui pense qu'il y a une substraction infrasensible des phénomènes, une réalité sous-jacente au monde de notre existence et qui le supporte (c'est ce que pensent habituellement les physiciens), la même question qui s'était posée aux anciens philosophes grecs reprend sous une forme moderne: une forme plus inquiétante, car ce qui est mis en cause aujourd'hui par cette question est précisément la réponse que les anciens lui avaient faite. Ceux-ci, qui donnaient à la matière d'autant plus d'importance qu'ils ne croyaient pas à la création du monde par un Dieu, jugeaient que le monde n'aurait ni stabilité ni forme si la matière était indéfiniment divisible. L'invention de l'atome, particule fondamentale insécable, répondait à une exigence logique de leur part, et il est peu probable qu'ils aient soupçonné que cette particule pût avoir une existence réelle qui se découvrirait un jour. L'atome est un être physique et non pas seulement une déduction de l'esprit, voilà ce que la science contemporaine apporte à la réflexion. Elle a aussi découvert qu'il ne possède aucun des attributs que lui prêtaient les anciens, ni la simplicité, ni l'indivisibilité, et qu'on ne peut non plus ni figurer sa structure d'une manière précise, ni définir son comportement avec certitude. La science physique pourrait se borner à décrire selon ses disciplines propres ce qu'elle en observe, et ne pas sortir du cadre de l'expérience et de son commentaire mathématique. Elle déborde sur la compréhension générale en représentant l'atome comme le principe constitutif de tout ce qui a l'apparence matérielle, comme l'entité première sur quoi est construit le monde donné à nos sens. Le souci de raison, qui était celui des penseurs grecs à l'idée d'une matière sans fond et inorganisée, recommence à l'épreuve d'un atome sans ordre ni statut. Ou bien on parviendra, par la voie mathématique et l'expérimentation, à une connaissance du système atomique sinon exhaustive, du moins perfectible, apte à rendre compte toujours plus exactement de ce que l'atome doit être si on le conçoit comme base de tout l'édifice naturel; ou bien il faudra abandonner cette conception, renoncer à tenir l'atome pour l'entité constitutive profonde dont les objets apparents se composeraient, l'univers atomique pour la réalité basale secrète sur laquelle serait fondé le monde sensible, et reconnaître qu'il n'y a pas de relation immédiate ou intermédiaire entre l'univers atomique et le monde de nos perceptions, pas de remontée directe ou échelonnée de celui-là à celui-ci. Il serait alors nécessaire d'inventer, pour ces trillions de particules indéterminées, un caractère et un rôle nouveaux tout différents de ceux qu'on leur a prêtés jusqu'ici, et tels qu'un rapport à notre monde et à nous ressortirait de leur indétermination même qui deviendrait ainsi explicable.

* * *

La seconde et dernière remarque que j'ai à faire sur l'indétermination est plus générale; elle conduit à une révision totale de la notion de l'objet, qui est donné aux sens et à l'intelligence comme rigoureusement déterminé, alors que la réduction à l'objet en soi obtenue par la recherche scientifique aboutit à un donné que l'indétermination caractérise. Mais qu'est-ce d'abord que l'objet? Le monde où nous existons n'est ni un objet, ni la somme des objets qui sont en lui. Pour la conscience en général, et considéré dans son ensemble, il est le lieu de toutes les situations actuelles ou possibles à quelque moment que ce soit. Pour l'existant particulier, il est le lieu de certaines situations possibles à partir d'une situation et d'un moment actuels. Aussi ne peut-on non plus considérer comme un objet ni comme un assemblage d'objets l'environnement immédiat, qu'il se déploie pour le voyageur sur tout un paysage, prenne l'aspect d'une rue pour le passant, ou tienne entre les quatre murs du reclus. J'ai défini l'objet comme quelque chose avec quoi il n'y a pas d'échange. Il me faut donc compléter ma définition en disant que l'objet n'est jamais quelque chose en quoi ou par rapport à quoi nous puissions nous situer et qui participe à notre existence comme son horizon ample ou étroit, changeant et fugace ou permanent et immobile. L'éclair du buisson en fleurs au bord de la route, le coin de trottoir bleu mouillé de pluie, la lourde porte à guichet et cette lampe allumée au plafond dont le globe reste sous les paupières, ce ne sont pas vraiment des objets dès lors qu'ils interviennent, momentanément ou pour toujours, dans la composition d'un lieu, passent ou se fixent dans une durée, sont ressentis de quelque manière comme vécus. Est objet ce que l'on peut regarder en le détachant du contexte et dont le spectacle n'influe pas sur l'âme de qui le regarde. Ce vase, cette toile, le livre ouvert sur mon bureau, l'armoire dans un angle de la chambre ne sont des objets que pris à part, coupés de leur relation à l'entour et abstraction faite du plaisir intellectuel ou de l'émotion esthétique qu'ils me causent, du souvenir doux-amer que celui-ci évoque pour moi, de l'impression de familiarité domestique qui me vient de cet autre. Ils ne sont des objets que si je puis les considérer avec indifférence et comme ils se présentent sous le seul aspect extérieur, réduits à eux-mêmes. L'épreuve est plus facile si je me sers de n'importe quoi qui ne m'est rien et n'est rien au paysage, le morceau de bois mort, le caillou ramassé au hasard sur la route où je marche maintenant.

Cette pierre, je la tourne et retourne entre mes mains. Presque plate, une arête toute droite et coupante, l'autre côté plus arrondi, les deux faces grumeleuses de ton rosâtre, ce n'est rien qu'un objet sur lequel mon attention s'arrête. Je m'avise, une fois encore (on n'y prend pas garde normalement, cela semble tout naturel), que l'objet a de multiples aspects et que je n'en peux percevoir qu'un seul à la fois, qu'ils ne sont perceptibles que l'un après l'autre. Notre perception est partielle et successive, ce qui ne veut pas dire, ainsi que je le remarquais précédemment, qu'elle soit incomplète et insuffisante. C'est bien justement parce qu'elle ne l'est pas, parce que l'acte perceptif en tant qu'acte est à chaque instant complet et suffisant bien qu'il n'embrasse pas la totalité de l'objet, que celui-ci nous apparaît comme parfaitement cerné et délimité. Tout à l'heure, je jetterai ce caillou. Je pourrais aussi le briser. Il est disponible à toute action, totalement passif. Il est totalement déterminé parce qu'il n'a pas à être au-delà de ce qu'il est, et qu'on n'a rien à attendre de lui que l'être tout extérieur qui apparaît à la perception. Mais la perception, elle, n'est point passive. Elle n'est pas, disions-nous, comparable au miroir où se reflète l'objet réel. Elle est non seulement ce à quoi l'objet apparaît, mais aussi ce par quoi il vient à cette apparence sans laquelle il n'y a pas pour lui de réalité. Ce n'est donc pas à quelque chose de purement objectif que j'ai à faire. L'objet se manifeste comme tel en ce sens qu'il n'a pas lui-même d'existence subjective, mais il n'est pas purement objet puisqu'il n'accède à l'être que par la subjectivité qui le révèle en sa consistance, sa forme, sa couleur particulière, et aussi en tout ce qui le caractérise en général, y compris ce que nous voyons en lui de déterminé. L'objet pur, ou l'en-soi objectif, est obtenu autant que possible par le retrait de cette participation subjective nécessaire au surgissement du monde de l'existence humaine et des objets qui y sont manifestés. Il faut pour cela que l'objet cesse d'être objet de perception, objet de spectacle. Ce que nous appelons consistance, forme ou couleur tend à disparaître, ainsi que toute qualité sensible, pour faire place à un système de notions quantitatives. La réalité de l'objet n'est plus une donnée immédiate. Elle ne réside plus dans l'aspect que la conscience en révèle spontanément. Elle ressort d'observations et d'expérimentations que le calcul exprime en s'écartant de plus en plus de l'image primitive et de toute explication qui se construirait sur cette image. L'objet est converti de plus en plus en objet de savoir. Il est aisé de comprendre qu'aucun objet particulier ne peut subsister dans cette conversion, car le maintien d'un objet particulier, avec son contour, son relief et sa structure propres, signifierait que le monde relève encore de la perception qui interviendrait donc partout, et non pas seulement pour cet objet-là. C'est tout l'univers qui se trouve objectivé par la recherche expérimentale parvenue au stade de l'atomistique. Le monde de notre existence s'évanouit alors et se perd dans l'indifférencié, où pas plus que d'objet distinct il n'y a pour l'esprit de perspective et d'horizon. Toutes choses se fondent dans un brouillard de radiations et d'atomes identiques et interchangeables. Il est aisé de comprendre que le réel considéré à ce niveau, qui est celui de l'objet pur, ne peut être que totalement indéterminé, que l'objet pur est livré naturellement à la pure contingence. Le rapport causal, le principe déterministe n'est pas d'abord inscrit dans les choses et imposé par elles à l'esprit. Et il n'est pas non plus imposé aux choses par l'esprit dont il est un des principes directeurs. La relation de cause à effet conditionne à la fois l'enchaînement des phénomènes sensibles et la cohérence de la pensée. Elle est inhérente à l'acte par lequel un monde simultanément se révèle à la conscience et révèle celle-ci à elle-même comme conscience du monde. L'indétermination remplace la nécessité causale quand un univers sans apparence se substitue au monde perçu. Au contraire de l'opinion avancée par le savant fondateur de la théorie relativiste, je tiens qu'une indétermination liée à la réalité objective même est plus satisfaisante pour l'esprit que l'incertitude intellectuelle qui dériverait d'une complexité trop grande de cette réalité. Dans ce dernier cas, l'indétermination ou l'incertitude n'exprimerait qu'une incapacité et qu'une ignorance. Si l'indétermination est réelle, si elle se trouve dans la matière, l'incertitude provient d'un savoir, elle appartient au savoir dont la matière est l'objet. Aussi est-il également compréhensible que l'incertitude se traduise pour l'esprit en relations formulées mathématiquement, et qui la définissent d'une manière aussi exacte que possible.

CHAPITRE IX

L'intelligence qu'évoquait l'astronome veille, immobile, au centre du cosmos: assez vaste pour saisir toutes ensembles les images qui lui en parviennent du fond des temps à la vitesse de la lumière; pour restituer instantanément dans l'étendue les positions réelles des corps qu'embrasse sa vision; pour rendre dans la durée leur ordre vrai aux événements dont elle a le spectacle. Si vaste qu'on la suppose, elle est infiniment éloignée de l'intuition divine pour qui toutes choses sont telles qu'elle les pense, et qui n'éprouve aucune restriction dans sa connaissance d'un univers créé par elle. C'est l'intelligence de l'homme amplifiée prodigieusement, et dont la connaissance se fonde d'abord sur une perception qui consiste à révéler quelque chose qu'elle ne crée pas, qui lui est prédonnée comme à nous-mêmes.

Tel est cet esprit, qui ne diffère du nôtre que par une capacité supérieure de réception et d'analyse. Le regard qu'il promène de l'un à l'autre hémisphère cosmique en sonde la profondeur jusqu'à l'extrême courbure, hors laquelle il n'y a rien, où un rayon lumineux dardé devant lui pour l'éclairer amorcerait son immense virage. Des parties d'univers qui nous seront toujours cachées, étoiles, constellations, galaxies inaccessibles aux plus forts télescopes, se découvrent à l'observateur dont l'impression première, avec plus d'acuité et d'ampleur, est la même que nous donne le ciel d'une belle nuit: celle d'un agencement parfait, où de mutuelles influences maintiennent de système en système l'équilibre du monde. Et combien cette impression est fallacieuse, quelle incohérence dissimule l'ordre du firmament nocturne. Il l'éprouve aussi avec bien plus de force que nous, puisque sa vision porte beaucoup plus loin que la nôtre et qu'il peut, encore que ses procédés ne diffèrent point par nature de ceux de nos astronomes, évaluer partout à la fois les distances et les durées, prenant tel astre pour sommet d'un triangle dont il mesure d'un coup d'œil les angles de base, ou opérant comme un prisme extraordinairement puissant et subtil. Il sait bien, ce spectateur prestigieux (mais nous ne l'ignorons pas non plus), qu'aucune représentation visuelle du cosmos, aussi complète et minutieuse qu'elle soit, ne correspond à ce que le cosmos est réellement. Ces étoiles qu'on voit briller en groupe, si proches que l'œil pour aller de l'une à l'autre n'a presque pas à bouger, sont séparées par de telles épaisseurs d'espace que certaines se trouvent moins distantes en fait de celles-là qui scintillent à l'extrémité opposée du diamètre céleste. Ces figures d'astres et de nébuleuses, innombrables, ces phénomènes merveilleux et terribles, flambées, souffles, éruptions solaires, maëlstroms galactiques, qui s'offrent simultanément au regard, que semble contenir le même instant, appartiennent à des époques immensément décalées les unes par rapport aux autres, s'échelonnent tout au long d'une accumulation de siècles. Je n'insisterai pas sur l'intime discordance qu'enveloppe l'harmonie apparente de l'univers et qui résulte, comme on sait, des différences de temps dans la propagation de la lumière suivant les distances des points de réception au point d'émission: l'instant où un phénomène lointain est signalé n'est pas l'instant où il s'est produit, et des astronomes stationnés en divers points de l'espace l'apercevraient à des moments différents. Toutefois, répétons-le (car c'est une notion capitale et qui prête souvent à confusion), on ne doit pas prendre ces différences de temps pour une pluralité de temps distincts: ce serait voir une multiplicité de temps où il n'y a, dans un même temps, que diversité d'époques; ce serait surtout réduire la pluralité des temps à n'être qu'un jeu d'apparences. Les moments de la perception du phénomène peuvent bien varier selon la distance des observateurs au lieu de sa production, ils n'en ressortissent pas moins à une mesure universelle fondée sur la vitesse constante du rayon lumineux, et cela même si la durée de propagation, nécessaire au signalement, n'est pas exactement connue. On ne peut parler de temps multiples que si les différences résident dans les durées propres des événements et des phénomènes, que si ces durées varient, ainsi que les dimensions des objets, avec les positions et les vitesses des mobiles où ils se produisent ou se situent. Dans ce cas, les événements et les phénomènes liés à chacun des mobiles ou systèmes de coordonnées sont effectivement désynchronisés de l'un à l'autre mobile ou système, leurs durées intrinsèques ne sont plus rapportables à une même et commune mesure, c'est bien dans une multiplicité de temps que l'univers évolue, comme il se déploie dans une multiplicité d'espaces.

* * *

L'observateur que nous supposons a pris sous son regard tout le cosmos et chiffré la distance par rapport à lui des corps qui s'y meuvent. Il sait, comme nous, que cette distance n'est pas la vraie, que l'emplacement où il voit ces corps ne désigne pas leur lieu réel. L'esprit créateur seul connaît l'univers tel qu'il se présente à chaque instant. Une intelligence non créatrice, aussi pénétrante qu'on la veuille, est soumise aux limitations qui affectent l'acte perceptif et dont la principale résulte de la vitesse indépassable de la lumière. Elle n'appréhende de l'univers qu'un passé disparate allant de quelques heures à des millions d'années, il lui faut retrouver par le calcul les positions que les masses matérielles occupent dans l'espace en ce moment même. L'analyse spectrale lui indique d'abord leur direction: comme les ondes sonores se pressent vers l'aigu si le son approche, ou s'étirent dans le grave s'il s'éloigne, les lumineuses vont en s'étrécissant vers le violet ou se distendent dans le rouge suivant que le foyer émetteur vient à notre rencontre ou fuit dans le sens opposé. L'observateur voit le rouge dominer incomparablement au sein des cataractes de radiations qu'il reçoit des masses mouvantes. Sauf les plus proches (c'est-à-dire celles qui lui apparaissent à moins d'un million d'années-lumière sur plusieurs milliards que mesure le rayon de l'espace-temps), toutes reculent selon une vitesse d'accélération proportionnelle à la distance et calculable d'après la longueur d'onde. Pourra-t-il, sachant leur vitesse, connaître leur position actuelle exacte? S'il le peut, à la rigueur, pour les corps les moins éloignés qui viennent dans sa direction, il est incapable de situer le plus grand nombre des objets astronomiques, car la vitesse calculée par lui est celle des corps ou objets à des centaines de siècles en arrière, et il serait vain de tabler sur ce calcul comme si leur mouvement était resté invariable au cours de telles énormes périodes.

Ce ne sont pas les vitesses seulement et les distances qui ont varié, mais la répartition de la matière. Des myriades d'astres désintégrés depuis des millénaires continuent de briller pour l'observateur. D'autres que ne contient pas encore l'espace de sa perception avancent déjà dans la durée, irradient dès à présent pour les observateurs à venir. De loin en loin, l'abîme sphérique se couvre de protubérances gigantesques au sein desquelles les galaxies se déplacent. Ce sont les courbes que ces grands amas d'énergie matérielle condensée impriment autour d'eux à l'énergie rayonnante, et si distants qu'ils soient les uns des autres leur influence va si loin que nulle part dans les intervalles l'étendue n'apparaît tout à fait plane. Le spectateur ne voit pas ces protubérances. Plutôt, il ne les voit pas directement, non plus que les turgescences énergétiques moindres qui se forment autour des étoiles et composent leur champ de gravitation. Ce qu'il discerne avec netteté est la courbure que prennent aux environs des galaxies et des étoiles les rayons venus d'autres nébuleuses et d'autres astres, mais il n'y a là aussi qu'entremêlement de mirages, la structure cosmique a changé depuis que les aspects qu'il en perçoit ont commencé à se transmettre vers lui. Il a, dans notre hypothèse, le regard assez perçant et lucide pour saisir les différences de grandeur que présentent les uns relativement aux autres, suivant la quantité de mouvement des systèmes de coordonnées, les phénomènes dont chaque système est le théâtre. Mais il ne peut mesurer en aucun lieu et à aucun moment les dimensions et les durées absolues de ces phénomènes. De même que l'incurvation générale de l'univers procède constamment de la densité moyenne de la matière et exprime la synthèse des courbures locales, la mesure universelle de grandeur à laquelle il faudrait, pour les connaître, rapporter ces durées et ces dimensions, serait fournie constamment par leur synthèse d'après la quantité moyenne de mouvement dans le monde. Quand il en aurait le pouvoir intellectuel, l'observateur est physiquement empêché de faire cette synthèse, puisque la limite que constituent les trois cent mille kilomètres-seconde du rayon lumineux fausse à chaque instant et de tous côtés sa perspective. Non ce n'est pas l'abîme de l'espace qui l'effraie, mais qu'une ténèbre temporelle impossible à dissiper sépare à jamais la réalité de son image partout et toujours antérieure. Il contemple la fuite des nébuleuses à partir du centre d'un cosmos dont l'expansion est constatée par les astronomes, qui se demandent si sa durée est indéfinie ou si elle sera suivie d'une période inverse de concentration. Pour le spectateur que j'évoque, la réponse ne fait pas de doute: l'hypothèse d'une expansion perpétuelle du cosmos suppose un espace et un temps extérieurs à lui et sans fin, ce que contredit la notion d'un univers fini et courbe parce qu'issu d'une quantité limitée de matière ou d'énergie. Qu'un tel rythme alternatif, dilatation et compression, soit interne à l'univers puisqu'il n'y a point d'espace hors de lui, c'est ce qui se conçoit assez mal. On en prendra une idée si on songe qu'en quelque lieu qu'on se place dans le cosmos, on observerait que les nébuleuses s'éloignent du lieu où l'on est, de sorte, par exemple, que l'habitant d'une autre galaxie verrait la nôtre le fuir à la même vitesse où nous voyons la sienne s'écarter de nous: d'où il faut conclure que les masses matérielles divergent les unes par rapport aux autres, mais non selon des axes pris d'un unique point central vers un même horizon périphérique. Ce point est partout, comme l'est aussi cet horizon, l'expansion de l'univers s'effectue non pas uniformément mais dans toutes les directions à la fois. Et si on pense qu'il se contracte après s'être dilaté, le problème est de savoir comment l'oscillation se renverse, quel est le régulateur de l'immense et complexe balancement. On sait que les nébuleuses reculent avec d'autant plus de rapidité que leur distance au lieu d'observation est plus grande. Les plus lointaines que puissent contrôler nos télescopes terrestres s'échappent à la vitesse de vingt à trente mille lieues par seconde, ce qui les situe à plus d'un milliard d'années-lumière. Nous admettons que cet observateur regarde à des millards d'années encore plus loin, que des millions de nébuleuses inconnues de nos astronomes se manifestent à lui. Aussi loin que porte son regard, il ne peut scruter au-delà des nébuleuses qui iraient plus vite que le rayon lumineux ou l'égaleraient en rapidité, puisque leur image cesserait alors d'être transmissible. Et, soudain, l'observateur comprend que la distance à laquelle se trouvent, relativement à lui, les galaxies dont la vitesse égale à peu près celle du rayon, ne mesure pas seulement la plus grande étendue perceptible du champ visuel; elle marque la limite objective de l'univers, elle détermine le moment où son expansion s'achève et où commence sa reconcentration. Un calcul fondamental de la physique relativiste montre qu'aucun objet matériel en translation ne peut dépasser la vitesse de la lumière, car sa masse deviendrait alors infinie. Ajoutons, du point de vue existentiel, que le dépassement de cette vitesse par un objet aurait pour conséquence de situer celui-ci en avant de son apparence, ce qui est absurde, l'apparence ou le dehors constituant toute la réalité de l'objet soumis à notre perception, comme l'est un corps astronomique aussi bien qu'un corps à notre portée. L'univers, disions-nous, n'est pas limité par une courbure terminale qui établirait on ne sait quelle démarcation physique entre lui et un néant métaphysique inconcevable. Sa limite est en lui, elle résulte de sa capacité de dilatation, qui est mesurée elle-même par le rapport du mouvement des masses matérielles à celui des radiations lumineuses. On peut admettre que la vitesse de fuite des nébuleuses extrêmes, quand elle atteint une certaine pointe approchant la rapidité de la lumière, subit un ralentissement progressif d'où s'ensuit, pour des centaines de millions d'années, une phase de moindre expansion qui va jusqu'à un état aussi voisin que possible du statique, à partir duquel se déclenche le processus de retour des galaxies les unes vers les autres. Alors commence pour le cosmos, au rythme de la période d'expansion et en sens inverse, la période de resserrement sur lui-même: de n'importe quel point de l'univers on verrait l'approche des nébuleuses se produire, au cours des siècles, suivant la même constante d'accélération qui réglait leur écart, jusqu'au moment où elles atteignent presque la célérité du rayon lumineux, moment qui survient avant que les plus éloignées aient rejoint celles qui les précèdent, tant les intervalles galactiques sont vastes. Et, de nouveau, leur vitesse diminue graduellement jusqu'à un degré de lenteur qui touche presque au repos et marque le terme de la contraction cosmique, d'où les galaxies repartent dans le sens de la dilatation, leur divergence s'accélérant à mesure qu'augmente entre elles la distance et que s'amassent les siècles de siècles.

* * *

Le témoin ou le rêveur de cette prodigieuse péripétie pense entrevoir le motif — ontologique — de l'impossibilité, pour quelque objet que ce soit, de dépasser ou d'égaler la vitesse de la lumière, impossibilité qui se présente comme de fait et heurte l'esprit, aucun motif rationnel ne s'opposant à la possibilité d'une vitesse supérieure ou égale. Le maximum d'expansion de l'univers spatio-temporel correspond à la plus grande étendue liée à la durée la plus longue que la lumière, à soixante-quinze mille lieues par seconde, puisse couvrir avant que les masses corporelles aient rejoint les radiations qu'elles émettent, ce qui en bloquerait l'émission aussitôt. En sens contraire, le maximum de compression du cosmos est représenté par une étendue et une durée non moins grande que celle qui mesure son maximum de dilatation, et là encore intervient le même principe d'après quoi l'accélération constante du mouvement des galaxies ne peut s'élever à la rapidité de la lumière, pas plus que son ralentissement progressif ne peut descendre à l'immobilité. L'accession des masses corporelles à la vitesse du rayon lumineux aurait pour l'univers le même effet que l'arrêt de leur mouvement. Cette limite franchie ou atteinte, les objets astronomiques, nébuleuses, astres et planètes s'évanouiraient de la même manière que s'ils cessaient tout à coup de se mouvoir: non dans l'invisible mais dans l'inconnaissable, non au-delà de nos dimensions mais hors de toute réalité. Ainsi que je le rappelais, les équations de la physique relativiste ont montré que la masse d'un objet matériel deviendrait infinie s'il venait à se propulser aussi vite que le rayonnement se propage. Nous touchons là à une notion qui apparaît quelque peu complexe quand on essaie d'en rendre compte en termes de compréhension générale. La masse n'a aucun rapport avec la grandeur ni avec le volume de l'objet considéré. On la confond souvent avec son poids, et elle est en effet en relation avec lui, comme il ressort de cette simple évidence que la traction d'un convoi de chemin de fer nécessite une force beaucoup plus grande que celle qu'il faut pour pousser une voiture d'enfant. Ce qui caractérise la masse est non pas le poids de l'objet, mais la résistance qu'il oppose à la force employée pour le mettre en marche ou l'arrêter, pour accroître sa vitesse ou la ralentir. Ici apparaît une singulière différence entre la physique relativiste et la physique classique, d'après laquelle la masse d'un corps est une propriété qui ne varie pas, que ce corps soit immobile ou qu'il se déplace, et quelle que soit la rapidité de sa translation. La physique relativiste déclare que la masse n'est pas la même si le corps se trouve au repos ou s'il se meut, et qu'elle s'accroît avec la quantité de son mouvement. Imperceptible à l'expérience ordinaire, cet accroissement se fait sentir dès lors que la vitesse de l'objet approche celle du rayon lumineux, et il va se multipliant dans des proportions énormes à mesure qu'elle s'en approche. Le fondateur de la relativité, ayant observé que la masse d'un corps mobile augmente en fonction de sa vitesse, et considérant que l'accélération de celle-ci correspond à un accroissement proportionnel de l'énergie qui anime le corps, en conclut qu'il y a équivalence entre la masse et l'énergie cinétique. L'assimilation de la masse à l'énergie s'exprime en formules algébriques d'une simplicité admirable. Toutefois, cette assimilation ne tient et n'est possible que jusqu'à la vitesse de la lumière, exclusivement. A partir de cette vitesse, en admettant que le mouvement d'un objet puisse l'atteindre, la masse se manifesterait comme contraire essentiellement à l'énergie, ce qu'elle est en réalité, et cet effet gagnerait tout le cosmos si le mouvement des corps venait à égaler partout la rapidité des rayons. L'expansion de l'univers provient de ce que les amas galactiques s'éloignent par rapport à nous d'autant plus vite que leur distance est plus grande, de sorte qu'au-delà des nébuleuses perceptibles les plus reculées on peut supposer des accélérations voisines de la vitesse du rayonnement. Mais l'habitant d'une de ces galaxies constaterait de son côté la fuite accélérée de la nôtre, et tout observateur placé en un point quelconque de l'univers verrait l'ensemble des éléments cosmiques diverger autour de lui dans toutes les directions: phénomène étrange, dont l'explication, que j'essaierai de donner tout à l'heure, me semble ressortir à la métaphysique plus qu'à la physique ou à la logique. Remarquons pour le moment qu'il ne suffit pas de dire que l'univers se meut: l'univers est le mouvement même, qui tend par toute la matière à rejoindre celui des radiations lumineuses. Cette jonction, si elle se réalisait, aurait une conséquence tout autre qu'un accroissement de vitesse des éléments matériels en translation dans le cosmos. Leur masse, selon la théorie de la relativité, deviendrait alors infinie, et nous savons que la résistance au mouvement est ce qui caractérise essentiellement la masse: il s'ensuivrait donc à l'instant même une résistance infinie de ces corps au mouvement, c'est-à-dire leur immobilisation absolue. Il s'ensuivrait aussi un résultat opposé à celui qu'on observe en deçà de la vitesse-limite de la lumière, alors que l'énergie augmente à mesure que le mouvement s'accélère: ce serait non pas l'accroissement à l'infini, mais la totale dégradation de l'énergie universelle manifestée par l'inaptitude à agir et à produire, le mouvement, qui est la forme d'action ou l'œuvre première, étant devenu impossible dans l'univers entier. En physique classique, on dit que l'énergie dégradée reste quantitativement la même, qu'elle se conserve. Cette loi, valable pour un système particulier, n'a plus de signification si on l'étend à tout le cosmos: ce qui se conserverait avec l'énergie cosmique totalement dégradée ne serait pas, comme on pourrait croire, un monde figé et sans dynamisme, incapable d'évolution et de changement mais encore perceptible ou pensable; ce serait un magma aussi obscur qu'inerte, aussi informe qu'obscur, où la source des images serait tarie et qui ne laisserait nulle prise à la connaissance. Il revient au même de dire que l'univers s'anéantirait dans l'infinité de sa masse ou qu'il s'abolirait dans sa nullité. Absolument rien n'en resterait, ni une ébauche d'apparence sensible, ni un fragment de structure atomique. Et puisque c'est des masses matérielles que vient le rayonnement, celui-ci s'éteindrait dès lors que celles-là auraient disparu. Le monde retournerait à la nuit, au non-être d'où le «Fiat lux» initial l'a tiré.

Ce n'est point là une hypothèse mais une prévision mathématiquement certaine, que confirme une autre loi de la physique relativiste, formulée aussi en toute rigueur mathématique et à laquelle on peut donner également une expression concrète. L'évocation d'un anéantissement de l'univers par l'accroissement infini de sa masse, d'où résulterait partout une résistance infinie au mouvement, laisse subsister pour l'esprit comme un non-être réel, un magma de ténèbres, un vide au lieu de ce qui était et dont l'absence représente encore quelque chose. L'impression qu'une réalité, fût-elle négative, persiste après la dégradation de l'énergie cosmique et l'évanouissement du monde, vient sans doute de ce que le temps et l'espace ne sont pas directement mis en cause par l'idée d'une augmentation de la masse aboutissant à l'impossibilité de tout mouvement, leur abolition étant seulement la conséquence de cette impossibilité. Or, la loi dont je parle concerne de façon immédiate la durée et l'étendue. J'ai cité et rappelé à maintes reprises l'expérience qui a servi de base à la théorie de la relativité, d'où il ressort que tous instruments de mesure, horloges, règles-étalons, liés à un système de référence en mouvement, sont affectés d'une contraction matérielle d'autant plus forte que la vitesse du mobile est plus grande: contraction qui traduit une modification correspondante des structures spatiale et temporelle, ce qui explique que la vitesse de la lumière, quel que soit le mouvement du système, ne varie pas pour l'observateur emporté avec lui, et que les lois de la nature demeurent constantes à ses yeux. Sans revenir sur cette expérience, je voudrais dire, en termes clairs, comment la contraction des mesures proportionnelle à l'accroissement des vitesses entraînerait, à la limite, la résorption totale et simultanée de l'espace et du temps.

En ce qui concerne l'espace, on imagine assez aisément le phénomène. Plus la vitesse du mobile est élevée, plus courte est la longueur réelle des mètres, plus réduites sont aussi les dimensions des corps qui s'y trouvent situés ou se déplacent par rapport à lui. Ce sont, en fait, les grandeurs spatiales qui diffèrent entre les systèmes selon la quantité de mouvement de chacun d'eux, ou pour le même système selon que cette quantité augmente ou décroît. A notre échelle, les vitesses des mobiles sont trop faibles pour déceler les contractions des appareils de mesure, le rétrécissement d'un mètre rattaché à l'un des engins lancés autour du globe à quelques milliers de lieues à l'heure serait insignifiant par rapport à une règle fixe. La progression dans ce sens est d'ailleurs très lente, un système qui atteindrait deux cent soixante-dix mille kilomètres à la seconde n'aurait encore raccourci que de moitié, comme le montrent les équations de transformation. A partir de cette vitesse, la contraction des intervalles d'espace se précipite vertigineusement, un système de référence aussi près que possible de rejoindre le rayon lumineux serait réduit aux dimensions d'une molécule. L'observateur placé dans ce système ne s'en apercevrait pas, toutes choses autour de lui ayant rapetissé dans les mêmes proportions, et leur expression numérique étant restée la même en tout et partout: cette prodigieuse modification des mesures, pour réelle qu'elle soit, ne serait appréciable que relativement aux dimensions d'un autre système, qui se déplacerait par exemple à la vitesse de la Terre autour du soleil, et elle se manifesterait seulement à un spectateur indépendant des deux mobiles, qui les survolerait l'un et l'autre et pourrait les comparer entre eux. Nul cataclysme imaginable n'approcherait de l'effet produit par l'accès du mobile le plus rapide à la vitesse de la lumière: à l'instant où sa masse, suivant le calcul, devrait se développer à l'infini, la contraction matérielle du système serait telle qu'il disparaîtrait absolument avec tout ce qui se situerait en lui, êtres et objets, corps animés et inanimés; et je rappelle que ce ne sont pas les seuls corps solides qui seraient contractés ainsi jusqu'à l'effacement, c'est tout le champ énergétique afférent au système, tout l'environnement spatial issu de la matière dont ce champ est constitué qui entrerait avec lui dans le néant. Nous nous représenterons mieux la contraction d'espace de la physique relativiste si nous en rapportons la notion à celle de l'espace immuable de la physique classique, telle que nous la recevons de notre intuition immédiate. L'espace de la physique classique est conçu comme une étendue pure, que définit, disions-nous, une composition de parties toutes identiques et indiscernables, mais aussi rigoureusement distinctes l'une de l'autre, aucune ne coïncidant avec aucune. Cette idée de l'étendue, dont l'origine est dans notre sensibilité, s'accorde d'autant moins à la réalité physique que la vitesse du mobile considéré est plus proche de celle de la lumière. A mesure que croissent, avec la quantité de son mouvement, l'énergie et la masse du mobile, les grandeurs réelles de l'espace qu'il parcourt en le modifiant vont dans le sens d'un raccourcissement progressif, qui traduit la tendance corrélative des parties de l'étendue à coïncider l'une avec l'autre point par point et de plus en plus, l'accès à la vitesse de la lumière correspondant au point de coïncidence parfaite où toutes se résolvent ensemble dans l'indistinction. Mais de l'indistinction des parties de l'étendue résulte pour l'esprit la négation de l'étendue elle-même comme idée. Il en résulte aussi son abolition en tant que réalité physique. Ce résultat aurait peu d'importance s'il s'agissait de mobiles isolés, étoiles, constellations ou galaxies. Il y a des centaines de trillions d'étoiles, des centaines de milliards de constellations, des centaines de milliers de galaxies, et la densité moyenne de la matière cosmique, dont dépend la courbure générale de l'univers, ne serait pas sensiblement modifiée par l'anéantissement de l'une ou de plusieurs d'entre elles. Nous avons vu cependant que tout observateur, placé en quelque lieu que ce soit du cosmos, constaterait que les masses corporelles divergent, par rapport à lui, avec une rapidité qui s'accroît en fonction de leur distance, de sorte que tout corps en mouvement dans l'espace tend à rejoindre, pour un observateur donné, la vitesse des radiations: ce qui ne peut recevoir (j'y reviendrai) qu'une explication métaphysique. Si cette vitesse venait à être égalée effectivement dans toutes les parties de l'univers, ce serait toute la manière cosmique et l'espace universel entier que la contraction portée à son maximum rejetterait dans on ne sait quels limbes.

Il apparaît immédiatement que ce phénomène — terminal, après lequel aucun autre phénomène ne serait possible — entraînerait, à la lettre, la consommation totale du temps, qui est lié par le mouvement à l'espace comme l'est celui-ci à l'énergie matérielle. J'imagine qu'avant l'abolition de toutes choses, durant l'éclair de coïncidence entre la vitesse de la lumière et le passage des corps à une vitesse égale, cet effet serait indiqué par l'absolue contraction des mesures de temps en un point quelconque de l'univers. Il y a là une certaine difficulté: on comprend bien que les mètres et règles graduées se contractent en fonction de la quantité de mouvement, puisque les intervalles d'espace rétrécissent d'autant plus que cette quantité augmente... mais comment parler de contraction à propos des mesures de durée, alors qu'à l'accélération du mouvement correspond une dilatation du temps réel? La difficulté est simplement de langage, elle tient à l'insuffisance ou à la maladresse des moyens ordinaires d'expression en des domaines aussi insolites. Le terme spatial de dilatation, appliqué au temps, signifie que la vitesse ralentit les phénomènes, que le même événement, aux yeux d'un observateur transcendant qui en comparerait les durées sur deux mobiles de vitessses inégales, se déroulerait sur le mobile le plus rapide dans un temps plus long et comme étiré par rapport à l'autre. Aux observateurs locaux, liés à chacun des deux systèmes de référence, les instruments de mesure, horloges et chronomètres, fourniraient les mêmes indications chiffrées. Ce qu'on doit entendre par la contraction des mesures peut se décrire ainsi: l'observateur transcendant constaterait, par exemple, qu'une seconde de l'horloge solidaire du système le plus rapide représente une durée réelle égale à soixante secondes de l'autre horloge, l'aiguille à secondes de l'une mettant soixante fois plus de temps que celle de l'autre à franchir le même intervalle de graduation. Une durée réelle, disons-nous: en supposant, pour plus de commodité, que les deux témoins emportés avec l'un et l'autre système comptent chacun un battement de cœur par seconde, l'observateur immobile remarquerait que le cœur de l'homme dépendant du système le plus rapide bat une seule fois pour soixante pulsations de l'autre cœur. Cet homme n'aurait pas conscience de vivre plus lentement que l'autre, sa montre lui indiquerait aussi soixante pulsations par minute, et tous les phénomènes auraient pour lui la même durée sensible que pour l'homme situé sur l'autre système de référence. La modification des temps propres en fonction de la quantité de mouvement est réglée par un processus analogue à celui qui détermine le changement des grandeurs spatiales. Sur un mobile lancé à deux cent soixante-dix mille kilomètres à la seconde, le déroulement des phénomènes serait ralenti du double par rapport à notre durée terrestre, ce que manifesterait aux yeux de l'observateur la contraction relative des mesures prises sur ce mobile, où une période quelconque aurait la valeur de deux des nôtres pour la même expression numérique. Cette vitesse étant dépassée, le ralentissement et la contraction s'accentueraient au point que les différences entres les temps propres des deux mobiles pourraient représenter des siècles ou des millénaires selon nos mesures.

Et si ce mobile égalait la rapidité de la lumière, les horloges s'y arrêteraient instantanément et les cœurs cesseraient de battre, non comme s'arrête une horloge dont le ressort est rompu ou comme cesse de battre le cœur d'un homme qui meurt, mais parce que le ralentissement des phénomènes atteindrait un point d'équilibre rigoureusement statique et qu'il n'y aurait plus de temps à mesurer ni à vivre. Nous retrouvons, pour ce qui est du temps, l'hypothèse que suggère quant à l'espace cette observation étrange d'un univers dont toutes les parties s'écartent les unes des autres de plus en plus vite. Qu'en chacune de ces parties, la vitesse des masses matérielles vienne à rejoindre celle des rayons, c'est tout l'univers à la fois que l'impossibilité du mouvement amène à ce point de nulle durée où l'étendue aussi se résout dans une impossibilité de parcours.

Ces perspectives ne sont pas de pure invention fantastique. Elles sont soutenues par des formules algébriques dites de transformation, qui montrent que la vitesse de la lumière est une constante universelle grâce à quoi les durées des phénomènes naturels, aussi bien que les dimensions des corps, gardent les mêmes mesures dans tous les systèmes de référence, alors qu'en réalité les intervalles d'espace et de temps varient avec la quantité de mouvement de chaque système. On peut tenter de se représenter un observateur immobile dans l'univers et muni de repères absolus, à qui ces variations deviendraient perceptibles. On peut même essayer de décrire ce qui devrait théoriquement se passer si les galaxies partout divergentes, et dont la vitesse de fuite va en augmentant toujours, atteignaient la rapidité du rayonnement. Il ne faut cependant pas s'y tromper, les données de ces descriptions ou analyses restent étrangères à la raison comme à l'existence, je veux dire inassimilables par la compréhension générale et extérieures irréductiblement à l'expérience vécue. Il n'y aura jamais, dans un univers en mouvement, d'observateur indépendant de tous systèmes de coordonnées parce qu'immobile relativement à eux. Il n'y aura jamais de critères de mesure absolus dans un univers où toutes grandeurs dépendent de l'état de mouvement des systèmes de référence. L'axiome de la théorie relativiste, d'après lequel les lois de la nature restent invariantes quel que soit le système considéré, suppose tout le contraire d'une réalité physique immuable. Il se fonde sur l'automatisme de modifications dont rendent compte des équations précises, et qui ont pour effet de maintenir partout constante la vitesse de la lumière en masquant à l'observateur local les variations réelles des grandeurs d'espace et de temps. J'ai évoqué le passage de l'univers au non-être, c'est-à-dire au-delà de toute modification possible, si le mouvement des corps égalait celui des radiations lumineuses. Ce résultat est indiqué par le calcul poussé à ses conséquences ultimes, qu'on l'attribue à une résistance infinie au mouvement liée à l'infinité de la masse ou à une contraction des mesures allant jusqu'à l'abolition de l'étendue et de la durée. Il n'est susceptible d'aucune représentation, et l'on comprend du moins pourquoi: le non-être, s'il était représentable, serait encore de l'être. Disons qu'il n'y aurait plus présence de rien. Mais nous imaginons le vide, la nuit. J'observais que la négation de toute présence se traduit à nos yeux par l'absence de quelque chose. Disons qu'il n'y aurait non plus absence de rien. Mais cela n'a aucune signification pour nous. — Tout ce que nous pouvons affirmer avec certitude est que les trois cent mille kilomètres-seconde du rayonnement, pour autant que dure l'univers, représentent une limite qu'aucun mobile matériel ne saurait atteindre. La seule raison que je voie à cette limite, fait mathématique inexplicable, signe universel d'objectivité pure, est qu'elle correspond à une unité subjective que manifeste d'abord l'identité de la perception dans le monde entier. On considère la perception comme physiquement conditionnée par la longueur d'onde des rayons compris dans l'étroite gamme qui va du rouge au violet. Peut-être l'homme trouvera-t-il un jour quelque moyen de se rendre sensibles à l'œil les radiations trop courtes ou trop longues de l'ultra-violet et de l'infra-rouge. Il n'inventera jamais l'appareil qui lui permettrait d'avancer ou de retarder l'instant perceptif, d'ajouter à la vitesse de la lumière ou d'en retrancher quoi que ce soit. Les équations de transformation garantissent la constance de cette vitesse et l'immuabilité des lois de la nature. Elles nous assurent également qu'il ne peut y avoir pour l'être humain, malgré les différences de structure spatiale et temporelle propres aux systèmes, qu'une manière de percevoir le monde.

* * *

L'observateur croit s'être rendu intelligible, autant qu'il se peut, le mode d'existence de l'univers, où l'espace et le temps se constituent de l'activité de la matière qui alternativement se dilate et se concentre à la poursuite du rayon lumineux, dont la vitesse, qu'elle approche sans y accéder jamais dans l'un ni dans l'autre sens, mesure et règle l'expansion et la contraction cosmique. Mais il songe aussi que la lumière, dont le cosmos reçoit son amplitude et son rythme, est pour le regard et l'esprit dispensatrice d'illusion et de faux-semblant. Les galaxies, qu'il voit s'éloigner dans des traînées de longues ondulations colorées de rouge, ont peut-être commencé déjà le mouvement de retour qui est comme l'expiration du monde dont leur fuite est l'inspiration. Peut-être y a-t-il des centaines de siècles qu'elles sont ramenées en direction les unes des autres et vers tout point d'où on les observerait, mais ce n'est pour aucun observateur actuel que convergent en vagues brèves et serrées leurs radiations violettes: c'est pour des observateurs à venir dans des centaines de siècles, qui auront de l'univers une image où ne sera nulle part non plus représenté un état actuel, car les galaxies qui leur paraîtront alors se rapprocher d'eux seront reparties depuis longtemps dans l'autre sens de l'oscillation. Où que l'on se situe, la vision retarde sur le réel d'autant d'années, de siècles ou de millénaires qu'elle avance plus loin dans les milliards ou les trillions de lieues. L'impression grandiose et cohérente que nous donne l'ensemble universel, nous la recevons d'une multitude dissymétrique d'espaces suspendus à des niveaux temporels différents. A l'œil le plus sûr, servi par des instruments optiques aussi perfectionnés qu'on voudra, à l'intelligence la plus agile ne s'offrent jamais que des phantasmes sans relation entre eux, un chaos de formes évacuées et d'événements révolus. Nous ignorons les situations respectives vraies des nébuleuses et des astres au moment de notre observation. Nous ne sommes sûrs que de ceci, qu'ils ne se trouvent pas là où ils nous apparaissent, et notre incertitude sur le lieu et le parcours réels de chacun d'eux n'est pas moins irréductible que celle que l'on constate quant à la position et à la trajectoire du grain de lumière ou du corpuscule matériel.

Voici, précisément, que l'univers spatio-temporel fait place au monde atomique: monde où ne subsistent ni formes distinctes ni événements particuliers, où une réalité strictement objective n'existe comme telle que hors de la perception. Nous attribuerons au spectateur, là encore, une puissance d'évocation qui lui permet de se le représenter aussi clairement que s'il le voyait. Il pourrait croire à une brume montée du fond des choses jusqu'à son regard, mais c'est de l'absence de tout regard humain qu'émerge, pour la seule pensée, l'espèce de poussière en quoi se résorbent les apparences et par laquelle l'atome est étendu aux proportions du cosmos, ou le cosmos amené partout aux dimensions de l'atome. Les masses corporelles, globes lumineux glissant sur leurs rampes à travers l'abîme galactique, galaxies tournant sur elles-mêmes dans leurs spirales d'astres, se sont comme fondues en un seul amas nébulaire composé, au lieu d'étoiles, d'une foule infiniment plus dense de particules toutes pareilles entre lesquelles, au lieu de champs de gravitation, vibrent les champs électro-magnétiques et nucléaires. Nulle figure, nul mouvement n'y est discernable: l'énergie en elle-même n'a pas de figure et elle n'est le mouvement de rien que l'on aperçoive encore dans une étendue et une durée. On ne peut parler ici d'espaces distincts ni de temps multiples, puisqu'il n'y a point de mobiles ou systèmes de référence dont on puisse définir individuellement et comparer les unes aux autres les positions et les vitesses. On ne peut parler non plus d'un espace et d'un temps uniques qui seraient ceux d'un ensemble évoluant de façon homogène: l'homogénéité de l'ensemble est telle qu'il n'est pas possible d'y reconnaître une disposition qui viendrait d'agencements antérieurs et annoncerait d'autres états éventuels. La quantité d'énergie contenue par le noyau primitif reste invariable dans l'univers qui en est issu. Ce qui varie est sa distribution en étendues matérielles et en étendues spatiales, mais au niveau de l'atome et de l'onde celles-ci se distinguent peu de celles-là. Les grains de matière liés à l'atome et les corpuscules, lumineux ou non, qui rayonnent de toutes parts, diffèrent seulement en ce que les uns se meuvent sur des ondes dites stationnaires alors que les autres participent à un phénomène ondulatoire de propagation rectiligne. La même nature électro-magnétique les enveloppe tous, si bien que la matière se recompose sans cesse du rayonnement comme le rayonnement sort partout de la matière. Les intervalles astronomiques, que le monde de notre regard et de notre imagination nous donne comme tout à fait vides, se révèlent, du point de vue de l'infinitésimal, chargés de particules, de radiations, de forces attractives ou répulsives qui font ensemble une texture ni plus ni moins consistante que celle des corps et tout aussi soustraite à la perception de quoi que ce soit, lumière, ou température, ou pression. L'effrayante combustion des astres n'est ressentie pas plus que le gel épouvantable des étendues intervallaires; pas plus que les transformations qui se produisent là où la matière se dissocie et là au contraire où le rayonnement se condense; pas plus que les changements de grandeur et les variations tensorielles qui résultent dans l'espace et le temps non de l'expansion ou de la rétraction de l'univers, mais de l'accélération ou du ralentissement progressif de son mouvement dans l'un et dans l'autre sens. Flocon monstrueux et vague, plein d'un indéfinissable ouragan! Le cosmos perdu en lui existe-t-il encore pour la pensée? Ce ne sont pas seulement les signes de notre univers concret qui se perdent dans la transcendance de l'objet pur. La réduction à l'essence géométrique n'est plus ici réalisable, car une géométrie, même fondée sur des postulats incompatibles avec nos représentations, procède, par constructions idéales, des démarches de l'intelligence. Aussi l'impression que l'observateur reçoit du monde atomique n'est pas celle non plus d'une confusion ou d'un désordre que l'intelligence pourrait éclairer ou organiser: une certaine compréhension de ce monde n'est possible, au contraire, que si l'esprit renonce à l'appréhender selon ses propres modes intimes. Nous comprenons tout ensemble que l'univers des atomes et des ondes est gouverné par les nombres, et que les nombres qui le gouvernent ne sauraient se traduire pour nous qu'en formules d'indétermination. L'intelligence assez vaste pour connaître «toutes les forces dont la nature est animée» et «soumettre ces données à l'analyse», suivant le propos de l'astronome, ne ferait qu'éprouver à sa mesure et à l'échelle cosmique, la même incertitude que nous. Quelles données resteraient pour elle observables? Sûrement pas les situations et «les mouvements des plus grands corps», qui auraient disparu à ses yeux. Serait-ce ceux «des plus légers atomes»? Au lieu du monde astronomique, puzzle de vestiges spatio-temporels que notre seule illusion unit, une réalité immuable, indifférenciée, se présente à l'observateur: pullulement éperdu de corpuscules dont il ne sait s'ils sont des étincelles ou des points d'ombre, effacés aussitôt que surgis d'un océan d'ondes qui elles-mêmes se font et défont incessamment. Mais l'être de chacune des ondes n'est que d'exprimer l'ensemble des puissances d'un corpuscule, toutes les vitesses, toutes les positions que celui-ci est susceptible à chaque instant de prendre ou d'occuper: l'onde n'est donc qu'en fonction du corpuscule, elle n'a pas d'existence qui lui soit propre. Le corpuscule, cependant, peut se trouver en n'importe quel point de l'onde qui lui est associée: il n'est donc jamais que virtuel, il n'existe actuellement nulle part. Ainsi l'être physique, la réalité objective — quelque dénomination qu'on lui donne — se volatilise dès qu'on essaie de s'y repérer. Une potentialité formidable et diffuse sans indice de temps ni de lieu, et dont on n'a rien dit de certain quand on l'a qualifiée d'électromagnétique ou de radioactive, c'est ce que l'esprit met à découvert en se retirant des choses. Le savant qui suppose «une intelligence... assez vaste pour... etc.», déclare que «l'avenir comme le passé serait présent à ses yeux». Fût-elle mille fois plus vaste, une telle intelligence ne trouverait ni «passé» ni «avenir» dans un univers réduit à l'objet atomique et qui ne comporte de forme ni antécédente ni projetée, mais se dérobe dans une absence de forme qu'on ne peut non plus nommer un «présent». Si le spectateur garde le sentiment d'une durée, c'est en lui seulement qu'il l'éprouve, il n'y a plus autour de lui un monde accordé du dehors au temps que marque le battement de son cœur. Non que le monde extérieur soit aboli. Il se fonde, au contraire, dans une extériorité radicale, exempte autant qu'il se peut de l'intervention subjective qui fait que le monde perçu par nous n'est pas un monde purement extérieur, étant lié notamment à la durée que nous vivons et qui est ce qu'il y a de plus inhérent à notre conscience. Plus que son infinité, c'est le silence de l'espace qui effraie Pascal: silence qu'il nomme éternel parce que jamais ne le rompt le temps d'une parole proférée par l'homme. Du moins l'homme croit-il tenir les lois qui enchaînent cette éternité et cet infini à l'ordonnance et au mouvement des astres; se persuade-t-il que cet univers indifférent à son existence, étranger à jamais à son histoire, se dévoile à sa compréhension, lui devient peut à peu intelligible. Il serait désabusé aussitôt, celui qui entrerait en contact avec l'atome non par l'intermédiaire d'observations de laboratoire prises du monde où nous existons et morcelées, mais dans une expérience directe, totale, par laquelle le monde serait intégralement converti en ses éléments électrodynamiques. L'esprit capable de cette expérience déboucherait sur un chaos. A vrai dire, il ne ferait encore une fois qu'évoquer plus intensément ce que nous imaginons nous-mêmes: un milieu dont la mobilité incessante n'emporte pas de changement, réseau d'ondes sans direction précise sur un pointillé granulaire partout identique. Nulle structure ne s'y révèle à l'intelligence, nul horizon n'en surgit pour que l'existence se constitue. Le vertige des espaces intersidéraux est léger en comparaison de celui qui naît d'une matière amorphe pour l'esprit tout près de s'y défaire. Le spectateur souhaite de retourner parmi les choses où sont ses coordonnées et ses références. Il aspire à retrouver l'illusion rassurante des lois de l'abîme et la fantasmagorie harmonieuse des grands simulacres familiers.

CHAPITRE X

C'est au moment où ce vertige s'empare de lui que l'homme dont je parle connaît son erreur. Il n'a plus ici à faire à un mirage, à l'illusion qui se joue de nos sens dans la contemplation du ciel constellé. L'erreur qu'il a commise est tout intellectuelle, due à un manque de réflexion, à un défaut de jugement, et elle dure depuis qu'il a passé du spectacle de l'univers astronomique à l'observation du monde des atomes. Brume... poussière... flocon... les termes dont il désignait ce monde signifiait l'apparition d'un milieu qui aurait remplacé celui des astres et dans lequel lui-même continuerait à se situer comme il se situait naturellement dans l'univers astronomique. Il sait pourtant que ces corpuscules et ces ondes élémentaires, il ne les perçoit pas avec ses sens, il ne les voit pas avec ses yeux, il se les représente seulement dans son esprit. Mais c'est selon les données sensorielles qu'il en a formé en lui la représentation, comme s'ils se rattachaient au monde de notre existence et qu'il les eût d'abord observés au moyen d'un puissant appareil optique. Plusieurs définitions du monde de l'existence sont possibles et également valables. Ce peut être, suivant le point de vue, celui que révèle la perception ou qu'interprète l'entendement, ou dans lequel s'exerce l'action humaine. En le confrontant à l'atomique et au subatomique, j'appelle existentiel le monde qui appartient à nos dimensions, que ce soit dans le sens de la grandeur ou dans le sens de la petitesse. A partir de la Terre où l'homme a son lieu et sa vie somatique, il englobe, du côté de l'immense, tout le cosmos, les étoiles, les galaxies décelées et répertoriées, celles qui ne le sont encore pas, celles qui ne le seront jamais; du côté de l'infinitésimal, il comprend toute la faune et la flore perceptible seulement au microscope ou non perceptible encore, jusqu'à la structure moléculaire qui ne sera jamais perçue. Le monde existentiel a un cadre physique que limite, d'une part, la plus grande courbure d'univers, d'autre part la plus petite portion d'espace possible, qui est celle, disais-je, qu'emplit la plus petite particule représentative de tout corps ou élément tel qu'il apparaît à nos sens. J'en reviens à l'idée qu'il n'y a pas en deçà de la molécule un espace lié au nôtre et qui le prolonge à une échelle plus réduite. Nous avons ici à faire à une erreur générale et incoercible. La fiction, quand elle imagine une exploration du monde atomique par des personnages infiniment rapetissés, ne rapetisse rien et ne se transporte nullement dans ce monde; c'est le monde atomique qu'elle transpose dans le nôtre par un agrandissement tout artificiel, comme si ses explorateurs se promenaient de planète en planète et de l'un à l'autre système solaire. Elle n'entre pas dans l'espace et dans le temps des atomes, elle loge arbitrairement les atomes dans notre espace et notre temps humains. Le physicien ne fait pas autre chose quand il met au lieu de l'objet visible un ensemble de corpuscules qui le constituent ainsi que des briques un édifice (c'est ce que je faisais aussi tout à l'heure en substituant au rocher une collectivité d'atomes occupant la même place que lui). On se trompe du tout au tout si on représente l'énergie matérielle comme déployée invisiblement dans notre univers, à la façon d'un nuage plus ou moins épais selon qu'on la considère sous sa forme nucléaire ou sous sa forme radiante. Conception ou imagination fausse, dont la cause s'explique: le monde de l'électro-magnétisme n'est pas une simple vue de l'esprit, il possède une réalité objective, mais celle-ci ne saurait se définir qu'au moyen de symboles opératoires abstraits qui correspondent, en quelque manière, à un comportement physique que l'expérience vérifie ou suscite; l'expérimentateur cependant ne sort pas du monde de notre subjectivité, et c'est de ce monde, si parfaites que soient ses techniques expérimentales, qu'il observe l'univers atomique et subatomique, ce qui veut dire que l'observation n'en saisit pas la structure intrinsèque, mais en amène les effets à une certaine apparence phénoménale aperçue alors dans l'espace et le temps de l'homme. L'erreur est d'imaginer la réalité atomique, telle qu'elle est en soi, dans l'espace et le temps où se manifestent ces effets ou ces phénomènes, et c'est ce que l'on fait en voyant dans l'univers des atomes le support du monde des sens, sous-jacent à celui-ci. L'atome, entité fondamentale, ne se situe à aucune échelle dans l'espace de nos dimensions: ce que constate le physicien qui lui assigne un lieu algébrique à dimensions multiples ou indéfinies; ce que j'essayais d'exprimer en disant qu'il n'y a pas de zone spatiale inframoléculaire qui tienne à l'étendue intelligible. «Une sphère a une position dans l'espace, l'électron n'en a pas», a écrit un mathématicien éminent, qui déclare qu'«il est aussi vain de discuter de la place qu'occupe un électron que de se demander quel espace occupe la peur ou l'incertitude»[1]. Si je ne consens pas tout à fait à cette appréciation, c'est qu'elle compare de manière assez équivoque l'incertitude et la peur, qui sont des états psychiques, à l'électron, qui est de nature strictement physique. Cette réserve faite, il me semble qu'une telle phrase signifie avec clarté

[1] James Jeans.

non seulement qu'on ne peut attribuer une position à la particule électronique, mais que celle-ci n'a effectivement pas de position. L'ensemble des électrons d'un atome n'en a donc pas non plus, ni le noyau. C'est de tout le système atomique qu'il faut dire qu'aucun emplacement n'est occupé par lui dans l'espace. Les physiciens, il est vrai, considèrent volontiers que la particule, comme l'onde, n'est pas descriptible isolément, que particules et ondes ne se comprennent qu'en foule, par masses ou par gammes. Je demande que l'on m'indique le nombre à partir duquel on peut estimer qu'une quantité, un agglomérat, un ensemble de systèmes atomiques s'intègre à notre espace concret, et comment cette quantité, cet agglomérat ou cet ensemble, quel que soit le nombre d'atomes qu'il comporte, pourrait s'intégrer à notre espace, si l'entité basale, l'atome pris individuellement n'en fait pas partie. L'univers électrodynamique réside ailleurs, en admettant qu'il ait ce que nous appelons un lieu. S'il a une forme, elle ne relève pour nous que du formalisme mathématique. Son secret n'est pas dans une petitesse qui le rendrait inaccessible au sein même du monde qui nous environne; il est dans une extériorité absolue par rapport au monde où nous existons.

Ainsi, notre observateur supposé comprend qu'il s'abusait en imaginant autour de lui un conglomérat de particules matérielles et des radiations l'enveloppant de toutes parts dans l'étendue et la durée. Mais il nous est extrêmement difficile de représenter quoi que ce soit hors de l'espace sensible et du temps vécu, c'est pourquoi cette imagination persiste pour lui encore un moment, et voilà même qu'elle semble prendre une forme singulière et plus précise. On dirait maintenant d'un tourbillon qui se saisirait de tout l'énorme flocon magnétique. L'observateur croit d'abord à une fantasmagorie où l'amalgame d'ondes et de corpuscules se présente comme une sorte de serpent lové qu'anime, à partir d'une première vaste spire courant à la surface, un mouvement de giration sur lui-même de plus en plus rapide à mesure que les circonvolutions descendent en se resserrant vers un point terminal qui semble toucher le fond du cosmos, et toute l'énergie universelle se résout sur ce point en une même vibration. Serait-ce là une idée de ce qui a pu être alors que toutes choses se tenaient dans l'indifférenciation et l'absence de mouvement au sein du noyau primitif?... Nous ne nous arrêterons pas à cette pensée. Ce qui apparaît n'est pas l'univers revenu à un état antérieur ou à un stade évolutif quelconque; c'est l'univers en ce qu'il manifeste d'actuel toujours à l'esprit qui le voit délivré non seulement des aspects qu'il reçoit de la perception, mais aussi de son assujettissement aux nombres, dans l'unité sans mesure d'une suscitation permanente. Nous imaginions tout à l'heure le monde atomique et subatomique comme un composé de trillions de corpuscules et d'ondes tournoyant dans les masses matérielles ou se propageant dans les espaces ouverts. De ce que l'onde a pour fonction de représenter l'ensemble des positions et des vitesses que peut prendre à chaque instant le corpuscule auquel elle est associée, nous avions conclu à l'impossibilité d'attribuer à l'onde une réalité physique propre; de ce qu'il n'est possible à aucun moment de définir la vitesse d'un corpuscule, ni sa position dans l'espace, et cela parce qu'il peut occuper à tout instant ou prendre n'importe laquelle des positions et des vitesses dont l'ensemble est représenté par l'onde, nous avions conclu, d'une manière aussi négative, que le corpuscule ne passe particulièrement par aucun point de l'onde qui lui est associée, qu'il ne se trouve réellement nulle part, qu'il n'est jamais qu'à l'état virtuel. Nous tirerons à présent de ces remarques un sens tout différent: le corpuscule, au contraire, se trouve simultanément en chaque point de l'onde associée, et l'onde représente sur toute son amplitude la possibilité actuelle du corpuscule à l'instant où elle s'accomplit; c'est parce qu'il existe partout dans l'espace occupé par l'onde que le corpuscule n'y est repérable nulle part en particulier. Telle est la première évidence qui s'impose à l'observateur et dont résulte une évidence nouvelle qu'une autre suit avec une promptitude qui devance toute description: l'ubiquité du corpsucule n'est pas limitée à quelque partie de l'étendue par où l'onde passerait à chaque instant d'une propagation successive; elle embrasse la totalité de l'espace cosmique où l'onde se propage partout instantanément. La notion de multitudes de particules et de radiations dont l'univers serait composé, même si on les tient pour interchangeables et identiques, vient de notre tendance invincible à la spécification et à l'analyse, elle montre qu'il est impossible à l'expérience humaine, opérant dans le monde, de sortir de la diversité et de la multiplicité: c'est un seul et même grain d'énergie matérielle qui fulgure depuis l'origine dans un même et unique rayonnement. Laissons notre esprit imaginer une immensité d'espace que ce corpuscule devrait parcourir, pour en occuper à la fois tous les points, en un temps que la vitesse de la lumière ne mesurerait plus, et considérons aussitôt que cette représentation n'est encore qu'une erreur de notre esprit: erreur transitoire, par laquelle nous arrivons à cette vérité qu'il n'y a ici ni espace ni temps.

* * *

Nous en sommes venus, suivant le courant intentionnel de la science, à constater la réduction ou la conversion du monde à l'objet pur, obtenue par la plus récente démarche de la physique contemporaine. C'est dans l'atomistique que se justifie le mieux la parole du fondateur de la relativité qui assure «ce qu'il y a d'incompréhensible, c'est que l'univers soit compréhensible». Il est surprenant en effet qu'un monde auquel nos schémas de structure mentaux, données intuitives, formes conceptuelles, ne s'appliquent plus, puisse se traduire pour l'homme en langage d'algorithme et lui devenir ainsi communicable; que des phénomènes hors de notre échelle, qui se réduisent, comme l'a écrit un autre grand physicien, à «quelque chose d'inconnu qui fait que nous ne savons quoi», soient néanmoins vérifiables et prévisibles au moyen de procédés conventionnels de calcul; qu'un ordre soit introduit dans des états de choses tout incohérents en eux-mêmes, dès lors que des signes numériques bien choisis en permettent la description. Le maître de la théorie relativiste s'étonnait que la science eût réussi à jeter des ponts entre l'homme et un univers objectif radicalement distinct du monde de l'existence humaine, et cela au cours d'une recherche millénaire dont son puissant esprit avait éprouvé pour son propre compte les difficultés énormes. Je pense que ce sont aussi ces difficultés, dont ils ne comprennent bien ni en quoi elles consistent ni comment la recherche scientifique peut les résoudre, qui étonnent les non spécialistes ou les profanes. Mais il y a un motif d'étonnement auquel on ne prend ordinairement pas garde, car l'opération de l'esprit qui justifie cet étonnement est accomplie par tous sans difficulté ni effort, sans qu'on y réfléchisse, immédiatement, dans un acte spontané et naturel. Il est déjà étonnant qu'un monde soit nécessaire pour que la conscience humaine puisse être, et pour qu'une conscience d'homme, quelle qu'elle soit, se révèle à elle-même comme telle. Il est plus étonnant encore que le monde ne puisse surgir à l'être que par la conscience humaine sans laquelle il demeurerait irrévélé, et nous parlons ici non de la conscience en général ou d'un sujet transcendantal qui n'existe pas personnellement, mais de toute conscience d'homme, de tout sujet ou existant individuel. Pascal, traitant de ce qu'il appelle la «disproportion de l'homme», invite celui-ci à «considérer ce qu'il est au prix de ce qui est», et à méditer sur l'étroitesse de son imagination. «Elle se lassera plutôt de concevoir que la nature de fournir, écrit-il. Tout ce monde visible n'est qu'un trait imperceptible dans l'ample sein de la nature. Nulle idée n'en approche. Nous avons beau enfler nos conceptions au-delà des espaces imaginables...». A ses yeux, l'homme, «égaré dans ce canton détourné», n'est rien dans un univers dont il ne connaît presque rien. «Quand je considère le petit espace que je remplis ou même que je vois, abîmé dans l'infinie immensité des espaces que j'ignore et qui m'ignorent...». Tout cela est vrai, mais la nature ne fournit que pour l'imagination qui conçoit, et ne se lasse pas de concevoir. Ce monde visible, même amplifié par le télescope, n'est qu'une très petite partie d'un univers non visible beaucoup plus vaste, mais parler d'un monde visible ne signifie pas que ce monde soit déjà manifesté avant que le regard se pose sur lui, et parler d'un univers non visible ne signifie pas que cet univers soit établi déjà tel qu'il apparaîtrait au regard. Le monde visible est celui que le regard éclaire en l'amenant à l'apparence phénoménale où il prend forme, couleur, dimension et mouvement. Quant à l'univers qui ne nous est pas visible au-delà, il ne fait que continuer pour l'imagination le monde apparent sans lequel il n'aurait non plus ni dimension ni forme. Cette perspective diffère profondément de la conception idéaliste ou subjectiviste qui considère que le monde n'a pas d'existence réelle, qu'il n'est, comme le serait un rêve cohérent et persistant, qu'images dans l'esprit ou dans la communauté des esprits: conception aussi insoutenable que celle d'un réalisme pour qui le monde existerait, si l'esprit en était absent, tel qu'il apparaît à l'esprit. Dire que le monde existe pour la conscience implique d'abord qu'il existe, à la différence des rêves, d'une existence positive, non dans la conscience: c'est celle-ci au contraire qui est dans le monde avec l'homme. Mais c'est pour la conscience que le monde vient à exister: cela signifie qu'il n'est pas en lui-même tel qu'elle le perçoit, ou que son existence sensible ne se réalise que par l'intermédiaire de la conscience. C'est bien réellement que l'homme, comme dit Pascal, est «abîmé dans l'infinie immensité des espaces», mais ces espaces ne s'ouvriraient pas sans le regard qui s'abîme en eux tandis qu'ils s'ouvrent à lui. Et il est vrai aussi que cette immensité ignore l'homme, mais lui ne l'ignore nullement, il ne peut se la représenter dans son imagination, ce qui est tout autre chose. Du moins peut-il en traduire les distances et les périodes inimaginables en nombres dont l'aptitude à rendre compte de telles quantités résulte d'une notion dégagée de l'immédiate expérience concrète. Les proportions et les chiffres astronomiques, cependant, sont fondés dans l'espace de nos dimensions et de nos mesures, de même que les structures cosmiques sont réductibles à des figures idéales types dont l'origine est dans les formes de notre perception, alors même qu'elles ne s'y accordent plus. Ce n'est pas seulement ce qui est du domaine du qualificatif, la couleur des choses et le son qu'elles rendent ou l'odeur qu'elles exhalent, leur rugosité ou leur poli, leur température, leur saveur, qui apparaît pour la sensibilité et par elle. L'espace, comme le temps dont il est inséparable, ne se forme que d'une activité subjective spontanée et constante; l'espace avec tout ce qui tient à lui, les figures des objets et leurs mouvements, leur consistance, leur relief. Les philosophes l'ont observé depuis longtemps et fort bien, de sorte qu'on pourrait leur reprocher plutôt une tendance marquée ou implicite à faire dépendre tout de la connaissance, faute de n'avoir pas donné à l'extérorité un fondement assez sûr ou de l'avoir cherchée où elle n'est pas. La vérité très simple est, d'une part, que l'espace de notre perception existe réellement, en ce sens que son origine est extrinsèque à l'intuition humaine non créatrice, et, d'autre part, qu'il ne constitue pas une réalité purement objective, puisque l'intuition humaine est nécessaire à sa révélation. Cette nécessité reste entière bien que la physique relativiste ait montré qu'il y a dans l'univers non un même espace uniforme, mais une multiplicité d'espaces liés aux mobiles ou systèmes de coordonnées, comme il y a une multiplicité de temps particuliers à ces mobiles et non un seul temps universel: la physique relativiste reconnaît que l'espace, comme le temps, n'en est pas moins perçu et mesuré partout de la même manière, et nous remarquerons au surplus que les variations qui affectent, intrinsèquement, ces espaces et ces temps propres, si elles pouvaient être décelées, ne le seraient que pour et par une conscience. — Mais il faut voir où cela conduit, et qu'il n'y aurait plus du tout d'espace ni de temps dès lors que la conscience perceptive serait retirée du monde. Ce retrait, pour difficile qu'il soit, n'est pas impossible. L'univers de la physique subatomique en est l'effet, dont l'incompatibilité avec les données de nos sens est telle qu'il échappe également à l'intelligence.

* * *

L'observateur que nous évoquons est en présence de l'objet transcendantal, qui consiste dans la réalité matérielle amenée à ses éléments constitutifs. Il s'est abstrait d'abord des spectacles que les sens et l'imagination accueillent, l'environ immédiat avec tous les horizons de la Terre et les configurations célestes à des profondeurs où la pensée poursuit ce que n'atteint pas le regard. En deçà des apparences ou réalités sensibles, il a cru voir se découvrir alors dans l'espace l'énergie dont naît le cosmos, mouvement originel pur qui ne comporte ni positions ni moments de parcours, mais dont les quantités s'expriment en systèmes d'équations où des variables aussi nombreuses que l'on veut sont fondées sur quelques constantes universelles. Puis il s'est avisé qu'il errait en situant l'énergie en deçà des apparences dans le même milieu spatial.

Comme les corps matériels, l'espace dépend de l'énergie d'un noyau primitif dont l'expansion a donné naissance à l'univers hors duquel il n'y a ni espace ni corps. Mais l'espace, comme les corps, est aussi une réalité sensible, de sorte qu'il n'y a pas non plus d'espace sans la conscience perceptive. L'énergie élémentaire représente cette réalité objective en soi dont la recherche, à mesure qu'elle «s'éloigne du monde des sens», pour parler comme le physicien, abolit le monde spatio-temporel qui est celui de «l'homme dans le monde», pour parler comme le philosophe. Pour rendre compte de l'objet transcendantal, il n'est que le jeu des nombres indépendamment de toute notion qui se rattacherait à l'espace de notre sensibilité. Mais la pluralité numérique est à l'ordre quantitatif ce que la variété des figures ou la diversité des concepts est à l'ordre de la qualité sensible ou à celui de la dialectique: elle relève aussi de la conscience dans le monde, qui dénombre, opère et calcule comme elle ressent, imagine ou conçoit. En ce sens, les entités mathématiques, si loin qu'elles soient du concret et du rationnel, sont encore des êtres intra-mondains, comme les essences de la phénoménologie, ou l'idée de transcendance, ou Dieu même quand il n'est pour l'homme qu'un motif de spéculation philosophique. Les nombres, en tant qu'ils expriment des quantités, sont aussi inaptes que la description ou l'explication à interpréter l'univers réduit à un point inétendu et intemporel, dont tout ce qu'on peut dire est que la pluralité numérique y est remplacée par le nombre entendu comme justesse de rythme, et la multiplicité quantitative par la quantité comprise comme ce qui fait que rien ne manque et rien n'est de trop. Ces mots restent d'ailleurs à une distance infinie de la pensée divine. Si Dieu est, ce qu'est l'univers au regard de Dieu n'est pas plus compréhensible à l'homme que Dieu lui-même. Connaître l'univers tel qu'il est pour Dieu, ce serait le saisir non comme donné et déjà là, mais en acte, dans l'intuition même qui le crée. L'idée du monde à laquelle aboutit le spectateur est celle qu'en peut avoir une intelligence humaine lorsque, ayant dépouillé ce qui est de l'homme pour remonter à cette intuition, elle se retrouve dans l'impuissance à décrire justement ce qu'elle voit, à connaître vraiment ce dont elle parle. Un point, disions-nous, visible au seul regard du dedans puisque l'espace cesse d'être perçu — mais l'infini ne siège pas dans l'espace et sa rigueur est plus effrayante que la profusion astronomique, comme la concision de l'éternité plus effrayante que la volubilité des temps. Ni alpha ni oméga: chacun des deux signes suppose l'autre avec l'intervalle et les signes intermédiaires entre le premier et le dernier — mais c'est ici le lieu non partageable et l'instant d'indivisible présence où ce qui a passé ne fait qu'un avec ce qui vient, et ce qui vient avec ce qui est. Une modulation unique, une seule note d'intensité et de hauteur immuables, ainsi nous représentons-nous l'avènement de tout le possible immédiatement uni à tout le réel en une vibration qui consomme et consume l'étendue avec la durée. Et notre représentation, pour irrationnelle qu'elle semble, procède d'une démarche strictement logique. De la conversion de l'univers à l'objet opérée par l'entreprise scientifique, il ressort que le monde, tel qu'il se révèle dans l'espace et le temps à la perception, est aboli avec tout ce qui s'en dégage pour la compréhension générale, et qu'à la connaissance intuitive ou réflexive, qui relève de la subjectivité, se substitue un savoir appliqué à une réalité hétérogène à celle-ci. Mais le formalisme mathématique, bien qu'approchant de plus en plus l'en-soi objectif, ne donnera jamais qu'un savoir fragmentaire et de traduction car il émane d'une conscience nécessairement liée au monde, de même que l'expérience qui l'utilise ne fait que transposer, autant qu'il se peut, dans le monde de nos mesures, des effets qui n'en dépendent absolument pas en eux-mêmes. L'émergence de l'objet transcendantal exige d'abord le rejet de toute notion inhérente à la conscience dans le monde, le chiffre aussi bien que l'image et le discontinu comme la continuité. Est-ce alors à l'objet qu'on aboutit? Ce qui demeure pour l'esprit est-il encore objet? Rien ne demeure pour l'esprit qui soit susceptible de description, d'explication ou de calcul: autant dire que c'est à l'idée du non-être, non à celle d'un objet transcendantal, que nous conduit le retrait de la subjectivité hors du monde, et que ce terme d'objet transcendantal ou d'en-soi objectif est une manière de désigner le néant, de nommer le non-être...

Nous avons néanmoins la certitude que ce qui demeure, bien qu'indescriptible et informulable, n'est pas non-être ou néant. Cette certitude repose sur une certitude préalable et irréductible: celle que l'être du monde, ou, pour mieux dire, le fait que le monde soit, est indépendant de notre subjectivité et persiste donc après que celle-ci est sortie du monde. Certitude irréductible, ai-je dit, car elle résulte non de motifs tirés du dehors mais de l'expérience intime, commune à tous, de notre condition humaine, de la finitude de notre existence, de l'intuition qui est nôtre et dont nous éprouvons, dont nous savons qu'elle n'est pas créatrice, qu'elle est seulement réceptive ou révélatrice d'un monde qui ne se manifeste que pour elle et par elle mais n'a point en elle son principe. La conversion à l'objet pur réalisée par la science procède envers le monde, bien qu'inversement, comme fait la phénoménologie transcendantale qui le renvoie à une pure subjectivité constituante: elle le met en suspens, ou, comme dit le philosophe, «entre parenthèses». Et si nous cherchons à aller plus loin en nous abstrayant même des symboles mathématiques encore trop liés à l'esprit, c'est l'univers secret de l'atomistique que nous mettons entre parenthèses avec celui de la sensibilité et de la compréhension générale. Aucune expression ne nous reste alors pour quoi que ce soit qui puisse encore s'énoncer, et cependant, comme dirait là aussi le maître de la phénoménologie transcendantale, «nous ne nous trouvons pas devant rien»[2]. Ce qui demeure n'est ni le monde sensible, ni un univers objectivé: c'est le fait, impossible à éliminer même provisoirement et par mise entre parenthèses, qu'il y a de l'être et non le néant absolu, que quelque chose existe positivement au lieu de rien. La question: pourquoi y a-t-il quelque chose plutôt que rien? n'est pas tranchée pour autant: elle montre que ce «quelque chose» qui est pouvait aussi bien ne pas être, et que l'être ne va pas de soi; elle signifie que le fait qu'il y a de l'être n'est pas un état de choses donné une fois pour toutes, mais un acte dont la possibilité reste constamment en question. Cette question, ce «pourquoi» également irréductible nous met en présence du rien absolu, du néant métaphysique qui appraît aussi comme une possibilité constante. La différence entre l'une et l'autre possibilité est que celle de l'être a perpétuellement à s'accomplir, tandis qu'il suffit au néant d'être perpétuellement une possibilité. En admettant même que le monde, qui contient tout ce que nous appréhendons de l'être, n'ait pas eu de commencement, nous ne pouvons pas ne point penser que l'être et le monde procèdent du passage de rien à quelque chose, dès lors que l'idée de nécessité n'est pas essentielle à celle de l'être et que, constatant qu'il y a un monde, nous avons licence de penser qu'il pouvait n'y en avoir pas. Ainsi attribuons-nous au néant, dans l'ordre du possible, une sorte d'antériorité, l'être fût-il éternel.

Nous pouvons nous en tenir là et considérer que le néant, qui n'est jamais que possible pour l'esprit parce qu'il ne tend en lui-même à rien et ne se conçoit que comme absence de ce qui est, apparaît comme toujours possible à l'esprit parce que l'être ne lui apparaît pas comme nécessaire. Considérer le néant comme une possibilité constante, c'est affirmer la perpétuelle contingence de l'être. Mais il est indubitable qu'il y a de l'être et un monde. Pas plus que l'univers où réside le monde de notre existence, l'être dont nous faisons dans le monde l'expérience concrète ne surgit du néant et ne suppose un au-delà de néant. Le néant est dans l'être même et dans l'univers comme la possibilité de leur fin. Il semble que nous ayons là un point de vue analogue

[2] Edmund Husserl.

à celui des philosophies de l'existence qui appellent néant ce qui constitue l'essence de l'homme, sa finitude irrémissible, sa vocation à la mort au sein d'une temporalité qui l'empêche de coïncider jamais avec soi, la forme toujours relative et partielle de sa connaissance, le manque qui hante en lui toute possession. Les philosophies de l'existence décrivent ainsi des manières de n'être pas qui sont en réalité des manières d'être. Cette finitude est l'élément ontologique, qui fonde le phénomène humain; cette forme de connaissance discursive et empirique est la seule qui permette à la conscience humaine de se connaître comme conscience du monde; cette temporalité qui, le vouant à la mort, impose à l'existant humain sa situation perpétuelle entre un passé et un projet, entre ce qu'il n'est pas encore et ce qu'il n'est déjà plus, est d'abord ce qui fait qu'il existe consciemment et activement, non comme un objet passif et inanimé. Le néant qu'analysent les philosophies de l'existence n'est pas néant authentique, négation de l'être. Il est au contraire la condition indispensable de la révélation de l'être par l'existant humain, et se présente lui aussi comme une notion intra-mondaine. — Notre perspective est toute différente. Nous avons à faire au néant absolu, au non-être qui ne saurait s'analyser ni se décrire, mais dont nous voyons qu'il est possible. Du fait indubitable qu'il y a de l'être nous ne sommes pas obligés de penser qu'il faut nécessairement qu'il en soit ainsi, et nous n'y sommes pas obligés d'abord parce que nous n'avons pas de réponse à la question de savoir pourquoi quelque chose existe, ensuite parce que nous ne pouvons pas ne point répondre négativement à la question de savoir s'il y a une raison à ce qui est. Je nomme néant l'autre possibilité impliquée par l'absence de réponse à la première interrogation, et par la réponse négative qu'on ne peut pas ne pas faire à la seconde. Mais l'idée de l'être n'est rien si elle n'est l'idée du monde, et c'est dans un monde réalisé que l'être se manifeste. Constater que l'être n'apparaît pas à l'esprit comme nécessaire, c'est affirmer la contingence du monde. Il serait cependant sans intérêt de dire que le monde aurait pu ne pas exister. Affirmer la contingence du monde, c'est contester son éternité, c'est admettre qu'il n'a pas existé toujours et ne doit pas durer indéfiniment. Nous ne faisons appel ni aux raisons de la théologie, qui supposent quelque a priori de foi, ni aux notions scientifiques, qui sont tirées d'une expérience sujette à variation. Que le monde ait eu un commencement et qu'il doive aussi avoir une fin, parce que rien n'est éternel que ce qui est nécessaire et qu'il n'y a pas de nécessité à l'existence du monde, est une proposition qui se tient mieux, rationnellement, que celle qui affirme qu'il n'était pas possible que le monde n'existât pas, après avoir déclaré qu'il n'y a pas de raison pour qu'il existe[3].

Nous pouvons penser que le monde sort d'un acte créateur. Ce n'est pas — ce ne sera jamais — une conclusion rationnelle. Ce n'est pas encore l'option de notre volonté, un pari que nous faisons dans l'incertitude où nous met une question inéludable parce que la raison la pose au terme de sa démarche. Il suffit, pour l'instant, que nous puissions le penser, c'est-à-dire que cette proposition qu'il y a au principe du monde une activité créatrice — proposition irrationnelle puisque non démontrable — ne soit point absurde: et elle ne l'est pas, elle ne le serait que si la proposition contraire, qu'il n'y a point de création et que le monde existe éternellement, était démontrée, ce qu'elle n'est pas non plus, ou évidente de soi, ce qu'elle n'est pas davantage. Arrêtons-nous, sans nous y rallier, à l'idée de création. Cela suffit pour que cette possibilité de néant insérée dans l'être — dans l'être du monde — prenne une signification nouvelle: elle ressortait tout à l'heure de ce que le fait qu'il y a de l'être et un monde ne nous apparaissait pas comme un fait nécessaire; elle ressort maintenant de ce que l'acte qui fait qu'il y a de l'être et un monde nous apparaît comme un acte sans motif. Comprendre le néant comme possible revient à comprendre cet acte comme absolument gratuit. Le néant demeure une possibilité, mais qui change de lieu et d'origine: elle n'est plus dans le monde comme le signe de sa contingence fondamentale; elle est dans la liberté plénière de l'acte créateur qui peut cesser de s'accomplir à tout moment comme il pouvait ne s'accomplir jamais. Songeons encore qu'il ne s'accomplit pas dans le temps ni dans l'espace, mais que le temps et l'espace sont suspendus à son accomplissement. Qu'il cesse de s'accomplir, et l'univers cesse d'être même au passé. Il n'y aurait plus présence de rien, disais-je: ni lumière, ni monde. J'ajoutais qu'il n'y aurait non plus absence de rien: ni vide, ni ténèbres. Ce serait comme si l'acte créateur ne se fût pas accompli et que rien n'eût jamais été.

[3] Jean-Paul Sartre.

ORIENTALISTE, KLEIN DALENSTRAAT 42, B-3020 HERENT